（人生金书系列）

北大投资课

张卉妍 编著

北京联合出版公司
Beijing United Publishing Co.,Ltd.

图书在版编目（CIP）数据

北大投资课 / 张卉妍编著；达夫编译 . —北京：北京联合出版公司，2017.2（2022.6 重印）

ISBN 978-7-5502-9061-7

Ⅰ . ①北… Ⅱ . ①张… Ⅲ . ①投资—通俗读物 Ⅳ . ① F830.59-49

中国版本图书馆 CIP 数据核字（2016）第 262679 号

北大投资课

编　　著：张卉妍
出 品 人：赵红仕
责任编辑：徐秀琴
封面设计：韩立强
图文制作：北京东方视点数据技术有限公司

北京联合出版公司出版
（北京市西城区德外大街 83 号楼 9 层　100088）
北京德富泰印务有限公司印刷　新华书店经销
字数 650 千字　720 毫米 ×1020 毫米　1/16　28 印张
2018 年 11 月第 2 版　2022 年 6 月第 3 次印刷
ISBN 978-7-5502-9061-7
定价：68.00 元

前言

随着我国市场经济的不断发展，股票债券市场的扩容，商业银行、零售业务的日趋丰富和国民总体收入的逐年上升，投资已不再是政府、企业和富豪的专利，开始走进平常百姓家，尤其近年来，神州大地更是掀起了一股家庭、个人投资的热潮。而投资学也开始成为普通老百姓迫切想了解的一门学问。

投资有两个主要目标，一个是财务安全，一个是财务自由。财务安全是基础，财务自由是终点。投资开始得越早，获得的回报就越多，你也就能越早享受到舒适安全的生活。如果你从今天开始，重视投资理财这个问题，并且掌握科学的、正确的方法，持之以恒地做下去，它将带给你意想不到的巨额财富回报。比如，你的孩子刚刚出生，即使你收入微薄，只要一个月能挤出 100 元，而年投资回报率是 12%的话，你的孩子在 60 岁的时候就能成为千万富翁。相反，如果你不能通过投资使自己的资产有效增值并超过 CPI 的增速，那么等待你的只有财富或快或慢地缩水。在 1984 年，如果你手上有 1 万元现金，按照每年 5%的通胀水平，如今这笔钱只相当于 1847 元。如果我们不去投资，财富就会被侵蚀掉。这就是经济学中的马太效应：富者愈富，贫者愈贫。正如股神巴菲特所说："一生能够积累多少财富，不取决于你能够赚多少钱，而取决于你是否懂得投资理财，钱找钱胜过人找钱，要懂得让钱为你工作，而不是你为钱工作。"

正是在这样的压力下，很多曾经不知投资为何物的老百姓，正充分发挥自己的智慧来维护和增值自己的财富。然而，投资是一门大学问，涉及财务、会计、经济、投资、金融、税收和法律等多个方面，并且是一个综合的、全面的、整体的、个性化的、动态的、长期的金融过程。在投资过程中，你的财富在面临着或大或小的风险，可以极速暴涨，也可以瞬间消失。收益的大小不仅取决于大环境，更取决于对投资工具的选择和投资技巧的运用。因此，在投资中，如果不具备一定的投资知识，就无异于在大海的惊涛骇浪中盲目行舟。对于投资者来说，掌握必要的投资知识，熟悉必要的操作技巧，是有效规避投资风险的重要前提。有了这个前提，任何时候都有赚钱的机会，既可以用低风险的投资工具稳健赚钱，也可以用高风险的投资工具快速赚钱。投资者必须明白，投资不是一时冲动，不是投机取巧，也不是凭借运气，而是一个需要恒心、需要智慧、需要不断战胜自我的长期过程，是需要每个人通过学习和实践才能掌握的一门学问、一门艺术。投资最大的风险不是市场风险，而是投资者自身的知识和技术风险。所以，我们很有必要下大工夫学习投资学。掌握扎实的投资知识，运用正确的投资理念和投资方法，是老百姓成功投资理财的根本之策。

为了帮助广大不懂投资学的读者朋友全面系统地掌握投资学知识，我们编写了这本《北大投资课》。本书汇集了北大众多专家、学者、教授关于投资的思想、观点、方法和技巧，以培养财富眼光、练就赚钱本事、学会投资理财为出发点，用通俗易懂的语言系统地讲述了与老百姓密切相关的投资知识，为老百姓学习投资提供了切实可行的帮助。书中选取了老百姓最常用的几种投资方式——储蓄、股票、基金、房产、期货、外汇、保险、黄金、收藏、实业进行了详细地介绍，使老百姓能够结合自身特点，选择合适的投资方式，同时借鉴前人经验，更安全、更有效地进行投资。

此外，本书还为读者进行组合投资提供了便利、有效的指导，你可以根据自身的条件和喜好，选择不同的投资工具进行投资组合，尽可能地规避投资风险。我们力争帮助每一个普通人成为精明的投资者，运用简单而有效的投资策略，获得最大程度的投资回报。本书的内容丰富、实用，读者朋友可以在空闲的时候，翻翻几页，每天学一点，相信每次都能从中得到新的收获。衷心希望本书能给读者朋友带来切实可行的帮助。

目录

第一章
脑袋决定钱袋，会赚钱更要会投资

第二章
向贫穷说再见，投资要及早规划

第十章

选择基金，让专业人士为投资保航

第十一章

玩转债券，兼顾安全性和收益性

第十二章
投资外汇，升值与贬值带来的盈利机会

第十三章
期货市场，冒险家的乐园与墓地只在一线间

第十四章
金里淘金，黄金为投资者开辟新天地

第十五章
谨慎下手，房产依然具投资价值

第十八章

投资保险，为财富筑一个避风港

第一章 脑袋决定钱袋，会赚钱更要会投资

理财不仅仅是投股票、基金这么一个简单的金融投资，还涉及人的生老病死、房产、教育、养老、保险、税收、股票、基金、外汇、期货、期权等等，就是各种各样的产品都很多。我们笼统来讲可以分为两大模块，一个是生产理财，就是衣食住行跟教育相关的；一个是投资理财，就是投到金融地产上。

——王在全

（北京大学投资理财中心主任）

投资不是有钱人的专有游戏

许多人认为投资只是富人的专利，与自己毫无关系，北大投资课告诉我们，其实这种想法是不可取的。投资不在于你钱多钱少，而在于你是否具有投资意识，是否懂投资、愿意去投资。在很多情况下，越是贫穷的人，越应该学会合理地投资。

有不少人在生活中遭遇着资产不断缩水的困惑：自己工作努力、生活节俭，生活压力却变得越来越大，手中的钱不断缩水，就拿买房子来说：原本可以买一套两居室的钱，放在手里，几年之后就买不了当初看中的房子了。虽然看起来每月薪水尚有盈余，随着时间的推移，手头余钱却总也不见增长。出现这种情况，正是因为他们没有学会投资理财，他们不懂得利用手头的钱生钱，从而让自己的钱财在慢慢地贬值。可以说，投资并不是有钱人的专利，通过投资致富，普通人照样可以做得到。

老李是上海一个普通的工薪家庭，在房地产暴涨之前，每每看到别人买房，

他都不愿跟风。但他有一个朋友，此人姓张，在某大学主要讲授一些投资学的内容。老李后来说："我买房多亏了张教授，当时他开车带我去看他买的新房，正巧附近的房子有人挂出牌子要出售，他极力动员我买下，于是，我们便成了邻居。"那套房子，当时售价70万元，现在早已经翻了好几倍了。

说起张教授这个人，他也并不是一开始就懂得如何投资。20多年前的张教授刚刚毕业，工资也不高，但他的优点在于，不仅懂理论，还善于实践。短短20年的时间，在拿着他自己的固定工资外，依靠投资他竟然成为了大富翁。

1991年年底，股票还是个新鲜事物，当时上海发行股票认购证。一天，年轻的张教授骑自行车到交通银行去购买有奖储蓄，这也是当时的一种投资方式。在回家的路上，他看见有很多人围着一张桌子，他走进人群一看，原来是银行设摊推销股票认购证。

张教授问多少钱一张，回答30元一张。这个价格并不算低，看的人多，买的人少。张教授心里想：难道我只会教书，不会炒股，我为什么不能试试？他战战兢兢地从口袋里掏出300元，买了10张认购证。

张教授认购结束后，正值邓小平南巡讲话发表，上海加快股份制改革的步伐，上海第二批上市的股票就是用这次股票认购证摇号发行的。没有想到，当初的300元竟然疯涨到了至少有五六万。

也许有读者会说，张教授的投资具有时代的偶然性，并不一定每个人都能有他这样的"运气"。事实上，投资是一种理念，相信张教授即使没有这一次的经历，他照样能寻找到适合自己的投资途径。

著名的投资人士杨百万就是一个依靠投资成为著名"股神"的人。杨百万并不是生来就是"股神"，生来就是"百万"。他原名叫杨怀定。1988年以前他是上海铁合金厂的一个普通职工，有一次，他管的仓库被盗，他因出手"大方"，常买烟请厂里的工友们抽而被怀疑是监守自盗，这件事深深地刺激了自尊心很强的杨怀定，他一横心就辞职了。

辞职后的杨怀定没有事做，在那个投资渠道匮乏的年代，杨怀定开始从订阅的几十份报纸信息中埋头搜寻致富的机会。4月的一天，一条"上海将开放国债交易"的消息引起了杨怀定的关注，他在4月21日开市第一天一早，买了10000元3年期国库券。"银行利率5.4％，3年期国库券年利率超过15％，为什么不买？"等到下午，很多人明白过来开始纷纷买入时，价格一下涨到112元，杨怀定抛掉了。半天时间，他赚到了以前一年的工资——800元。

当时，购买国库券是一个投资途径。1989 年，赚到了“第一桶金”的杨怀定，转身投入股市。杨怀定的第一只股票是“电真空”。半年后，股票大涨，杨怀定在 800 元以上价位抛掉，净赚 150 多万元，“杨百万”的外号，就此不胫而走，从此成了大家耳熟能详的有钱人。

我们可以看到，投资并不是有钱人的专利，通过投资普通人也可以成为有钱人。对于普通工薪阶层的人来说，投资并不是不可能的。太多时候只是我们把自己局限在了现有的生活水平上，其实只要有想法，敢于去实施，没有什么事情是不可以实现的。不论大钱还是小钱，都能用来投资，所不同的只不过是投资方式的选择。对于手里持有的小钱，我们所需要做的只是先将小钱积累起来，逐渐进行投资，任何的成功都是从一点一滴的小事做起的，投资也不例外。当我们对小钱投资都异常精熟时，资金也达到了一定的积累，对于投资的掌控能力也会有很大提升。

作为普通老百姓的投资，首先要从端正投资理财观念开始，消除固有的对投资的错误理解，积极了解投资理财的知识，主动寻求合理投资途径，走出投资理财的第一步。在低利率时代，“投资理财”已经成为大多数人的生活内容。

投资理财的课程也开始从北大等大学课堂延伸到老百姓的日常生活中，投资理财的人群从以前专业的投资者发展到上班族、家庭主妇、学生等更广阔的人群。随着经济环境的变化，过去传统单一的储蓄式理财方式已无法满足一般人的需求，各种新的投资产品层出不穷，也为投资者提供了多样化的选择。投资无疑成为我们提高生活水平，使自己财富增值保值的最有效途径。

赚钱重要，投资比赚钱更重要

我们一般都习惯于打听“你一个月能拿多少薪水”，而很少有人问“你一个月投资获利多少”。

很多人的思维还停留在以前的阶段，认为每月拿着固定的薪水，看着自己工资卡里的数字并不少，总感觉高枕无忧。直到年末的时候，才发现每个月的薪水虽然不少，但是不知道跑到哪儿去了。

对年轻人来说，赚钱固然重要，但是投资更不可或缺。只会赚钱不会投资，到头来往往还是一个“穷人”。从某种意义上来说，是富人还是穷人，不看你能“挣”多少，而看你会“投”多少。

王芳毕业两年后，在北京一家文化公司从事创意工作，现在的月薪是6000元左右，这也不算特别少。可是，每个月她的钱却不够花，每到月底还要向同学或朋友借钱。而她的同学朋友中，许多人没有她挣得多，却从来没有借过钱。原来，王芳只知道挣钱，却不知道怎么花钱，当然更从来也没有考虑过去做一些投资。她花钱大手大脚，比如每次出门都喜欢打的，每次打的的钱虽然不多，但是天天如是，每个月的打的费就需要将近千元。她每次去商场看到喜欢的东西，几乎没有自制力，每次都差不多刷爆卡。虽然也有时候能存下来一点钱，很快就能将存下的钱花完。毕业两年了，她还是没有长远的规划，对她来说，挣4000元是花，挣6000元也是花，反正从来没有考虑过投资的事。

王芳只不过是众多年轻人的代表，他们不注重理财、不善于投资，就可能要过拮据的生活。只会挣钱不会投资的人往往遭遇更大的经济压力。

北大投资课认为，投资至少有以下好处：

1. 平衡人生的收支

人生有很多梦想，这些梦想的实现需要经济上的支撑，例如，累积足够的退休金以安享晚年，建立教育基金是为子女的将来考虑，积累一定的资金购车、买房，或者积累一笔资金用于到世界各地旅游，有些人还打算创立自己的事业，等等。这些目标的实现都需要你不断积累财富，对收支进行控制。

如果一个人在任何时期都有收入，而且在任何时候赚的钱都等于用的钱，那就不需要投资了。但很显然，人的一生不可能都处于这种平衡状态，投资规划对每个人来说都是必需的，因为每个人都要为自己积累财富。

可是实际上，人的一生中大约只有一半的时间有赚取收入的能力。假如一个人能活80岁，前18年基本受父母抚养，是没有收入的；65岁以前，则必须靠自己工作养活自己和家人；而退休后如果不依赖子女，且此时又没有工作收入，那么靠什么来养老呢？如果你有投资意识，在65岁退休以前这长达47年的岁月中，每个月省出200元，购买成长性好的投资品，假设年收益率为12%，那么，47年后会积累多少财富呢？是5453748.12元，接近550万，这是一笔不小的数目，这样的话，你就可以享受比较富裕的晚年生活了。

2. 提高生活的品质

每个人都希望过好日子，而不仅仅是满足于正常的温饱水平。你是否想买一幢或者一套豪华舒适的房子？是否想开辆豪车驰骋在空旷的马路上？你是否想在周末或节假日去豪华餐厅享受温馨浪漫的晚餐？是否想每年出国旅游一次？这些都是基本生活需求以外的想法，但并不是幻想。追求高品质的生活，需要不断投资增加财富而得以实现。

3. 追求资产的增值

劳动创造财富，这是没有错的。我们当然需要努力工作，从而获得正常的财富，这是根本。但人们除了辛勤地工作获得回报之外，还可以通过投资使自己的资产增值，利用“钱生钱”的办法做到财富的迅速积累。对于大多数人来说，在基本的工资收入之外，能通过投资获得一定的收益，是一件幸福的事。

4. 抵御可能的风险

古人云：“天有不测风云，人有旦夕祸福。”一个人在日常生活中经常会遇到一些意料不到的事情，如生病、受伤、亲人死亡、天灾、失窃、失业等，这些都会使个人财产减少。现在已经是市场经济时代，虽然住房、养老、教育、医疗、失业等福利已经慢慢健全，但是这些只是基础的福利。要抵御不测与灾害，更重要的在于自己，必须进行科学的投资规划，合理地安排收支，以求做到在遭遇不测与灾害时，有足够的财力支持，顺利地渡过难关；在没有不测与灾害时，能够建立“风险基金”，并使之增值。

5. 提高自己的信誉度

常言道：“好借好还，再借不难。”合理地计划资金的筹措与偿还，可以提升个人的信誉，增强个人资金筹措的能力。当然，科学地规划个人的财务也能保证自己的财务安全和自由，不至于使自己陷入财务危机。

赚钱重要，更重要的是利用有限的金钱学会投资理财。赚钱与投资就像是富人的两只手，只有用两只手才能捧住财富。

懂得计算成本与收益

近几年来，我国掀起了一股前所未有的投资热潮，大批的民众涌入股票市场、基金市场，一时间，“谈股论金”成为街头巷尾热议的话题。似乎人人都在谈投资，但是，真正了解它的人又有几个呢？

谈到投资，多数人都理解为一种理财的方式，认为投资就是购买国债，就是买房子或者买股票。而企业家们谈到投资，多数人认为投资就是购置土地、建设新生产线、扩大生产能力等。不同的人对投资有着不同的理解，官方给“投资”的定义是“把金钱转化为资本的过程”。西方经济学家威廉·夏普对于投资的定义是“以牺牲当前的消费来增加未来的消费”。换句话说，人们投资的目的就是获得回报，并且这种回报是要大于投资人初始的投入。

随着时代的发展，个人投资理财的领域日渐宽广，金融机构也为普通民众理财开辟了广阔的空间。民众对于理财的意识不断增强，致使投资热潮不断升温。古人云：“工欲善其事，必先利其器。”我们要想做好投资这件“事”，必须要了解投资是什么，有一个充分的投资知识的准备。

个人财富的增值、家庭的收入增加、企业的赢利、国家的经济发展都离不开投资。但是投资市场变幻莫测，只有掌握了投资的知识，熟悉各种投资方式与技巧，才能使自己在市场中立于不败之地。所以北大课堂上的投资学知识，理所当然地受到大家的关注，受到大家的追捧，谁都希望通过学习投资学来掌握投资这个神奇的致富工具。可以说，谁掌握了投资，谁就掌握了生活；谁掌握了投资，谁就掌握了世界。

对于我们普通人而言，当我们准备进行投资时，首先必须要弄清楚，投资的成本是什么，随之而来的收益怎样。这看似简单的问题是投资学中最基本也是最重要的问题，它直接影响着我们投资的选择与决策，并且这种选择会对整个投资过程产生实质性的影响。

“世上没有免费的午餐”，不论我们做任何事情，都要付出代价。这也就是说，牺牲当前的消费，来增加未来的消费，投资的成本就可以理解为我们牺牲的当前的消费。

在很多情况下，成本与收益是对等的。例如，工人辛勤劳动，换取报酬，这时所付出的成本与得到的收益之间确实存在着对等关系。而在有些情况下，这种对等关系是不存在的。成本与收益的不对等才是现实生活中广泛存在的，只有弄清楚这一点，才会使我们真正去认识投资。李嘉诚就是因为掌握了投资的成本和收益的关系，所以早早地收获了大笔钱财。

从 1958 年开始，李嘉诚就有计划地选择购买房地产、地皮。首先，他在香港旺角北购买了一块土地，建筑了一座大厦。接着，他又在紫港购买了地皮建楼，不久顺利出手，赚取较高的利润。

20 世纪 50 年代末，他知道政府将要实行高地价的政策，于是，当机立断，买下了新界屯门乡的一块地皮建造工厂。20 世纪 60 年代初，李嘉诚的发家产业塑胶花生产走向低谷，面对这种形势，李嘉诚下决心改变经营类型，大规模进军房地产业，短短几天内便买下了上百万平方米的地皮和旧楼。不久，香港地价、房价暴涨，李嘉诚由原来的千万富翁一跃跨入亿万富翁的行列，成为香港房地产业的巨人。

到了20世纪60年代中后期，由于政局不稳，投资骤减，房地产价格猛跌。在这种情况下，大家纷纷抛售地产，而此时的李嘉诚却把全部的资产转化为地产，而且光买不卖。在别人的眼里他简直是愚蠢透顶。结果，李嘉诚的房地产业又进入了第二个高潮时期。到了20世纪70年代初期，地价再度回升，房价上涨。而此时李嘉诚已经建起了许多漂亮大楼和厂房，不久都全部出售，利润成倍增长。

李嘉诚的成功在于他善于把握时机，懂得算计投资的成本和收益，以其独到的眼光与精准的预见，在大家抛售时低成本买入，在市场繁荣时再高价卖出，得到数倍于成本的收益。

当然，实际生活中的投资不可能这么简单，但我们必须懂得计算投资的成本与收益。对于普通人而言，我们所需要做的就是如何把握时机，使自己手中的金钱能带来最大的收益。

学会投资，实现财富保值增值

投资的内容越来越受到人们的关注，最大的原因在于人们手里的闲钱比以前更多，人们更加迫切地希望手头的钱能持续生钱。

在上世纪80年代，如果一个人的年均收入能达到1万元，那么可能是当时远近闻名的“万元户”。但在如今，普通居民的人均收入如果低于1万元，应该可以列为低收入群体了。

由此观之，30年前的1万元并不等于现在的1万元，财富是会贬值的。如果不学会投资理财，你很有可能会由昔日的富翁变成普通人，甚至会变成未来的贫困者。假如20年前，你花10万元投资一件古董，现在也许值100万；15年前，你如果花50万投资房产，现在也许超过150万了；20年前，你要是买10万元的万科原始股票，现在就已经是千万富翁了。由此可以看到，合理的投资不仅能帮助我们抵御通货膨胀，还能为我们创造财富。

依靠投资致富的人，到底拥有什么特殊技能使自己的财富不断保值增值呢？那些天天省吃俭用、日日勤奋工作的上班族所欠缺的究竟是什么呢？富人何以能在一生中积累如此巨大的财富？答案无非是投资理财的意识与投资理财的能力。

民众理财知识的差距，是造成财富差距的真正原因。

叶青工作生活在某三线城市，月薪3000元左右，工资比较稳定，扣除日常开支，每月可以攒下1000元。她今年23岁，现在与家人同住，希望在30岁以前结婚生子。叶青通常把钱储蓄在银行，现在听说购买基金进行长期投资，风险低，回报可观，于是想转变投资方向。除了每月把这1000元闲钱储蓄在银行，她有更好的方法实现钱生钱的目的吗?

以叶青的实际情况分析，虽然她月收入并不高，但由于与家人同住，没有供房等方面的压力，每月尚且有1000元的储蓄，所以财务情况还是比较乐观的。这笔钱如果叶青不想用于储蓄，做基金定投用于投资，是比较合理的。她可以将1000元分成3个部分，分别投资于股票型、平衡型和货币型基金。其中，500元用于投资股票型基金，300元用于投资平衡型基金。剩余的200元，可用于投资债券型基金。如果要寻求更加稳健的回报，则可将投资于平衡型基金的300元中，拿出100元用于投资货币型基金。

假设每年投资的理想回报率为12%，叶青今年是23岁，7年后，即当叶青30岁时，可以获得一笔12～13万的收入，足以满足结婚生子的需要。另外，考虑到叶青的月收入不高，如果没有社保等保障，很难应对个人风险，所以应该想方法增加个人保障。可以将投资于平衡型基金改为投资货币型基金，每月投300元，一年后可确保获得4000元左右的收入。一年之后，将这笔4000元的资金用于购买保险，比如，购买重疾险等。由于是分期缴费，每年4000元的资金刚好可以支付一年的保费。

从这个简单的例子中可以看出，实现财富的保值增值，可以让生活过得很轻松，经济上也会富裕很多。挣多少花多少，身边永远没有余钱，一辈子都是穷人。一个月强制拿出10%的钱存在银行或保险公司里，很多人做不到。其实换个思维方式，你也许就能转过这个弯。如果你的公司经营不好，老总要削减开支，给你两个选择，第一是把你开除，补偿两个月工资；第二是把你1000元的工资降到900元，你能接受哪个方案？99%的人都能接受第二个方案。

那么，你给自己做个强制储蓄，发了工资后直接将10%的钱存入银行或保险公司，不迈出这一步，你就永远没有钱花。学会把钱投资在基金、股票、债券、不动产等上面，真正学着做一些投资。

1. 投资积少成多

假定有一位年轻人，从现在开始能够每年存下1.4万元，如此持续40年，他能攒下 56 万元；但如果他将每年应存下的钱都投资股票或房地产，并获得每年平均 20%的投资报酬率，那么 40 年后，他能积累多少财富？一般人所猜的金额，多落在 200 万元至 800 万元之间，顶多猜到 1000 万元。然而正确的答案是：1.0281 亿。这个数据是依照财务学计算年金的公式得出的，计算公式如下：1.4 万$+$1.4 万$(1+20\%)+\cdots+$1.4 万$(1+20\%)^{40}=$1.0281 亿。

这个神奇的公式说明，一个 25 岁的上班族，如果依照这种方式投资，到 65 岁退休时，就能成为亿万富翁了。投资理财没有什么复杂的技巧，最重要的是观念，观念正确就会赢。每一个靠理财致富的人，只不过养成了一般人无法做到的习惯而已。

2. 学会用“钱追钱”

有句俗语叫“人两脚，钱四脚”，意思是钱有 4 只脚，钱追钱，比人追钱快多了。和信企业集团是中国台湾排名前 5 位的大集团，由辜振甫和辜濂松领军。外界总想知道这叔侄俩究竟谁比较有钱，其实，有钱与否和个性有很大关系。辜振甫属于保守型，而辜濂松属于激进型。辜振甫的长子——辜启允非常了解他们，他说：“钱放进辜振甫的口袋就出不来了，但是放在辜濂松的口袋就会不见了。”因为辜振甫赚的钱都存到银行，而辜濂松赚到的钱都拿出来投资。而结果是：虽然两人年龄相差 17 岁，但是侄子辜濂松的资产却遥遥领先于其叔辜振甫。因此，一生能积累多少钱，并不取决于你赚了多少钱，而取决于你如何理财。致富的关键在于如何正确理财。

3. 选择合理投资方式

目前，储蓄仍是大部分人的理财方式。但是，钱存在银行短期是最安全的，长期却是最危险的。银行储蓄何错之有？其错在于利率（投资报酬率）太低，不适于作为长期投资的工具。同样，假设一个人每年存 1.4 万元，而他将这些钱全部存入银行，享受平均 5%的利率，40 年后他可以积累 1.4 万$+$1.4 万$(1+5\%)+\cdots+$1.4 万元$(1+5\%)^{40}=$169 万元。与投资报酬率为 20%的项目相比，两者收益竟相差 70 多倍。

更何况，货币价值还有一个隐形杀手——通货膨胀。在通货膨胀 5%的情况下，将钱存在名义利率约为 5%的银行，那么实质报酬等于零。因此，一个家庭存在银行的金额，保持在两个月的生活所需就足够了。不少理财专家建议将财产三等份：一份存银行，一份投资房地产，一份投资于灵活性较高的理财工具上。不妨使投资组合为“两大一小”，即大部分的资产以股票和房地产的形式投资，小部分的钱存在金融机构，以备日常生活所需。

4. 选择合适的投资策略

理财致富是“马拉松竞赛”而非“百米冲刺”，比的是耐力而不是爆发力。对于短期无法预测，长期具有高报酬率的投资，最安全的投资策略是：先投资，等待机会再投资。

事实上，影响未来财富的关键因素，是投资报酬率的高低与时间的长短，而不是资金的多寡。以那个神奇的公式所讲述的方法为例，若你已经拥有 36 万元，则你可以减少奋斗 10 年，若你已有 261 万元，则可以减少奋斗 20 年，而只需 20 年就可以成为亿万富翁。要想拥有更多的本钱，不妨去借。投资理财的最高境界也正是“举债投资”。而银行的功能，则是提供给不善理财者一个存钱的地方，好让善于理财者利用这些钱去投资赚钱。

有些人认为理财是富人、高收入家庭的专利，要先有足够的钱，才有资格谈投资理财。实际并非如此，每个人都应该学会投资，实现自己财富的保值增值。

财富积累取决于你如何投资理财

作为工薪阶层，大多数人的财富创造是依靠付出劳动来换取的，也就是我们所说的劳动收入。我们强调投资的重要性，并不是否认劳动收入的重要性。在获取劳动收入之余，花费一些精力在投资理财方面，依靠投资理财不断积累自己的财富，这才是真正的成功者。

对于不少人而言，单纯依靠工资永远也富不起来，工资收入在维持日常开销后，总是不见剩余。财富的增长还是需要依靠资本的积累，只有合理进行投资，让“钱生钱”，才能达到致富的目的。

小李今年已经 34 岁，在杭州一家会计师事务所工作，目前正值工作稳定期，每个月的收入也不算少。她是一个持着“今朝有酒今朝醉”的想法的人，在她看来，平时工作太辛苦，根本没时间去研究股票、期货来做投资，有时间也是自己忙里偷闲，不愿再费脑力。谈到理财计划时，小李无可奈何地表示，自己自从从事会计工作后，根本抽不出时间和精力去打理自己的收入。她发现，虽然自己的年收入不算少，到自己的财富却不见有多少增长。

小李的困惑同样是很多人的困惑。可见，不管你多能赚钱，如果你不懂得投资理财，让自己的钱躺在银行卡里“睡觉”，财富积累的速度仍是相当地慢。

不少能拿较高工资收入的人都在抱怨自己入不敷出，事实果真如此吗？作为空中小姐的严敏总是嚷着自己没有钱，殊不知很多人在艳羡她的高收入。

严敏是国内某家航空公司的空姐，她的基本工资再加上加班费和奖金，每月几乎都是上万元。照理说，这么多的钱也不算少，但她总是弄不清自己将钱花在什么地方了？

因为职业的特殊性，要保持良好的形象仪表，所以化妆品和服装方面的花销是必不可少的，也是她每月开销中最大的部分。看着同事们穿的用的都是国际一流品牌，她自然也不能太过于落后，于是她每月光是购买化妆品就得花掉一两千，服饰装扮花掉大约三四千，加上其他方面的开支，每个月入不敷出就在情理之中了。

也许有的人只挣两三千元钱，可是通过合理地安排与打理，不仅餐桌上能够有荤有素，而且家里水、电、煤气费用，孩子的上学费用等都安排得井井有条；而有些人虽然能挣上几千块，却经常被银行的账单“逼债”，弄得手忙脚乱，狼狈不堪。这就涉及到投资的问题。

财富的积累不能光靠工资，还要靠投资。沃伦·巴菲特是国际金融投资界公认的“股神”“当代世界上最伟大的投资者”。他靠股票、外汇投资成为顶级富豪的传奇经历，在全球投资界传为佳话，被美国《财富》杂志评为“20 世纪 8 大投资大师”之首，被《福布斯》杂志评为“美国有史以来 15 大富豪”之一。

巴菲特 1930 年出生于美国小城奥马哈市，11 岁时购买平生第一支股票。1951 年哥伦比亚大学硕士毕业以后担任股票经纪人，1956 年成立合伙企业——巴菲特有限公司，象征性投入 100 美元，从此开始投资生涯。他 1993 年成为世界首富，之后一直稳坐第二把交椅，2008 年又重登世界首富宝座，那时他的个人资产就高达 620 亿美元。

在个人创造财富方面，投资所能带来的财富是无穷的，巴菲特的成功足以证明此点。很多人之所以把精力放在工作换取收入上，是因为打工所要求的条件较低，只要付出劳动，就能获得相应的回报。但是，这种回报是有限的。而投资需要有一定知识基础和技能要求，甚至有一定的风险性，所以人们面对这种不确定性时往往望而却步。其实，每个人都可以成为投资者，通过学习和实践，这不仅是我们可以做到的，也是我们必须要做到的。

需要永远记住，财富的积累决定于你是否投资、如何投资。“一生能积累多少财富，不取决于你能够赚多少钱，而取决于你如何投资理财。”这是巴菲特对投资的看法。很多时候我们在艳羡别人财富的同时，其实我们也可以勇敢地迈出自己的步伐，迈入投资致富的行列。

投资思路决定个人出路

有一句话叫“思路决定出路”，这同样适用于投资领域。在我们的生活中，很多看上去不勤奋的人，事业很成功，但是人们忽略了他的“头脑”；而很多看上去很勤奋的人，却一事无成，这是因为人们只看到了他的“蛮力”。投资致富的人，都是用“头脑”赚钱的人，是真正成功的人。

“穷”和“富”有首先源自思路的差距：穷人穷，是他们的思维造成真正的贫穷，穷人不仅缺钱，更缺一个赚钱的头脑。富人的富不仅仅是因为他们有钱，而是因为他们拥有一个与时俱进的赚取财富的头脑。所以富人和穷人是有着根本区别的：穷人不允许自己的口袋空；富人不允许自己的脑袋空。因为放在口袋里的东西，有一天会属于别人，放进脑袋的东西，则是自己永远的财富。

富人之所以富，并不在于他们的钱袋有多鼓，而在于他们的脑袋有多灵活。有这一则寓言故事足以说明。

在贫困的山区有两个年轻人准备外出打工。一个决定就近去省城，另一个准备去远方特区深圳。他们扛着包裹在寒冷的候车厅等车时，一起等车的乘客议论说，南方人精刁得很，外地人问个路都要收费，还是家门口的人淳朴有乡情，看到吃不上饭的人，还送馒头送旧衣服呢……一番议论改变了两个人的主意：去深圳的人觉得还是在家门口发展比较好，再难也不至于饿死；去省城的人向往深圳，给人带路都能挣钱，真是遍地都是机会啊，于是命运让他们改变了方向。

去省城的人一个月什么都没干，果然没有饿着。渴了喝银行大厅里的免费太空水，饿了品尝大商场里的免费点心。去深圳的人发现在深圳看厕所都可以赚钱，弄盆凉水让人洗脸也可以赚钱，只要愿意干活都可以赚钱。一年后，他居然在深圳拥有了一间小小的门面。两年后，办起一个小公司。如今他的公司已有150多个打工仔，业务也由深圳发展到广东和浙江，马上就要覆盖家乡这片天空了。

前不久，他坐火车回家乡探亲。在家乡所在的省城火车站，一个捡破烂的人把手伸到他面前，向他要手中剩下的半杯可乐，就在递瓶时，彼此都愣住了，因为五年前外出打工时候，在候车厅里，他们曾换过一次方向。

观念的不同一定会造成个人命运的不同，可见观念改变我们的命运，影响我们的生活。人太穷的时候，不得不整天为生存而奔波，他的头脑里只有对温饱的追求而没有对财富的渴望，因而也就失去了成为富人的条件。

想要成为一个富人，不但要有智慧的思维，而且要付诸行动。只有这样，才能跻身富人的行列，从中你可以领会到，拥有财富也并非什么难事，只要掌握了好的思路和方法，灵活运用，财富自然滚滚而来。

思路决定出路，观念改变人生。对于一名真正的富人来说，他在任何条件下，都能够通过自己的思考，把智慧变成财富。这就是富人和穷人的区别。想在人生的舞台上取得辉煌成绩，首先要打破常规，敢想敢做，视野前瞻，观念超前。因为具有什么样的观念，就决定了你有什么样的人生。

向贫穷说再见，必须拥有富人的头脑，否则将会一直在贫穷中叹息，永远与财富失之交臂。

在人生舞台上取得辉煌成就的人，莫不是勇于打破常规，具有独特观念的人。古人说得好：“一念之差，谬以千里。”

渴望成为富人的人很多，真正成为富人的却很少。只有充分利用自己的大脑，思考出让自己迅速致富的方法，才能真正成为富人。记住：没有富脑袋支撑的富口袋，迟早有一天会变成“穷口袋”的。

投资理财，越早越好

不少年轻人总认为投资是中年之后的事，因为到中年之后也许才有闲钱，甚至到了老年再来投资也不迟。但投资能否致富，与金钱的多寡关联性很小，而与时间长短的关联性却相当大。

古希腊格言讲得好：“要种树，最好的时间是 10 年前，其次是现在。”对于投资而言，最好的时间段就是越早越好，千万不要等到以后。有人认为年轻的自己工资收入低，生活压力大，唯有等奋斗个十几年之后，等人到中年再去投资。

人到了中年面临退休，手中有点闲钱，才想到要为自己退休后的经济来源做准备，此时可能已经错过了很多投资的收益。从前文中我们已经了解到，投资的时间不够长，无法使复利发挥作用，要让小钱变大钱，时间越长获利越大。时间太短，无法使小钱变大钱，投资越晚，所丧失的投资机会越多。

为什么非要等以后呢？投资就在当下。正如生活中有些人，他们想出去旅游，经过一番冥思苦想，参考了无数攻略，规划好自己要去哪些景点、吃哪些小吃、路线如何、在哪里住宿，但结果往往是连自己的家门也没有跨出去，那些完美的计划也就没有了任何意义。一个没有行动去支持的目标，就像挂在墙上的画一样，永远成不了现实。只有行动才会产生结果，行动是任何成功的保证。不肯行动的人，只是在做白日梦。这种人不是懒汉，就是害怕挫折，他们终将一事无成，做任何事情都是如此，投资亦然。

人们总是习惯于为自己寻找各种借口。如现在的收入不够高，身边没有闲钱等。实际上，很多时候尽管收入多了，但同时却花了更多的钱去买更大的房子，买更好的车，日子反而比以前过得更紧巴了。长此以往，就形成了一个怪圈。因此，如果你希望跳出怪圈，就应养成良好的投资习惯，尽早实现投资理财计划。

许多人对于投资抱着得过且过的态度，总认为船到桥头自然直，但随着年纪的增长，眼见别人的财富逐渐快速增长，才警觉到投资的重要性，此时才开始想投资，可惜因为时间不够，复利无法发挥功能，懂得投资又如何，为时已晚！

投资最重要的是行动。也有人是理论派，说起投资获利头头是道，问他获利多少，答曰还没有投资行动。既然知道投资可以致富，那么我们还应该知道，除了充实自己的投资知识及技能外，更重要的就是即时的投资行动。投资活动应越早开始越好，并培养持之以恒、长期等待的耐心。

另一方面，既然要决定投资，就要尽早学习相关投资知识，毕竟投资是一门学问。而今大多数人不能致富的原因，是不知如何运用资金，达到以钱赚钱、以投资致富的目标。这是我们教育上的缺失，我们的学校教育花大量的时间教导学生掌握谋生技能，以便将来能够赚钱，但是从不教导学生在赚钱之后如何管钱。大学生自我训练理财的途径——投资股票，往往被校方视为投机、贪婪的行为，而不加提倡。面对未来财务主导的时代，缺乏以钱赚钱的正确投资知识，不但使人们致富的梦想难以实现，对企业的财务运作与国家的经济繁荣也会有所伤害。

不要再以未来走势不明确为借口，而延后你的投资计划，又有谁能事前知道房地产与股票何时开始上涨呢？过去每次价格巨幅上涨，事后总是有许多人悔不当初。价格开始起涨前，是没有任何征兆的，也没有人会敲锣打鼓来通知你。对于这种短期无法预测，长期具有高预期报酬率的投资，就像巴菲特认为的那样，最安全的投资策略就是："先投资，再等待机会，而不是等待机会再投资。"

我们要尽快行动起来，克服做事拖拉的习惯，开始犹豫的时候就让自己赶快行动起来。相信自己的能力，不论是成功还是失败都不至于后悔。不要总想等待最佳时机，这样你只会在等待中错失良机。

投资理财，要趁着自己年轻、善于学习而有充足的动力时，及早准备，及早开始行动。古人说得好："千里之行，始于足下。"不要在接近人生旅程的尽头，回顾一生时，说："如果我能有不同的做法……如果我能在机会降临时，好好地利用……"如果你还没有投资行动，那么，赶紧行动起来吧。

"没有钱"不能成为不投资借口

"没有钱，所以没法投资"，这种说法乍听之下确实很有道理，没有钱怎么投资理财呢？但我们细想一下，很多人对自身"没有钱"的判断是不准确的。"有钱""没钱"是相对而言，1000 万元有 1000 万元的投资方式，1000 元也有 1000 元的理财手段。更何况，收入相对较低的人群，更需要把每一分钱都用在有用的地方，更应该运用投资手段，让自己的收入能不断增值。

事实上，"没有钱"不应该成为不投资的借口，能不能投资理财，将在很大程度上影响自己的未来。越是没有钱，就越应该学会投资。

吴师师还没有毕业，在北京一家公司实习，每月只能挣 1600 元。如何在实习期让自己的收入管够自己的开支，她有自己的方法。她与别人合租了一个郊区的平房，扣除房租 500 元外，剩余 1100 元。她的作息很有规律，早起坐公交上班，基本都是自己买菜自己做饭，公交和餐饮就可以省下不少钱，加上买衣服都选择适合自己价位的，周末朋友聚会也喜欢去公园、香山之类的地方，所以她不但不用向别人借钱过日子，每月还能剩余 500 元存入银行。实习一年来，这笔存款被用来买基金产品，比单纯存在银行的收入高多了，这让师师感到十分欣慰。此外，随着实习期的结束，她的工资也在大幅上涨，她现在每个月至少能积余 2000 元以上了，她对今后的投资之路更具信心了。

可见，即使月收入只有 1000 多元的人，只要日常生活规划合理，仍能积攒出一定的资本。师师虽然收入不高，但是如果每个月都能坚持攒下 500 元存入银行，在银行里开个零存整取的账户，抛开利息不说，20 年后，仅本金一项就达到了 12 万元，要是再加上利息，数目就不容小视了。当然，她的收入不可能永远停留在这个水平上。当师师收入适当增加后，她就可以尝试其他的理财方式，比如基金或者涉足股市等，那获得的回报就更加丰厚了。而不少人虽然薪水不低，但几年时间过去，存折上仍然没有积蓄，即使日后有了更好的理财机会，也还是照样认为自己“没钱”，不适宜投资。

很多自认为“没有钱”的人，其实都可以通过日积月累的储蓄方式，攒下人生中的“第一桶金”，为尽早开始投资做准备。

而对于确实收入不高的人来说，储蓄是最安全保险的投资方式。有的人认为应该享受当下，而且认为储蓄很难，要受到各种各样的限制；有的人会认为储蓄的利息甚至追不上通货膨胀的速度，储蓄不合适。然而，事实并不是这样。储蓄是一种积少成多的“游戏”，只需我们拿出每月一部分的零钱，像滚雪球效应一样，点点累积变成洪流，慢慢耕耘结出硕果。相反，把钱放在口袋里，最后都是花掉，可能连花到哪里去都不记得了。很多收入不错的人多年无法积累出自己的“第一桶金”，正在于其不善于理财，不善于通过储蓄的方式，为自己存下本钱。

初入社会的年轻人，应该为自己的生活做出正确的定位，根据自己的薪水合理地规划支出，将理财意识切实渗入到生活中。对于“月薪族”来说，不论收入多少，都应先将每月薪水拨出一定的比例存入银行，而且“不动用”“只进不出”，如此不只是为自己存下一定的资金应对突发事件，还能积少成多，方便以后的投资。

这就是“不积跬步，无以至千里；不积小流，无以成江海”的道理。有钱没钱，都要尽早投资，只有根基打好了，才能走好今后的理财之路，不然，无论到何时，都能用“没有钱”的借口搪塞自己。

像热爱游戏一样热爱投资

有人认为，投资跟游戏不一样。但实际上，投资与游戏有许多相通的地方。

投资大师巴菲特从11岁起就喜欢玩股票，跟其他孩子喜欢研究飞机模型一样，他喜欢把股价制成表，观察涨落趋势。他把投资股票当作一种喜爱的游戏，几十年热情不减。据说，某一天晚上，巴菲特和他的妻子苏珊受邀去朋友家中吃饭。晚餐过后，朋友架起幻灯机向他们展示金字塔的照片，这时候巴菲特建议朋友给苏珊放照片，而他自己则饶有兴趣地去朋友的卧室读一份年报。读年报是巴菲特的爱好，就像我们很多人下班之后喜欢打游戏一样。

巴菲特如此成功的原因之一就是他对投资的深厚兴趣，把投资当作一种游戏，没有像很多投资者那样被自己给自己施加的压力拖垮，所以在大多数人亏得血本无归时，他却如鱼得水。视投资为游戏，而不仅仅是赚钱，这就是巴菲特。

正因为投资是他热衷的游戏，不是养家糊口的职业，所以，他永远有十足的精力投资——就像一个逃学玩电子游戏的孩子那样着迷而专注。

不少世界顶尖的投资大师，之所以在投资领域辛勤耕耘，乐此不疲，是因为他们没有把投资当成繁重的工作，没有沉迷于对金钱的追逐，而是把投资当成一种获得自我满足的游戏，并努力将游戏玩到出神入化的境界。大师们正是完美地做着这个游戏，才使得他们有源源不断的精力和智慧去完成漂亮的投资。

不单是巴菲特，投资大师摩根对于投资的热爱甚至达到了痴迷的程度。他每晚到小报摊上买一份载有股市收盘的晚报回家阅读。当他的朋友都在忙着怎样娱乐的时候，他说："有些人热衷于研究棒球或者足球，我却喜欢研究怎么投资。"他从来不认为投资是很枯燥无聊的事，他经常像小孩研究弹弓一样研究投资，他总是琢磨怎么高效地投资。

投资大师们的投资方式各不相同：有投资股票的，也有投资基金的。但他们都有一个共同的特点，那就是不为金钱而生活，他们甚至不需要金钱来装饰自己的生活。他们喜欢的仅仅是游戏的感觉，那种一次次投资，又一次次地通过智慧赚钱的感觉。

不要把投资变成一种沉重的负担，而应该将其当作一种满足心理的游戏。在投资的时候，你要进入一个游戏的世界，作为游戏的参与者，你要不停地和对手进行较量和角逐，你要采用一切办法和手段来胜过其他的人，你要超越所有的人，才可以赢得最后的胜利。

像热爱游戏一样热爱投资，并非说你对它的态度可以懒散而随便。事实上，玩游戏的人是最专心致志的人。玩游戏让你进入一个张弛有度的良好状态，既不过度紧张，又不完全松散，它让你对投资市场风云变幻洞若观火。所以说要想投资成功，最好的办法就是不要把投资当成单纯赚钱的事，而是把它当成一种游戏融入生活，让投资不再弥漫过重的金钱气味，这样你才会对投资保持持久的兴趣和清醒的认识。

投资是一种可以掌控的游戏，无论你是谁都可以试试。比如，让自己的孩子成为富翁，你可以根据自己目前的经济状况，按照下列游戏规则去做就可以：

假如你的孩子刚刚出生，你打算在他 60 岁时让他成为亿万富翁，则从现在开始每个月只需投资 7744 元，每年的回报率保证在 12%以上，那么 60 年后他的资金将积累到 1 亿元。如果你现在已经给他储备了 2 万元，那么只需每个月投资 5742 元，60 年后他也会成为亿万富翁。

如果你现在已经有10万元，而且每年的投资回报率为12%，那么你不但不需要再投资，而且每个月还能得到2264元的回报，你的孩子60岁时也将成为亿万富翁。

有的父母会说我们每个月节省不了那么多钱，那你每个月节省下来100元总可以吧，如果你的年投资回报率是12%，60年后你的孩子仍然会成为一个千万富翁。

投资没有什么特别的奥秘，也不需要太复杂的技巧，只要懂得投资游戏的法则，并按照游戏法则坚持玩下去，你就是最后的赢家。

随着时代的发展，我们可以投资的金融产品越来越多：A股、B股、封闭式基金、开放式基金、国债、企业债、企业可转债、期货、黄金、外汇、房地产等。面对众多的投资品种，我们需要了解投资的基本常识，熟悉投资的游戏规则，最重要的是培养起投资的兴趣和爱好，这样才能视投资为常态，以游戏的方式在快乐中轻松地收获财富。

保持自信主动的投资态度

成功的投资者之所以能够成功，在很大程度上依赖于他们的信心。成功者对于自己能成功都很有信心，这种信心对许多人来说甚至是顽固不化、不可理喻的。对投资者而言，必须保持自信主动的投资态度。彼得·林奇曾经说过：“动用你3%的智力，你会比专家更出色。”

24岁的青年巴鲁克，以普普通通的出身，凭着自己准确的判断和锲而不舍的精神，用借来的5万美元在10年间滚出了亿元身价，铸造了以色列第一财务软件企业的宏伟事业。当时电脑行业正在兴起，随着大量国外品牌电脑的进入，国外大公司开发的各种软件也开始长驱直入，计算机行业再次面临着机会的诱惑，不少人认为国外的计算机无论硬件还是软件均远远超过本国，与其苦苦开发民族软件，不如直接销售推广国外的硬件和软件，这样风险小，来钱快。

巴鲁克仍然潜心致力于民族财务软件的开发、销售，似乎并不在乎国外同行的竞争。在他看来，软件应用离不开技术和服务的本地化支持。国外许多公司可以将软件加以调整推向市场，但其母版是国外的，不可能完全符合本国企业的要求。民族软件业的优势就在这里，不仅完全做到了应用、服务的本地化支持网络，而且从软件设计上一开始就充分考虑到了以色列企业的现状。

也正是凭借这一优势，2000 年，巴鲁克击败国外著名公司，以不菲的价格拿下了仅软件服务就达 1000 万美元的大洋公司财务软件合作项目，巴鲁克的判断力再一次得了高分。

拥有信心对投资商业十分重要，但是这种素质在投资中更重要。建立在科学判断的基础上，就一定要坚信自己的眼光，才有可能拥抱财富。我们要像巴鲁克那样在确定自己的计划之前周全考虑，在计划实施后，坚信自己。投资也是如此，只有坚信自己的眼光，才会避免犹豫不决带来的财富损失。

由于不懂如何面对未知且不确定的投资环境，误以为必须具有未卜先知的能力，或是要有绝对高深的分析判断能力才能做好投资，许多人便习惯性地把投资决策托付给专家。

然而，如同彼得·林奇所说："5 万个专业投资者也许都是错的。"如果专业投资者真的知道何时会开始上涨，或是哪一只股票一定可以买的话，他早就已经有钱到不必靠当分析师或专家来谋生了。

因此，以专家的意见主宰你的投资决策是非常危险的，投资到头来还是要靠自己。当然，这并不是说分析师的意见不重要，他们的意见可以为你提供投资参考。

事实上，个人投资者本身有很多内在的优势，如果充分地加以利用，那么他们的投资业绩丝毫不比投资专家逊色，在投资上只要你做好市场调查，坚信自己的决定，你就能成为自己的投资专家。

基于投资知识的匮乏，很多人在投资过程中也缺乏自信与主动。向"钱线"进军的时候，我们要善于把学习相应的知识，更重要的是保持自信主动的投资态度，要向投资大师学习投资赚钱的本领。

自信与主动兼备，辅之以认真的思考和谨慎的行动，我们一定会在投资场上取得成功。

控制自己的恐惧与贪婪

贪婪和恐惧是人类的天性，在投资市场随处可见贪婪与恐惧的情绪。对利润无休止的追求，使投资者表现出贪婪的一面，总希望抓住一切机会，而当股票价格开始下跌时，恐惧又占满了投资者的脑袋。市场是由投资者组成的，因而情绪比理性更为强烈，惧怕和贪婪使股票价格在公司的实质价值上下跌宕起伏。当投资者因贪婪或者受到惊吓时，常常会以不可理喻的价格买入或卖出股票，追涨杀跌是贪婪与恐惧形成的典型后果，也是会将投资者带入无限投资风险的巨大隐患。

我们知道，投资并非零和游戏，也不是只有从别人的口袋中掏钱才能赢利。战胜市场、战胜庄家、战胜基金，是热门投资书籍中经常提到的字眼，而投资市场真正的敌人却很少有人提及。贪婪、恐惧、害怕困难、不能坚持原则、没有信心、没有耐心、没有勇气、没有目标和信念，这些才是投资最大的敌人。

人性的弱点埋藏在灵魂的深处，如果我们不能有意识地进行系统分析，并针对性地防范，同样的错误总会在投资决策中一犯再犯，而犯错的驱动力也永远不能消除。要战胜自己，首先要认清敌人，即清楚自己的弱点所在并克服它，我们才能在投资市场上立于不败之地。

在投资获利的机会面前，很多人变得理智全无，丧失判断力，幻想着能够一夜暴富，甚至幻想着能发生不劳而获、天上掉馅饼的好事，以至于沉迷于不可信赖的事物中难以自拔，最终输得倾家荡产。

家明在一次中了10元的彩票之后，就开始迷上了彩票，结果没多久又意外地中了2000元，从那个时候开始，家明购买彩票的次数越来越多，金额越来越大，很快就将前两次中奖的钱都赔了进去……但是家明并没有就此停手，相反却越买越上瘾。偶尔中过几次几十元、几百元钱，可大多都是有赔无赚。有时还和同事朋友借钱买彩票，结果几年下来，不但辛勤工作挣来的积蓄全无，甚至还负债几万元，可以说全都是彩票惹的祸。

贪婪是人的本性，但是投资场上一定要克服贪婪。在诱惑面前，投资者会有不同的反应，有的人轻易陷进去，有的则站在旁边犹豫，有的人则坚决地走开。大家需要知道的是：在任何时代，求利须有本，本大则利厚，这里的本并不单单指启动资金，它包罗万象，也包括自己付出的很多东西。由于各人自身因素不同，因而所追求的利润也不相同。看起来一本万利、不劳而获的诱惑背后，往往都蕴藏着巨大的陷阱与风险。

如果有人对你说：“我手头有家河南企业的原始股，公司马上就要到美国上市了，5元一股卖给你，上市后可就变成5美元了！”如果你有一位远房亲戚某天突然出现要拉你一起“发财”，你会不会为之心动？千万不要以为这只是个笑话，这种类似的故事正在很多人的身边上演。当你遇到这些发财的机会时，不免要多做一些功课，以免掉入陷阱中。

现在有好多年轻人，心存“一夜暴富”的幻想，从而把“投资”看作是“赌博”，这显然是不正确的。投资并不是“百米冲刺”，可以立竿见影，投资是“马拉松赛跑”，是耐力的角逐。而一夜暴富的财富、一本万利的财富梦想就好比彩票一样，容易使你进入到投资的巨大危险当中。

股神杨百万懂得控制自己的贪婪，但他见过不少人却不懂得控制内心的贪婪，有一个与他一起炒股的人，当初也是几千元起家，几年就赚到了3500万元。杨百万劝他：“好了，赚不少啦，拿出500万买套别墅，再存500万元备用，留2500万元在股市里滚也不错了。”可是，那人不听，不仅分文未取，甚至还借了3000万投进去，沾沾自喜地以为，滚一个多月就可以上亿了。结果，股指一下从500多点跌到300点，投进去的钱一半没了，后来这个人一直也没买上房子，还欠着一屁股债。

对许多投资者来说，无论赚多少钱都嫌赚得太少，这时候贪婪便成了成功投资的杀手。不论从长期实际经验看，还是从极小的机会看，谁都无法以最高价卖出，因此，不要使贪婪成为努力的挫折，投资中应时刻保持“知足常乐”的心态。

“炒股还需要宽广的心胸，”杨百万说，“有的人虽然抛了，可是，当这只股票再涨上去时，他又开始后悔、抱怨抛早了，虽然赚了，也不快乐。如果大家调整一下心态，把该赚的赚了，也别赚全部，留点机会给他人，这样心情就快乐了。只要快乐，事情就能做得长了。”

常常有人问杨百万：“该买哪只股票?”杨百万说：“我最害怕人家问这个问题，股市瞬息万变，击鼓传花，传到你是涨是跌很难说，谁又能给你一个承诺?所以，我只能传授我进出股票的体验。”

杨百万说，这么多年他能不倒，重要的一点是信奉落袋为安，赢了钱就从股市抽出来，而不是全投进去，这需要自己抑制自己的贪欲。

很多人将投资比喻成无底洞，这虽然有些夸张，却也有着一定的道理。如果我们不能遏制住自己贪婪的本性，那么不管多少钱都会进入这个洞中，这样的投资就失去了意义。

金钱只为懂得它的人工作，如果你想获得财富，就应该学会控制自己的恐惧和贪婪。投资是一场理智的博弈，在投资场上，我们只有学会控制自己的“感性”，充分利用自己的“理性”，才能做出最正确的决定。

第二章　向贫穷说再见，投资要及早规划

培养其财富意识是我工作内容之一，当然前提是合理合法致富。自己富了……社会贡献大，也帮助了低收入者，并避免自己、家属及亲属成为社会负担。对高学历者来说，贫穷意味着耻辱和失败。

——董藩

（北京大学总裁班兼职教授，经济学家，房地产专家）

怀揣致富梦想，稳步追求财富目标

对金钱的合理追求是高尚的行为，通过合法途径致富是值得骄傲的事情。有人说得很有道理："很难相信有谁会把追求财富当作罪恶，事实上，正是因为对财富的追求才使世界变得美丽。"

要想获得财富，首先要怀揣致富的梦想。德国的社会学家韦伯在解释为什么西方社会富翁辈出时指出，正是在宗教改革后，新的教义告诉人们追求金钱是上帝的合理安排，因此人们开始把通过合理渠道和勤奋工作赚钱看成是上帝赋予的事业，亿万富翁也因此不断地涌现了出来。财富对社会、个人都是重要的；财富是有益处的，它把人们从苦难中解脱出来，走向文明与幸福。

任何人都应该心怀致富的欲望，只有致富后才能具备更大的能力去做自己愿意做的事。那些亿万富翁们，在自己享受生活的同时，还通过设立基金，让其他人分享他的快乐。比尔·盖茨是巨富，他设立了世界最大的慈善基金，价值几十亿美元，可以使很多没有钱的人继续上大学。比尔·盖茨通过智慧赚取财富，又把它回馈给社会。追求比金钱更高的价值，这不是很高尚的行为吗？他们会有一

种常人无法体会的成就感。

从个人角度来说，财富还在于它能够给人以自信。口袋里有钱，银行里有存款，会使人轻松自在，不必为别人怎样看你而发愁，也不必为几百块钱的消费而过多忧虑，可以潇洒地出入商场和豪华的酒店。如果你还没有财富，请正视自己的处境，仔细研究一下财富的价值，把追求财富当作前进的动力。

当然，要把追求财富当成自己的事业，而不是单纯的享受。如果你把追求财富当作一种事业，就会站在一个更高的角度来看待它，因而也就更容易在生意场上取得成功。对于那些经济成功人士而言，赚钱使他们感到快乐，不在于自己的金钱增加了多少，而在于自己通过赚钱，证明了自己的能力，这种满足感才真正是快乐的源泉。这种满足感使自己在赚钱的时候感觉自己是在从事一种事业，从而极大地激发自己的创造性和幸福感。

不管你出身怎样，只要你愿意掌握自己的命运，你就能够获得财富。如果你投入了必要的精力和决心去追求财富，你就能感受到做投资致富的幸福。

赚取金钱的最大障碍源于内心，首先必须要有致富的愿望。常有人整天眯着眼睛考虑“有没有什么办法赚大钱”，恨不得一天就赚十万八万元。其实，越是这样的人，越不容易赚到钱。

要想致富，成功的要诀是及早发现“赚钱并不是目的，而是一种手段”。预先设计一个路线图，再来实践赚钱的计划。如果只是糊里糊涂地为钱卖命，那又何谈赚钱的意义？

在赚钱之前，必须给自己订立赚钱之后的计划，这样才更有追求财富的动力。

在设定自己的财富计划时，我们必须弄清楚以下几个问题：

我现在处于怎样的起点？

我将来要达到什么样的制高点？

我所拥有的资源能否使我到达理想目标？

我是否有获取新资源的途径和能力？

只有弄清以上几个问题后，才能制定明确的目标并设法达到。有了适当的财富目标，并以此目标来主导进军财富的行动，才能到达幸福的彼岸。

投资之前，必须为自己制定财富目标，没有目标就没有行动、没有动力，盲目行事往往成少败多。在制订财富计划表时，应该把需要和可能有机地统一起来，在此过程中，必须要考虑到以下 4 点要素：

1. 了解本人的性格特点

如何通过投资致富，首先你必须要根据自己的性格和心理素质，确认自己属于哪一类人。对于风险而言，每一个人面对风险的态度是不一样的，概括起来可以分为三种：一种为风险回避型，他们注重安全，避免冒险；一种是风险爱好者，他们热衷于追逐意外的收益，更喜欢冒险；另一种是风险中立者，他们对预计收益比较确定时，可以不计风险，但追求收益的同时又要保证安全。生活中，第一种人占了绝大多数，因为我们都是害怕失败的人。在众人的心中，只追求一个稳定，但是往往是那些勇于冒险的人走在了富裕的前列。

2. 分析个人知识结构和职业类型

投资前首先必须认识自己、了解自己，然后再决定投资。了解自己的同时，一定要分析自己的知识结构和综合素质，从而选择合适的投资机会。

3. 考虑资本选择的机会成本

在制定财富计划的过程中，考虑了投资风险、知识结构和职业类型等各方面的因素和自身的特点之后，还要注意一些通用的原则，以下便是绝大多数犹太投资者的行动通用原则：

（1）适当持有一定数量的股票。采用多种投资方式时，股票类资产必不可少，投资股票既有利于避免因低通胀所导致的储蓄收益下降，又可抵御高通胀所导致的货币贬值、物价上涨的威胁，同时也能够在市道不利时及时撤出股市，可谓是进可攻、退可守。

（2）反潮流的投资。别人卖出的时候你买进，等到别人都在买的时候你卖出。这话说起来容易，实际操作起来并不容易，因为这需要具备超凡的判断力和理性。大多成功的股民正是在股市低迷无人入市时建仓，在股市热热闹闹时卖出获利。

像书画投资，比如热门的名家书画，如毕加索、凡高的，投资较大，有时花钱也很难买到，而且赝品多，不识真假的人往往花了冤枉钱，却得不到回报。同时，有一些现在年轻的艺术家的作品，将来也有可能升值。又比如说，收集邮票，邮票本无价，但它作为特定的历史时期的产物，在票证上独树一帜。目前虽然关注的人不少，但潜在的增值性是不可低估的。

（3）努力降低成本。我们常常会在手头紧的时候透支信用卡，其实这是一种最为愚蠢的做法，往往这些债务又不能及时还清，结果是月复一月地付利，最后导致债台高筑。此外，这还会影响个人的资信，影响个人的信用度。

（4）建立家庭财富档案。也许你对自己的财产状况一清二楚，但你的配偶及孩子们未必都清楚。你应当尽可能地使你的财富档案完备清楚。这样，即使你去世或丧失行为能力的时候，家人也知道如何处理你的资产。

4. 考虑选择财富的分配方式

选择财富的分配方式，也是制订财富计划表中一个不可缺少的部分。首先取决于你的财富总量。在一般情况下，收入可视为总财富的当期支出，因为财富相对于收入而言是稳定的。在个人收入水平低下的情况下，主要依赖于工资薪金的消费者，其对货币的消费性交易需求极大，几乎无更多剩余的资金用来投资创造财富，其财富的分配重点则应该放在节俭上。

个人财富再分配可以表述为，在既定收入条件下对消费、储蓄、投资创富进行选择性、切割性分配，以便使得现在消费和未来消费实现的效用为最大。如果为这段时期的消费所提取的准备金多，用于长期投资创富的部分就少；提取的消费准备金少，则可用于长期投资的部分就多，进而你所得到的创富机会就会更多，实现财富梦想的可能性就会更大。

明确自己是哪种类型的投资者

根据每个人性格和资金条件的不同，我们可以将投资者分为不同的类型。有些人偏向短期投资，有些人偏向长期投资；有些人喜欢冒险，有些人相对保守。只有清楚地知道自己属于什么类型的投资者，才能更加准确地选择适合自己的投资方式和策略。

短期投资，是指能够随时变现并且持有时间不超过 1 年的投资。如果是做一项长期投资，考验的是投资者的眼光和长期的判断力，而短期投资中，考验的就是投资者的方向、速度和决策力了。

相对而言，长期持有是偏好长线投资的投资人的最理想的状态，也是长线投资的魅力所在。巴菲特曾经说过："我认为投资者应尽可能少地进行股票交易。一旦选中优秀公司大笔买入之后，就要长期持有。"巴菲特在 40 多年的投资中，十几只股票使他赚取了大量财富。作为一般的长期投资者，需要耐心地持有他们手中的投资组合，不被别人的短线获利所诱惑。

还有一部分投资者倾向于风险投资。部分冒险投资者基本上实现了财务自由，希望通过高风险投资方式，实现更快的财富积累，享受投资过程中的巨大刺激，以及由此而来的成就感。对这部分人来说，股市和期货市场等风险较大的金融市场则成为了他们通天财技的主战场。

大多数的投资者都属于稳健型投资者。稳健型投资人在制订投资策略上更适合于保本的投资组合，所以，对于这样的投资者来说，储蓄和保险的投资所占的比重相对高一点，债券投资的比重又比基金、股票的投资相对要高。如今，保本型理财产品取代了挂钩股票市场的理财产品，备受广大投资者的青睐。与只盯着基金、追求高回报不同，现在大多数投资者理财都力求“稳中求胜”。与之前普通投资者一味追逐高收益，对资本市场风险认识和预期不足相比，投资者们在经历股市动荡、初尝理财喜与忧之后，投资心态日渐成熟，投资选择趋于稳健，说明投资者们的理财水平有了很大的提升。

另外还有保守型投资人。保守型投资人一般来说收入不是很高，因而对资金的安全性有着很高的要求。因而保障本金的安全是保守型投资人在做投资时首先需要考虑的。保守型投资者更多的还要考虑家庭财务情况，比如接近退休或准备生孩子的投资者，即使风险承受能力高，也不宜投资过多的高风险产品。

别让通胀率侵蚀了你的资产

坐在新买的车里，汪伟才感觉自己真的迈进了白领阶层。“买车的想法已经有两年多了，直到去年这个时候真正把车买了，这颗心才真的落了地。”

但成了有车族后，汪伟的花销也随之增加，这一点让他感到有些担心。根据他的测算，买车一年多来，正值油价大幅上涨，这一年已经上涨了 1.3 元，按照一个月加油 150 升计算，一个月下来仅在汽油方面支出就多了近 200 元。

除了汽油涨价，其他方面物价的上涨也令他感到担忧。由于职业本身的原因，每个月他都有固定的钱用来购买化妆品，他原来购买的套装在 500 元左右，而现在同样的一套已经涨至 700 元，再加上女朋友用的化妆品也涨价了，目前他仅用在购买化妆品上的支出就足足增加了 400 元。

如果说开车、化妆品花销是可以控制的，那么日常生活支出就无法避免了。饮食方面的开支就比同期要高多了。上一年时，一个礼拜出去吃两次饭，100 块钱基本可以下来，但现在吃一顿饭可能就要百八十元，如此算下来一个月也要多出四五百元。按照汪伟的说法，尽管他的月薪已达五六千元，但相对于不断上涨的物价，这些钱还是显得少了些。“现在基本上一天的花费就得 100 元，一个月就是3000元，而去年这个时候一个月2000元已足够。”汪伟不禁感叹生活费的不断提高。

经济高速发展，物价也在飞速上涨，钱越来越不值钱，这是通货膨胀的现象。我们可以发现，租房的费用上涨，食品也涨价，到餐馆吃饭的价格不知不觉地也在涨。无论是汪伟，还是生活中的我们，都遇到的同一个问题：尽管薪水在上涨，但是比起通货膨胀，物价上涨的速度，年年增长的收入似乎总也赶不上。“每月还没等发工资，上月的钱就已经花没了。”不少年轻人都如此慨叹。不少人手中固定的“票子”再也换不回以前满足而且已经习惯的生活物资了，生活在大打折扣。

人们收入增加，支出同样也在增加。从某省统计局获悉的一组数据，虽不是直接体现这个问题，但数字背后的含义耐人寻味。2010年一季度事关民生的重点商品销售额增长较快，粮油类零售额同比增长36.6%；蔬菜类零售额同比增长32.6%，服装类零售额同比增长48.0%；体育、娱乐用品类零售额同比增长56.7%；煤炭及制品类同比增长1.83倍；汽车类同比增长30.8%。

增长的速度如此之快，恐怕不全部是人们不断增加的消费量，这与物价上涨有着很大关系。从总体来看，物价上涨的种类很多。所以消费者感到人民币贬值确实不是空穴来风，而且将有可能是长期影响。

这里我们更全面地分析通货膨胀的影响，主要有以下3个方面：

1. 不利于经济发展

通货膨胀的物价上涨，使价格信号失真，容易使生产者误入生产歧途，导致生产的盲目发展，造成国民经济的非正常发展，使产业结构和经济结构发生畸形化，从而导致整个国民经济的比例失调。当通货膨胀所引起的经济结构畸形化需要矫正时，国家必然会采取各种措施来抑制通货膨胀，结果会导致生产和建设的大幅度下降，出现经济的萎缩，因此，通货膨胀不利于经济的稳定、协调发展。

2. 加大收入分配差距

通货膨胀的货币贬值，使一些收入较低的居民生活水平不断下降，使广大的居民生活水平难以提高。当通货膨胀持续发生时，就有可能加大收入分配的差距，继而造成社会的动荡与不安。

3. 引起汇率贬值

通货膨胀会降低本国产品的出口竞争能力，引起黄金外汇储备的外流，从而使汇率贬值。另外，通货膨胀导致银行利率上升，其中贷款利率的提高，给百姓购买房子带来了更大的压力，房价将可能继续保持上涨的趋势。

在物价不断上涨的通胀年代，钱更不值钱，这个时候，作为普通人的我们，更要学会投资理财，才能让生活不受影响，才能不降低生活质量。这就是必须学会的生存的智慧，为避免因通货膨胀而受到损害，就要求每个普通人都得努力把自己锻造成理财好手。

通货膨胀率高于银行利率时，就出现了所谓的“负利率”，聪明的投资者不再愿意把钱放银行，而是更愿意把自己的闲钱投向投资收益率较高的证券市场，如股票、基金等。

应对通胀的最好办法是进行投资，如果投资收益超过了通胀，资产就能保值增值，避免缩水。投资实物资产更保值。在通货膨胀的情况下，投资实物资产的资产保值作用比较明显；而投资于一些固定收益类的产品，随着通货膨胀，在一定程度上来说是贬值的，比如，债券。通货膨胀唤醒了百姓的投资理财意识，使得百姓的投资理财的意识越来越普及。

“知己知彼”才能投资致富

“知己知彼，百战不殆”，这是一种军事谋略，也是投资真经。每个人都有和别人不一样的地方，自己适合做哪方面的投资，哪些方面的投资值得去做，这些都是需要投资人考虑到的。要想通过投资致富，就应该首先学会认清自己的才能，认清投资的对象以及当前投资的形势，并将它发挥到最大的功效。

了解自己的性格特点，以及分析自己最擅长的领域，这就是“知己”，接下来要做的就是“知彼”。想在投资中取胜，投资者必须要了解、研究投资工具，选择最适合你的一种投资方式并且熟练地运用它为你赚钱。

投资的工具有很多种，包括定存、基金、股票、期货等等，投资工具无所谓哪个好哪个不好，重点是哪一个最适合你。

那么，应该如何做到知己知彼，选择适合自己的投资方式呢？

1. 从时间的角度

选择什么样的投资方式，首先需要你对自己的情况做一次客观的评估。比如你的空闲时间有多少、资金有多少、风险承受能力有多大等等。有的投资工具需要投入大量的时间去观察分析，比如股票、期货，如果你的空闲时间比较多，可以选择这些类型的投资工具；而有些投资工具只需要投入少量的时间就能掌握其要领，比如基金、房地产、债券等。如果你空闲的时间比较少，那么这类的投资工具相对来说更加适合你。

2. 从投资工具的风险角度

每个人的风险偏好不同，而投资工具的风险也不同。有的投资工具风险小，虽然回报率比较低，但是相对安全，比如债券。如果你的风险承受能力相对较低，则这类投资工具比较适合你。

3. 如何明确自己的目标

如果你追求更高的回报，你就可以选择股票、股票型基金以及期货等工具。

选择一种最适合自己的投资工具不仅能给投资者带来丰厚的收益，同时也会带来投资成功所获得的快乐。

张先生大学毕业已有几年时间，如今在一家事业单位上班，每个月收入比较稳定，大约有3000多元，此外还有近5万元的存款。然而，手上虽然有一些存款，却不知道该如何去经营。张先生所采用的投资方法非常简单，他一直把钱放在银行里存定期。工作了3年多，他发现自己的财富增长非常缓慢，于是张先生便有了利用其他方式投资理财的念头。他希望通过投资，能够让自己的财富更快地增长。

但是，对于张先生来说，他并没有研究过各种投资方式。在刚开始的时候，张先生选择了股票投资，因为他听说股票赚钱快。可是没多久以后，他就发现了重要的问题——股票需要经常关注股市行情，但他根本没有时间，即便他可以通过手机上网来随时查看股市行情，并且买卖股票，但是，他根本没有精力去打理。经过一段时间的股票投资，虽然他从股市中赚了一点小钱，但是与他所耽误的时间相比，这点小钱几乎可以忽略不计。在权衡之下，张先生决定放弃炒股。

放弃了股票投资后，张先生并没有就此放弃投资，他从股票市场转向了基金市场。他做了一些功课后，把手上的基金投资分几部分，30％的股票型基金，40％的债券型基金，另外，他还买了几份保险。

对于张先生这个平时工作比较忙的人来说，自从转向投资基金之后，他就不再为耽误工作而烦恼了。总体而言，他投资的基金产品每年的回报率都比较稳定，这让张先生在赚钱的同时也很有安全感。

每个投资工具都有其利弊，如今市场上存在着各式各样的投资工具，每一种都有可能为投资者带来收益，但是每一种也都存在着风险，关键是在于选择最适合你的一款投资工具。投资市场上最忌从众心理，见到别人投资赚钱了，便也跟着买进、卖出，这样偶尔可能会赚些小钱，但这样费时费力不说，动作稍微慢点，就可能被套或者割肉赔钱。因此投资者一定要有自己的主见，避免盲目从众。

有的人喜欢买国债，认为买国债保险，收益也较高；有的人喜欢做房地产，认为房地产市场套数多、空间大、有意思；还有的人喜欢收藏钱币、古董……投资者在选择时，应结合自己的专长，在各个时段认真分析投资工具的利弊。

可见，投资者首先必须认识自己、了解自己，然后认真分析各种投资工具的利弊，再决定投资什么、如何投资。只有从实际出发，脚踏实地，真正做到知己知彼，才能在投资中得到较好的回报。

投资过程要循序渐进

不少“大妈”早在20世纪90年代就已经涉入投资领域，只不过那时她们的投资渠道主要集中于购买国库券。但正是这批有远见的“大妈”，在以后的投资市场能随处可见她们的踪影，房地产市场、黄金市场、股票市场，她们渐渐玩得风生水起。

随着经济的快速发展，股票、债券、外汇、保险、房地产等投资工具的日益扩大，家庭投资也成为一种时尚，善于投资的家庭，其生活日渐富裕。不会投资的家庭，即便收入不低，也很可能在家庭经济上捉襟见肘。

从“中国大妈”身上，相信大家对投资过程有了感性的认识，下面我们来分析一下投资过程：

1. 做好投资的功课

一般人的观念中都认为“理财”等同于“不花钱”，进而联想到理财会降低消费所得到的乐趣与生活质量。对于喜爱享受消费快感的年轻人来说，心理上总是认为“理财”不是年轻人的事。这是事实吗？答案当然是否定的。年轻人不喜欢理财或是不知道理财，最主要的原因就是漠视“人”与“钱”的差别。普天下的人都知道一个道理“钱能生钱”，西谚叫作“Money makes money”，意即钱追钱总比人追钱来得快捷有效。

那么如何用钱去追钱呢？首先，当然要拥有“第一桶金”——一笔骁勇善战的母钱，然后用这笔母钱产生“钱子钱孙”。但是这第一桶金应该怎么来呢？生活中我们常被“清仓大减价”“免年费信用卡”等引诱得控制不住花钱的欲望，一次又一次地错过储蓄“第一桶金”最好的时机。所以只有先下定决心自己理财，才算是迈开成功理财的第一步。

2. 合理支配钱财

有些人会挣钱，但不会让自己的财富增值。挣下的并不是攒下的，攒下的才是挣下的，从这个角度来说，人人都应学会合理支配钱财。的确，如果想致富，同时又不依赖彩票中奖等概率极小事件的话，从支出控制方法里学点小窍门，从每个月的收入中硬性存下一部分钱，也许今日的“月光族”们就不必为30年后的养老金过分担忧了。

生活理财起初最常见的方式就是强迫自己每天存一笔钱到存钱筒里，而这个存钱筒最好是透明的，并每天记录下来。透明的存钱筒是为了让你随时查阅理财的成效，记录是让你养成记账的习惯。当你每日的储蓄随着时间的累积，达到一定数量后再转存到存折里，如此日积月累，就可以逐渐养成自己存钱理财的习惯。

生活理财的第二步，是培养记账的习惯。记账的好处在于你可以知道每日所花费的钱都用在什么地方，在财务需要节流时，也知道从何处下手。加上现在许多电脑软件，能帮你分析日常记账的资料，所以记账在现代生活中已不像以往那样是件吃力而没有意义的事了。

3. 实施稳步投资计划

投资理财其实并不是一件简单的事，必须懂得投资的基本知识，在这个过程中有两点要注意。

第一，从事理性的投资。为什么投资一定要强调理性的重要性呢？因为投资不当会导致出现严重负债的问题。理性、正确的投资不但可以将收入大于支出的差距扩大，使你的财务真正独立，并且能协助你达成人生的目标。

第二，理财要交给专家。专家可以全心投入理财的工作中，而且拥有较多的资源和工具，可以有效提高你的投资收益，这些都是专家理财的优势。

但另一方面，我们自己为什么还要学习理财知识呢？因为在你把钱交给专家理财之前，对这个理财专家充满信心，而且确定这个理财专家会以你最大的利益为最终理财的目的，最后还要确定会把你所投资的钱在你指定的时间回到你的口袋中。如果你没有十足的把握，那么你自己学习理财知识就是必要的。

4. 设定个人财务计划

投资者要设定自己的理财目标，理财目标最好是以数字衡量，计算你自己每月可存下多少钱、要选择投资回报率是多少的投资工具和预计多少时间可以达到目标。

因此，建议你第一个目标最好不要定得太高，所要达到的时间以 2～3 年左右为宜。如何才能在最短时间内达成这个目标呢？在不考虑其他复杂的因素下，一般理财目标的达成与下列几个变数有关：

个人所投入的金额：可分为一次投入或多次投入。

投资工具的回报率：投资工具可分为定存、基金、股票、期货、债券及黄金等。投资回报率愈高，相对风险也愈高。

投入的时间：金钱是有时间价值的，投入的时间愈长，所获得的报酬也愈大。

因此，最基本的设定方式为先确定个人所能投入的金额，再选择投资工具。此外，投资工具的回报率要超过通货膨胀，最后随着时间的累积，就可达到所设定的财务目标。

5. 定期检视投资成果

只要根据事前、事中、事后控制的方法，将你之前所做的理财投资步骤做一个整合后，你就可以了解在理财过程中定期检视成果的重要性了。

事前控制：设定理财目标，拟订达成目标再衍生产品市场。以下的问题可以帮助你：衡量目标设定是否合理？有配合你个人人生的阶段目标吗？达成目标的方法可行吗？你有能操作进行的步骤吗？

事中控制："记账"就是在事中控制的工作。你可以从自己的记账记录中得知你个人日常生活金钱运作的状况。若有异常的状况时，可以随时知道并做出应变。

事后控制：计划完成后的得失检讨结果，是另一阶段规划所必须参考的重要资料。

理财规划一定要科学合理

2014 年，郑女士的家庭年收入 16 万元，有房产，但是也有 16 万元左右的按揭，有社会保险，夫妻俩均过而立之年，但没有小孩，近期计划生育，同时还想买二套房和汽车。郑女士这样的情况，该如何做理财规划呢？

从郑女士的家庭财务状况分析，郑女士夫妇家庭年收入为 16 万元，应该说此收入属中上水平，在生育之前就已经拥有房产，并且按揭贷款不多，具备有一定的经济实力。但是，郑女士家庭同时面临三个财务需求：生孩子、买房和买汽车。显然，郑女士家庭的财务显然还未做好应有的准备，存在的问题主要包括：第一，缺少一定的家庭存款，无法应付突发性的家庭支出；第二，家庭资产单一，仅有一处房产，无投资性资产以获取更高收益；第三，家庭保障需增加，以维持家庭财务的安全性。

针对郑女士的家庭财务实际情况，可以给出如下的理财建议：

第一，准备一定的应急资金和生育资金。每个家庭至少需要准备3～6个月的备用金，从其年龄和收入状况来说，留存15000元左右的资金应该是必需的。按郑女士现在的年龄，首先应该考虑的是要孩子，其生育资金需准备20000元左右。35000元的资金可以一次性投资股票基金，近期的股票基金的收益率较高，而且其收益正处在上升通道中。

第二，可用基金投资来准备育儿、购房、购车的资金，在分散风险的基础上提高投资收益。

(1) 郑女士未告知其家庭按揭的具体年限，如果按10年期、20年期来估算，每月的还款额分别不到1800元、1200元。

(2) 如果需要再次购房，按100平方米的房子来估算，差不多需100万的资金，物业维修基金加税大致在20000元，按最少30%首付，还需按揭70万元，最长的贷款期限为30年，每月的还款额为4500元。

(3) 如果要买汽车，即便按10万元的车子计算，10%的税费也需准备10000元左右，首付最少30000元，另贷款70000元，最长5年期限，每月需还款1300多元（汽车贷款一般执行基准利率），而且购车后每年的保险费在4000元左右，每月的纯支出至少也在1000元左右。

(4) 郑女士生育后，家庭的支出每月将至少增加1000元。

综上情况，如果郑女士需全部实现三个目标，首付金额将在364000元，每月还款将在8100元，占所收入比例的60.9%，超过了警戒线，在财务不足的情况下，建议此目标暂缓，先实现生孩子和购车两个目标。育儿资金可采用基金定投的方式来投资。基金定投是一种较低风险中等收益的投资工具，按家庭实际情况，每月可定投3000元左右，按现在情况来看，定投每年可取得10%左右的收益率，一般而言其增长率还是能够覆盖房价的上涨幅度的，做定投最好是股票型基金。

第三，加强家庭的保险保障。根据郑女士的情况，每年可提出 10%，即至少 10000 元的资金投入保险。

通过郑女士的例子，可以看出，每个人可能都有自己的财务目标，但要实现所有的财务目标并不现实，必须学会科学理财：

1. 学习投资基本知识

不管投资股票还是基金，投资以前都一定要知道自己是在做什么。当然，我们不是专业人员，不用了解很多，但至少要懂得一些起码的常识，比如，我将要投资的东西到底代表了什么？它们的价值为何会上涨或下跌？买入卖出时的费率又如何计算？……学会这些常识后，你就能对未来发生的一些状况做出自己的判断，不会因为一时的涨跌而手足无措。

2. 充分了解自己财务状况

投资过程实际上是信息不对称的过程，在实际投资过程中，要完全做到知彼是不可能的，但是如果对自己的财务状况都不明了，就贸然投资，投资获利的风险性就比较大。要多问自己一些问题：我投资的目的是什么？预期收益率是多少？我能投入多少资金？风险承受能力又如何？我打算做一个怎样的投资者？……把这些问题都好好地想一想，和家人坐下来讨论讨论。

另一方面，有些有点经济能力的人，喜欢拿出自己的闲钱来投资，但是在投资上并不专心，因为他们认为闲钱即使输光了也不要紧。这种心态并不可取，投资理财是一种事业，是为了赚钱，千万不要抱着输光了也无所谓的心态来投资。

3. 注意搜集相关信息

投资理财的重要之处在于信息，唯有关注各方面的信息，才能让投资做到有迹可循。我们每个人似乎都会经历这一步，没有人第一次选择的股票或基金是完全靠自己的判断分析得出的。所以平时多留心媒体、专家、朋友的介绍，多采集接收信息，把这些都记录下来，确立一个投资的大范围。

4. 精挑细选，缩小范围

在投资对象较多的大范围中，逐一地进行了解、分析、一层层地筛选，把值得长期投资的目标，长期跟踪，锁定目标。即使经过了层层选拔，留下来的也未必就是对的，长期地观察和全方位地了解——这就是所谓的知彼。当然，要做到完全知彼是不可能的，但一定不能偷懒，尽可能多地去了解，做到心中有数。最后把投资范围缩小到个人资金可承受的范围以内。

5. 等待时机，大胆进入

即使你很看好一个基金、股票，也没有必要急着买入，耐心地等待它的回调，耐心地选择、耐心地等待，然后耐心地持有，千万不要忽视时间的力量。

学会制作财务状况表

财务状况表并不只是公司才能用得着，个人也应该学会制作财务状况表。为自己准备一个账本，记下你生活中的每一笔开支。这个方法看似简单，实则非常有效。平时居家过日子，进进出出的开支非常零散。一日三餐、交通、娱乐等，看上去好像很固定，但总是会有一些额外支出，月底时吓你一跳，不仅大大超出预算，而且思前想后也不知道钱花到哪儿了。

每天记账，每年制作一次财务状况表。通过记账，你可以明确，在这一年当中，你赚了多少钱，花了多少钱，又存下多少钱？你的家庭有多少财富可应用，又有多少债务未还？年终到了，除了家里要大扫除之外，财务也要来个年终结算，为明年做妥善的理财规划。

通过个人财务报表，个人的财务状况一目了然，有多少收入（毛利），多少存款（现金），有没有买房子（资产），有多少贷款（债务），每个月要花多少钱（成本）。完备的个人财务报表能让我们清楚地知道自己的财务状况，少花不该花的钱。当然，制作个人财物报表的时候也要考虑未来的财务状况，将来收入变化、成本变化和风险。将来有没有要花钱的地方，比如失业、医疗、保险、结婚、供养老人小孩等（风险）。

记账很重要，知道如何记账就更重要了。首先，记账必须要忠实记录。一般人最常采用的记账方式是用流水账的方式记录，按照时间、花费、项目逐一登记。若要采用较科学的方式，除了须忠实记录每一笔消费外，更要记录采取何种付款方式，如刷卡、付现或是借贷等。

其次，要特别注意记好资金支出。资金的去处分成两部分，一是经常性方面，包含日常生活的花费，记为费用项目；另一种是资产性方面，记为资产项目。资产提供未来长期性服务，例如，花钱买一台冰箱，现金与冰箱同属资产项目，一减一增，如果冰箱的寿命是 5 年，它将提供中长期服务；若购买房产，同样会带来生活上的舒适与长期服务。

最后，要整理好各种记账凭证。如果说记账是理财的第一步，那么集中凭证单据则是记账的首要工作，平常消费应养成索取发票的习惯。平日在收集的发票上，清楚记下消费时间、金额、品名等项目，如没有标注品名的单据最好马上加注。

此外，银行扣缴单据、捐款、借贷收据、刷卡签单及存、提款单据等，都要一一保存，最好放置在固定地点。凭证收集全后，按消费性质分成食、衣、住、行、育、乐六大类，每一项目按日期顺序排列，以方便日后的统计。

除了记下平时生活花费以外，还要有家庭财产记录。有人不喜欢将自己的财务状况公布给家人，他们甚至开一个秘密账户，与朋友合伙或借钱给朋友等。由于种种原因，借据、凭证或业务上的安排家人都不清楚。如果突然有一天，他突然出事了，借出的钱可能永远收不回来，合伙的财产被别人吞了，怎么办？拥有自己的秘密不是罪过，但如何才不会使我们的钱财不会凭空飞掉，又能保住秘密呢？将自己所有的财产登记入账是非常必要的。

记账只是一种使自己了解财务状况的方法，一种控制金钱的手段。我们所说的记账并不是狭义地记下每天的现金账，而是你各项开支和财产记录。这些家庭财产的实际记录，也许能够帮助你合理地使用每一分钱，从而更有针对性地做一些后续投资。

投资观没有最好，只有最适合

李雯今年 25 岁，单身，刚跨出学校大门不久，她目前在一家报社做记者，她还有读硕士的计划，目前每月收入 4000 元左右，由于没有家庭负担，除去基本生活费用，她每月可剩余 1500 元，并将其全部用作投资。这些资金中，80%用于股票市场，20%用于现金存款。

了解到李雯的近期人生目标，主要是在 5 年内读完一个硕士学位，而结婚买房等都还没有提上日程。但读书之前，也需在资金上尽量多做积累。因此专家建议，她应选择的投资组合方式是：在投资股票时，可以在入市之初稍作攒积，即先积累几个月的资金，再行入市。入市后，可以考虑不同的股票投资组合。股票的组合变化可以有很多，可以将 40%的资金投向那些业绩相对稳定的股票，取其相对稳健的优点；30%的资金投向一些新的上市公司，取其有更大的升值空间的特点；30%投向中小企业板块。在做以上选择时，还应该考虑其股票的行业构造，如相对来说，业绩稳定的传统工业企业，发展潜力巨大的高科技企业，风险和回报率大的服务行业等等，注意各行业之间的投资比例的平衡。

理财业有句行话“没有最好的理财产品，只有最适合客户的理财产品”。同样，“没有最好的投资观，只有最适合自己的投资观”。比如相同收入但生活费用不同的人，可以有不同的选择，有部分人需要自己租房，有部分人则不需要，可以根据实际情况拟订一个适合自己的计划，而且不要轻易更改这个计划。

尽管目前处于“低利率”甚至“负利率”时代，把储蓄作为首选的老百姓依然占了38.5%，仍处于较高水平。显然，这和中国传统的谨慎、保守的金钱观念是分不开的。要想管好自己的钱袋子，在保有财富的基础上，使之得到最大收益，必须具备如下两点：

1. 树立合理的理财观

一则故事这样说道：有位农夫整天无所事事，日子过得十分贫穷。有人问农夫是不是种了麦子。农夫回答：“没有，我担心天不下雨。”那个人又问：“那你种了棉花了吗？”农夫说：“没有，我担心虫子咬坏棉花。”于是，那个人又问：“那你到底种了什么？”农夫说：“我什么也没种，因为，我要确保安全。”

现实生活中，很多人就像上述故事中的农夫一样，总是想追求一种绝对安全的获利方式，不敢去投资，怕担风险。其实风险与机遇是共存的，没有投资哪来的收益呢？要想获得财富就必须要有风险承受能力，绝对安全的投资是不存在的，财富管理的核心就是在风险最小化的情况下实现收益最大化。

所以，树立合理的理财观至关重要。这就需要分析以下问题：在未来一两年甚至5～10年的时间里，自己的人生目标是什么？现在从事哪种行业？打算什么时候退休，退休后过怎样的生活？保险规划是否充分分散了风险？目前资产负债情况是怎样的？投资偏好如何？风险承受能力怎样？预期的投资回报率是多少？

从储蓄防老到买房投资，只有做一个合理的规划，才能使自己的财富不断地得到增值。

2. 知晓投资的专业知识

投资过程就是选择的过程，选择何种投资产品需要对投资产品进行综合的评估与分析，力争将风险降到最低，这就需要知晓一些投资理财的知识和及时获取理财产品的信息。

很多人缺乏理财意识，就只能把钱放在银行存着，获得极为有限的一点儿利息。其实，就算是储蓄，如果能操作得当，也能获得更多的利息，比如，长期不动用的活期存款换成定活两便存款。急用时，可以及时取出，获得活期的利息；

不用时，到期也会得到定期的利息，远远高于活期储蓄的收益。

有些人虽有投资意识，却不具备投资知识，对基金、股票、黄金、外汇一窍不通，他们经常会问理财师："现在有什么好的股票、有什么好的基金，请推荐给我，我去买。"其实，理财师只是综合市场情况对投资者提出一个购买建议，买或者不买的最终决断权取决于投资者自己。如果投资者自己不会分析和操作，就会陷入盲目投资的境地，毕竟理财师们的建议只能作为参考，决断权在自己。

制订切实可行的投资计划

虽然投资的具体操作说起来很简单，通常只要在投资机构开一个户头，看到什么好的投资项目，便可通过投资机构入市，等到升值了，认为已经升到顶，便可以出货，赚取其中的差额。很多基金项目的投资者，甚至不必去证券所，只要相信基金公司的管理，把资金交到他们手中，付给其一定数额的管理费，他们就会把资金集合起来，做全面性的投资，你就可以赚取一定的回报。

随着投资产品越来越多，投资方式越来越便捷，从表面上看，投资根本不需要什么计划，但事实并非如此，没有计划的投资，一定是失败的投资。做投资，必须为自己拟订投资计划。

投资计划需要考量多种因素，例如，在整个投资计划中，你可以主要倾向于低风险的投资方式。那么，大部分资金便应该放在低风险而回报比较稳定的项目上，如债券等；小部分可选择风险稍高的，如可选择前景看好的新兴创业板上市的科技股。只有这样的计划，投资者才能最大可能规避风险。

投资理念起指导作用。投资策略居于中间位置，起承上启下的作用。投资计划是最具体最实际的。投资大师巴菲特曾说过，他可以大谈他的投资哲学，有时候也会谈他的投资策略，但他绝不会谈他的投资计划。因为，那是最重要的商业秘密，是核心竞争力的集中体现。每个投资者水平如何，业绩差异多大，最终落脚在投资计划上。由此可见投资计划的重要性了。

做好投资计划，第一项工作就是确定投资目标，即选定具体的投资品种。投资目标要经过严格的标准检验。其次，制订买卖计划，在什么价位买入、持有多长时间、什么情况下卖出。再次，资金如何分配，动用多少资金，分几批买卖，等等。这些都要有清晰的具体的明确的说法，最好是形成文字材料，有据可依，有证可查。

制订投资计划，是投资者最重要最经常性的工作之一。但是要明白，做好这项工作要有充分的调查研究，有缜密的推理论证，要自己拿主意。制订投资计划，主要就是为了克服盲目性。如果投资计划不是建立在严谨的科学的基础上，那还不如不做计划。

投资计划若采用高风险的策略，保本的投资比例便会比较少，大部分资金集中在高风险的项目中。这些投资看准了便可以赚大钱，但看错了就可能全部赔光。投资者应给自己留一些后路，譬如，在手中预留大量现金，可以随时调用。这也是一个投资计划，若完全不顾风险，投资血本无归时，后果是难以想象的。

投资计划也包括每一项行动中的细节，例如，止损点的价位如何，止盈点的价位如何，什么时候应该买入，什么时候应该出货等，都应该在入市之前有详尽的分析和结论。

可以说，没有投资计划，投资就像航行在海上没有指南针的船一样。有了投资计划，投资就像有了掌舵人，有了前进的方向，知道自己下一步将会怎样发展下去，还差多少达到目标，离成功还有多远，以及还需多少资源、多少努力才会成功，之后就可以按照需要逐步实现自己的目标了。

具体说来，在投资之前需要做些什么呢？

1. 强制储蓄

到银行开立一个零存整取账户，工资到账后，其中一部分要强制自己进行储蓄。另外，现在许多银行开办“一本通”业务，可以授权给银行，只要工资存折的金额达到一定的数目，银行便可自动将一定数额转为定期存款，这种“强制储蓄”的办法，可以改掉乱花钱的习惯，从而不断积累个人资产。

2. 量入为出

对于“月光族”来说，最重要的就是要控制消费欲望。特别要建立一个理财档案，对一个月的收支情况进行记录，看看“花钱如流水”到底流向了哪，看看哪些是必不可少的开支，哪些是可有可无的开支，哪些是不该有的开支。然后，逐月减少“可有可无”以及“不该有”的消费。同时，可以用工资存折开通网上银行，随时查询余额，对自己的资金了如指掌，并根据存折余额随时调整自己的消费行为。

拳王泰森从 20 岁开始打拳，到 40 岁时挣了将近 4 亿美元，但他花钱无度，别墅有 100 多个房间，几十辆跑车，养老虎当宠物，结果到 2004 年底，他破产的时候还欠了国家税务局 1000 万美元。如果你不是含着金钥匙出生，享受应该是

40 岁以后的事，年轻时必须付出、拼搏，老来穷才是最苦的事情。

3. 抵制诱惑

商家促销的花样越来越多，各种诱惑使不少人患上了“狂买症”，特别是对于精于算计的女性，生怕错过优惠的时机，往往不考虑自己的需求，不顾购物的综合成本，一味疯狂购买。很多“月光族”都会因此血本无归，建议在购物前先考虑一下自己的这种消费是否合理。另外，节省开销也很重要。下馆子是“月光家庭”的主要特点之一，不少家庭的开支有时占到月收入的 1/4。建议家庭成员学习烹饪常识，下班时可以顺便买点自己喜欢的蔬菜或者半成品进行加工，既卫生，又达到了省钱的目的。

4. 不要透支

持卡消费越来越成为时尚的标志，但是并非人人都适合使用银行卡，特别是对信用卡更是需要慎重。另外，贷记卡的透支功能也要慎用，过度透支还会让自己成为“负翁”一族：房奴、车奴、卡奴。中国的“负翁”大多 28～35 岁。想好你是否具备财务能力再买房，否则就会沦为房奴。车奴更甚，车子是持续消费。年轻人不要对未来生活抱着不切实际的幻想。改变生活要从小钱开始。

5. 不要梦想一夜暴富

中国有句俗话“财不进急门”。一年中 40％～50％的收益不可信，要想想别人的动机，听起来过于完美的东西往往不是真的。很多中了彩票头奖的人 10 年后还是贫困。当别人给你貌似很好的投资机会时，问自己 6 个问题：谁在卖我东西，对方的信誉如何？我的钱干啥去了？我挣的是什么钱，盈利模式、收益率合理吗？年收益1％～5％是低，5％～8％是中等，8％以上是高。如果我不投了，卖得出去吗？如果卖不出去，可以自用吗？6 个问题如果有两个以上有疑问，就不大可信。

6. 开支分类

每月除了留下自己必要的零花钱外，将剩余部分全部拿出作为家庭基础基金；列举出当月的基础开支，如水、电、燃气、暖气等费用；列出当月生活费用开支（这里主要指伙食费）；再留少部分其他开支。

7. 合理存款

将必要的开支列出后，剩余的钱对于工薪家庭来说还是放在银行里最有保障。最好将这部分钱分为两部分，20％存为活期以作不时之需，80％存成定期，这样更能约束想花钱的冲动。再有一部分就是意外的大额收入，比如，过年时候的分红、奖金一类的数额较大的收入，这部分一般因金额较大，所以更要计划好如何去存储才最合适，最好不要存成一张定期存单，而是分成若干张，总之动用的存单越少越好。

8. 降低房租

长期租房的人经过自己的争取降低房租，这一点还是有可能实现的。首先，一定按时缴纳房租，要在规定日子提前三四天交给房主；然后，在适当机会和房主谈，请求房租降价。当然要有条件，你需要用你的存款一次付清一段时间的房租，每月也许可以省出 50～100 元。

9. 适时投资

如果自己的积累达到一定金额，而当房地产又具有一定的增值潜力时，就可以考虑按揭贷款购买住房。这样当月的工资首先要偿还贷款本息，不但能改变乱花钱的坏习惯，以这样的方式理财还可以享受房产升值带来的收益，可谓一举两得。另外，每月拿出一定数额的资金进行国债、开放式基金等投资的办法也值得采用。

高效率利用闲置资金

不少参与投资的人，都是利用手头的闲置资金进行投资。如何才能高效率地利用闲置资金，是投资者必须要面对的课题。

除去日常开销、基金股票投资等，你每月有多少闲置的资金（也许是应急资金）？它们随时可能被用到，不适合做定期存款，也不适合投资于股票型、混合型基金，只好放在银行卡里赚着活期利息。你是否觉得这些钱闲置着很不值？国庆节假日期间，沪深证券交易所、上海黄金交易所和上海期货交易所全部休市，空仓资金在节日期间难免要“睡大觉”。此外，计划在国庆节后用于购房、提前还房贷和购车等用途的大额资金也存在过节期间“睡大觉”的问题。

如何让闲置资金过节时不闲置？投资者的资金量越大，就越需要认真考虑这个问题。以股票投资为例，100 万元的闲置资金如果趴在保证金账户上不动，利率就不高。然而，如果我们合理运用一些金融工具，收益率可能会高很多。

几乎所有的银行都青睐大资金，例如：农业银行、浦发银行、华夏银行、北京银行和北京农村商业银行推出的“国庆版”的产品，期限为 7 天至 14 天，主要投资于债券或货币市场等低风险金融工具，大多承诺保本。其中，针对高端客户的产品预期年化收益率最高达到2.75%。产品说明书显示，银行更青睐大资金。例如，深发展的国庆产品分成3个档次，起始购买金额如果为5万元，则预期年化收益率为1.8%；起始购买金额如果为20万元，则预期年化收益率为1.9%；起始购买金额如果为500万元，则预期年化收益率为2%。浦发银行的国庆产品也将起始购买金额分成3个档次，分别是10万元、100万元和500万元，对应的预期年化收益率分别为2.5%、2.6%和2.7%。

当然，作为投资者要留意理财产品的时间差。比如，国庆节后股市、期市和黄金市场恢复交易时，有的银行理财产品尚未到期，存在时间差。以浦发银行产品为例，收益起始日期为9月30日，结束日期为10月11日，而股市于10月8日恢复交易。购买该产品的资金在10月8日无法投入股市。如果投资者希望“无缝对接”，那么可以选择更为灵活的常规性理财产品。

此外，逆回购是高手利器，逆回购是投资高手青睐的工具。个人投资者可以通过证券交易所把资金借给机构投资者，这种操作被称为逆回购。逆回购的风险低，而如果操作得当，收益率可能颇为理想。

负利状况下首重资产保值

张先生33岁，夫妻两人共有30万元存款，无债务，生活开销一般，也没什么需要大笔支出的地方。他认为，这两年房地产投资风险太大，对其他投资方式不太了解，他也不想将钱继续放在银行卡里，银行存款利率太低。他该如何做到保持资产保值增值呢?

根据张先生的情况，理财师提出建议：张先生可以对30万元存款作一资产配置。建议保留3个月的支出作为紧急备用金，以定期存款的形式持有，按照资金的流动情况分别存以3个月、6个月和1年期；假定张先生为稳健型投资者，剩余资金可按5∶3∶2的比例分别投资风险资产和无风险资产，其中50%的资金可以投资大盘蓝筹股和股票型基金、债券型基金，30%的资金可以考虑国债或银行人民币理财产品，最后的20%资金可考虑分红型保险产品。其间，建议张先生将每月家庭的结余进行基金定投，长期不懈地投资。

在通胀压力不断升温、楼市吹冷风的背景下，首要的是使资产保值。资产保值可从以下几个方面做起：

1. 购买银行理财产品

银行理财产品的收益容易受到资本市场大环境的影响。在通胀压力比较大的情况下，选择银行产品是有道可循的。但面对众多繁杂的理财产品，投资者要遴选出高收益的品种，策略上应有所侧重。首选挂钩商品类产品，比如，挂钩黄金、挂钩农产品的理财产品。

银行理财产品最近重新受到投资者的青睐，其中低风险、期限短的固定收益品种更受追捧。目前市场上2个月期限短期理财产品，预期年化收益率达到3%左右，半年期产品的收益一般都能达到3.6%以上，一年期产品的收益大多能达到4%以上，远远超出同期的存款利率。

2. 长期可配置抗通胀产品

专家建议人们可以根据自己的资产情况以及风险承受能力配置资产，中长期的资产可选择配置部分能防御通胀的高预期收益资产，如股票、黄金和基金。不过，也有分析人士认为金价中期将走弱，但长期来看仍将迎来上涨行情。对资金量不大的投资者而言，分析人士认为不适宜投资实物黄金；考虑到黄金抗通胀特性以及金价已大幅下跌的现状，看好黄金的投资者可少量配置黄金股抗通胀。由于美元走势对黄金投资影响较大，因此提醒投资者要多关注美国经济数据以及外汇市场的走势。

另一方面，中长期来看，股市上涨可为投资者提供抵御通胀的机会。

3. 定期存款不宜过长

在通胀预期下，将钱存在银行显然不划算。不过，专家也表示，市民短期资产可配置一些债券、存款等，但要结合个人的风险承受能力综合考量，较长期限的存款并不一定是最好的选择。此外，一般来说，家庭存款比例应保持在总收入的20%～40%，具体比例可以根据自己的风险偏好进行调整。

提倡新节俭主义

供职于北京某知名电台的方小姐是名高级翻译，今年刚满26岁，每年都有十几万的不菲收入。可是在她的身上，你几乎找不到任何名牌的痕迹，即使是她钟爱的名牌也是要赶到打折才买的。每天她都要去农贸市场，因为那里的蔬菜和水果会比超市里的便宜将近1/3。

王先生是北京一家世界五百强企业的中方首席执行官，他每月都有不低于3万元进账。然而，王先生有着非常独特的消费方式：首先，他排斥名车豪宅，每逢礼拜六，他都会带着女儿前往附近的大型超市采购食品和生活用品，图个便宜，并尤其关注当天的特价优惠。不光如此，王先生还是一个砍价高手，他最辉煌的“战绩”是在果品批发市场将一箱脐橙以底价拿下。

有些人非常富有，但我们从他们的身上很难发现被奢侈品包装的痕迹，相反，他们在“物有所值”的消费过程上所花的时间和心思，可能比你我还多。关键在于，他们的“吝啬”不是泼留希金式的盲目守财，而是尽量节俭不必要开支，然后尽情为“爱做的事”埋单。其实，他们秉承的是时下在欧美发达国家的富人中非常流行的一种生活方式——“新吝啬主义”。

“新吝啬主义”又称为“新节俭主义”，它的诞生象征着一个全新消费时代的来临。因为这群人一切以“需要”为目的购买，绝不盲目追逐品牌和附庸高雅。作为一种成熟的消费观念，其诞生是人们的消费观发展的必然结果。在商品匮乏年代，人们总认为“贵就是好”，“钱是衡量一切的标准”，但随着商品经济的不断发展，一部分人开始觉醒并有意识地寻找自己真正需要的东西，在这个过程中，消费观念不断与现实生活进行碰撞磨合，最终真正走向了成熟。

财富在于使用，而不是在于拥有。现代创富理念是会赚钱更需会花钱。会花钱是一门学问和艺术，会花钱不同于吝啬，更不同于铺张，会花钱，花上一万是正当；不会花钱，花上一分是浪费。会花钱犹如把好钢用在刀刃上，会花钱能得到效益和回报，能为赚更多的钱开道。

对每个人而言，要在消费上理财，做到智慧消费必须制订一份财务计划。

制订财务计划的方法有许多种，但首先你得做至少 3 个月的日常费用计划表，否则无论用哪种方法，你的财务计划都不会符合实际。由此看来，你对资金流向要有整体的了解，必须有足够长的时间。你还必须弄清在哪些方面可以节省开支，比如你在工作午餐上花的钱并不少，可你并没有意识到：一顿午餐花 20 元，对白领单身贵族来说也许算不了什么，但是如果你把 1 个月的午餐花费加起来，再乘以 1 年中的 12 个月，差不多就是 5000 块钱。再比如，每天抽 1 盒香烟，按 6 元钱 1 盒计算，全年的费用加起来就是 2000 多块钱。为了实现更大的目标，该放弃什么，选择什么，每个人都应该做到心里有数。

做好消费计划是门学问，细到不能再细才好，包括购物时机和地点，再配合时间性或季节性，就会省下不少开销。比如，你可以把每一段时间需要的东西列一个清单，然后一次性购买，不仅省时，而且利于理性消费。要尽量减少去商场的次数，因为货架上琳琅满目的商品很容易让你的购买欲一发不可收拾，结果便是无限量超支。

有了家庭后居家过日子也一样，若心无计划，有一分花两分，任着性子来，恐怕未到发薪之日，便已捉襟见肘，苦不堪言了。认真做好家庭预算，也是一条理财良策。

那么，家庭预算如何做呢？建议采用此方法之前，最好先有过一段时间的理财体验，知晓家庭日常支出的大体流向，这样会使预算目的清晰，一目了然。

当你拿到本月的工资时，先不急于花掉，将家庭开支分类开列出来，通常的分类是：生活必需品开支、灵活性开支、兴趣开支、投资开支。此类别划分可根据自己的实际情况而定，如喜好结交者可拿出适当现金建立友谊基金，用于朋友间的礼尚往来，喜好打扮的可设“美丽”开支。

在开支类别明确后，可根据主次区别对待，按比例合理安排，由各家的实际状况决定，如：租房者，每月的租金固定扣除，则租房开支为A级（必需）；平日生活，必需品开支，也为A级；而灵活性开支，一般解决医疗、游玩、服装、交友等突发性事件的开支，则可定为B级（次必需）；兴趣开支等可定为C级（非必需）。在具体分配时，按市价扣除必需品开支或其他可明确的开支，其余则设定可承受数额，然后，按类别放入几个纸袋中，用时从中支取。另外，若家庭欲投资于住房或其他项目时，可先将投资开支于月初存入银行，最好存定期。若到月末，有的开支袋尚有余额可将其存一个活期，积累两三个月，可拿此款添置换季衣物，或其他大件必需品，也可提取一部分继续存入定期。

总之，有了财务计划，可以大大减少消费的盲目性，会使日子过得张弛有度。

事先做好计划是智慧消费的关键。没有计划，你就会像一只漂于大海上的无帆之船，不知将漂向何方。只有有了事先的计划，你才能驶向财务自由的海岸。

第三章　点石成金，投资大师创富的秘笈

一生能够积累多少财富，不取决于你能够赚多少钱，而取决于你如何投资理财，钱找人胜过人找钱，要懂得钱为你工作，而不是你为钱工作。

——沃伦·巴菲特

（全球著名投资商，其投资案例多次出现于北大课堂上）

价值投资：寻找价值与价格的差异

价值投资理论的创始人是证券分析之父——本杰明·格雷厄姆。在格雷厄姆1934年的原创性论文《证券分析》中首次提出了价值投资理论，奠定了他的“财务分析之父”的地位。

从1928年开始，格雷厄姆开始在他的母校哥伦比亚大学教授证券分析课，讲授他的价值投资理论。本杰明·格雷厄姆或许并不为很多人所知，其实大名鼎鼎的巴菲特是格雷厄姆的得意门生，巴菲特是以杰出的投资业绩与显赫的财富而立名于世，但在投资理念上几乎全部师承了格雷厄姆的学术精华并没有丝毫的超越。

格雷厄姆晚年曾经在一场演讲中说明他自己的价值投资哲学，我们来看看他是怎么说的：“我的声誉——不论是现在或最近被提起的，主要都与‘价值’的概念相关。事实上，我一直希望能以清楚、令人信服的态度说明这样的投资理念，也就是从获利能力与资产负债表这些基本要素着眼，而不去在乎每季获利的变动，也不去管企业所谓的‘主要获利来源’涵盖或不涵盖哪些项目。一言以蔽之，我根本就不想花力气预测未来。”

也就是说，价值投资理论的要诀是：价值投资者先评估某一金融资产的基础价值，并将之与市场价格相比较，如果价格低于价值，并能获得足够的安全边际，价值投资者就买入该证券。格雷厄姆把价格和价值之间的差额称为“安全边际”。

价值投资理论有一定的独特性。例如，价值投资理论并不赞同“市场有效性”假说，并不认为“风险与收益成正比”，而价值投资者的投资实践也证明了他们对这些假说的质疑并非毫无道理。再如，定价是大多数投资理论的核心，它是估计公司实际价值或内在价值的一项技术。大多数投资者希望购买那些真实价值还没有体现在现行市场价格上的股票。人们一般认为公司的价值是公司为投资者创造的现金流量的现值之和。但是在很多情况下，这种方法要求投资者预测公司未来的现金流，这远远超出了投资者的能力。自格雷厄姆以来的价值投资者更偏好于“已经到手的东西”——银行里的现金及等价物。因此，价值投资者并不相信那些需要对遥远未来的事件和条件进行假设的技术，他们更喜欢通过首先评估公司的资产价值，然后评估公司的赢利能力价值来计算公司的内在价值。只有在个别情况下他们才把成长性作为定价的一个因素。因此，价值投资理论是与证券投资学课程并列的课程，是证券投资分析的另一种理论。

价值投资理论的基本假设是：尽管金融资产价格波动很大，但其基础价值稳定且可测量。价值投资的核心是在市场价格明显低于内在价值的时候买入证券。高额安全边际能够提高收益，同时降低损失的风险。价值投资的投资步骤非常简单：

（1）选择要评估的证券。

（2）估计证券的基础价值。

（3）计算每一证券所要求的合理的安全边际。

（4）确定每一种证券的购买数量，包括证券组合的构造和投资者对多元化程度的选择。

（5）确定何时出售证券。

在这一过程中最重要的就是对所选的证券进行估值，那么在具体对于一种产品进行投资的时候，我们应该如何能进行有效的价值评估呢？

首先，选择正确的估值模型。准确进行价值评估的第一步是选择正确的估值模型。

其次，选择正确的现金流量定义和贴现率标准。

再次，选择正确的公司未来长期现金流量预测方法。

准确进行价值评估的最大困难和挑战是第三个选择，这是因为内在价值主要取决于公司未来的长期现金流，而未来的现金流又取决于公司未来的业务情况，而未来是动态的、不确定的，预测时期越长，越难准确地进行预测。因此说："价值评估，既是科学，又是艺术。"

以价值为基础而采用的投资方法：在低于公司真实价值的价位买进股票，不论利率高低、经济盛衰、货币强弱如何，不为一时市场震荡所动摇，坚持自己的信念，那么必定会有惊人的回报。

当然，利用价值投资理论进行投资也是具有风险的，那么，那些深谙价值投资理论的投资者是如何控制风险的呢？

(1) 价值投资者只在自己胜任的范围内进行操作。

(2) 对安全边际的要求为价值投资者提供了一个与分散投资不同的风险降低机制。

(3) 利用整体股票市场与事件导向型投资组合之间的相关关系来进行分散投资。

(4) 寻求一些可靠的确认方法。如信息灵通人士的购买行为、其他知名的投资者也持有相同的头寸、经常检查自己的投资策略和定价步骤是否存在错误。

(5) 头寸限制。

(6) 价值投资者回避卖空这种风险管理方法。

(7) 市场没有投资机会时的持有现金策略，即默认策略、持有指数基金策略。

一个价值投资者要想成功，就应该对投资和投机保持一种正确的态度。格雷厄姆坚称投机并不是投资，进入投机领域，我们很容易就会被伶牙俐齿的投资专家忽悠，他们想让我们相信：夸夸其谈的收益记录、玄乎其玄的数学公式、闻所未闻的高级概念，这些就是我们把钱交给他们去操作的理由。有时我们甚至会主动陷入自欺欺人的境地中，我们会败给人"好赌"的天性，正如格雷厄姆说的："即使购买证券的潜在动机纯粹只是投机式的贪婪，但人性使然，总是用一些冠冕堂皇的理由，把丑陋的冲动给掩盖起来。"

每一个投资者都应该在财务上与心理上为短期内糟糕的表现做好准备，如果坚信价值最终会升值，就要坚持。举例来说，1973 年到 1974 年之间美国股市下滑，投资者在账面上多有损失，但如果他选择坚持下去，1975 年到 1976 年市场就开始反弹，在这4年期间里，他的平均回报率就是15%。所以说，利用价值投资理论进行投资，除了要正确估值之外，还要有耐心，能够一直等待下去。

总之，无论是从理论的角度还是从实践的角度，价值投资都是一种非常好的方法。从长期来看，价值投资法所创造的投资收益比重点选择法和整体市场法更高。

价值投资人买入上市公司的股票，实质上相当于拥有一家私有企业的部分股权。在买入股票之前，首先要对这家上市公司的私有企业市场价值进行评估。要想成功地进行投资，你不需要懂得有多大市场，现代投资组合理论等，你只需要知道如何评估企业的价值以及如何思考市场价格就够了。

传统或狭义的价值投资，主要指对潜力产业、热门行业的直接实业投资，比如：20世纪80年代初期，商品经济开始活跃，直接投资以消费品加工厂和发展贸易成为热点；90年代初期内地住房体制改革，众多的直接投资开发，带动房地产业的兴旺；进入2000年全球经济快速发展，形成能源瓶颈，石油、煤炭、电力等能源产业成为投资热点等等。而广义的价值投资不仅包括直接的实业投资行为，而且还包括对相关资产的间接投资，即对相关产业上市资产或上市公司的投资。由于长期以来人们对“价值投资”的漠视和误解，往往把上市资产的投资或股票市场投资也理解为高风险投资。一个成熟股票市场的基石和内涵，就在于价值资产。

价值投资不仅是一个正确的投资理念，更是一种正确的投资方法和技巧。人们之所以谈股色变，视股市为高风险场所，根本原因还在于法制不健全、管理与监控的效率缺失、公司治理的薄弱和经济周期与市场的波动对资产价值和投资者心理产生的影响。而价值投资的重点，就是广义概念的证券市场上的价值掘金。

价值投资是基于对上市公司所处市场环境、行业地位和内在价值等基本面的全面认真分析，并通过一定的价值分析模型，将上市资产的内在价值量化，确定合理的价格表达，并通过与市场现行价格的比较，来挖掘出被市场严重低估价值的股票或资产，以适时进行有效投资的过程。简单来说：就是寻求股票价值回归，根据上市公司发展前景、盈利能力和历史表现推估投资股票的价格，进行低买高卖的获利操作，或长期持有，分享资产增值利益。

本杰明·格雷厄姆在所著《证券分析》一书中指出：“价值投资是基于详尽的分析，资本金的安全和满意的回报有保障的操作。不符合这一标准的操作就是投机。”格雷厄姆还提出：“决定普通股价值的基本因素是股票息率，及其历史纪录、盈利能力和资产负债等因素。”

而将价值投资理论运用得更为娴熟的则是巴菲特，他更注重公司的成长和长期利益，并愿意为此付出合理的价格。格雷厄姆揭示了价值投资的核心，巴菲特则用自己的实践告诉我们如何进行投资。巴菲特将格雷厄姆的价值理念概括为："用0.5美元的价格，买入价值1美元的物品。"2003年巴菲特在香港证券市场以1.6港元的均价投资"中国石油"股票，按现价约9港元计已获利上百亿港元，就是最好的例证。

根据《证券分析》一书所阐述的价值投资的原理，上市公司股票价值主要由五大因素构成，即：

1. 分红派息比例：合理的分红派息比例，反映公司良好的现金流状况和业务前景，也是优质蓝筹股票的重要标志。优质资产的派息率应为持续、稳定，且高于银行同期存款利率，企业发展与股东利益并重，如某年香港各大上市公司的派息率：汇丰银行为4.37%；和黄为2.38%；中移动为2.49%；电信盈科达7.5%。分红派息率过低，说明公司业务缺乏竞争力，股东利益没有保障，股票无吸引力。派息率不稳定，且突然派息过高，又反映公司缺乏长远打算，或业务前景不明朗。

2. 盈利能力：反映公司整体经营状况和每股获利能力。主要指标是公司的边际利润率、净利润和每股盈利水平，该指标越高越好。有价值的公司，盈利能力应是持续、稳定地增长，且每年盈利增长率高于本地生产总值的增长。

3. 资产价值：主要以上市公司的资产净值衡量（净资产＝总资产－负债）。它是资产总值中剔除负债的剩余部分，是资产的核心价值，可反映公司资产的营运能力和负债结构。合理的负债比例，体现公司较好的资产结构和营运效率；较高的资产负债比例，反映公司存在较大的财务风险和经营风险。

4. 市盈率（P/E值）：普通股每股市价同每股盈利的比例。影响市盈率的因素是多方面的，有公司盈利水平、股价、行业吸引力、市场竞争力和市场成熟度等。每股盈利高，反映市场投资的盈利回报高（市盈率或每股当年盈利/每股股价）；若市场相对规范和成熟，则市盈率表现相对真实客观，即股价对资产价值的表达相对合理，反之则非理性表达，泡沫较大。同时，市盈率也反映市场对公司的认同度，若公司业务具行业垄断、经济专利和具有较强竞争力，则市场吸引力较高，可支撑相对较高的市盈率，即股价表达较高。如：截至2006年3月底，汇丰市盈率12.25倍；中移动市盈率为15.68倍。

5. 安全边际：股票价格低于资产内在价值的差距称“安全边际”。内在价值指公司在生命周期中可产生现金流的折现值。短期资产价值，通常以资产净值衡量。买股票时，若股价大幅低于每股资产净值，则认为风险较低；若低于计算所得资产内在价值较多，则安全边际较大，当股价上涨，可获超额回报，扩大投资收益，并可避免市场短期波动所产生的风险。

(1) 股票年度回报率＝(当年股息＋年底收市价－年初收市价)/年初收市价×100%

(2) 个股回报率＝(获派股息＋股票估出收入－股票购入成本)/股票购入成本×100%

价值投资着眼于公司长远利益增长和生命周期的持续，进行长期投资，以获得股东权益的增值。股东权益的增值，来源于经营利润的增长，长期而言，股票价格的增长，应反映公司价值前景和经营利润；短期看，股票价格会受各种因素（如：利率、汇率、通货膨胀率、税制、国际收支、储蓄结构、能源价格、政治外交和突发性重大事件）影响而波动。

安全边际：对不确定性的预防和扣除

在价值投资理论中，有个重要的概念就是安全边际。安全边际是对投资者自身能力的有限性，股票市场的波动巨大的不确定性，公司发展的不确定性的一种预防和扣除。

有了较大的安全边际，即使我们对公司价值的评估有一定的误差，市场价格在较长的时期内仍低于价值，公司发展就是暂时受到挫折，也不会妨碍我们投资资本的安全性，并能保证我们取得最低程度的满意报酬率。

格雷厄姆曾经给出两个最重要的投资规则：

第一条规则：永远不要亏损。

第二条规则：永远不要忘记第一条。

巴菲特坚持“安全边际”原则，这是巴菲特永不亏损的投资秘诀，也是成功投资的基石。格雷厄姆说：“安全边际，概念可以被用来作为试金石，以助于区别投资操作与投机操作。”根据安全边际进行的价值投资，风险更低、收益却更高。

巴菲特的导师格雷厄姆认为，“安全边际”是价值投资的核心。尽管公司股票的市场价格涨落不定，但许多公司具有相对稳定的内在价值。股票的内在价值与当前交易价格通常是不相等的。基于安全边际的价值投资策略是指投资者通过公司的内在价值的估算，比较其内在价值与公司股票价格之间的差价，当两者之间的差价达到安全边际时，可选择该公司股票进行投资。

如何确定安全边际呢？寻找真正的安全边际可以由数据、有说服力的推理和很多实际经验得到证明。在正常条件下，为投资而购买的一般普通股，其安全边际即其大大超出现行债券利率的预期获利能力。

格雷厄姆指出："股市特别偏爱投资于估值过低股票的投资者。首先，股市几乎在任何时候都会生成大量的真正估值过低的股票以供投资者选择。然后，在其被忽视且朝投资者所期望的价值相反方向运行相当长时间以检验他的坚定性之后，在大多数情况下，市场总会将其价格提高到和其代表的价值相符的水平。理性的投资者确实没有理由抱怨股市的反常，因为其反常中蕴涵着机会和最终利润。"

实质上，从根本上讲，价格波动对真正的投资者只有一个重要的意义：当价格大幅下跌后，提供给投资者低价买入的机会；当价格大幅上涨后，提供给投资者高价卖出的机会。

如果忽视安全边际，即使你买入非常优秀企业的股票，如果买入价格过高，也很难赢利。即便是对于最好的公司，你也有可能买价过高。买价过高的风险经常会出现，而且实际上现在对于所有股票，包括那些竞争优势未必长期持续的公司股票，这种买价过高的风险已经相当大了。投资者需要清醒地认识到，在一个过热的市场中买入股票，即便是一家特别优秀的公司的股票，可能也要等待一段更长的时间后，公司所能实现的价值才能增长到与投资者支付的股价相当的水平。

安全边际是投资中最为重要的。它能够降低投资风险，此外它能降低预测失误的风险。

投资者在买入价格上如果留有足够的安全边际，不仅能降低因为预测失误引起的投资风险，而且在预测基本正确的情况下，可以降低买入成本，在保证本金安全的前提下获取稳定的投资回报。

根据安全边际进行价值投资的投资报酬与风险不成正比而成反比，风险越低往往报酬越高。

在价值投资法中，如果你以 60 美分买进 1 美元的纸币，其风险大于以 40 美分买进 1 美元的纸币，但后者报酬的期望值却比较高，以价值为导向的投资组合，其报酬的潜力越高，风险却越低。

举个例子来说，在 1973 年，华盛顿邮报公司的总市值为 8000 万美元，在这一天，你可以将其资产卖给十位买家中的任何一位，而且价格不低于 4 亿美元，甚至还会更高。该公司拥有华盛顿邮报、新闻周刊以及几家重要的电视台，这些资产目前的价值为 20 亿美元，因此愿意支付 4 亿美元的买家并非疯子。现在如果股价继续下跌，该企业的市值从 8000 万美元跌到 4000 万美元。更低的价格意味着更大的风险，事实上，如果你能够买进好几只价值严重低估的股票，而且你精通于公司估值，那么以 8000 万美元买入价值 4 亿美元的资产，尤其是分别以 800 万美元的价格买进 10 种价值 4000 万美元的资产，基本上毫无风险。因为你无法直接管理 4 亿美元的资产，所以你希望能够确定找到诚实且有能力的管理者，这并不困难。同时你必须具有相应的知识，使你能够大致准确地评估企业的内在价值，但是你不需要很精确地评估数值，这就是你拥有了一个安全边际。你不必试图以 8000 万美元的价格购买价值 8300 万美元的企业，你必须让自己拥有很大的安全边际。

在买入价格上坚持留有一个安全边际。如果计算出一只普通股的价值仅仅略高于它的价格，那么没有必要对其买入产生兴趣。相信这种“安全边际”原则——格雷厄姆尤其强调这一点——是投资成功的基石。

技术分析：对市场本身行为的研究

技术分析是以证券市场过去和现在的市场行为为分析对象，借助图表和各类指标，探索出一些典型变化规律，并据此预测证券市场未来变化趋势的技术方法。证券的市场行为就是证券在市场中的表现，是对某个证券在市场中具体表现的说明和描述。简单地说，就是价、量、时、空四个要素，它们从不同侧面反映了证券在市场中的表现。

19 世纪 80 年代，股票市场中的“交易者”使用“账面法”跟踪股票价格，使得第一项分析技术得以出现。经过众多技术分析专家的努力，技术分析方法得到了迅速发展。技术分析最初主要运用于股票市场，后来逐渐扩展到商品市场、债权市场、外汇市场和其他国际市场。在实际应用中，有所谓的长线投资者、中线投资者、短线投资者之分，但对大多数投资者来说，技术分析更多地被应用于预测证券价格的短期波动和帮助投资者获得短期收益。

技术分析作为一种投资分析工具，是以一定的假设条件为前提的。主要有：市场行为涵盖一切信息、价格按趋势变动、历史会重演。

1. 市场行为涵盖一切信息

这条假设是进行证券分析的基础。股票市场上的供求关系已经是一切已经公开发布的信息和未发布的内幕信息作用下的结果，而买卖双方的力量对比决定了价格定位和价格的变化。如果某股票基于基本面分析或者其他分析方法被认为是值得投资的，就会有投资者去买，买方的需求增加，价格就会上升。技术分析师只要观察到这种成交量和价格的变化，就会追随这种趋势进行投资，而不必知道引起价格变动的原因。因此投资者根据历史价格的变动就可以预测未来的价格了。

2. 价格按趋势变动

这种假设认为股票价格的变动受长期趋势的影响。技术分析理论认为，价格对信息的反应是渐进的，信息不能立即影响市场，而是在一段时间之后才起作用。例如，某一个好消息将促使股票价格上升，达到新的均衡点。技术分析师并不预测这个均衡点的值，但是他们观察到了价格的这种变化，并且相信价格从一个均衡点到下一个均衡点的过程会持续一段时间。这个过程就是趋势。只要在趋势开始的时候，顺着趋势的方向去操作，也就是在上升的趋势中买入和在下降的趋势中卖出，就可以获利。因而技术分析师相信趋势必将持续一段时间。如果价格对信息迅速做出反应的话，那么投资者赶上这种趋势变化的时间很短，就不能从中获益了。

3. 历史会重演

这个假设是从统计学和人的心理因素方面考虑的。根据历史数据对未来做出的概率估计才有意义。虽然投资者不知道某个现象出现的原因，但是投资者相信这种现象的出现不是偶然的，而是必然的。只要未来有相似的情况出现，这种现象就会出现。所以对历史数据的分析是有用的。例如投资者观察到在某一段时期，只要指数上升到某一个点位就会下跌。于是技术分析师就把这个点位当做阻力位，在接下来的投资中，只要指数达到这个水平，就建议投资者卖出，这就是一种技术分析的方法。技术分析师通过对重复出现的现象进行观察和统计，从中发现规律，来指导未来的投资活动。

在历史资料基础上进行统计、数学计算、绘制图表方法是技术分析方法的主要手段。一般来说，可以将技术分析方法分为如下常用的五类：K线分析、切线分析、形态分析、波浪分析、指标分析。

1. K线分析

K线分析主要是通过K线及K线的组合，推断股票市场多空双方力量的对比，进而判断股票市场多空双方谁占优势。单独一天的K线形态有十几种，若干天的K线组合就不计其数了。人们经过不断的经验总结，发现了很多对股票买卖有指导意见的组合，而且新的组合正不断地被发现、被运用。K线作为一种专业化的证券分析手段日益成熟。目前在全世界证券及期货市场中被广泛应用。

2. 切线分析

切线分析是指按一定的方法和原则，在由证券价格的数据所绘制的图表中画出一条直线，然后根据这些直线的情况推测出证券价格的未来趋势。这些直线就称为切线。切线主要起支撑和压力的作用，支撑线和压力线向后的延伸位置对价格的波动起到一定的制约作用。在切线分析中，切线的画法是最重要的，画得“好与坏”直接影响预测的结构。目前，画切线的方法有很多种，著名的有趋势线、通道线、黄金分割线、速度线等。

3. 形态分析

形态分析是根据价格图表中过去一段时间走过的轨迹形态来预测股票价格未来趋势的方法。在技术分析假设中，市场行为涵盖一切信息。价格走过的形态是市场行为的重要组成部分，是证券市场对各种信息感受之后的具体表现。因此用价格轨迹或者说是形态来推测证券价格的将来是站得住脚的。从价格轨迹的形态，我们可以推测出市场处于什么样的大环境中，由此对我们今后的行为给予一定的指导。价格轨迹的形态有M头、W底、头肩顶、头肩底等。

4. 波浪分析

波浪分析是美国的技术大师艾略特（R. N. Elliott）于1938年所发明的价格趋势分析工具。艾略特波浪理论的基础在于，规律性是自然界与生俱来的法则，自然界所有的周期，无论是潮汐的起伏、天体的运行、行星的生陨、日与夜甚至生与死，都会永无止境地不断重复出现。这一规律完全可以应用到股票市场中，因为市场的周期也正是以可识别的模式进行趋势运动和反转的。波浪的起伏遵循自然界的规律，价格的波动过程遵循波浪起伏所体现出的周期规律，这个过程就是8浪结构。其中上升是5浪，下降是3浪，数清楚了各个浪就能准确地预见到跌势：牛市将来临，或者牛市已经到了强弩之末，熊市将来临。波浪理论最大的优点就是能提前很长时间预测到底和顶。同时波浪理论又是公认的最难掌握的技术分析方法。

5. 指标分析

指标分析是从市场行为的各个方面出发，通过建立一个数学模型，给出数字上的计算公式，得到一个体现股票市场某个方面内在实质的数字，这个数字叫作技术指标值，指标值的具体数值和相互作用关系，直接反映证券市场所处的状态，为我们的操作行为提供指导方向。常见的指标有相对强弱指标（RSD）、随机指标（KI）、趋向指标（DMI）、平滑异同移动平均线（MACD）、能量潮（OBV）等。

趋势理论：寻找恰当的买卖点

趋势理论是指一旦市场形成了下降（或上升）的趋势后，就将沿着下降（或上升）的方向运行。像我们熟知的道氏理论和波浪理论都属于趋势理论。在技术分析这种研究方法中，趋势理论是绝对核心的内容。

从一般意义上说，趋势就是市场何去何从的方向。在通常情况下，市场不会朝任何方向直来直去，市场运动的特征就是曲折变动，它的轨迹酷似一系列前仆后继的波浪，具有明显的峰和谷。所谓市场趋势，正是这些波峰和波谷依次上升或下降所构成的。无论这些峰和谷是依次递增还是依次递降，或者横向延伸，其方向就构成了市场的趋势。

在详细了解趋势理论之前，必须要了解一下什么是趋势线。趋势线是用画线的方法将低点或高点相连，利用已经发生的事例，推测次日大致走向的一种图形分析方法，正确地画出趋势线，人们就可以大致了解股价的未来发展方向。按所依据波动的时间长短不同，便出现三种趋势线：短期趋势线（连接各短期波动点）、中期趋势线（连接各中期波动点）、长期趋势线（连接各长期波动点）。就趋势的方向来讲，趋势有上升趋势、下降趋势和横向延伸趋势这三种。

在上升趋势中，波峰和波谷都是依次递升的；而在下降趋势中，波峰和波谷都是依次递降的；在横向延伸趋势中，波峰和波谷都是呈水平伸展的状态，常常被称为“无趋势市场”。

短期趋势线一般反映的是两到三周时间的趋势，中期趋势线主要反映的是三周到三个月的趋势，长期趋势线反映的是一年到两年的总的趋势。每个趋势都是其上一级更长期趋势的一个组成部分。

比如说，中期趋势便是长期趋势中的一段调整。在长期的上升趋势中，市场暂缓涨势，先调整数月然后再恢复上涨，这就是一个很好的例子。而这个中期趋势本身往往也是有一些较短期的波浪构成，呈现出一系列的上升和下降，应该反复强调的是：每逢趋势都是其更长期一级趋势的组成部分，同时它自身也是有更短期的趋势所构成。

我们发现在各种趋势图形中，若处于上升趋势，市场波动必是向上发展，即使是出现回挡也不影响其总体的涨势，如果把上升趋势中间回挡低点分别用直线相连，这些低点大多在这根线上，我们把连接各波动低点的直线称为上升趋势线，相反，若处于下降趋势，股价波动必定向下发展，即使出现反弹也不影响其总体的跌势，把各个反弹的高点相连，我们会惊奇地发现它们也在一根直线上，我们把这根线称为下降趋势线。

那么，该如何利用趋势理论来进行投资呢？用一句话来概括就是：顺势而为。只在向上的趋势中操作，有向上的趋势可寻，然后才能取得投资实效。广大的投资者最常犯的错误是：在任何趋势下都在操作。对投资者来说最保守的做法是：当向上的趋势已经明显形成时再操作。那么，具体该如何来操作呢？

首先，要用大量的时间来确认趋势是向上的，在确定向上的趋势的前提下等待调整浪的出现。果断在设定买入点买入。一旦出现错误，及时止损。说到操作就要介绍一下支撑位和阻力位了。市场上的任何趋势图形都是建立在支撑和压力位的基础上的。

我们把“谷”，或者说“向上反弹的底点”称为支撑位。用某个价格水平或图表上某个区域来表示。在这个点位下方，买方兴趣强大，足以抗拒卖方形成的强大压力。结果价格在这里停止下跌，回头向上反弹。通常，当前一个向上反弹的底点形成后，就可以确定一个支撑位了。阻力位也是以某个价格水平或图标区域来表示的。与支撑位相反，在其上方，卖方压力阻挡了买方的推进，于是价格由升转跌。阻力位通常以前一个峰值为标志。在上升趋势中，支撑位和阻力位呈现出逐渐上升的态势。下降趋势中则反之。可以这么说：支撑位是用来跌破的，压力位是用来突破的！

在上升趋势中，阻力位意味着上升的势头将在此处稍息，但此后它迟早会被向上穿越。而在下降趋势中，支撑位也不足以长久的撑拒市场的下滑，不过至少能使之暂时受挫。如果上升趋势要持续下去，每个线相继的底点（支撑位）就必须高过前一个底点。每个相继的上冲高点（阻力位）也非得高过前一个高点不可。

在上升趋势中，如果新一轮的调整一直下降到前一个底点的水平，这或许就是该上升趋势即将终结，或者至少即将蜕化成横向延伸趋势的先期预警。如果这个支撑位被击穿，可能就意味着趋势即将由上升反转为下降。

在上升趋势中，每当市场向上试探前一个阻力位时，这个上升趋势总是处于一个极为关键的时刻。一旦在上升趋势中不能越过前一个高点，或者在下降趋势中无力跌破前一个支撑位，便发出了现行趋势即将有变的第一个警告信号。

其实在现实市场活动中，支撑位和阻力位是可以互换角色的，只要支撑位和阻力位被足够大的价格变化切实的击破了，它们就互换角色变成自身原先的反面。换言之，阻力位就变成了支撑位，而支撑位就变成了压力位。

总的来说，趋势理论注重长期趋势，对中期趋势，特别是在不知是牛市还是熊市的情况下，并不能带给投资者什么明确的投资启示，所以，投资者在利用趋势理论进行投资的时候，还是要区别对待的，看情况而定。

黄金分割线理论：神奇的数字

黄金分割是一种古老的数学方法，被应用于从埃及金字塔到礼品包装盒的各种事物之中，而且常常发挥我们意想不到的神奇作用。对于这个神秘数字的神秘用途，科学上至今也没有令人信服的解释。但在证券市场中，黄金分割的妙用几乎横贯了整个技术分析领域，是交易者与市场分析人士最习惯引用的一组数字。

黄金分割率 0.618033988……是一个充满无穷魔力的无理数，它影响着我们生活的方方面面，它不但在数学中扮演着神奇的角色，而且在建筑、美学、艺术、军事、音乐、甚至在投资领域都广泛存在。

数学家法布兰斯在 13 世纪时写了一本书，关于一些奇异数字的组合。这些奇异数字的组合是 1、1、2、3、5、8、13、21、34、55、89、144、233——任何一个数字都是前面两个数字的总和。任何一个数与后面数相除时，其商几乎都接近 0.618。1、1、2、3、5、8、13 被称作神秘数字；这个 0.618 就是世人盛赞的黄金分割率。

黄金分割率运用的最基本方法，是将 1 分割为 0.618 和 0.382，引申出一组与黄金分割率有关的数值，即：0、0.382、0.5、0.618、1。由经过 0、0.382、

0.5、0.618、1组成的平行线叫黄金分割线。这些平行线分别被称为黄金分割线的0位线、0.382位线、0.5位线、0.618位线和1位线。这五条线也就是我们在点击黄金分割线快捷键后拖动鼠标形成的五条线。这组数字十分有趣，0.618的倒数是1.618。譬如55/89=0.618、233/144=1.618，而0.618×1.618≈1。

黄金分割率的最基本公式，是将1分割为0.618和0.382，它们有如下一些特点：

(1) 数列中任一数字都由前两个数字之和构成。

(2) 前一数字与后一数字之比例，趋近于一固定常数，即0.618。

(3) 后一数字与前一数字之比例，趋近于1.618。

(4) 1.618与0.618互为倒数，其乘积则约等于1。

(5) 任一数字如与后两数字相比，其值趋近于2.618；如与前两数字相比，其值则趋近于0.382。

理顺下来，上列奇异数字组合除能反映黄金分割的两个基本比值0.618和0.382以外，尚存在下列两组神秘比值。即：

(1) 0.191、0.382、0.5、0.618、0.809。

(2) 1、1.382、1.5、1.618、2、2.382、2.618。

在证券投资的价格预测中，根据该两组黄金比有两种黄金分割分析方法。

(1) 以证券价格近期走势中重要的峰位或底位，即重要的高点或低点为计算测量未来走势的基础，当证券价格上涨时，以底位的证券价格为基数，跌幅在达到某一黄金比时较可能受到支撑。当行情接近尾声，证券价格发生急升或急跌后，其涨跌幅达到某一重要黄金比时，则可能发生转势。

(2) 行情发生转势后，无论是止跌转升的反转抑或止升转跌的反转，以近期走势中重要的峰位和底位之间的涨额作为计量的基数，将原涨跌幅按0.191、0.382、0.5、0.618、0.809分割为五个黄金点。证券价格在后转后的走势将有可能在这些黄金点上遇到暂时的阻力或支撑。

例如，当下跌行情结束前，某股票的最低价10元，那么，股价反转上升时，投资人可以预先计算出各种不同的反压价位，也就是10×(1+19.1%)=11.9元，10×(1+38.2%)=13.8元，1×(1+61.8%)=16.2元，10×(1+80.9%)=18.1元，10×(1+100%)=20元，10×(1+119.1%)=21.9元，然后，再依照实际股价变动情形进行斟酌。

反之，在上升行情结束前，某股票最高价为30元，那么，股价反转下跌时，投资人也可以计算出各种不同的持价位，也就是30×(1－19.1%)＝24.3元，30×(1－38.2%)＝18.5元，30×(1－61.8%)＝11.5元，30×(1－80.9%)＝5.7元。然后，依照实际变动情形进行斟酌。

黄金分割率的神秘数字由于没有理论作为依据，所以有人批评是迷信，是巧合，但自然界的确充满一些奇妙的巧合，一直难以说出道理。

黄金分割率为艾略特所创的波浪理论所套用，成为世界闻名的波浪的骨干，广泛地为投资人士所采用。神秘数字是否真的只是巧合呢？还是大自然一切生态都可以用神秘数字解释呢？这个问题只能见仁见智。但黄金分割率在证券市场上无人不知，作为一个投资者不能不加研究，只是不能太过执着而已。

我们都知道中国的证券市场就是在追逐证券价格的价差，就是主力和散户之间的博弈，而对于顶部和底部的判断对任何的投资者来说都是至关重要的，能在顶部卖出，底部买进，是广大投资者梦寐以求的事情。当然顶部和底部的判断是相当难的，想要精确地把握顶部和底部可以说是不可能的。

在许多情况下，将黄金分割律运用于股票市场，投资人会发现，将其使用在大势研判上，有效性高于使用在个股上。这是因为个股的投机性较强，在部分作手介入下，某些股票极易出现暴涨暴跌的走势，这样，如用刻板的计算公式寻找“顶”与“底”，准确性就会降低。而股指则相对好一些，人为因素虽然也存在，但较之个股来说要缓和得多，因此，掌握“顶”与“底”的机会也会大一些。

可错性：投资过程中的犯错可能性

所谓“可错性”观念，实际上是一个具有“索罗斯风格”的说法。这种观念认为，人类对置身其中的世界的认识，与生俱来就是不完整的，亦即人们的思维与客观实在之间永远存在着扭曲，世界上不可能有人掌握了终极真理。关于“可错性”观念的重要性，索罗斯说：“可错性不仅是我世界观的基石，也是我所作所为的基石。”

索罗斯的“可错性”观念直接来源于波普的思想，在此基础上，进一步演变成他的“彻底可错性”思想。他认为他的“彻底可错性”思想可明确表述为：“所有人类心灵的建构，不论建构局限在我们思维深处或表现为各种学科、各种意识形态或各种体制，都是有缺陷的。”这里的“有缺陷”不是可能“可错”，而是肯定“可错”。他还认为，“彻底可错性”观念也许听起来很消极、悲观，原因是我们都怀有幻想，渴求完美、永恒、终极真理。事实上，我们无法获得完美和不朽，只有死亡才是永恒的。

索罗斯认为，如果承认客观实在与我们对实在的认识之间永远存在着差距（扭曲），那么对这种差距及影响的认识将具有重要的意义。这个观念表明，即使在自然科学研究中，要绝对把思维和实在区分开来也是不可能的；特别是对社会现象的认识来说尤其如此。进而应该认识到，人们的思考一般具有双重作用：一方面总在一定程度上，被动地反映了思考活动所要寻求理解的实在；而另一方面，思考的结果也会或多或少成为实在本身的组成成分。因此，对于人的认识来说，绝对反映客观实在的知识是不存在的。

索罗斯相信，实际上“彻底可错性”观念有非常积极和启示的一面，它打开了我们批判理性思维的大门，隐喻了我们对客观实在的认识有无限的空间，我们的思维或社会有无限改善和发展的余地。而在实际行动中，他则体会到“可错性观念鼓励我寻找每一个情境的缺陷，然后在找到缺陷之后从中受益”。

“彻底可错性”思想实际上已成为索罗斯的基本信念，并由此形成其一系列的重要思想及实际行为方式。

索罗斯曾经这样说：“我有认错的勇气。当我一觉得犯错，马上改正，这对我的事业十分有帮助。我的成功，不是来自于猜测正确，而是来自于承认错误。”任何人都会犯错，而且是经常犯错，在生活中如此，在投资中亦是如此。将索罗斯的“可错性”理论推而广之，我们不仅要经常有承认错误、改正错误的决心和勇气，更需要不断地修正自己的观点和行为。

尽管金融投资家们无数次试图使用模型、理论来推演市场的发展，但是“为了能把接触到的信息减少到能够处理的程度，不得不需要借助各种技巧，这些技巧扭曲了所要处理的信息，甚至会把现实变得更为复杂，认识的难度也加大了”。因此，我们会发现这样一个事实，即便是再经典的定价理论、再有力的指标，在实际投资的过程中，更多的是充当“参考值”的角色，它们无法与最终的事实完全契合，这就是“可错性思想”的现实之处。

推及到投资者个人，局限性就更为普遍。知识上的局限性，与专业人士相比较，个人投资者的投资知识更贫乏，难以准确地对市场走势加以判断。一个最简单的例子便是“仓位决定观点”，人们总是习惯于在自己的立场上，对获得的信息进行过滤，他们往往更倾向于自己希望获得的信息，来佐证自己的观点。

“认错的好处，是可以刺激并增进批判力，让你进一步重新检视决定，然后修正错误。我以承认错误为荣，甚至我骄傲的根源来自于认错。”索罗斯这样说。在投资市场上没有绝对的“对”与“错”，然而在投资市场上，“对”与“错”的检验标准直白地体现在“赚”与“亏”上。

因此，“彻底可错性”理论的第一要义便在于，勇敢承认了错误发生的“常态性”，错是一种常态，是不可避免的事实。

人的认识天生就不完美，因为人本身就是现实的一部分，而局部是无法完全认识整体的。人类大脑处理信息的能力是有限的，但实际上需要处理的信息却是无限的。正如索罗斯所说的那样，人的认知天生就不完美，我们并不真正了解我们所处的这个世界。同时，索罗斯最著名的“反身性”理论也说明，人们对于世界错误的认知也同样会对世界产生影响，两者并非完全独立的。

尽管如此，在我们的投资过程中，不断认识到“可错性”，不断对错误进行修正，其效果要强于固执己见，抱残守缺。

资本资产定价：风险资产的均衡市场价格

资本资产定价模型是投资组合理论的均衡理论。主要内容是，理性的投资者总是追求投资者效用的最大化，即在同等风险水平下的收益最大化或是在同等收益水平下的风险最小化。资本资产定价理论所要研究的正是风险资产的均衡市场价格。

美国经济学家马科维茨在 1952 年提出了均值——方差分析方法，为资本资产定价理论奠定了理论框架。在此基础上，夏普于 1964 年首先提出了资本资产定价理论，米勒和斯科尔斯及莫顿也随后对资本资产定价理论加以进一步的完善，使之成为一套完整的理论体系。由于他在投资理论方面的贡献及他所提出的资本资产定价模型，1990 年与马科维茨等人一起获得诺贝尔经济学奖。诺贝尔经济学奖评奖委员会认为资本资产定价模型已构成金融市场的现代价格理论的核心，它也被广泛用于经验分析，使丰富的金融统计数据可以得到系统而有效的利用。它是证券投资的实际研究和决策的一个重要基础，是现代金融市场价格理论的支柱，广泛应用于投资决策和公司理财领域。

资本资产定价模型把“有效”的市场作为分析的前提，是建立在马科威茨模型基础上的，提出了这样一些假设条件：

(1) 投资者希望财富越多愈好，效用是财富的函数，财富又是投资收益率的函数，因此可以认为效用为收益率的函数。

（2）投资者能事先知道投资收益率的概率分布为正态分布。

（3）投资风险用投资收益率的方差或标准差标识。

（4）影响投资决策的主要因素为期望收益率和风险两项。

（5）投资者都遵守主宰原则，即同一风险水平下，选择收益率较高的证券；同一收益率水平下，选择风险较低的证券。

（6）可以在无风险折现率 R 的水平下无限制地借入或贷出资金。

（7）所有投资者对证券收益率概率分布的看法一致，因此市场上的效率边界只有一条。

（8）所有投资者具有相同的投资期限，而且只有一期。

（9）所有的证券投资可以无限制地细分，在任何一个投资组合里可以含有非整数股份。

（10）买卖证券时没有税负及交易成本。

（11）所有投资者可以及时免费获得充分的市场信息。

（12）不存在通货膨胀，且折现率不变。

（13）投资者具有相同预期，即他们对预期收益率、标准差和证券之间的协方差具有相同的预期值。

上述假设表明：第一，投资者是理性的，而且严格按照马科威茨模型的规则进行多样化的投资，并将从有效边界的某处选择投资组合；第二，资本市场是完全有效的市场，没有任何磨擦阻碍投资。

CAPM 模型的进步在于，夏普不是用证券收益率的方差作为对资产的风险度量，而是以证券收益率与全市场证券组合的收益率的协方差作为资产风险的度量。CAPM 模型走出了从微观分析到金融资产价格形成的市场分析的关键一步。在他的模型中，夏普把马科维茨的资产组合选择理论中的资产风险进一步分为资产的“系统”风险和“非系统”风险两部分。其计算公式如下：

$$E(r_i)=r_f+\beta_{im}[E(r_m)-r_f]$$

其中：

$E(r_i)$ 是资产 i 的预期回报率

r_f 是无风险率

β_{im} 是 Beta 系数，即资产 i 的系统性风险

$E(r_m)$ 是市场 m 的预期市场回报率

$E(r_m)-r_f$ 是市场风险溢价，即预期市场回报率与无风险回报率之差。

以股票市场为例。假定投资者通过基金投资于整个股票市场，于是他的投资完全分散化了，他将不承担任何可分散风险。但是，由于经济与股票市场变化的一致性，投资者将承担不可分散风险。于是投资者的预期回报高于无风险利率。

按照 CAPM 的规定，Beta 系数是用以度量一项资产系统风险的指针，是用来衡量一种证券或一个投资组合相对总体市场的波动性的一种风险评估工具。也就是说，如果一个股票的价格和市场的价格波动性是一致的，那么这个股票的 Beta 值就是 1。如果一个股票的 Beta 是 1.5，就意味着当市场上升 10%时，该股票价格则上升 15%；而市场下降 10%时，股票的价格亦会下降 15%。这就说明了一个风险投资者需要得到的溢价是可以通过 CAPM 计算出来的。换句话说，投资者可通过 CAPM 来知道自己投资的证券的价格是否与其回报相吻合。

事实上，有很多研究也表示对 CAPM 正确性的质疑，但是这个模型在投资界仍然被广泛的利用。虽然用 Beta 预测单个股票的变动是困难，但是投资者仍然相信 Beta 值比较大的股票组合会比市场价格波动性大，不论市场价格是上升还是下降；而 Beta 值较小的股票组合的变化则会比市场的波动小。

对于投资者尤其是基金经理来说，这点是很重要的。因为在市场价格下降的时候，他们可以投资于 Beta 值较低的股票。而当市场上升的时候，他们则可投资于 Beta 值大于 1 的股票。

对于小投资者来说，没有必要花时间去计算个别股票与大市的 Beta 值，因为据笔者了解，现时有不少财经网站均有附上个别股票的 Beta 值，只要读者细心留意，一定可以发现得到。

套利定价：证券价格是如何决定的

套利定价理论最早由美国学者斯蒂芬·罗斯于 1976 年提出，这一理论的结论与 CAPM 模型一样，也表明证券的风险与收益之间存在着线性关系，证券的风险越大，其收益则越高。

虽然套利定价与 CAPM 模型有相同之处，但套利定价理论的假定与推导过程与 CAPM 模型很不同，罗斯并没有假定投资者都是厌恶风险的，也没有假定投资者是根据均值——方差的原则行事的。他认为，期望收益与风险之所以存在正比例关系，是因为在市场中已没有套利的机会，而是试图以多个变量去解释资产的预期报酬率。套利定价理论认为经济体系中，有些风险都是无法经由多元化投资加以分散的，例如通货膨胀或国民所得的变动等系统性风险。

套利定价理论是一种均衡模型，用来研究证券价格是如何决定的。它假设证券的收益是由一系列产业方面和市场方面的因素确定的。当两种证券的收益受到某种或某些因素的影响时，两种证券收益之间就存在相关性。也就是在给定资产收益率计算公式的条件下，根据套利原理推导出资产的价格和均衡关系式。APT作为描述资本资产价格形成机制的一种新方法，其基础是价格规律：在均衡市场上，两种性质相同的商品不能以不同的价格出售。

套利定价理论用套利概念定义均衡，不需要市场组合的存在性，而且所需的假设比资本资产定价模型（CAPM模型）更少、更合理。与资本资产定价模型一样，套利定价理论的假设有：

（1）投资者有相同的投资理念。

（2）投资者是规避风险的，并且要效用最大化。

（3）市场是完全的。

与资本资产定价模型不同的是，套利定价理论没有以下假设：

（1）单一投资期。

（2）不存在税收。

（3）投资者能以无风险利率自由借贷。

（4）投资者以收益率的均值和方差为基础选择投资组合。

CAPM确定共有风险因素是市场投资组合的随机收益，而APT则事先不确定共有的风险因素。若只有一个共有因素是，APT的表达式为：

$E(r_j)=r_f+\beta_{j1}[E(r_{j1})-r_f]$

若共有因素为市场组合与其收益，则APT的表达式为：

$E(r_j)=r_f+\beta_{j1}[E(r_m)-r_f]$

也就是说，如果共有因素为市场组合与其收益的话，根据套利定价理论，证券或资产j的预期收益率为：

$E(r_j)=r_f+\beta_{j1}[E(r_{j1})-r_f]+[E(r_{j2})-r_f]+\cdots+\beta_{jk}[E(r_{jk})-r_f]$

举个例子来说明：假设无风险利率为6%，与证券j收益率有关的β系数为：$\beta_1=1.2$，$\beta_2=0.2$，$\beta_3=0.3$；市场投资组合的预期收益率为12%，国民生产总值（GDP）预期增长率为3%，消费品价格通货膨胀率（CPI）预期为4%。则根据APT模式，证券j的预期收益率为：

$$E(r_j)=6\%+1.2(r_m-6\%)+0.2(rGDP-6\%)+0.3(rCPI-6\%)$$
$$=6\%+1.2\times(12\%-6\%)+0.2\times(3\%-6\%)+0.3\times(4\%-6\%)$$
$$=12\%$$

从上面的公式可以看出，套利定价理论导出了与资本资产定价模型相似的一种市场关系。套利定价理论以收益率形成过程的多因子模型为基础，认为证券收益率与一组因子线性相关，这组因子代表证券收益率的一些基本因素。事实上收益率通过单一因子（市场组合）形成时，将会发现套利定价理论形成了一种与资本资产定价模型相同的关系。因此，更多的投资者认为 APT 是比 CAPM 更一般化的资本资产定价模型，是一种广义的资本资产定价模型，为投资者提供了一种替代性的方法，来理解市场中的风险与收益率间的均衡关系。套利定价理论与现代资产组合理论、资本资产定价模型、期权定价模型等一起构成了现代金融学的理论基础。

有效市场理论：理性市场行为的产物

有效市场理论（Efficient Markets Hypothesis，EMH）是西方主流金融市场理论，又称为有效市场假说，是由尤金·法玛于 1970 年深化并提出的。“有效市场假说”起源于 20 世纪初，这个假说的奠基人是一位名叫路易斯·巴舍利耶的法国数学家，他把统计分析的方法应用于股票收益率的分析，发现其波动的数学期望值总是为零。资本资产定价模型（CAPM）、套利定价理论（APT）以及期权定价模型（OPM）都是在有效市场假设之上建立起来的。

根据尤金·法玛的描述：“有效市场是这样一个市场，在这个市场中，存在着大量理性的、追求利益最大化的投资者，他们积极参与竞争，每一个人都试图预测单个股票未来的市场价格，每一个人都能轻易获得当前的重要信息。在一个有效市场上，众多精明投资者之间的竞争导致这样一种状况：在任何时候，单个股票的市场价格都反映了已经发生的和尚未发生、但市场预期会发生的事情。”

1970 年，法玛提出了有效市场假说，其对有效市场的定义是：如果在一个证券市场中，价格完全反映了所有可以获得的信息，那么就称这样的市场为有效市场。

有效市场理论主要包含以下几个要点：

（1）在市场上的每个人都是理性的经济人，金融市场上每只证券所代表的各家公司都处于这些理性人的严格监视之下，他们每天都在进行基本分析，以公司未来的获利性来评价公司的股票价格，把未来价值折算成今天的现值，并谨慎地在风险与收益之间进行权衡取舍。

（2）证券的价格反映了这些理性人供求的平衡，想买的人正好等于想卖的人，即，认为证券价格被高估的人与认为证券价格被低估的人正好相等，假如有人发现这两者不等，即存在套利的可能性的话，他们立即会用买进或卖出证券的办法使证券价格迅速变动到能够使二者相等为止。

（3）证券的价格也能充分反映该资产的所有可获得的信息，即“信息有效”，当信息变动时，证券的价格就一定会随之变动。一个利好消息或利空消息刚刚传出时，证券的价格就开始异动，当它已经路人皆知时，其价格也已经涨或跌到适当的价位了。

当然，有效市场理论只是一种理论假说，实际上，并非每个人都是理性的，也并非在每一时点上信息都是有效的。“这种理论也许并不完全正确，”曼昆说，“但是，有效市场假说作为一种对世界的描述，比你认为的要好得多。”概括来说，衡量证券市场是否具有外在效率有两个标志：

（1）价格是否能自由地根据有关信息而变动。

（2）证券的有关信息能否充分披露和均匀分布，使每个投资者在同一时间内得到等量等质的信息。

根据这一假设，投资者在买卖证券时会迅速有效地利用可能的信息。所有已知的影响一种证券价格的因素都已经反映在股票的价格中，因此根据这一理论，证券的技术分析是无效的。

其实，有效市场有两种定义，一种是内部有效市场，又称交易有效市场，它主要衡量投资者买卖证券时所支付交易费用的多少，如证券商索取的手续费、佣金与证券买卖的价差；另一种是外部有效市场，又称价格有效市场，它探讨证券的价格是否迅速地反应出所有与价格有关的信息，这些“信息”包括有关公司、行业、国内及世界经济的所有公开可用的信息，也包括个人、群体所能得到的所有私人的、内部非公开的信息。要想成为有效市场必须具备以下条件：

（1）投资者都利用可获得的信息力图获得更高的报酬。

（2）证券市场对新市场信息的反应迅速而准确，证券价格能完全反应全部信息。

（3）市场竞争使证券价格从旧的均衡过渡到新的均衡，而与新信息相应的价格变动是相互独立的或随机的。

从中可以看出，提高证券市场的有效性，根本问题就是要解决证券价格形成过程中在信息披露、信息传输、信息解读以及信息反馈各个环节所出现的问题，其中最关键的一个问题就是建立上市公司强制性信息披露制度。从这个角度来看，公开信息披露制度是建立有效资本市场的基础，也是资本市场有效性得以不断提高的起点。

随机漫步理论：涨跌是难以捉摸的

随机漫步理论的起源可能早于道氏理论，是谁提出来的无从考证，但很多投资者信奉这个理论，认为找不到证券市场的走势模式，证券市场的涨涨跌跌是很难琢磨的，所以他们认为道氏理论关于牛市和熊市的论述是错误的，因为证券市场根本就没有规律。

随机漫步理论是一种反对图表的理论。一切图表走势派的存在价值，都是基于一个假设，就是股票、外汇、黄金、债券等所有投资都会受到经济、政治、社会因素影响，而这些因素会像历史一样不断重演。譬如经济如果由大萧条复苏过来，物业价格、股市、黄金等都会一路上涨。升完会有跌，但跌完又会再升得更高。即使对短线而言，支配一切投资价值规律都离不开上述所说因素，只要投资人士能够预测哪一些因素支配着价格，他们就可以预知未来走势。就股票投资而言，图表趋势、成交量、价位等反映了投资人士的心态趋向。他们的收入、年龄、对消息了解、接受消化程度、信心热炽，全部都由股价和成交反映出来。根据图表就可以预知未来股价走势。不过，随机漫步理论却反对这种说法，它认为投资无迹可寻。

随机漫步理论认为，证券价格的波动是随机的，像一个在广场上行走的人一样，价格的下一步将走向哪里，是没有规律的。证券市场中，价格的走向受到多方面因素的影响，一件不起眼的小事也可能对市场产生巨大的影响。从长时间的价格走势图上也可以看出，价格的上下起伏的机会差不多是均等的。

随机漫步理论指出，证券市场内有成千上万的精明人士，并非全部都是愚昧的人。每一个人都懂得分析，而且资料流入市场全部都是公开的，所有人都可以知道，并无什么秘密可言。既然大家都知道，那么证券现在的价格就已经反映了供求关系，或者离本身价值不会太远。

就拿股票投资来说，每股资产值、市盈率、派息率等基本因素并不是什么大秘密，每一个人打开报章或杂志都可以找到这些资料。如果一只股票资产值十元，断不会在市场变到值一百元或者一元。市场不会有人出一百元买入这只股票或以一元卖出。现时股票的市价已经代表了千万醒目人士的看法，构成了一个合理价位，市价会围绕着内在价值而上下波动。这些波动却是随意而没有任何轨迹可寻的。

这是为什么呢？据随机漫步理论来说，造成市场波动的主要原因是新的经济、政治新闻消息随意地流入市场，这些消息使基本分析人士重新估计证券的价值，而做出买卖方针，致使证券发生新变化。因为这些消息无迹可寻，是突然而来的，事前并无人能够预告估计，各种证券的价格走势推测这回事并不可以成立，图表派所说的只是一派胡言。

既然所有证券价格在市场上的价钱已经反映其基本价值。这个价值是公平的由买卖双方决定，这个价值就不会再出现变动，除非突发消息如战争、收购、合并、加息减息、石油战等利好或利淡等消息出现才会再次波动。但下一次的消息是利好或利淡大家都不知道，所以证券现时是没有记忆系统的。昨日升并不代表今日升；今日跌，明日可以升亦可以跌。每日与另一日之间的升跌并不相关。就好像掷硬币一样，今次掷出是正面，并不代表下一次掷出的又是正面，下一次所掷出的是正面或反面，机会各占50%，亦没有人会知道下一次一定会是正面或反面。

既然证券的价格是没有记忆系统的，企图用证券的价格波动找出一个原理去战胜市场，这样的投资策略必定是失败的。因为证券价格完全没有方向，随机漫步，乱升乱跌，我们无法预知股市去向，无人能成为持久的赢家，亦无人一定会输。至于投资专家的作用其实不大，甚至可以说全无意义，因为投资市场本无规律可循。

根据随机漫步理论，在投资的时候，看太远的走势没有太大的意义，只能从纯粹技术面去推断波动空间，这和算命先生的工作没什么两样，准不准只有天知道。操作上还是要严格按规矩办事，“计划你的交易，交易你的计划”，这可不是句空话，这是投机者在市场安身立命的根本。

投资者分析市场，信息永远是不全面的，用不全面的信息去预测市场，不管你怎么分析，结果都不可能真正准确，市场的表现可能偶尔与你的预测一致，但是请相信这是运气。没有谁能完全了解市场波动的所有影响因素，市场是人构成的，人的行为永远不可能做到真正的理性，市场从某种程度上来说就是大家都在犯错误。

根据随机漫步理论，在市场中，看对是偶然的，看错是必然的，这是投资的定律，不管是股票、基金、外汇都是一样的。投资市场只存在波动，并不存在趋势，趋势只存在于历史的交易中，投资市场未来的趋势谁都不清楚，也就是说市场是随机漫步的。

支持该理论的投资者认为，分析不分析其实所得出的结果差不多，分析之后买进证券并不代表更有机会赚钱，一样会遭受损失，有时甚至是很大的损失，相反不分析买进证券，并不一定会失败，有时可能会赚得更多的利润。

反射性理论：市场行为与个人行为的关联

所谓反射性，它表示参与者的思想和他们所参与的事态因为人类获得知识的局限性和认识上的偏见都不具有完全的独立性，二者之间不但相互作用，而且相互决定，不存在任何对称或对应。在人们活动的政治、经济、历史等领域中普遍地存在这样一种反射性的关联。

索罗斯于 1969 年创立量子基金，在其后不断发展壮大的过程中，为股东赚回了近 35％的年均收益率。这显然已经不能够简单归于他的运气，而更应缘于索罗斯具有其他投机者不具备的更为独到的东西，那就是索罗斯自己的独特金融理论。而索罗斯的核心金融理论就是反射性理论。也有人将其翻译成反身性理论、相互作用关系理论等。

反射性理论指的是投资者与金融市场的互动关系，投资者根据自己获得的资讯和对市场的认知形成对市场的预期，并付诸投资行动，这种行动改变了市场原有的发展方向，就会反射出一种新的市场形态，并继续改变金融市场的走向。

索罗斯认为：人思想的变化对事态发展带来的不确定性，与量子力学中的不确定性很相似。人们不可能准确测量出微观粒子的坐标和动量、时间和能量，但这并不意味着人们不可能准确地掌握微观过程的客观规律。同样的道理，对于金融市场来说，在承认参与者影响的前提下，还是有可能顺应市场运行中的趋势。主流的市场经济学理论大多忽视“有思维参与的历史过程的不确定性”这一因素而导致根本性的缺陷。因此，索罗斯称自己的理论是反射性理论。

具体来说，反射性有两层涵义：其一，目前的偏向会影响价格。其二，在某种情况下，目前的偏向也会影响基本面，使得市场价格的变化进而导致市场价格的进一步变化。

索罗斯认为市场并非永远都是正确的。从市场价格对未来趋势的反映这个角度而言，市场往往总是错的。这种错误所起的作用是双向的，一方面导致市场参与者对市场预期的认识产生了偏差。另一方面，这种偏差也影响了他们的投资活动，从而造成他们对市场发展趋势的错误判断。

也就是说，不是现在的预期符合将来的情况，而是现在的预期造成了今后发生的事件。市场参与者对市场的认识天生具有某种缺陷性，这种缺陷性的认识与实际发生的事件之间存在一种相互联系，二者没有完全的独立性，而是相互作用、互为决定的，不存在任何对应和对称。索罗斯把这种双向的联系称之为“反射性”。

通过这种双向联系，参与者的思想与他们所处的境况、所经历的事件相互影响，相互塑造，形成一种变幻莫测的动态关系。

从反射性理论出发，索罗斯对古典经济学的某些观点提出不同看法。那些认为金融市场有逻辑可循的经济学家坚持“市场永远是正确的”这种观点，他们认为市场价格可以反映出未来的发展趋势。即使这种趋势还没有完全表现出来，但是他们早已清楚未来市场该朝哪个方向走了。

而索罗斯则认为：事实上，这些经济学家们的观点是十分错误的。金融市场毫无理性可言，根本不要妄想能通过理性分析来预测出未来市场的发展趋势。任何对未来的猜想都具有很强的片面性。但是，完全否定这种猜想也是不对的。相反，索罗斯所推崇的反射性理论就是认为人们的猜想将反作用于市场的发展。他深信对未来市场发展趋势的预测不是经由理论分析可得出的结论，而是市场参与者在认识上的偏差和实际发生的情况的双向联系。

大多数投资者都认为金融市场是理性的，股票也是有一定的逻辑性的。他们期望能通过对市场和股票走势的分析，研究出某种运算模式用来预测未来市场的走向。索罗斯觉得这种做法纯粹是徒劳。市场的运作不是靠逻辑，而是靠心理，你必须观察市场往哪里走，确定市场上的投资人在想什么，因为真正能够对市场起作用的正是投资人认识的偏见和事实之间的关系。

索罗斯曾经在《华尔街论坛》上说：“假如人们对某种货币丧失了信心，这就是认识上的偏差。这种偏差不管正确与否，都将成为一种自我强化的因素，从一定程度上推进本国的通货膨胀率，并促使股票价格自然而然地下跌。而如果人们对某家公司的经营管理很有信心，于是大量买进该公司的股票，这时自我强化的现象也发生了，使得股价上涨。与此同时，公司管理层在经营过程中也更易于操作，从而也会让投资者的期望更容易得到满足。”这种现象就是认识和现实的双向回馈，也就是“反射”。

由于投资者不可能获得完整的资讯，且投资者会因个别问题影响其对市场的认知，令投资者对市场预期产生不同的意见，索罗斯把这种“不同的意见”解释为“投资偏见”，并认为“投资偏见”是金融市场的根本动力。当“投资偏见”零散的时候，其对金融市场的影响力是很小的，当“投资偏见”在互动中不断强化并产生群体影响时就会产生“蝴蝶效应”，从而推动市场朝单一方向发展，最终必然反转。

正如索罗斯所说：“人们一旦开始参与到对某种现象的思考中，这种现象的决定性因素就不仅仅是现象本身了，还包含了人们的观点。所以，现象的发展过程不是从一个事件到另一个事件的直接跳跃，而是从事实到观点，再从观点到事实。”

索罗斯还指出，认识和现实的双向回馈造成了一种过程的发生：先是自我强化、不断发展，然后出现鼎盛时期，接着是情况恶化、呈衰跌之势，最后是大崩溃。例如1987年大崩溃，事实上索罗斯通过他的反射性理论，已经预感到崩溃期的到来，崩溃只是时间早晚的问题。因为量子基金在上世纪80年代中期成长得太快，根据他的理论，这种极度繁荣的情况过后，必然会出现大衰败。果不其然，索罗斯在1987年大崩盘时损失惨重。

反射理论在金融市场最具有代表意义，在证券市场上，市场参与者的意见永远是不一致的，有的看多，有的看空，市场参与者不仅有自己对市场的认知，同时在这种认知的指导下进行操作。当看空者与看多者的力量均衡时，市场也不会有起伏，但是基本上这样的特例是不会出现，更多的情况则是两者不均衡。

市场上看空者与看多者的差额决定这个市场价格的走势，那就是说，市场参与者不仅经常对市场有错误的认知，而且在这种错误认知的诱导下会影响市场的走势，这种错误认知被称为“市场参与者的偏见”，而两方面不同偏见的力量之差就被称为“流行偏见”。这种“流行偏见”以及据此采取的行动会改变整个市场的形势，“流行偏见”是市场走势的决定因素。

在将要“大起”的市场中投入巨额资本引诱投资者一并狂热买进，从而进一步带动市场价格上扬，直至价格走向疯狂。在市场行情将崩溃之时，率先带头抛售做空，基于市场已在顶峰，脆弱而不堪一击，故任何风吹草动都可以引起恐慌性抛售从而又进一步加剧下跌幅度，直至崩盘。此时的索罗斯及时捕捉时机，抢先投资，大赚一把。

索罗斯说："股票市场上也存在反射现象，具体表现就是，市场参与者对市场的认识和理解会出错，这种错误的认识不断影响市场，到了一定的时候，会引起市场行情波动、股价涨跌，而市场也回过头来影响他们的认识，并逐步加深参与者对市场的错误认识，两者相互联系，互相影响，互相强化，市场上就出现了反射回馈过程。"

比如，当人们对某种货币丧失信心时，该货币币值会下跌，下跌持续下去，又会加深人们对它的不信任。当投资者对某公司的管理状况充满信心时，该公司的股价会上涨，而上涨持续下去又会增强投资者的信心。

索罗斯说："应用反射理论观察股票市场，可以轻而易举地看清市场混乱的真相，明白到底是谁影响了谁，从而找到潜在的投资机会。"他还说，"由于反射现象中的双向强化作用，使市场参与者的认识与市场状况互相强化，当两者到达极不平衡的时候，市场就可能出现暴涨暴跌交替的过程。这时，赚钱的机会就来了。"

例如，当人们误解了市场某一股票的价值，以为它会走高，于是争相购买，结果推动该股票价格向上攀升，股价上涨吸引了越来越多的股民参与投资，股价持续攀升，当它达到天价时，下跌之势就不可避免。这时，如果能赶在下跌之前抛售，就可赢得暴利。反之，如果抓不住这一时刻，就会被拖垮，倾家荡产。

事实上，索罗斯的反射性理论并非每个人都理解，甚至他早期的得力助理亚瑟·勒纳直到 1994 年还说："我一直搞不懂反射这个词是什么意思，到现在我还是不了解，我根本不明白他到底想表明什么观点。"

尽管如此，反射性理论的形成，还是使索罗斯的投资之路走上了一种战略高度。

第四章　钱生钱的密码：滚雪球的投资方法

投资理财更多的是一种投资方式，是一种观念。过去中国老百姓投资的方式就是存银行，已经形成了这种习惯。但是储蓄本身要抵御通货膨胀恐怕很难，投资本身有一个目标就是保值，然后再去增值，然后平衡我们一生的收支。

——王在全

（北京大学投资理财中心主任）

资金的时间价值原理

所谓资金的时间价值，是指一定量资金在不同时点上的价值量的差额。举例来说，如果你曾经以银行按揭贷款的方式买房或购车，当你还款结束时，你所支付的货币资金之和，将远大于当初你从银行取得的贷款。我们将多支付的这部分资金被称为利息，而利息的存在，则部分反映了资金的时间价值。

资金为什么会有时间价值，我们可以从两方面进行理解：首先，随着时间的推移，资金的价值就会增加。这种现象叫资金增值。从投资者的角度来看，资金的增值特性使资金具有时间价值；其次，资金一旦用于投资，就不能用于现期消费，牺牲现期消费的目的是能在将来得到更多的消费，这也是一种机会成本。因此，从消费者的角度来看，资金的时间价值体现为对放弃现期消费的损失所做的必要补偿。

资金的时间价值，有大有小，而这取决于多方面，从投资者的角度来看主要有：

（1）投资利润率，即单位投资所能取得的利润；

（2）通货膨胀因素，即对因货币贬值造成的损失所做出的补偿。近些年通货膨胀趋势较为和缓，根据国家统计局公布的2013年相关数据显示，2013年全国居民消费价格总水平同比上涨2.6%，即使如此，通货膨胀因素仍不容忽视；

(3) 风险因素，即因风险的存在可能带来的损失所做的补偿。

具体到一个企业来说，由于对资金这种资源的稀缺程度、投资利润以及资金面临的风险各不相同，相同的资金量，其资金时间价值也会有所不同。

财务环节都在强调应收账款中回款的重要性，其中的重要原因是资金对于企业来说具有极大的时间价值，而不仅仅是以按照银行利率所计算的资金占用成本所能够弥补的。

在现实中我们经常会发现，一方面我们存在大量的资金（应收账款）被外单位无偿占用的情况，另一方面一些收益丰厚的项目无钱可投，所遭受的损失是该项投资的收益，以及占用时间内的通货膨胀率等，都是该笔应收账款的时间价值。

同时，应收账款没有及时回收还存在一定的风险性。应收账款作为一项被外单位占用的资产，在收取款项上债务人比债权人具有更大的主动权。应收账款的这种不易控制性，决定了应收账款不可避免地存在一定的风险，这种风险同样是其时间价值的构成因素。

对于企业而言，企业的盈利是靠资金链一次一次地形成和解脱积累形成的。在每一次有利可图的情况下，循环的时间越短越好。要实现利润的最大化，企业追求的应是资金循环的每次效益与资金循环的速度之积最大。

然而，如果企业存在大量应收账款，必然使企业的资金循环受阻，大量的流动资金沉淀在非生产环节，不仅使企业的营业周期延长，也会影响企业的正常生产经营活动，甚至会威胁企业的生存。特别是对于民营企业，由于银行融资相对困难，一旦出现应收账款迟迟不能收回的情况，便很有可能导致资金链的断裂，这时即使企业拥有良好的赢利能力，其生存也会受到严重影响。

不少企业的眼光只是盯住了利润，殊不知资金回款的及时性则关系着企业的生存。作为投资者必须要明确，资金的时间价值绝不仅仅是银行贷款利率所能够完全揭示的。

避免急功近利的短期操作

金融巨鳄索罗斯被认为是短期投资的高手，这往往给别人一种印象，认为索罗斯是标准的投机客，一定很缺乏耐心，专走短线。这其实是一种误区，他的确擅长短线投资，但是他也关注长期。

在投资市场上，需要的是稳健的长期投资，急功近利只会使投资者承担的风险更大。急功近利的短期炒作也许能赚到一点小钱，但却赚不到大钱。

短期炒作的关键在于快进快出，在频繁的交易中迅速地赚取差价。并不是说完全要杜绝短期操作，但在短期操作中盈利，这要求操作者的技术水平非常高。影响股价的因素千变万化，有宏观的、微观的、国内的、国外的。在错综复杂的情况下，任何一个不期而至的消息，都有可能彻底改变股市的走势。假如投资者稍有疏忽，就会掉入股市的陷阱，最终前功尽弃，甚至是血本无归。

短期炒作有其弱点，表现为投资是一个依靠复杂的分析和抉择的过程，在做每一项投资决策前，投资者需要从产品、市场、企业、政策等制约股价走势的各方面进行考虑，这需要付出相当多的时间和精力。要想在短时间内做出周全的考虑几乎不可能，既要频繁进出，又想不耽误日常的事务，必然会掉入自己设置的绳索里。股票投资的最大错误就是幻想着市场会跟自己的意愿运行，万一出现跟意愿背离的走势便没有资金和时间去降低亏损了。导致投资者越陷越深，最后彻底被市场吞灭。

从理论上讲，投资者想要通过短线投资取得良好的收益，必须具备以下条件：一是要准确把握住出入市的时机；二是要跟上市场热点的切换；三是信息要及时、准确；四是要有足够的时间投入。

一个华尔街的投资家曾经说过，短期投资是投票机，长期投资是称重机。短期内出现波动的情况经常存在，频繁地进行买卖，就可能会出现高点买进、低点卖出的局面，影响投资的收益，还增加了被套牢的风险。

但我们会发现，大多数的人还是选择了短期炒作。分析这一原因，就会了解很多的投资者对股市有着极大的恐惧心理，他们认为股市是变化万端的，比如他们在短期内获得一些利润的时候，就会被一种患得患失的心理左右着，这种情绪使他们昼夜难安，始终处于反反复复的衡量和思考中。在这种情绪的影响下，他们往往会抛售股票，以达到规避风险的目的。在他们看来，运用短线操作或者是在股市中频繁出入，是风险最低的投资方式。

事实的确如此，如果对某只股票缺乏足够的认识，那么这种心理就是自然而然的了。投资大鳄索罗斯分析，在实际的投资市场上，投资者由于对投资风险的无知造成对市场的恐惧，时刻对市场的逆转担心。所以短线投资的结果，往往是使投资者对市场整体的把握出现偏差，导致产生买在高处和卖在低处的问题，使最终的利益受损。

不单是索罗斯，在其他投资大师们眼中，短期炒作都应该是投资者尽量避免的行为。巴菲特对短期投资就给了这样的忠告：没有任何一个投资者能够成功预测股市在短期内的波动走向，对股市的短期波动进行预测是一种幼稚的行为，投资者应当尽量避免运用这种投资方式。

当然，我们也不能走向另一个极端，短线炒作就完全不可取吗？不是这样的。要想通过短线操作的方式来获取最大的收益，强势股就成了首选，只有强势股才能给短线操作赢得获利空间，但从价值角度来看，那些强势股票的价格已经都远远地超出其内在价值，越过安全边际的防线，这需要承担更大的风险。如果出现意想不到的利空时，强势股下行空间远远地大于在安全边际附近的弱势股，投资者便会在炒作过程中不知不觉地被卷入股海。

不过，也有投资者认为，短线操作的利润率比长期投资要高。他们把这种短期利润看作是成功的标志，甚至标榜自己的能力超过索罗斯和巴菲特。事实上，超过索罗斯和巴菲特的投资者恐怕并不多。

很多投资家都反对短期炒作行为，认为这是对市场没有益处的做法。一个真正懂得投资的投资者，从来不去追逐市场的短期利润，也从不因为某一个企业的股票在短期内出现涨势就去跟进。索罗斯曾告诫投资者说："希望你不要认为自己拥有的股票仅仅是市场价格每天变动的凭证，而且一旦某种经济事件或者政治事件使你焦虑不安就会成为你抛售的对象。相反，我希望你们将自己想象成为公司的所有人之一。"这个忠告给广大投资者以极大的提醒和震撼。

避免急功近利的短期操作，这是建立在对投资十分了解和胸有成竹的基础上，她能够帮助你在投资市场上培养出冷静理智的投资心理，以应付不断变化的市场。

复利是投资成功的必备利器

复利的通俗说法就是利上加利，是指一笔存款或投资获得回报之后，再连本带利进行新一轮投资的方法。复利的计算是对本金及其产生的利息一并计算，也就是利上有利。本利和的计算公式是：投资终值＝P×（1＋i）n，其中P为原始投入本金，而i为投资工具年回报率，n则是指投资期限长短。

有一个古老的故事，说的是印第安人要想买回曼哈顿市，到2000年1月1日，他们得支付2.5万亿美元。而这个价格正是1626年他们出售的24美元价格以每年7%的复利计算的价格。在投资过程中，没有任何因素比时间更具有影响力。时间比税收、通货膨胀及股票选择方法上的欠缺对个人财产的影响更为深远，要知道事件扩大了那些关键因素的作用。

以股市投资为例，如果投资者以20%的收益率进行投资，初始投资为10万元，来看一下他的赢利情况。

年份	资金额（万元）	累计收益率（%）
1	12	0.2
2	14.4	0.44
3	17.28	0.728
4	20.73	1.07
5	24.88	1.488
6	29.8	1.98
7	35.83	2.58
8	42.99	3.29
9	51.59	4.15
10	61.9	5.19
11	74.3	6.43
12	89.16	7.91
13	106.99	9.69
14	128.39	11.8
15	154	14.4
16	184.8	17.48

上面我们计算了以10万元投资作为基数，投资16年来的收益情况，如果平均一下，这16年的年收益率竟然达到109%。假如你现在只有30岁的话，还有至少40多年的投资时间，仍然按照目前的收益率，从10万元开始算的话，你40多年后的收益就会是相当可观的。

再假如，如果你的初始投资为10万元的话，如果你的年收益率是30%的话，持有16年后，你的收益为678.4万元，假如再投资40年就是2450.3亿元，按照目前的汇率1∶7，你就拥有350亿美元，假如40年后汇率变为1∶12的话，你就拥有1225.15亿美元的财富，这看起来是不可思议的吧。

但问题在于，很少有人有这个耐心。你要坚持投资50多年，这期间肯定绝大多数投资者会做其他很多事，比如消费，犯错误。此外寻找长期收益率超过30%的投资业务也是很困难的一件事。

也许有人会质疑，短线投机的复利力量不是更大吗？答案是肯定的，但是前提是你的短期投机的次数要足够得少，失败的损失要足够得小，但是市场是很难预期的，而短线却恰恰依赖于精确的判断。

每天的投资行情，我们只能靠企业的成长获得可靠的收益，忽略中间的过程，只重视结果。所以短线客大部分都是不能赚钱的，而价值投资者却往往领先这些短线投机者。

如果是一个刚工作的年轻人，每年节省下来几万块钱，放在比较稳健的长线股里，在复利的作用下，就能使个人在中年或老年时轻松积累巨额的财富。如果他能够每年多投入几千元，那么退休时的财产积累将会更多。如果通过个人财富管理能够多获得几个百分点的收益率，最终他的财富将成倍增加。

复利的关键是时间。投资越久，复利的影响就越大。而且，越早开始投资，你从复利的效果中赚得越多。所以，只要拥有耐心、勤勉的投资努力，任何人都能够走上亿万富翁之路。

运用杠杆原理实现投资

用小钱赚大钱，这门技术就运用到了杠杆原理。从某种程度上来说，杠杆原理的使用可以增加你的购买力，使你不断增加自己的财富。

在投资过程中运用杠杆原理，远比你想象得要普通，比如说，当你进行抵押贷款的时候，你实际上是在运用杠杆原理来支付你无法用现金兑付的某样东西，而当你偿付了抵押贷款后，你就可以在资产卖出中获取利润。此外，投资者也可以将杠杆原理运用到股票投资的保证金交易中。在这个场合中，可以用自己的钱加上从股票经纪人那里借来的钱来购买股票。如果股票上涨，你可以卖出而获取盈利，然后将借的钱和借款利息归还，剩余的钱投资者便可以收入囊中了。

用自己很少的钱进行投资，使用杠杆原理，你可能会比正常投资所获得的回报更多。举一个例子来说，如果你自己出5000美元，又借了5000美元做一笔10000美元的投资，然后又以15000美元出手，那么你赢利的是以5000美元赚取了5000美元，换句话说，你的投资回报率是100％。如果没有采用杠杆，你全部用自己的钱来投资，则只是在10000美元的投资基础上实现了5000美元的赢利，或者说是获得了50％的回报率。这就是拿银行的钱去赚钱的投资杠杆方法。

从投资理财的角度去看，如果你的资产回报率高于你的融资成本的话，你就尽可能地去银行借钱，利用杠杆挣钱。银行的钱有助于你的自有资金发挥四两拨千斤的效果，大大提升你的自有资金回报率，获得远超越市场平均收益率的回报。

以房产投资为例，在过去的几年时间里，上海房价平均每年上涨15%以上，假如你在前几年做了小户型房地产投资，每年的投资回报在15%，也就是说在买房子时，70万元的房子，三年后可能价值上涨到105万元。如果三年后以105万元抛出手上的房产，所获得的毛利是35万元左右，扣除税收及费用，获利30万元。此外，三年来的房租回报率按5%算，约在10万元左右。加在一起，三年来，你的房产收益可达到约40万元。

再从投资的角度来看，如果当初你是全部自己付清房款，那么需要付款70万元，三年的房产收益约在40万元。也就是说，这三年来你的回报率约是60%，年回报率是20%。

如果你当初是从银行获得70%的按揭贷款，三成首付，那么你自付资金只是21万元，加上税费等也就在23万元左右。这与你目前所获得的收益40万元相比，你的自有资金回报率接近200%！也就说，你用23万元钱，在三年内赚到了约40万元，你的年回报率在60%！3倍于你全额付款的投资回报，或者理解为用70万元可以买三套同样的房产，投资利润可以做到3倍。

任何事物都是具有两面性的。虽然在投资中运用杠杆原理会增加投资者的收益，但也会给投资者带来巨大的风险。因为一旦拖欠贷款，即便是你以前一向有规律地支付贷款，贷方也会收回你的房屋。因为投资杠杆一般要求你抵押一定价值的物品来把握你的财务合伙人投入资金数量的风险。如果你卖出的资产总额不足以偿还借贷，那么你仍然应该向贷方支付剩余的款项。

如果你以保证金来购买股票，一旦你的股票跌至低于相应的购买价格所预先设定的百分比，你必须上缴一定数额的保证金，以便你的股票经纪人的那笔钱不处于危险之中。况且如果你割肉的话，你仍然必须偿付全额的保证金。这些都是运用杠杆所遇到的可能风险。

运用杠杆性投资的波动越大，带来巨大损失的风险性越高。作为投资者，必须要记住，如果遭遇下行，杠杆原理会让你损失的钱会比你的投资还多，而这种情况在没有运用杠杆性投资的时候是不会发生的。

懂得合理避税

关于避税，有些人不太懂，甚至认为这是违法犯罪的事情。守法的老百姓怎么能去做这种事情呢？对避税的问题，需要正面看待。避税，简单来说就是通过一定方式减少税收支付。减少税收支付的手段也有多种多样，例如：偷税、漏税、避税、节税等。避税只是其中一类。偷税、漏税，这是不值得提倡的违法行为。但是，我们所要强调的，是在法律无明文禁止的前提下合理避税。

所要避的税也有不同类型。比如，有政府提倡的，有政府不鼓励的，有政府正在研究对策制定新法律法规制止的。我们在这里主要讲的是前两种。我们所讲的合理避税是指符合政府税收立法意图，以合法的方式比较决策，避重就轻，减少其纳税义务的行为。判断避税是否合法的依据就在于政府是否承认纳税人有权对自己的纳税义务、纳税地点进行选择。通过以上分析，我们就知道了合法避税就是税收筹划。

合理避税有如下特点：

（1）合法性。强调合法性，就是说合理避税只能在法律许可的范围内进行，违反法律规定的任何逃避税收的行为，属于逃税行为。现实生活中，企业在遵守法律的情况下，常常有多种税收负担高低不一的纳税方案可以选择，企业可以通过选择本企业最低的税负方式，以此来降低税收负担。

（2）超前性。纳税行为本身具有一定的滞后性，比如说企业交易行为发生后，才缴纳流转税；企业或个人收益实现或分配后，才缴纳所得税；财产取得之后，才缴纳财产税，这就在客观上提供了事先做出合理避税的可能性。另外，经营、投资和理财活动是多方面的，税收规定则是有针对性的，纳税人和征税对象不同，税收规则也往往不同，这就向纳税人表明可以选择较低的税负决策。

（3）目的性。选择避税具有较强的目的性，这里面包含两层意思：一层意思是选择低税负。低税负意味着低税收成本，高资本回收率；另一层意思是滞延纳税时间（有别于违反税法规定的欠税行为）。纳税期限的推后，也许可以减轻税收负担（如避免高边际税率），也许可以降低资本成本（如减少利息支出），不管哪一种，其结果都是税收支付的节约，即节税。

关于合理避税，很多人容易将它和逃税混为一谈，其实这两者是有本质区别的。合理避税是政府所鼓励和提倡的。逃税是指纳税人故意不遵守税法规定，不履行纳税义务的行为。广义上逃税还包括纳税人因疏忽或过失没有履行税法规定的纳税义务的行为。

法律术语中不包含逃税的名词，广义的逃税，应包括偷税和抗税。后者已经是犯罪，严重扰乱了社会的秩序。偷是秘密的，抗是公开的，但性质无大区别。但依据我国税法及有关规定，可概括出以下几点：

（1）逃税为法律明文规定禁止，它是一种违法行为。

（2）依法纳税是每个纳税人应尽的义务。

（3）扣缴义务人须依法代扣、代收、代缴税款。

（4）对逃税者采取一定的行政措施。

作为投资者，千万要在法律许可的范围内合理避税，不能逃税，做个守法奉公的投资者。

定期定额的投资方法

采取定期定额投资，是指定期用约定的扣款额进行投资，它的最大好处是平均投资成本，避免选时的风险。通过定期定额投资计划购买标的可以聚沙成塔，在不知不觉中积攒下一笔不小的财富。定期定额的投资方式，因为简单不繁复，因而被人称之为“傻瓜投资术”。即使是这种“傻瓜投资”，实际上也没有大家理解中的那么傻，有不少投资窍门可以提高投资效率与报酬率。

一提到定投，人们首先想到的是基金。但事实上，除了基金之外，不少理财产品都已成为定投的对象。比如储蓄，把平时运用到生活必要支出之外的资金积攒下来，以小变大，获得利息收益的同时，通过定投养成良好的投资习惯。以储蓄投资来说，储蓄的方式不仅有定期储蓄，还比如：零存整取储蓄、定活两便等都可以达到定期定额投资的方式。

保险投资也可用于定期定额投资，如寿险有三种定投的类型，它们分别为：寿险储蓄型、寿险保障型、寿险分红型。根据自身及家庭的风险偏好程度选择不同的寿险产品，寿险的产品中既有养老医疗保险，还有子女教育、婚嫁、创业、投资等产品，产品种类丰富，有利于我们进行定期定额的投资工作，而不必费太多的心思。

再比如我们所熟悉的基金定投。开放式基金具有专家理财、组合投资、风险分散、回报优厚、套现便利的特点，定期定额投资开放式基金对于一般投资者而言，不必筹措大笔资金，每月拿出一点闲散金钱投资，不会造成经济上额外的负担。当基金净值上涨时，买到的基金份额较少；当基金净值下跌时，买到的基金份额较多。这样一来，“上涨买少，下跌买多”，长期以来投资者就可以有效摊低成本。

房产投资也有定投的影子。如今，利用房产的时间价值和使用价值获利的投资方式已逐渐被人们所接受，通过银行按揭贷款为家庭购置房产，每月缴纳一定的贷款本息，也可以算是一种不错的定期定额的投资方式。这种投资方式需要注意两点事项，其一房产不能购置太多，一个家庭两套房产比较适宜，自己住一套，一套用于投资，因为不动产投资变现能力较差，投资成本很高，贷款所缴纳的利息很多，所以适合有相当经济实力的投资者做中长期投资。其二房产投资应考虑市场价格、地理位置、周围环境、销售商资质、施工质量、配套设施、升值空间、租赁价格、利息支出等诸多因素，它同时面临投资风险、政策风险以及经营风险。

我们在投资时，一般都会考虑投资时点，而定投相对而言，不用过分考虑投资时点，只要对市场前景看好，就可开始投资，将人为主观判断的影响降到最低。定投的收益有复利效应，本金所产生的利息加入本金继续衍生收益，随着时间的推移，复利效果越加明显。定投适用于长期理财目标，充分体现投资的复利效果，在制定退休养老、子女教育等长期理财规划时，定投可以作为较为理想的投资方式。在投资市场上，一些商业银行推出的理财产品已经具备了这一特点，还采取了更加灵活的投资方式，可以自动按照客户指定的日期、指数、均线按照一定比例的金额进行每月定投申购，既提升定投申购的功能，又提高投资的效率。

定期定额投资可有效克服投资者对市场震荡的焦虑。绝大多数投资者往往是在市场最疯狂的阶段，大量买进；而在市场最低迷的时候，斩仓出局。“追涨杀跌”已经成了家常便饭，往往陷入投资亏损而影响心情乃至生活。而如果采用定期定额的投资方法，只需要每个月固定投资一笔钱在一个定投组合上，市场上涨时，定投会帮我们减少投资的份额，克服人们潜意识里的贪婪；市场下跌时，定投会帮助我们增加投资的份额，克服人们潜意识里的恐惧。假如市场真的是不可预测的，用这种方法没准我们可以捕捉到市场平均成本。假如投资者坚信市场的中长期趋势是向上的，如果我们能在一个估值相对合理的区域开始定投，然后经历市场低估、反弹，最后再在市场高估时选择抛出。那么，赚钱也并非是一件遥不可及的事情。

虽然说定期定额投资具有稳定性，但是当市场不好时，定期定额绩效难免受到影响，尤其是投资人若累积的时间不够长，或市场长久处于表现不佳的情况下，定期定额投资的基金还是会被套牢。这种情况下应该继续扣款，还是应该转移市场？这是很多投资人心中的疑问，尤其是看到报酬率连续几个月都赤字时更焦虑。

投资专家表示，这时可以先厘清以下问题再来确定怎么做：

1. 市场是否处于空头趋势

若是空头趋势，所有的投资资金都有可能同样面临套牢命运，投资者不必停扣，更没有必要转换投资品种从头开始。若为多头趋势修正，表示市场仍处于多头，投资者若因为一时的套牢就停扣，将非常可惜。

2. 该投资产品的基本面

若所投资的产业或区域的股市下跌，属于良性修正，基本面未转坏，投资者应该持续扣款，甚至把握机会利用单笔加码买进。反之，若是基本面出了问题，这时候投资人才应该考虑把手上的套牢投资资金，转换到其他未来较具上涨潜力的投资产品上。

持有时间决定着获利概率

北大投资课认为，优秀的投资者不必进行频繁的操作，他们照样能投资获利。喜欢频繁操作的投资者，在做出投资决策时要么考虑不周，对自己的决策信心不足；要么心理素质不高，容易被外界因素干扰，甚至怀有“这山望着那山高”的侥幸心理。

频繁的操作会给投资带来很多麻烦，甚至会导致整个投资的失败。市场中很多投资者，原本对市场走向判断准确，并且及时出手，抓住了不错的投资机会，却因为频繁地进出市场，而无形中提高了成本，没能获得本应到手的利润。在这些投资者尚未察觉频繁操作的危害时，索罗斯却已经看到了频繁操作的几大害处。

不少投资者容易被市场的价格波动所左右，频繁地买进卖出。更有投资者盲目将频繁的买卖操作当作具有高超投资技巧的一种表现。事实上正相反，频繁的操作正彰显了投资者经验缺乏，技巧拙劣。

其中最为明显的害处就是，频繁的操作会提高投资成本。在金融市场上进行投资活动，毫无疑问，每一个投资者的最终目的都是获取利润。为了利润的最大化，投资时花费的成本当然要尽可能地压低，这是所有投资者的共识。

遗憾的是，许多投资者在进行实际操作时，根本没有意识到节约成本的重要性。许多投资者在进行投资之前都会绞尽脑汁去思考如何降低投资成本，可一旦进入市场，就完全被上下波动的价格走势所左右，将之前计划的成本预算抛诸脑后，不停地围绕着价格进行频繁地买卖操作。他们就在这种无意识地行为中，把本应收获的利润，交给了政府和证券经纪人。当投资结束，投资者想当然地认为自己获利颇丰时，却在最终交割清算时发现，自己获得的投资收益仅仅足够支付交易税款和经纪人佣金，真正到手的实际利润大打折扣，少得可怜。

作为一名足够精明的投资者，会在进行投资决策之前对所要花费的成本进行周密的计算，当然也包括交易成本。所以，每次投资他都会尽量减少操作次数，以避免支付过高的交易费用。每次进入市场，投资者都应仔细分析，绝不能只看着市场行情走好就贸然进入。而即便是他已经找好了投资对象，制定好了投资策略，他也会耐心等待最好的投资价位，在行情到达了最合适的价格上果断出手，大量做空或做多。在他认为最佳的退出时机到来之前，他绝不会被市场正常的波动所干扰，而是静静观察市场走向，绝不贸然行动。在索罗斯的投资生涯中，大多数时候他只进行三次操作，一次用少量的资金探明市场走向，一次大量买进等待获利，最后一次获利了结退出市场。这样简单且没有重复性的操作，就可以把交易成本压到最低，避免一些不必要的损失，使利润达到最大化。

除了提高投资成本，频繁的买卖操作还有另一个很大的危害，那就是会导致投资机会的错过。金融市场时刻处于波动之中，要掌握一次真正的投资机会并不容易。所以，相比于交易成本的提高，失去一次不错的投资机会更不能被投资者所容忍。频繁的操作很可能会将原本的投资计划和投资项目全盘打乱，投资者会在频繁的操作中变得患得患失，只顾时刻盯紧证券价格的变化，而忽视了更重要的因素，平白丧失了获利机会。例如有许多投资者经过长时间的分析研究才找到一个好的投资机会，却往往由于在投入资金以后，对证券价格的变化太过敏感，一见有亏损便轻易采取了止损手段，或是在获得了少量回报后就急急忙忙了结退场。这些正是习惯于频繁操作的投资者容易犯下的错误。

很多投资者常常是在投资对象小幅升值以后，就开始害怕市场回调，损失已经到手的利润，于是将其持有的证券轻易卖出，觉得这样就可以先小赚一笔利润，同时还可以等价格降低以后再重新投入资金。可市场往往不会给他们第二次机会，价格并没有像他们预想的那样回落，而是在他们卖出以后持续走高。此时如果追高买入，就提高了成本，不但没能赚钱，反而亏蚀不少；如果死等价格回调，更可能就此失去这次投资获利的机会。

短线交易的难度其实更大于长线投资，即使运气好，也不过只能挣点蝇头小利。因为投资者缺乏足够的定力，常常在买进几天之后就匆匆卖出，然后再去寻找另外一只股票继续做短线投资。市场上经常可以见到的景象是，某位投资者在卖掉一只股票之后，它的价格很快就开始上涨，然后他就只能对着这只股票懊悔不迭。经过几次这样的交易后，投资者损失的不仅是宝贵的本金和交易成本，还有投资股票的自信。投资者心理上变得越来越脆弱，再也经受不住证券市场的任何风浪。

同时，频繁地进出操作还会牵制住投资者过多的时间和精力，使他们无暇顾及市场中的其他机会。优秀的投资者深谙这一道理，所以他们总喜欢将资金一次性大量投入到看好的投资对象，然后就是静待最佳退出时机的到来。在等待的时间里，他们从不会花心思去重复买卖，而是密切关注市场中其他的投资机会。

不少投资家都愿意长期持有某项投资品，关于这点，投资大师巴菲特曾这样解释说："如果你在一笔交易中挣了125美元然后支付了50美元的佣金，你的净收入就只有75美元。然而如果你损失了125美元，那么你的净损失就达到175美元。"

因为如果你全部的短期投资中只有一半能够赢利，那么你很可能由于佣金和交易费用的原因在长期中损失自己的全部资金。短期投机交易就失去了它身上的光环。人们已经完全明白骰子只能用于娱乐，你永远也不会通过掷骰子来赚钱。然而依靠时间，却能大大提高你的获利概率，为什么不这么做呢?

从上面这个现象可以看出如果投资者想通过短期的交易获得8%的收益率的话，必须要有三次成功的交易才能补的上一次的失败交易。那意思就是，短期投资者必须保证75%的交易是成功的才不至于损失。可见这个概率就变得很小了。因为股票市场是完全随机无法预测的，就像掷硬币游戏出现正面和反面的概率是一样的，下一桩股票交易的价格上升还是下降的概率也几乎完全一样。从长期来看，任何人在这样的游戏中都只有50%的概率能够赢利。

说明这样的情况很简单，假如你有10万元的初始资金，如果你在一年之内交易了100次，按50%的概率来算，平均每笔获利500元，那么意味着另一半每笔遭受500元的损失。到年终的时候，综合一年的赢利就会为零。这是理想的情况，实际上并非如此。假如再把你每笔交易（买卖）的佣金费用（50元）算进去的话，那么到年终时你的资金实际上已经损失了1万元。假如你这一年的眼光不错，投资盈利的概率在60%，那么就意味着你的这100次交易有60%都是赢利的，你还是处于亏损的边缘。假如你想获得10%的收益的话，这就要求你70%的交易都是能够赢利的，如果更有点野心，要达到年收益率到20%的收益，这时候你必须要有80%的交易都保证赢利才可能达到，而这样的投资赢利概率是比较低的。

短期交易会引起股票定价上严重的不一致性，从而导致投资者不理性的行为并滋生投资者对股市的片面理解。“只有理性的股东才能形成稳定的、理性的股价。”1988年巴菲特在给基金股东的一份信中这样写道。从整体的角度去看，股市交易就像是经济体系的一个巨大的抽水机，它将资金从生产领域抽出并投入金融领域。

投资期限越长越好，根据统计，当你一直持有投资，有2/3的时间你是会获利的。长期投资的另一个好处就是减少交易成本，许多人亏损就是因为交易太频繁，获利的部分都被金融机构以交易费的名义赚走了。

巴菲特曾经半开玩笑地说，美国政府应该对持有股票不超过一年的资本交易征收100%的税。“我们大多数的投资应当持有多年，投资决策应当取决于公司在此期内的收益，而不是公司股价每天的波动。”20多年前他曾对《奥马哈世界先驱报》说，“就像当拥有一家公司却过分关注公司股价的短期波动一样，我认为在认购股票时只注意到公司近期的收益一样不可思议。”

巴菲特曾说：“考虑到我们庞大的资金规模，我和查理还没有聪明到通过频繁买进卖出来取得非凡投资业绩的程度。我们也并不认为其他人能够这样像蜜蜂一样从一朵小花飞到另一朵花来取得长期的投资成功。我认为，把这种频繁交易的机构称为投资者，就如同把经常体验一夜情的人称为浪漫主义者一样荒谬。”

普通投资者也许能从巴菲特的这些话中得到投资的一些启示吧。

在金融市场上，有一个非常普遍的现象，就是常赚钱者不常操作，常操作者不常赚钱。而索罗斯也曾说过这样一句话：“工作量和成功恰好成反比。”这句话包含两层意思，一层是等待投资时机时要有耐心，要经受住时间的考验；另一层就是在投资时要减少操作次数，不要贸然进出市场。所以，频繁操作是投资者的大忌，一定要尽量避免。

有闲钱时是最佳的投资时机

有不少投资者总是寻找最佳的投资时机，实际上对于投资者来说，“有闲钱”的时候就是最佳的投资时机。所谓“闲钱”，指的是多余的、暂时不派用途的钱。

这就是说，不要把养家糊口、养老防病、养育子女的钱全部用来投资，更不用说拿住房做抵押、拿银行贷款、拿从亲朋好友处借来的“违规资金”进行投资了。

用来投资的钱一定是“闲钱”，也就是一时之内没有迫切用途的钱。因为，如果投资者以家庭生活的必须费用来投资，万一亏损，就会直接影响家庭生计。或者，用一笔不该用来投资的钱来生财时，心理上已处于下风，因此在决策时亦难以保持客观、冷静的态度，在投资市场里失败的机会就会增加。

有一位李先生，他是一位普通的工薪人士，他的投资经验就很能说明问题。虽然工资收入不高，他却有着令人羡慕的基金投资业绩。自 2009 年 8 月认购上投摩根中国优势基金 3.5 万元，截至 2011 年 11 月 30 日，他的投资回报从最初的 3.5 万元升值为 9.61 万元，2 年零 3 个月的回报率达 177.81%。

如此高的投资回报率着实让人羡慕，对于李先生来说，他只是利用自己的“闲钱”投资，便获得了高额的投资收益。其实现在越来越多的人都意识到投资的重要性，也都想加入到这个队伍中来，但是，不知道自己什么时候进入这个神奇的投资领域中来，不知道什么时候是最佳的投资时机。

谈到投资时机，很多人都认为牛市是最佳的投资时机。确实是这样的，但是，对于还没有进入投资领域的人来说，当前市场是牛市还是熊市想必不好判断。即使是处于牛市，有些人还是不适合进入到投资的市场中来，像现在有不少人卖房炒股、借钱炒股，也要一定在牛市中分一杯羹，这样的冒险行为就不值得提倡。

2011 年 1 月份，在北京工作的高某听说中国宝安股价涨势很好，产生了投资该股的念头。但是他当时刚来北京，并没有什么闲钱，于是就跟朋友借了 5 万元投了进去。当时，中国宝安股价在 2011 年 1 月至 2 月间大幅飙升，短短一个月时间内，公司股价区间最大涨幅高达 91.35%。在此期间，机构席位出现在异动榜多达 12 次。资料显示，机构席位的异动绝非偶然。早在 2010 年年报披露中，中国宝安就是名副其实的基金重仓股，多达 80 只基金、券商机构持有该股，且不乏知名基金机构。高某看到了赚钱的时机，于是借了 50 万元的高利贷投资这只股票。心想着就一年，自己就撤出来，到时赚钱了之后就能把高利贷还上，自己还能有不菲的赢利。

谁曾想到，从 3 月份开始，石墨烯项目不断受到媒体质疑，中国宝安频频发布公告进行澄清。6 月 15 日，中国宝安还受到了深交所、深圳证监局的通报批评。该只股票的价格也急转直下，到 2011 年 12 月 22 日，中国宝安创年内新低，与 2 月 22 日最高时的 25.45 元相比，股价下跌超过六成。高某借钱致富的梦想破灭了，由此还背负了巨额的贷款。

从这个普通投资者的投资经历中我们可以看出，市场是否是牛市和投资产品的涨势如何，跟个人进不进入投资领域是没有直接关系的。具体到个人的最佳投资时机，不仅仅要看淡牛市如否，更要根据个人的资产情况，而不是看市场和投资产品的情况。那么，个人最佳的投资时机是什么时候呢？就是当你有闲钱的时候。

一旦你有闲钱时，就立即投资，而卖出的最佳时机，就是当你需要用到这笔钱的时候。这些年来，我们听过不少因为借债投资而导致投资失败的故事，令人不胜唏嘘。2003 年 9 月 4 日的《安徽商报》有则报道《男子跳楼是因为炒股亏了两百万》。该报道称：曾做过羽绒生意的黎某，将多方筹措来的 200 多万元赔进了股市。他妻子长期患病，一双儿女均未成年。9 月 2 日，黎某来到安徽医科大学附属医院外科大楼，想到背负债务和日后生活，绝望之下草草写了封信交待身后事，便纵身从四楼跳下。

无独有偶，2005 年 7 月 14 日，《重庆晨报》报道了另一位女股民要跳楼的事："昨天下午，在新华路证券公司交易大厅里，一中年妇女因为股票大跌，精神受到刺激，几度寻死……该妇女的丈夫接到消息，赶到了交易大厅。一见面，丈夫就控制不住情绪，想打该妇女。原来，该妇女因为炒股，已经把房子都卖掉了。"

如果你动用了必需的生活费和应急的钱投资，结果自然不够美妙。当你急着用钱时，必然要撤出投资的钱，这样你不但赚不到投资收益，甚至还会赔进手续费。只要不动用必需的生活费来投资，在生活上就不会出现财务危机，也不会在投资的过程中心生恐惧和焦虑。

在投资之前，你都要问你自己：你有多少闲钱可以用来投资？投资的过程是平和快乐的，享受投资收益的过程是愉快和幸福的。

用闲置资金去投资

在日常生活中，我们常常听到这样的话：撑死胆大的，饿死胆小的。正是带着这种侥幸心理，不少中小投资者将家中能收集的所有钱财，都用来投资风险产品，如股票。其实这种做法大错特错，当你购买具有风险的产品时，只有用闲钱投资才不会有心理压力。

生活中有人没有钱投资，甚至抵押出房子来炒股，就连信用卡都拿来套现炒股票，甚至于到超市购物都着急得要用股东卡来结账。他们把生活必需和必备资金拿去投资，这样的行为可以说是一种高度冒险的行为。看似勇敢的一个理财者，却犯了一个明显的错误，那就是走入孤注一掷的理财误区。

事实上，投资者应充分认识到“只要投资就会有风险”这个事实，在投资之前对投资的产品特点、种类等有充分的了解，不要盲目预期过高。事实证明，只有充分了解市场，了解公司和产品的潜力，才可以控制投资者选择的产品所要承担的风险。在这方面，赵先生做得很好。

赵先生家是典型的三口之家，拥有普通而又满足的工作与生活。一直以来，他都在浦东某食品公司从事管理工作，非常忙碌，加班也是常有的事。

“我搞投资，主要是因为自己喜欢，能从中感受到一种乐趣。”赵先生说，“就像有人喜欢玩，或者有人喜欢打牌或搓麻将一样。”平时，他会留意除了银行存款外，有没有其他收益率更高一些的理财产品。“我的理财规划很简单，一半存银行，一半买基金，用来投资的钱都是闲钱，不急着用。”

对于赵先生这样典型的工薪家庭来说，用来投资的钱都是平时的点滴积蓄积累起来的，所以他表示资产的安全性是优先要考虑的。“我的投资，很大成分上也是为了女儿的未来做准备。尽我的努力，为她未来的教育做好至少 20 万元的准备。”

因此，在 2004 年 9 月赵先生认购了上投摩根中国优势基金，当时大盘在 1300 多点。赵先生希望该基金每年能给他带来 20％的收益率，他就很满意了，因为这个数字已是银行存款利息的 10 倍多。

赵先生表示，投资在基金上的钱本来就是闲钱，只有发现自己所选择的基金不好才要赎回。对于表现很好的基金，就没有必要赎回，因为赎回后还要再去选择其他基金，还不如持有不动更合适。至于低买高卖方面的技术操作，他认为 80％不准确，如果准确率高的话，就人人都会发财了。因此，他投资基金的方法就是简单地长期持有，结果取得了远远超过自己当初期望的收益率。

对普通投资者而言，一个不变的投资原则就是“用闲钱去投资”，也就是说这部分资金即便出现了风险，也不会影响正常的生活。对于那些用银行抵押贷款去买股票的投资者来说，一旦市场出现短期波动，就可能面临巨大的资金压力，致使其资产遭受损失。

为此，专家告诫我们：投资一定要理性，要用闲钱，绝不能把生活必需和必备的费用都投入风险产品中。

专注于自己的投资目标

有句谚语是这么说的：智慧的人把复杂的事情做简单，愚蠢的人把简单的事情弄复杂。其实投资市场并没有想象的那么复杂，人生要想获得财富上的成功，必须专注于自己的投资目标，往往最简单直接的方式是最有效的。

哥伦布发现了一个新大陆，当时有很多人都跑来向哥伦布表示祝贺。皇室也特意为哥伦布举办了盛大的庆功宴，请他讲述探险中的一些故事，大家都围坐在一起津津有味地听着，这时一个嫉妒哥伦布的大臣不屑一顾地揶揄道："哼，地球是圆的，任何一个人只要坐船去航行，就可以达到大西洋的那一端，都能发现新大陆，这有什么值得奇怪和炫耀的?"另外几个大臣也随声附和，觉得这个大臣说得也有道理，宴会的气氛有些尴尬。

这时，哥伦布的捍卫者和朋友都为哥伦布辩解，他们知道航海旅行远没有嘴上说的那样轻巧，而是困难重重，不是每个人都可以做到的，但是他们还没开口，哥伦布已经叫人去拿了几个煮熟的鸡蛋过来。

哥伦布把鸡蛋放在大厅的饭桌上，然后邀请刚才对他表示怀疑的几个大臣一起来做一个简单的游戏，人们聚集在他们周围。哥伦布说："这个游戏其实很简单，只要你们谁能把鸡蛋竖在桌面上，谁就是最后的胜利者。"大臣们试验了好几回，每次鸡蛋都无法立起来，他们认为这根本就是不可能的事情，鸡蛋根本就无法立在桌子上。

正当大家都纷纷表示不可能做到时，哥伦布拿起一个鸡蛋，使劲向桌面砸去，鸡蛋的一端被砸碎了，同时也稳稳地立在了桌子上。

这个小故事也给投资者们以一定的启示，只有坚定目标，就一定能设法达到。经过了几百年的发展，至今已经形成了纷繁复杂的投资市场。在投资市场上可供选择的工具五花八门、种类繁多，除了传统的物业、股票、储蓄、债券以外，黄金、期权、期货等投资工具也日益流行起来，以致于初学者刚一接触，往往感到无所适从。他们在面对那些复杂的分析方法时往往走向了两个错误的极端：一个是高山仰止，对于那些所谓专家的专业术语敬仰崇拜，然后用各种理论生搬硬套，唯独放弃自己的清醒头脑；另一个就是干脆放弃学习相关的投资知识，纯粹跟着感觉走。这两种方法对于一个聪明的投资者来说都是不可取的。

一般人都会以为，投资是那些银行家们“聪明的脑袋”设计出来的游戏，听起来越是高深的产品，就越有可能赢取更大利益，其实不然。美国发生的次级房贷风暴就是一个最有力的证明，美国次贷危机带给全世界投资人最大的启示就是：复杂的财务金融工具未必是投资的万灵丹。在投资的过程中，要专注于自己的目标，而不要被复杂的金融工具而绕晕了自己的头脑。

用专注的方式创造财富的奇迹不胜枚举，比如，比尔·盖茨只做软件，成为世界首富；巴菲特专做股票成为亿万富翁；英国女作家罗琳，40 多岁才开始写作，只写哈利·波特的故事，竟然也成了亿万富婆。这也可以证明，专注，就有赚大钱的机会。

投资大师巴菲特专注于自己的投资目标，他的专注是他投资获利的重要原因。虽然住在偏远的故乡小镇奥马哈，房间里只有简单的几样东西：报纸数据、年报和电话，但是他却可以做出最精确的市场判断。巴菲特有一个很独特的方法，就是“用脚跟切实地感受市场的温度”。比如在半年以前，到一些餐厅吃饭，需要排上一个小时的队，但是当他不用排队随时去都可找到空位时，显然说明美国的经济比半年前衰落了很多。而巴菲特购买股票的操作策略也再简单不过了：“买便宜货”，然后持有，等到价格上涨后再卖出去。巴菲特在一次演讲中，向听众谈到他的致富之道的时候，他只说了几个字：是习惯的力量。只有当你习惯了做一些事情，长期去实施，不断地重复简单的过程就是成功的要诀。关掉外面嘈杂的声音，回归理财的初衷，用自己最熟悉的投资工具，最简单的策略，不管是长期投资也好，低买高卖也好，就会看到专注投资带来的力量。

作为市场投资的初学者来说，每天周旋在看不完的经济数据当中，是不可取的。你会发现看得越多反而越复杂，越不知所措。面对复杂的环境，专注于自己的投资目标，找出适合自己投资性格的简单投资工具，那么就算你面对多么险恶的投资环境，也无法阻碍你财富的稳定增长。

挖掘被忽视的“金矿”

在投资市场上，人人都在寻找金矿，如果可以赶在别人之前找到并挖掘它，则获得的利润将会让旁人羡慕。在金融投资方面，有很多金矿，只不过金矿大多埋藏在深处，需要有眼光的投资者去挖掘，金矿可能就是冷门股票中的某只潜力股。

投资大师就像是一个金矿勘探者，知道自己在寻找什么，并且大体知道自己应该到哪里去找，此外，他还配备有全套的勘探工具。他不仅会在那些大家公认的金矿中与别人一起抢金子，也会把目光投向那些罕有人迹的被人忽视的金矿，在那些被别人认为是“垃圾”的废弃的金矿中，挖出一桶桶的金子。

1996 年巴菲特在致股东的信里写道：“当然股东持有股份的时间越长，那么伯克希尔本身的表现与该公司的投资经验就会越来越接近，在他买进或是卖出股份的股票价格相对于实质价值是折价或溢价的影响程度也会越来越小。这正是我们希望能够吸引长期投资者加入的原因之一。总的来说，从这个角度来看，我们做的是相当成功的，伯克希尔公司大概是美国大企业中拥有最多具有长期投资观点股东的公司。”

巴菲特选择投资标的物时，从来不会把自己当作市场分析师，而是把自己视为企业经营者。巴菲特选择股票前，会预先做许多充分的功课，了解这家股票公司的产品、财务状况、未来的成长性，乃至于潜在的竞争对手。他总是通过了解企业的基本状况来挖掘值得投资的“不动股”。

事实上，我们也要学习巴菲特挖掘值得投资的“不动股”的方式，事先做好功课，站在一个较高的视角，提供一种选股思路。我们要发掘的值得长线投资的“不动股”是价值被低估的股票。

金融投资大师索罗斯思想独特，在经济方面有敏锐的直觉，加上几十年如一日、不间断地研究市场，不断强化自己的理论，使他更容易发现常人难以察觉到的细微变化。正是通过这些看似平常的信息，索罗斯挖掘到了常人难以想象的金矿。

索罗斯被人们所熟知的是他对避险基金的熟练运用。在 1969 年，他创立了第一个属于自己的避险基金——双鹰基金，即后来的量子基金。他着手避险基金交易投资时，世界对这种投资方式几乎还是一无所知。到 20 世纪 90 年代时，这种情况已经发生变化，索罗斯也因此成为所有避险基金交易投资者中的领袖。量子基金在索罗斯的带领下创造了一次次的神话，创造了巨额财富。在 20 世纪 70 年代，索罗斯还没有像现在一样被世人熟知，也没有被称为“金融大鳄”，当时他和罗杰斯组成了一家公司，他们不停地挖到各种“金矿”。

例如，在 1972 年，索罗斯偶然得知一个消息，根据商业部的一份私人报告，美国经济发展依赖于外国的能源。因为这个消息，索罗斯敏感地意识到能源股票可能会上涨。于是，索罗斯大量收购石油钻井、石油设备和煤炭公司的股票。一年之后，即1973年，阿拉伯国家原油禁运，引起能源业股票的飞涨。

1973年10月，埃及和叙利亚武装部队大规模地进攻以色列。以色列由于武器装备落后等原因，处于防御状态。索罗斯由此联想到美国的军事技术很可能也过时，当美国国防部意识到这点时，必然会花大量的经费去更新武器装备。当时，大多数投资者对投资军工企业都没有丝毫的兴趣。因为美国自从越南战争后，军工企业就处于亏损状态，没有人愿意再往里面投钱。但对于索罗斯来说，这可是一个难得的金矿。1973年、1974年索罗斯都在密切地关注军事工业。在1974年中期，乔治·索罗斯旗下的基金购买了诺斯罗普公司、联合飞机公司和格拉曼公司的股票，即使是面临倒闭的洛克洛德公司，他也进行了赌博性的投资。因为索罗斯掌握了一条关于这些公司的十分重要的信息，它们都有大量的订货合同，通过政府补给资金，在近几年中可获一定利润。果然，索罗斯通过购买这些股票不久便开始获得巨额利润。

索罗斯所购买的股票，通常是我们今天所说的垃圾股，然而这些所谓垃圾股确实不折不扣的金山。因为索罗斯的独具慧眼，让他从垃圾股中获得了丰厚的回报。通常垃圾股的股票价值最容易被低估，投资者往往将这样的公司直接忽略掉。正因为如此，如果选择正确，一旦这些公司转变形象，业绩回升，就会给在低点买进的投资者以丰厚的回报。那么在今天的中国股市上，是否也存在与当年索罗斯很相似的机会呢？答案是肯定的。

在千禧年之前，“ST通机”（600862，SH）就曾经引起市场的瞩目。此股在1998年年初的股价为4.9元左右，但是到1999年7月30日达到38.5元，翻了7.8倍。如果能在恰当的时候买进和卖出，那么利润是可观的。“ST通机”于1994年5月上市，公司前身是国有企业南通机床厂。虽然成功上市，但是却因为经营不善，在1998年6月5日，股票简称由原来的“南通机床”变成“ST通机”。

南通机床被冠以ST后不到20个工作日内，就与江苏省技术进出口公司进行了资产重组。这次重组使企业起死回生，在1998年不仅实现扭亏，同时取得不俗的经营业绩。公司实现每股收益0.27元，净资产收益率达13.54%，并在1999年6月摘掉ST帽子。

分析这只股票为什么能获得这么的涨幅，是有一定的原因的。有分析人士指出，南通机床厂是江苏省的一家重要的国有企业，对地方经济作出过重要贡献，而且它的第一大股东是“南通市国有资产管理局”，所以当它被冠上ST后，一定会引起当地政府的高度重视，为它寻找出路，其中资本重组就是一条捷径。

与江苏省技术进出口公司重组后，两者的优势得到充分发挥。南通机床厂是国内机床行业中唯一能批量向发达国家出口数控机床的企业，其设备和技术能力，尤其是数控机床的开发力度，在国内首屈一指，但它缺乏市场观念，不知道该生产什么，产品往哪儿销。江苏技术进出口公司是一家外贸企业，开拓国内外市场是它的强项，两者结合，恰好形成优势互补，所以两者重组后，在短短一年内便创造了奇迹。如果有股民一直在关注这支股票及其公司的话，一定可以嗅出其中的重大变化，及时买进和卖出这支股票，并从中赚得利润。

当然，的确不是所有人都能像索罗斯一样具有发现金矿的能力，这需要足够多的专业理论知识、大量的实战经验、不同于常人的思维方式、不断地突破自我的勇气等素质。对于一般投资者而言，只要多观察多比较，也能发掘金矿。投资者一定要记住，虽然炒垃圾股的获益较高，但其风险远大于大盘股，仅适合进行短线操作。因此，这更需要股民具有敏感的市场嗅觉，必须做到眼疾手快、胆大心细。

事实上，最差的股票一旦翻身，其价值是惊人的。同时由于是在股票最低时购买的，赚取的差价也是既可靠又安全。发现和寻找股票的内在价值，几乎成为一个优秀的投资家必不可缺的能力。

计算投资的机会成本

小周高中毕业后考上了北京一所知名高校，但是他看到身边一些“富二代”同学却放弃了上大学的机会而选择了工作，感到很不可思议。于是，他问这些同学为什么选择工作，一位家里经商的同学拍拍他的肩膀说：“这样，我给你算一笔账。”

很快，这个同学找来了一个小本子，一点一点给小周算了起来：“我考上的那所大学是一个二流本科，而我所学的专业也不是那所学校里的热门专业，这样一来，即使毕业了就业前景也不是很乐观，这是我放弃上大学的第一个原因。第二，上大学就意味着每年要交5000元的学费，四年下来就是20000元，而如果我选择不上大学，凭我的能力找一份月薪在2000元左右的工作根本不是什么难题，这样四年下来我就能赚取96000元，当然，我算的这些钱并没有将衣食住行算进去，因为无论我上不上大学，这项支出都是必需的。这样算来，我上大学的机会成本就高达116000元，这个数字实在是太高了，这是我放弃上大学的第二个原因。第三，以未来五年的经济发展趋势来看，我所学的专业如果在我大学毕业后能够找到一份月薪3500元的工作就已经算是不错了，这样一来，我需要三年多一点的时间才能赚回我的机会成本，而如果我选择工作，四年以后我的月薪肯定也超过了3500元，如此算来，放弃上大学是明智的选择，因为机会成本太高了。”

听了同学的话，小周对他的超前思维佩服得五体投地，同时也萌生了放弃进大学深造的想法。这位同学听了连连摇头，并语重心长地说：“你的录取院校是国家‘211’工程的重点院校，你所学的专业无论是在这所学校还是在社会发展趋势中都是支柱专业，就业形势一片大好。这样，四年后你大学毕业时在北京找到一份月薪5000元的工作易如反掌。假设你的机会成本和我一样也是116000元，那么你只需两年的时间就能赚回你上大学的本钱，并在十年后赚到50万元的资产。而如果你不上大学，顶多和我一样，四年后赚取96000元，即使以后涨了工资提高了待遇，十年后顶多赚取50万元的资产，但是社会地位却远远不及高学历的人，这样算来，你上大学才是明智的选择。”

小周听了觉得很有道理，于是高高兴兴到北京上大学去了。

这个故事可以说将经济学中“机会成本”的概念诠释得淋漓尽致，让我们得以用一种全新的经济学眼光来看待目前逐渐普及的上大学现象。所谓机会成本，就是指你在做一个选择后所丧失的不做该选择而可能获得的最大利益，因此机会成本也称之为“选择成本”。简单来讲，机会成本是你为了把一定资源投入某一用途后所放弃的在其他用途中所能获得的利益。你选择花钱上大学，就等于放弃了工作赚钱的机会，因此你上大学的机会成本就是你工作赚取的薪水与你上大学的花销之和。你选择在周末看电影而不是打零工，那么你看电影的机会成本就是电影票钱与你打零工挣得的工钱之和。在新的经济环境下，人们多少要有一些财务知识，这就是通常所说的“财商”。而机会成本在财务经济学上是一种非常特别的、既虚又实的一种成本。它是指一笔投资在专注于某一方面后所失去的在其他方面的投资获利机会。

我们在家庭理财中应该注重考虑机会成本的因素，算一算是排很长的队买打折商品合算，还是买不打折商品省下时间做其他事情合算？是自己在家里慢条斯理地做饭合算，还是去吃快餐合算？是将钱存到银行吃利息合算，还是购买债券合算？如此一算，我们就会将家庭理财规划得头头是道，让我们的家庭理财计划不仅实用而且能为我们创造出更多的价值。

从上面一个个的例子中我们还可以看出，在机会成本中存在一种时间成本。“时间就是金钱”“时间就是生命”这些耳熟能详的口号同样也适用于家庭理财，让时间为我们创造更多的价值。比如，家庭投资就应该多多考虑到货币的时间价值和机会成本，这就要求我们要尽可能减少资金的闲置，能今天存入银行的不要等到明天，能本月购买的债券不拖至下月，力求使货币的时间价值最大化。因为货币是会随着时间的推移而逐渐增值的，也就是说你存款时间越长、购买债券越早，就越能获取更多的价值。另外，现在有很多人都只顾眼前的利益或只投资于自己感兴趣、熟悉的项目，而放任其他更稳定、更高收益的商机流失，这种行为其实是在增加投资的机会成本。因为你选择了某一项目的投资，就相应失去了投资其他项目的机会，而你选择的项目如果并不能给你带来丰厚的利润，那么就等于增加了你的机会成本。因此，我们在投资之前，一定要对可选择项目的潜在收益进行比较分析，以求实现投资回报的最大化。

作为普通老百姓，在投资规划中一定要充分考虑到机会成本和时间成本的因素，不仅要学会用时间换金钱，更要学会用金钱换时间。当我们投资某一项目时，一定要算一算，如果我投资另一个项目的话，我的收益是多少？如果这个项目亏损的话，我的机会成本将增加多少？当我们在挥霍宝贵的时间或者是用大把的时间换一点没多大价值的积分、赠品的时候，我们应该仔细想一想：这样的行为到底有没有收益？我们获取的价值到底能不能弥补我们的亏损？

第五章　熟悉数字，投资工具使投资简单化

中国资本市场到现在才 20 多年，比起荷兰的资本市场（400 年），比起英国的资本市场（208 年），比起美国的资本市场（147 年）都是少年，是小弟弟；但中国的经济处于 5000 年来发展最好的时期，中国的人才和劳动力优秀众多；市场巨大；政局稳定；人心思富，拼劲很足；中国正在完成农村城市化过程，中国经济的爆发力及潜力十分巨大……我们投资者要加强学习，认真选股，在资本市场中长期安全地运作、盈利！

——谢百三

（毕业于北京大学经济系，我国著名金融证券专家）

货币的时间价值

所谓货币的时间价值，简单来说就是指货币随着时间的推移而发生的增值。今天的 1 万元和 10 年前的 1 万元，价值绝对是不一样的，这体现了货币的时间属性。

从投资的角度来说，货币的时间价值就是投资者目前拥有的货币相比未来收到的同样金额的货币具有更大的价值，因为投资者目前拥有的货币可以用来进行投资，在目前到未来这段时间里可以重复获利。一般我们认为，货币的时间价值受到了通货膨胀的影响，但是即使没有通货膨胀的影响，只要存在投资机会，等值货币的现值就一定大于它的未来价值。

从经济学的角度来说，现在的一单位货币之所以和未来的一单位货币的购买力不同，就是因为要节省现在的一单位货币，投资者不将他们用来消费而改在未来消费，那么在未来消费时如果有大于一单位的货币可供消费，就是作为弥补延

迟消费的资金，这就是货币的时间价值。

那么，货币的时间价值是如何在漫长的经济发展过程中逐步产生的呢？是哪些因素促成了它的产生和发展呢？

1. 资源稀缺性的体现

在货币经济条件下，货币是商品的价值体现。现在的货币用于支配现在的商品，将来的货币用于支配将来的商品，所以现在货币的价值自然高于未来货币的价值。市场利率水平的高低是对平均经济增长和社会资源稀缺性的反映，也是衡量货币时间价值的标准。经济和社会的发展要消耗现有的社会资源，而现有的社会资源又构成了现存的社会财富，利用这些社会资源创造出来的将来的物质和文化产品就构成了将来的社会财富，由于社会资源具有稀缺性特征，又能够带来更多社会产品，所以，现在物品的效用要高于未来物品的效用。

2. 信用货币制度下的固有特征

在目前的信用货币制度下，中央银行基础货币和商业银行体系派生存款共同构成了流通中的货币。由于信用货币有逐年增加的趋势，所以货币贬值、通货膨胀成为一种普遍现象，现有货币总是在价值上高于未来货币，说明货币价值随时间的推移而不断降低。

3. 人们更重视当下的反映

由于人在认识上的局限性，人们存在一种普遍的心理就是比较重视现在而忽视未来，因为投资者总是对现存事物的感知能力较强，而对未来事物的认识较模糊。现在的货币能够支配现在商品满足人们现实需要，而将来货币只能支配将来商品满足人们的不确定需要，所以现在单位货币价值总体上都要高于未来单位货币的价值，利息率就是为使人们放弃现在货币及其价值，必须付出的代价。

投资者必须考虑到货币的时间价值，它对于投资产生的广泛作用在于货币的时间价值能反映货币的贬值趋势。所以，在做投资决策时，在评估投资业绩等很多方面，货币的时间价值都是需要投资者全面考虑的因素。另一方面，货币如果降值，物价相对来说则是在上升，生产成本就会增加，但是由于生产者需要赢利，就只能提高产品售价，然而消费群体的经济承受能力和心理承受能力有可能只停留在原来的水平，这就会造成生产者投资回收的困难，迫使生产者提高自己的生产技术，降低生产成本或者达到企业合理并购的情况。这就是国家利用货币的时间价值对生产交易市场的调控的全过程。

无论是企业还是个人，都想使自己的资产保值或增值，这就使得人们采取各种各样的措施，通过各种不同的途径来达到货币保值增值的目的。无论是在财务管理上，还是在企业的投资风险评估中，只要是和一切有关货币交易的方面，货币的时间价值都起到了积极的作用。

供应多少货币

对于货币，相信每一个投资者都非常了解，但是如果想要在投资中取得胜利，投资者还必须清楚地知道货币的流向和供应，这样才能有效指导自己的投资行为。我们经常听到如“货币宽松”等金融词汇，这意味着货币供应量增加，证券专家们就会预测房地产和股市回暖，这充分说明了货币供应量和投资的直接关系，需要广大投资者认真学习。

货币供应量，是指某国在一段时期内为社会经济运转服务的货币存量，它由包括中央银行在内的金融机构提供的存款货币和现金货币两部分构成。世界各国的中央银行货币口径不完全一致，但是划分的基本依据是一致的，就是要看流动性的大小。

所谓货币流动性就是指一种资产随时可以变为现金或商品，并且对持款人又不带来任何损失的数据。货币的流动性程度不同，就会影响在流通中周转的次数，以致于最终形成的货币购买力和对整个社会经济活动的影响也就不一样。

那么，影响货币供应量的具体因素有哪些呢？一般说来，中央银行发行的钞票具有极强的流动性或货币性，随时都可以直接作为流通手段和支付手段进入流通领域，进而影响市场供求关系的变化。此外，商业银行的活期存款的流通性也很强，因为可以随时支取、随时签发支票而进入流通，所以也是影响市场供求变化的重要因素。然而有些资产，例如定期存款、储蓄存款等，虽然也是购买力的组成部分，但只有转换为现金，或活期存款，或提前支取才能进入市场购买商品，因此这些存款的流动性相对较差，它们对市场的影响就不如现金和活期存款来得迅速有效。

总体说来，影响我国货币供应量的因素是相当复杂的，影响货币供应量的主要因素有三个方面：

1. 商业银行的信贷规模

中国人民银行的货币发行权、基础货币管理权、信贷总量控制权、利率调节权虽然得到了强化，但还有少量失控情况，所以要通过商业银行的信贷规模平衡货币供应量。

2. 财政收支

中央银行作为政府的银行，它的重要职能是代理财政金库，财政收支状况以及平衡方法就决定了财政收支对货币供应量的最终影响。

3. 财政赤字

货币供应量的确定主要取决于财政赤字的弥补办法。弥补财政赤字的办法，总体来说有动用历年结余、发行政府债券、向中央银行透支和借款等，但是这些方法对货币供应量的影响是不同的。

具体来说：动用历年结余弥补财政赤字，从现象上看，似乎对货币供应总量没有什么影响，但实际情况却要比我们想象的复杂得多，造成的影响也将非常深远。发行政府债券弥补赤字对货币供应量的影响，主要取决于投资者的类型及其资金来源的性质。政府债券由商业银行、企业、个人自愿认购，一般情况下是不会影响货币供应总量的。但是政府债券由中央银行认购就会增加基础货币供应量，会扩大货币供应量。

从实际经济生活中来看，货币供应量并不能由中央银行完全控制，中央银行在制定相关的政策时不能不考虑多方面因素，从而制定出最符合该国现状的货币供应量。

货币的现值、终值

有一道选择题，今天就给你10000元钱和一年以后给你10000元钱，你会选择哪一个呢？可能你会毫不犹豫地回答：“当然要今天的10000元钱。”为什么呢？除了将现金“落袋为安”的因素外，你可能还考虑到一年后的货币贬值因素。因为你可以把今天得到的10000元钱做投资理财，如果年收益率为10%，一年后你就会得到11000元钱。当然如果你把这10000元钱投资在其他的项目上，一年后你可能会得到更多的钱。我们也可以说今天10000元钱的价值要大于一年后10000元钱的价值。但是如果今天给你10000元钱和10年以后给你20000元钱，你又该选择哪一个呢？

为了回答这个问题，你现在就需要用某种方法来比较不同时间点上的货币价值。作为投资者，必须要了解经济学的两个概念——现值和终值。所谓现值就是指某项资产现在的价值，也就是未来某一时间点上的一定量现金折合到现在的价值，也就是我们经常说的“本金”。那么终值就是指某项资产在未来的价值，指的是现在一定量的资金在未来某一时点上的价值，也就是我们经常说的“本金和利息的总和”。那么，你是要10000元还是要20000元呢？要解决这个问题，我们有以下的两种方法：

方法一：如果你今天把10000元钱存入银行，假设银行存款利率为10%，这10000元钱10年后的价值是多少？即这10000元钱10年后的终值是多少？

1年后的终值为：$10000\times(1+10\%)=11000$(元)

2年后的终值为：$10000\times(1+10\%)\times(1+10\%)=10000\times(1+10\%)^2=12100$(元)

3年后的终值为：$10000\times(1+10\%)^2\times(1+10\%)=10000\times(1+10\%)^3=13310$(元)

以此类推，10年后的终值为：$10000\times(1+10\%)^{10}=25937$(元)

那么，我们通过计算可以得知，今天的10000元钱的价值等于10年后的25937元钱的价值，所以如果让你选择的话，你应该选择得到今天的10000元钱，而不应该选择得到10年后的20000元钱。

对于上面的答案投资者需要注意的是，影响你做出选择的关键是利率，如果利率发生变化，你做出的选择就会大相径庭了。比如银行存款的利率如果变为5%，那么10年后的20000元钱的现值则变为12278元。如果在这种情况下，你就应该选择得到10年后的20000元钱，而不应该选择得到今天的10000元钱。

因为在前面的例子中数额太小的缘故，可能很多投资者并没有发现资金的现值和终值是如何指导我们进行投资的。那么，下面我们就通过两个小例子来说明资金的现值和终值是怎样帮助我们进行投资决策的。

琼在买彩票时中了大奖，但奖金却不是一次性发放的，她可以在今后的30年中每年获得200万美元，这样一来总金额就为6000万美元。但是她却立刻仅以2100万美元的价格卖掉了这张彩票，并将钱存入银行，每年得到10%的利息收入。听说了这种行为，有很多人都感到很迷惑，也很惊讶，认为琼的这种行为非常愚蠢。

琼是真的很愚蠢吗？现在让我们来计算一下在利率为10%的情况下，琼在30年中每年获得200万美元的现值是多少？经计算，现值为1885万美元，琼现在得到的是2100万美元，因此，琼的行为并不是愚蠢的，而是明智的。并且我们也可以从另外一个方面算出，如果用2100万美元的价格卖掉彩票，按照10%的利率算的话，就可以永久性地每年从银行获得 210 万美元的利息收入，而不是仅仅在 30 年中每年获得 200 万美元。这样一来，资金得到了最大程度的利用，这个案例也为投资者指明了一条新的投资道路。

再举一个例子，如果你准备现在为刚刚出生的孩子买一份人寿保险，保险公司需要你缴纳保险金 1 万元，并且承诺在 60 年后，也就是在孩子 60 岁的时候，一次性返还你的孩子 10 万元。如果这是在银行存款年利率为 5%的情况下，那么这种保险值得买吗？你可以通过上面的计算方法来算一下，从计算结果你就可以知道，这种保险是不值得购买的。因为现在的 1 万元，如果存在银行的话，60 年后的终值是 18.679 万元；60 年后的 10 万元现值是 5353.6 元。如果计算收益率的话，这种保险的年收益率还不到 4%。

这就提醒了投资者不要做出错误的投资判断，一定要在投资前先利用现值和终值正确地估算价格，从而将投资利益最大化。

时刻关注利率调整

中国人民银行决定，2014 年 11 月 22 日起下调金融机构人民币贷款和存款基准利率。其中，金融机构一年期贷款基准利率下调 0.4 个百分点至 5.6%；一年期存款基准利率下调 0.25 个百分点至 2.75%，同时将金融机构存款利率浮动区间的上限由存款基准利率的 1.1 倍调整为 1.2 倍。

这次降低存贷款利率的举动，不仅表明了利率政策是我国货币调控的常用手段，也表明了利率是国家调节经济的一个有力的杠杆。当我们更深入地思考这个问题时，我们就会产生这样的疑问：银行利率的调整会对经济产生什么程度的影响？利率的连续调整又会对投资者在那些哪些方面产生怎样的影响呢？

就表现形式来说，利率是指一定时期内利息额和借贷资本总额的比率，简单来说就是表明了利息的多少。利率通常由国家的中央银行控制，是现在所有国家进行宏观经济调控的重要金融工具之一。利率的调整与国民经济的表现密切相关，每当经济过热、通货膨胀上升时，政府就会提高利率、收紧信贷；而当过热的经济和通货膨胀得到控制时，就会把利率适当地调低。比如 2014 年 11 月 22 日下调利率，就是在经济下行压力较大的背景下推出的，旨在降低社会融资成本，推动经济发展。可见，利率是经济生活中的一个重要的金融变量，几乎所有的金融现象、金融资产都与利率有着或多或少的联系。

改革开放以来，中国人民银行加强了对货币政策中利率手段的运用，通过调整利率水平与结构，改革利率管理体制，使利率政策逐渐成为一个调节我国经济、使其健康稳定发展的重要杠杆。例如，2008 年 9 月 16 日、10 月 8 日、10 月 29 日、11 月 27 日，连续 4 次降息，70 天时间内，大约平均每 20 天降息一次。前三次降息，一年期存贷款基准利率调幅都是相同的，且均为 0.27 个百分点，然而，第四次降息降幅却是最大的，一年期存贷款利率分别同时下调了 1.08 个百分点。连续 4 次累计降息，就是在美国金融危机的背景下实施的，降低利率，一方面有利于刺激民间投资，另一方面有利于引导居民的储蓄从银行走出来，走向消费或投资，包括买房买车、提高居民消费水平。

利率影响国计民生，不仅是政府和银行的工作人员需要了解，作为投资者也必须了解影响利率调整的几个因素，从而能够提前判断利率的调整对投资活动的影响，从而为投资寻找一个合适的时机，实现利益最大化。具体来说，影响利率的因素包括：

1. 物价上涨幅度

利率如果高于同期物价的上涨率，那么就可以保证存款人的实际利息收益超过物价水平的增长，这时存款放在银行就会更加划算；相反，如果利率低于物价上涨率，存款人的实际利息收益就会变成负值，这时存款就等于损失财产。因此，投资者看利率水平的高低更重要的要看是正利率还是负利率，才能判断将资金放在银行是否有升值空间。

2. 企业的利息负担

长期以来，因为国有大中型企业生产发展的资金大部分依赖银行贷款，所以利率水平的变动对企业成本和利润有着直接的重要影响，因此，银行对于利率水平的确定，必须考虑企业的承受能力。

3. 国家财政和银行的利益

在调整利率水平时，必须综合考虑到国家财政的收支状况。通过影响企业和银行上缴财政税收的增加或减少，利率对于我国的财政收支有着巨大的间接性的影响。此外，银行是经营货币资金的特殊企业，银行收入的主要来源就是存贷款利差，利率水平的确定还要保持合适的存贷款利差，保证银行正常经营。

4. 经济环境和社会资金供求状况

利率政策要从国家经济政策的大局出发，并且体现出不同时期国家政策的要求。此外，与其他商品的价格一样，利率水平的确定也要考虑社会资金的供求状况，受到资金供求规律的制约。

除了上面所说的几个因素外，确定利率水平的重要依据还包括期限、风险等其他因素。众所周知，期限越长，利率就会越高；风险越大，利率也会越高。随着金融市场的不断发展以及我国经济开放程度的提高，国际金融市场利率水平的变动对我国利率水平的影响将越来越大，因此投资者要更加关注利率变动对投资活动的影响。

投资老年年金

面对即将来临的老龄化社会，投资者不仅要为自己的中壮年投资，更重要的是为自己的老年的稳定生活进行投资，积极应对老龄化问题，这就有必要了解老年年金的概念。年金就是国家出台的允许投资者对于自己的老年保障进行投资的一种方式。

年金从经济学角度来说，就是将各种形式的现金流量换算为均等年金系列所得的相应年金。简单来讲，年金来源于自由市场经济比较发达的国家，是一种属于企业雇主自愿建立的员工福利计划。简单来说，就是由企业退休金计划提供的养老金。年金从实质上来说就是职工分享企业利润的一部分或者是以延期支付职工劳动报酬的一部分。

年金和企业福利有着很大的区别。其实年金与企业福利有本质上的不同。福利是当时消费，而年金是未来消费，年金的消费权利在退休之后；福利体现公平，但是年金体现效率；企业的福利项目一般与物质条件直接相关，但是和人的地位、级别没有关系，对事不对人。但是年金则不同，年金重点体现效率。企业经济效益好坏、个人贡献大小等都是导致年金水平不同的决定性因素。总体来说年金是一种更好的福利计划，它在提高员工福利的同时，为企业解决福利中的低效率等难题提供了有效的管理工具，真正起到了增加企业吸引力和凝聚力的作用。

企业建立年金的意义体现在树立良好的企业形象，吸引和留住优秀人才；企业根据员工的贡献，设计具有差异性的年金计划，有利于激发员工潜质，形成真正公平合理的分配制度；利用福利沉淀，即服务满一定年数的方法实现切实有效的激励，留住人才；建立年金制度，不仅能够提高员工福利，同时还可以利用国家有关税收政策，为企业和个人合理节税等。

作为一名投资者在投资年金的时候要注重以下几个步骤，从而提高投资准确率。

1. 挑选最可靠的保险公司

仔细查阅保险公司的评价，慎重选择，尽量选择那些有着一流金融评级的公司。如果投资者打算选购的是固定利率年金，那么一般不要选择那些承诺有着最高回报率的年金，因为这种年金的起始利率会很诱人，但在以后各年中他的利率会下降3%以上。因此，投资者在投资年金之前，要仔细考察这种年金过去10年中的付息资料，仔细研究它在较长期限内的表现是否平稳，然后再做出投资决定。

2. 最好选择年费率较低的年金

你应当尽量不要选择那些年费率在2%以上的年金。

3. 注意是否有退出条款

有些年金可以保证，如果你以后认为续存利率太低时，就有权将资金取出，而不必承担任何罚金。

一般提供年金合同的金融机构是保险公司和国债发行机构，像我们缴纳的养老保险其实就是年金合同中的一种。

个人收入和个人支出

作为投资者必须要懂得的重要经济指标，不能忽视这两个指标——个人收入和个人支出。

所谓个人收入指一个国家一年内个人所能得到的全部收入，是个人从各种途径所获得的收入的总和，大体包括工资、租金、股利股息及社会福利等方面的收入。这项数据反映了该国个人的实际购买力水平，可以通过这项数据预示未来消费者对于商品、服务等需求的变化。

一般来说，个人收入的增加总比下降要好，因为个人收入增加代表经济景气，下降当然则是社会经济放缓、衰退的征兆，如果出现这种情况，那么对经济整体走势的影响自然也是不言而喻的。但是如果个人收入上升过急，那么就有可能会引起通货膨胀，央行则会担心经济不稳定，就会考虑加息，如果加息的话自然会对民众生活产生很大的影响。

个人支出包括个人购买商品和劳务两方面的支出，这项指标是衡量居民消费支出的重要指标之一。个人支出是衡量消费货品及服务价格变动的一个重要指标，其中不仅包含了实际及估算家庭开支，同时也包括耐用品、非耐用品及服务数据。

一般而言，一个国家或地区之内所有个人收入总和应当和该国或地区之内所有居民的收入总和是一致的。但是在实际经济运行中存在一些因素会导致个人收入与国民收入数量上的不同，这些因素也是个人收入构成中的重要因素。这些因素具体包括四个方面，分别是：

1. 企业未分配利润的存在

企业未分配利润是指企业为了未来发展的需要，保留在企业手中的原本应该分配给生产要素所有者的利润。

2. 转移支付的存在

在现实经济中，个人还会得到政府发放的以失业救济金、退休金等形式体现的转移支付。

3. 公司所得税的存在

公司所得税是公司赢利而向政府缴纳的税收，缴纳给政府就意味着无法分配给个人。

4. 各种社会保险费的存在

生产要素所有者的收入必须有一部分以社会保险税费的形式上交给有关机构，因此必须进行扣除，无法在个人收入上显示。

个人收入构成是国民收入减去一部分企业保留的本应当作为生产要素报酬支付给个人而没有支付的部分，再加上个人实际获得的不属于生产要素报酬的收入。

可以说，个人收入和个人支出的变化预示着国民生产和消费的变化。通过这些变化，你可以判断出国民经济的走向，从而把握自己的投资方向。

财务数字的写法

掌握一些基础的财务知识，对于每一个要进行投资的投资者来说，是必要的。投资者首先必须要了解财务数字的不同写法，不论参与哪一种类型的投资，都要看懂财务数字，这样才能够方便自己的投资和交易的顺利进行。

在我们的日常生活和工作当中，大家在书写阿拉伯数字的时候，由于书写不规范，譬如“0”“6”可能分不清，“7”“9”可能辨不清，甚至还有些人将汉字的书写艺术引入了小写数字领域，主张在会计记录中将数字“1234567890”写成美术字。所有这些，都不是合乎规范的书写方法，也不合乎手工书写的正常习惯。

其实，财务数字的书写与数学中或汉字中的书写方法并不一致。在数学和学术研究中我们可以写成各种自己喜欢的字体，但是在财务当中，既不能把这些数字写成刻板划一的印刷体，也不能写成难以辨认的草字体，更不能为了追求书写形式而将它们写成美术体。其写法要求如下：

(1) 每一个数字应该书写得大小匀称，笔顺清晰，合乎手写体习惯，流畅、自然、不刻板。

(2) 书写数字时，应使每一个数字（7、9除外）紧靠底线且不要顶满格(行)。

一般来讲，每位数字约占预留格子（或空行）的1/2空格位置，每位数字之间一般不要连接，但不可预留间隔；每位数字上方预留1/2空格位置，方便订正错误记录时使用。

(3) 正确书写一组数字的方法应该是，按照自左向右的顺序进行，不可逆方向书写；在没有印刷数字格的会计书写中，同一行相邻数字之间应空出半个数字的位置。

(4) 除4、5以外的其他单数字，均应一笔写成，不能人为地增加数字的笔画数。值得注意的是整个数字要书写规范、流利、工整、清晰、易认不易改。

(5) 对于不易写好、容易混淆且笔顺相近的数字来说，尽可能地按标准字体书写，区分笔顺，避免混同，以防涂改。比如：“1”不能写短，且要合乎斜度要求，防止改为“4”“6”“7”“9”；书写“6”字时可适当扩大其字体，使起笔上伸到数码格的1/4处，下圆要明显，以防改为“8”等等。

(6) 除采用电子计算机处理业务之外，数字都应该用规范的手写体书写，不适用其他字体。

另外，在投资的过程中，投资者们不仅需要规范地使用阿拉伯数字，还应该适当地掌握数字在汉字大写中的书写方法，尤其是某一些数字的汉字大写值得投资者们注意。有些投资者不常接触数字的汉字大写，往往容易疏忽而产生不应该的错误，更应该对此加以关注。

对于数字的汉字大写主要有以下要求：

（1）汉字大写金额数字，一律用正楷或行书书写，如零、壹、贰、叁、肆、伍、陆、柒、捌、玖、拾、佰、仟、万、亿等易于辨认、不易涂改的字样，不得用0、一、二、三、四、五、六、七、八、九、十，或另、毛等简化字代替，不得任意自造简化字。

（2）大写金额数字到元或角为止的，在“元”或“角”之后应写“整”或“正”字；大写金额数字有分的，分字后面不写“整”字。

（3）大写金额数字前未印有货币名称的，应当加填货币名称（如“人民币”三字），货币名称与金额数字之间不得留有空白。

（4）阿拉伯金额数字中间有“0”时，大写金额要写“零”字，如人民币101.50元，汉字大写金额应写成“人民币壹佰零壹元伍角整”。

阿拉伯金额数字中间连续有几个“0”时，汉字大写金额中可以只写一个“零”字，如￥1004.56，汉字大写金额应写成“人民币壹仟零肆元伍角陆分”。

阿拉伯金额数字元位为“0”，或数字中间连续有几个“0”，元位也是“0”，但角位不是“0”时，汉字大写金额可只写一个“零”字，也可不写“零”字。如￥1680.32，汉字大写应写成“人民币壹仟陆佰捌拾元叁角贰分”。又如￥1600.32，汉字大写应写成“人民币壹仟陆佰元叁角贰分”或“人民币壹仟陆佰元零叁角贰分”。

熟悉净资产报酬率

净资产报酬率作为重要的财务指标，投资者必须了解。净资产报酬率即净资产收益率，又称股东权益报酬率、净值报酬率、权益报酬率、权益利润率、净资产利润率。它是企业在一定时期之内，获得的报酬总额与平均资产总额的比率。一方面它反映了企业资产的综合利用效果，体现了自有资本获得净收益的能力；另一方面它也是衡量企业利用债权人和所有者权益总额所获取盈利的重要指标。

净资产报酬率这一指标反映了企业总资产获取收益的能力。指标越高，说明了企业的资产利用效益就越好，自然也表明了企业赢利能力越强，经营管理水平越高；反之，净资产报酬率越低，说明企业所有者权益的获利能力越弱。

计算净资产报酬率的公式如下：

净资产报酬率＝净利润/净资产×100％

影响企业净资产报酬率的因素主要有总资产报酬率、负债利息率、企业资本结构和所得税率等。

1. 总资产报酬率

净资产属于企业全部资产中的一部分，因此，净资产报酬率必然会受到来自企业总资产报酬率的影响。在负债利息率和资本构成等其他条件不变的情况下，总资产报酬率越高，净资产收益率就会相应地越高。

2. 负债利息率

通常，在资本结构一定的情况之下，当负债利息率变动使总资产报酬率高于负债利息率时，负债利息率就将对净资产收益率产生有利影响；反之，如果在总资产报酬率低于负债利息率时，负债利息率就将对净资产收益率产生不利影响。

3. 资本结构或负债与所有者权益之比

当负债利息率低于总资产报酬率时，提高负债与所有者权益之比，将会使净资产报酬率提高；反之，降低负债与所有者权益之比，将会使净资产报酬率降低。

4. 所得税率

由于净资产报酬率的分子是净利润，即税后的利润，因此，所得税率的变动必将会引起净资产报酬率的变动。通常情况下，所得税率提高了，净资产报酬率会下降；反之，净资产收益率则会上升。

以下这个公式就反映出了净资产收益率与各个影响因素之间的关系：

净资产报酬率＝净利润/平均净资产

净资产报酬率＝(息税前利润－负债×负债利息率)×(1－所得税率)/净资产

净资产报酬率＝(总资产×总资产报酬率－负债×负债利息率)×(1－所得税率)/净资产

净资产报酬率＝(总资产报酬率＋总资产报酬率×负债/净资产－负债利息率×负债/净资产)×(1－所得税率)

看懂财务报表

在纷繁复杂的投资对象中，如何才能洞察企业的经营情况，从而确定自己的投资对象？相信这是很多投资者共同面临的问题。面对这个棘手而又重要的问题，巴菲特则用他的行动作出了回答——阅读财务报表。通过一个企业的财务报表可以让投资者清晰准确地判断出这是一个会让你大失所望的平凡企业，还是一个拥有持久竞争力的企业。通过阅读财务报表，这是投资者判断一个企业是否值得投资的重要工具。

财务报表也被称为对外会计报表，是会计主体对外提供的反映会计主体财务状况和经营的会计报表，包括资产负债表、损益表、现金流量表或财务状况变动表、附表和附注。投资者们经常说的炒股要分析公司的年报、季报、月报，这些年报、季报、月报其实就是财务报表。在投资的过程中，我们离不开公司的财务报表，因为，从财务报表中可以分析出公司的实际经营情况，这样可以为自己的投资决策提供依据。

可能有些人会存在这样的疑惑，那些上市公司的财务报表能相信吗？关于这个问题也是很多投资者关心的问题，随着我国经济发展水平的提高，对财务报表的准确性也有了更高的需要，因此，我国也出台了相关法律，对财务报表做出以下具体、详细的要求：

1. 财务表上的数字要真实

财务报告中的各项数据必须真实可靠，如实地反映企业的财务状况、经营成果和现金流量。这是对会计信息质量的基本要求。

2. 财务报表的内容必须完整

为了达到这点要求，国家相关法律规定，凡是国家要求提供的财务报表，各企业必须全部编制并报送，不得漏编和漏报。这也就为投资者提供了更全面的投资信息。

3. 财务计算要准确

日常的会计核算以及编制财务报表会涉及大量的数字计算，为了确保数字的真实可靠性，只有依靠准确的计算。这就要求编制财务报表必须以核对无误后的账簿记录和其他有关资料为依据，不能使用估计或推算的数据，不能以任何方式弄虚作假，玩数字游戏或隐瞒谎报。

4. 财务报表要及时报送

财务报表信息只有及时传递给信息使用者，才能为使用者的决策提供依据。否则，如果编制和报送不及时，即使是真实可靠和内容完整的财务报告，也会大大降低会计信息的使用价值。

5. 制作财务报表的手续要完备

企业对外提供的财务报表应加具封面、装订成册、加盖公章。财务报表封面上应当注明：企业名称、企业统一代码、组织形式、地址、报表所属年度或者月份、报出日期，由企业负责人和主管会计工作的负责人、会计机构负责人（会计主管人员）签名并盖章；设置总会计师的企业，还应当由总会计师签名并盖章。

大多数投资者当然了解到财务报表的重要性，可是还是担心自己缺少专业知识，不懂财务。其实分析财务报表很简单，只要坚持“六步走”原则，就可以判断企业前景，提高安全投资系数。

第一步：看利润表。

重点看企业的利润，对比企业近几年收入的增长是否在合理的范围内。

第二步：看企业的坏账准备。

有些企业的产品销售出去，但款项收不回来，而它在账面上却不计提或提取不足，这样的收入和利润就是不实的。

第三步：看长期投资是否正常。

有些企业在主营业务之外会有一些其他投资，如果这种投资和主营业务不相关联，那么，这种投资的风险就很大。

第四步：看其他应收款是否清晰。

有些企业的资产负债表上，其他应收款很乱，许多陈年老账都放在里面，有很多是根本收不回来的。如果这些账款过多，投资这样的公司就会增加投资风险。

第五步：看是否有关联交易。

比如有些企业的大股东年中向上市公司借钱，到年底再利用银行借款还钱，从而在年底报表上无法体现大股东借款的做法。

第六步：看现金流量表。

企业的现金流量是否能正常地反映资金的流向，注意今后现金注入和流出的原因和事项。

关注资产负债表

曾经有人问巴菲特：“您在阅读财务报表的时候最关心什么内容？最先阅读什么？”巴菲特给出的回答是：“我比大多数人更关注公司的资产负债表。”

你可以根据某个公司的资产负债表了解到那个公司的实际经营情况，由此帮助自己做出投资的决策。资产负债表其实也是投资者必须要懂的财务常识之一，这就需要先来了解一下什么是资产负债表。

资产负债表，又被称为财务状况表，表示企业在一定日期的财务状况的主要会计报表。这份报表除了可以用来帮助企业内部除错、把握经营方向、防止弊端外，同时也可让投资者在有限的时间和空间内准确把握企业经营状况，集中体现了公司的经营管理活动的结果。

为什么一份报表就能体现出一个企业的真正价值呢？到底是从哪些方面体现的呢？

1. 揭示公司的资产及其分布结构

投资者可以从流动资产了解到公司在银行的存款以及变现能力，掌握资产的实际流动性与质量；而如果投资者准备长期投资，可以掌握公司从事的是实业投资还是股权债权投资及是否存在新的利润增长点或潜在风险；投资者还可以通过了解固定资产工程物资与在建工程及与同期比较，掌握固定资产消长趋势；通过了解无形资产与其他资产，可以掌握公司资产潜质。

2. 揭示公司的资产来源及其构成

根据资产、负债、所有者权益之间的关系，分析得出，如果公司负债比重高，相应的所有者权益即净资产就低，说明主要靠债务“撑大”了资产总额，真正属于公司自已的财产（即所有者权益）不多。投资者还可以从资产负债表中进一步分析流动负债与长期负债，如果短期负债多，对应的流动资产中货币资金与短期投资净额与应收票据、股利、利息等可变现总额低于流动负债，则说明该公司还债压力较大，并且借来的钱成了被他人占用的应收账款与滞销的存货，反映了企业经营不善、产品销路不好、资金周转不灵，这时投资者就要谨慎投资。

3. 有助于评价公司的赢利能力

结合资产收益率，还可评价公司的资产创利、赢利能力。通常情况下，资产负债率也应当控制在适度的比例，如工业生产类企业应低于60%为宜，不过如果过低（如低于40%）也不好，说明公司缺乏适度负债经营的创新勇气。

4. 通过期初数与期末数的对比

通过这对比有助于投资者对资产负债进行动态的比较，进一步分析公司经营管理水平及发展前景与后劲。

可是在现实中，很多投资者在拿到资产负债表之后不知如何看，对投资判断有用的信息如何才能得到。如果从以下三个方面入手，投资者在面对投资负债表的时候将不再迷茫。

1. 浏览一下资产负债表的主要内容

你可以从对资产负债表的大致浏览中，对企业的资产、负债及股东权益的总额及其内部各项目的构成和增减变化有一个初步的认识。我们都知道企业总资产在一定程度上反映了企业的经营规模，当企业股东权益的增长幅度高于资产总额的增长时，说明企业的资金实力有了相对的提高；相反则说明企业规模扩大的主要原因是来自于负债的大规模上升，进而可以说明企业的资金实力相对降低，偿还债务的安全性亦在下降。

2. 对一些重要项目进一步分析

尤其是期初与期末数据变化很大，出现大额红字的项目进行进一步分析，如流动资产、流动负债、固定资产、有代价或有息的负债、应收账款、货币资金以及股东权益中的具体项目等。

3. 对一些基本财务指标进行计算

投资者在计算财务指标数据的时候主要从以下几个方面入手：直接从资产负债表中取得，如净资产比率；直接从利润及利润分配表中取得，如销售利润率；同时来源于资产负债表利润及利润分配表，如应收账款周转率；部分来源于企业的账簿记录，如利息支付能力。

读懂利润表

投资者要投资某个企业，必须要了解该企业的利润及利润率如何。作为一名普通投资者，可以通过什么途径了解到这方面的信息呢？其实很简单，我们可以从财务报表中的利润表了解到该企业的经营状况。

利润表包含投资者所关心的各种信息，可以反映企业在一定时期内的收入实现情况，例如主营业务收入有多少、其他业务收入有多少。如果投资者将利润表中的信息与资产负债表中的信息进行分析对比和计算，还可以通过收账款周转率或者存货周转率等不同层面，表现出企业资金周转情况和企业的赢利能力和水平，便于投资者判断企业未来的发展趋势，做出准确的经济决策。如果说资产负债表是人体的骨骼，那么利润表就是人体的肌肉。肌肉是否结实，是否能有效地支撑公司的经营，都可以从利润表中准确地反映出来。

投资者在面对一份利润表时，应该如何从利润表中复杂的数据中寻找到最有效的信息？投资者如何读懂利润表，我们推荐四条法则。

1. 要看营业收入和营业成本

看利润表，首先要看营业收入和营业成本的比较。营业收入和营业成本这两项指标就像双胞胎一样，有着惊人的匹配和对应的关系，几乎所有的舞弊公司，都是为了做大营业收入，做小营业成本。投资者要注意，不少上市公司，就是通过做大代理业务、虚拟交易、一次性交易等手段做大营业收入的，投资者一定要提高警惕。

2. 要看毛利率

投资者一定要把毛利率和同行业比较、历史比较以及公司变动情况放在一起进行对比分析。比如软件行业的毛利率超过了50%，原因在于软件行业是智力密集型产业。而化工行业的毛利率却不足20%，原因在于化工企业存在产能过剩，能达到这样的毛利率就很不错了。

3. 要看营业费用、销售费用和财务费用

投资者看到这里一定要注意，这三项费用往往以固定费用的形式出现。然而，很多公司在管理费用中往往充斥大量的无法公开的一些费用，而销售费用和营业收入之间有逻辑对应关系。当你看到一个销售额巨大，却没有销售费用的公司时，一定要明白其中的问题，并做出准确的评价。

4. 要看非经常性损益

非经常性损益，就是跟公司的主营业务不直接相关，仅仅是偶然发生的一次性收益。该指标往往被公司视为救命的稻草。一旦公司管理者发现经营状况不佳，可是又不希望财务报表过于难看时，就会通过变卖股权、出售资产、寻求政府补贴、税收返还等等方式，用来营造一个看上去漂亮的假象，投资者一定要分清楚这其实只是表面好看的利润表，不要被这种利润表蒙蔽双眼，做出错误的投资决定。

关注现金流量表

即使一个企业有赢利能力和广阔前景，但如果现金周转不畅、调度不灵，也会严重影响企业健康的生产经营，并且偿债能力的弱化将直接影响到企业的信誉，最终影响企业的生存。可以说，企业的现金流量在很大程度上决定着企业的生存和发展空间。因此，现金流量信息在企业经营和管理中的地位越来越重要，越来越多地受到企业管理者和投资者的广泛关注。

现金流量表是财务报表的三个基本报告之一，所表达的是在一个固定期间内，一家机构的现金（包含现金等价物）的增减变动情形。投资者通过现金流量表可以对企业的投资活动和筹资活动做出准确的评价，对投资者的投资有着巨大的帮助。

那么，投资者如何从现金流量表中分析出对投资有益的信息呢？

1. 现金净增加额的作用分析

现金流量表分析的基础是观察现金的净增加额。如果一个企业在生产经营正常，投资和筹资规模不变的情况下，现金净增加额越大，就说明企业的活力越强。如果企业的现金净增加额主要来自生产经营活动产生的现金流量净额，可以反映出企业销售能力强，坏账风险小，投资者可以推断这个企业的营销能力一般较强；如果一个企业的现金净额主要是投资活动产生的，甚至是由处置固定资产、无形资产和其他长期资产而增加的，这就反映出企业生产经营能力削弱；如果企业现金净增加额主要是由于筹资活动引起的，意味着企业将支付更多的利息或股利，企业将在未来承受较大的财务风险。

2. 对企业现金流量的分析

投资者在进行比重分析时，应该着重从企业自身创造现金能力的比率、企业偿付全部债务能力的比率、企业短期偿债能力的比率、每股流通股的现金流量比率、支付现金股利的比率、现金流量资本支出比率、现金流入对现金流出比率以及净现金流量偏离标准比率入手，从这些比率的数据的发展和变化中分析企业的经营和问题，从而做出准确的投资判断。

3. 结合资产负债表、损益表

现金流量表只能反映企业一定时期内现金流入和流出的情况，它既不能反映企业的赢利状况，也不能反映企业的资产负债状况。但是现金流量表是连接资产负债表和损益表的纽带，如果投资者将现金流量表的信息与资产负债表和损益表进行对比分析，就能够挖掘出更多、更重要的信息，对企业的生产经营活动做出更全面、客观和正确的评价。

将现金流量表与资产负债表比较分析可以得知企业的偿债能力、赢利能力及支付能力。如果将现金流量表与损益表进行比较分析，就可以得到对企业利润的准确评价。

投资者在运用现金流量表对企业进行财务分析时，如果想要对所分析企业的财务状况得出较全面和较合理的结论的话，就一定要注意与资产负债表和损益表相结合，这样才能使投资者的投资准确率稳步上升。

缴纳所得税

作为一个投资者，就必须要懂得一点税务常识，而关于所得税的知识是投资者必须要懂得的税务常识之一。

所得税是指国家对法人、自然人和其他经济组织在一定时期内的各种所得征收的一类税收。各地政府在不同时期对个人应纳税收入的定义和征收的百分比也不尽相同，有时还分稿费收入、工资收入以及偶然所得（例如彩票中奖）等等情况分别纳税。

所得税这个税种来源于英国。18 世纪末的英国正值英法战争时期，英国首相 W. 皮特为了筹措战争经费，创设了一种新税，名为“三级税”，这就是所得税的雏形。但是因为税法的不健全，漏税的人很多，于是在 1799 年废除“三级税”而采用新所得税法，由此奠定了英国所得税制度的基础。由于所得税用纳税人收入的多少作为负担能力的标准，比较符合公平、普遍的原则，并且具有经济调节功能，所以 19 世纪以后，资本主义国家相继效仿，所得税由“临时”变为“经常”，由次要税种发展成为现代西方国家的主要税种。

我国直到清末才提出实行所得税的倡议，但是由于当时缺乏实行所得税制度的社会经济条件，总是无法长期实行。直到新中国成立之后，才废除了旧的所得税制度。经历了长达几十年的发展和磨合之后，我国基本制定出了符合中国现状的所得税制度，为我国经济的腾飞奠定了坚实的基础。

目前，我国现行税制中的所得税包括企业所得税、外商投资企业和外国企业所得税、个人所得税 3 个税种。

通过所得税的征收，更可影响各方面的利益分配格局，客观上也影响纳税人的行为，从而达到一定的调节目的，导致社会财富的再分配。尤其对社会分配不公、收入相差悬殊的现象，所得税更能扮演财富分配的“利器”的重要角色。

近代以来，征收个人所得税的历史要从民国算起。民国时期，曾开征薪给报酬所得税、证券存款利息所得税。1950 年 7 月，政务院公布的《税政实施要则》中，就曾列举有对个人所得课税的税种，当时定名为“薪给报酬所得税”。但由于我国生产力和人均收入水平低，实行低工资制，虽然设立了税种，却一直没有开征。1980 年 9 月 10 日由第五届全国人民代表大会第三次会议通过《中华人民共和国个人所得税法》。1980年以后，为了适应我国对内搞活、对外开放的政策，我国才相继制定了《中华人民共和国个人所得税法》《中华人民共和国城乡个体工商业户所得税暂行条例》以及《中华人民共和国个人收入调节税暂行条例》。上述三个税收法规发布实施以后，对于调节个人收入水平、增加国家财政收入、促进对外经济技术合作与交流起到了积极作用，但也暴露出一些问题，主要是按内外个人分设两套税制、税政不统一、税负不够合理。

为了统一税政、公平税负、规范税制，1993年10月31日，八届全国人大常委会四次会议通过了《全国人大常委会关于修改〈中华人民共和国个人所得税法〉的决定》，同日发布了新修改的《中华人民共和国个人所得税法》（简称税法），1994年1月28日国务院配套发布了《中华人民共和国个人所得税法实施条例》。1999年8月30日第九届全国人民代表大会常务委员会第十一次会议决定第二次修正，并于当日公布生效。2007年12月29日十届全国人大常委会第三十一次会议表决通过了关于修改个人所得税法的决定。

2011年6月30日，十一届全国人大常委会第二十一次会议表决通过了全国人大常委会关于修改个人所得税法的决定。个人所得税免征额将从2000元提高到3500元，同时，将个人所得税第1级税率由5%修改为3%，9级超额累进税率修改为7级，取消15%和40%两档税率，扩大3%和10%两个低档税率的适用范围。

如果我们把商品课税和所得税进行比较就能发现，商品课税虽然有效率，但收入再分配能力有限；虽然所得税在效率方面有欠缺，但是却能够较好促进公平。经济学家认为付出一定的征收成本，以改善社会公平状况是非常必要的。从这个意义上而言，所得税对于社会和谐的发展有着至关重要的作用，具体表现如下：

1. 所得税体现公平

所得税具有税基广泛，税率累进的税制特征，加上我国制定的政策对各种税基宽与容、税基范围的免除与扣除项目的设置，可以有效地促进横向公平与纵向公平。

2. 所得税提升效率

所得税可以最有效地合理配置经济资源，给社会带来的负担最小化和利益最大化。而且所得税还可以使税收的征纳成本减到最小程度，给国家带来的实际收入最大，给纳税人带来的额外负担最小。通过所得税实现经济的有效性及提高资源配置效率与效率损失。

3. 所得税调节收入

企业所得税的税后可以支配的收入高低，直接影响企业税后可支配的收入高低，影响企业的投资回报率，最终影响投资行为。

经济世界中有一句名言：“经济决定税收，税收影响经济。”所得税极大地促进了经济的稳定，对于一些经济波动较大的国家，都是需要靠所得税将社会和经济的矛盾“烫”平，使社会继续稳步向前发展。在经济增长过程中，消费、投资是对经济增长影响最直接的因素。个人所得税直接影响消费需求，间接影响投资需求。

了解贴现率

贴现率就是指银行承诺兑换汇票的持票人在汇票到期日前，遇到了紧急情况，急需用钱，为了取得资金，持票人贴付一定利息将票据权利转让给银行的票据行为，简单来说就是持票人向银行换取资金的一种方式。

票据贴现分为贴现和再贴现两种类型，商业银行对工商企业的票据贴现业务称贴现，中央银行对商业银行已经贴现的还没有到期的工商企业票据再次贴现，被称再贴现或重贴现。贴现率主要是受到市场资金供求状况变化而自发形成的，而再贴现率则是由中央银行规定的。

举个例子来说明。A 银行近期贷款的人非常多，可是偏偏取钱的人也很多，它的金库有些应接不暇，紧急情况下 A 银行只好向 B 银行“借钱”，B 银行面对这种情况当然不会坐视不管，于是向 A 银行发放了一些贷款应急。可是问题是，这些贷款不可能白白借给 A 银行，A 银行要给 B 银行一定的利息。如果 B 银行提供的贷款利率很高，A 银行就会觉得利息太高，难以承受，只能勒紧裤腰带，不再借款，可是这样一来能用于贷款的钱也就少了，A 银行所能为社会供给的货币也就少了，一元钱所能创造出的货币也就相应减少。相反，如果 B 银行提供的贷款利率较低，A 银行觉得可以承受，A 银行就会用这笔贷款来充实它的金库，这样一来，A 银行的准备金就大于没有贷款的时候，这些增加的准备金使 A 银行创造出更多的货币，同时社会上的货币也就丰富起来。

再举个例子。某投资者持有一张半年到期面额为 1000 元人民币的期票要求银行贴现，如当时银行的贴现率为年息 5 厘（5%），银行就按此贴现率扣除利息

25 元人民币后，将票面余额 975 元付给投资者，票据到期时，银行持票向最初发票人索回现款 1000 元。

上面两个例子分别介绍了银行和一个企业或者一个投资者向银行贷款或兑换期票，其实因为投资所需金额的规模和不稳定性，这样的情况在现实投资中经常发生。国家对于经济的调控主要是通过再贴现率，那么哪些主要因素会影响再贴现率的升降呢?

中央银行常常将调整再贴现率视为调节经济和控制市场信用的重要工具之一。政府这样做的目的在于通过使用提高或降低再贴现率的办法来收紧或放松市场的货币，用来控制生产规模和信用规模，缓和或者延续经济危机。所以决定再贴现率的过程是较复杂的，影响的因素也是多样的。

1. 再贴现率受到经济规律的影响

有人认为再贴现率取决于中央银行的意志，其实这是不正确的。由于周期性的经济危机是经济活动中不可避免的，再贴现率的提高或降低必然会受到周期性经济危机的影响。如果经济一旦出现衰退，中央银行就会降低再贴现率，放松银根、刺激社会生产。如果出现通货膨胀，中央银行一般就会要提高再贴现率来抽紧银根，制止通货膨胀。

2. 再贴现率受借贷供求关系的影响

如果借贷的人少，市场上钱多的时候，中央银行可以通过提高再贴现率来紧缩信用；相反的话，如果借贷的人多，经济发展过快，市场利率上涨，中央银行就可以通过降低再贴现率来调节市场。

第六章 富有一生，不同阶段的投资策略

组合是王道。期待某一个金融产品解决所有的问题不现实也不可能。毕竟各种金融工具都各有利弊，正是因为有彼此的优劣势才需要相互咬合，以期谋求最后更圆满的结果。

——张瑛

（北京大学客座教授、国际认证理财规划师）

职场新人如何理财

对于不少刚刚大学毕业的职场新人来说，工资不高、开销不小是他们的现实情况。对于这些年轻人而言，他们该如何理财呢。

如果你是这样的情况：单身一人，刚刚开始工作，月收入 2000 元，没有其他的奖金、分红等收入，即每年收入固定在 24000 元左右。如何支配这些钱，来度过职场成长期呢？不妨借鉴下面的做法：

1. 生活费占收入的 30%～40%

首先，你要拿出每个月必须支付的生活费，如房租、水电费、通讯费、柴米油盐支出等，这部分开支约占收入的 1/3。它们是你生活中不可或缺的部分，满足你最基本的物质需求。无论如何，这部分开支属于最基础的开支，请你先从收入中抽出，任何时候都不要动用。

2. 储蓄占收入的 10%～20%

用来储蓄的部分，约占收入的 10%～20%。很多年轻人选择在月初存钱，但是到了月底的时候，手头的钱就被花光了，于是，存进去的大部分又取出来了。

在不知不觉中，遇到自己喜欢的衣饰、娱乐或朋友聚会上不加以节制。你要时刻提醒自己，你的储蓄存款能保证你 3 个月的基本生活。要知道，如果你一点儿储蓄都没有，一旦工作发生了变动，你将会非常被动。

3. 活动资金占收入的 30%～40%

剩下的这部分钱，约占收入的 1/3。可以根据自己的生活目标，侧重地花在不同的地方。譬如，可以安排旅游，服装打折时可以购买自己心仪已久的服装。这样花起来心里有数，不会一下子把钱都用完。

因为收入不高，除去吃、穿、住、行以及其他的消费外，再怎么节省，估计你一年也只有 10000 元的积蓄。节流只是我们生活工作的一部分，如何让钱生钱是大家想得最多的事情，然而，毕竟收入有限，很多想法都不容易实现，建议处于这个阶段的朋友，最重要的是开源。怎样才能财源滚滚、开源有道，为了达到这个目标，你必须不断进步以求发展，培养自己的实力以求进步，这才是真正的生财之道。

在投资的角度来说，既然有了些许积蓄，也不能让它闲置，建议你把 1 万元分为 5 份，每份 2000 元，分别做出适当的投资安排。你可以采用如下的投资方式：

（1）用 2000 元买国债。这是回报率较高而又很保险的一种投资方式。

（2）用 2000 元买保险。以往人们的保险意识很淡薄，实际上购买保险也是一种较好的投资方式，而且保险金不在利息税征收之列。

（3）用 2000 元买股票。这是一种风险最大的投资方式，当然风险与收益是并存的，只要选择得当，会带来理想的投资回报。除股票外，期货、投资债券等都属这一类。不过，参与这类投资，要求有相应的行业知识和较强的风险意识。年轻人可以在股市小试牛刀，以增强自己今后的投资经验。

（4）用 2000 元存定期存款。这是一种几乎没有风险的投资方式，也是未来对家庭生活的一种保障。

（5）用 2000 元存活期存款。这是为了应急之用，如家里临时急需用钱，有一定数量的活期储蓄存款可解燃眉之急，而且存取也很方便。

这样，家庭就不会出现用钱危机，并可以获得最大的收益。当然，每个人根据自己的实际情况，可以灵活选择。

此外，职场新人中很大一部分是“月光族”。“月光族”怎么规划财务呢？

（1）先检查每月全部支出是否占到总收入的 60%以上。如果“是”，则检查收入与支出的合理性，看看是否有优化的余地。

(2) 关注一下风险转移。也就是保险保障，避免在没有足够积蓄的情况下遭遇健康或意外的突发事件，使自己陷入经济困境。

(3) 充电，提高专业水平，增强工作能力。积极寻求升职或转换更高收入的工作，应该是这个阶段最重要的努力方向，而不是为了仅有的几万块钱寻找更高收益的投资方向。

试想，2万元本金，就算年收益10%的品种，1年下来不过2000元收益。不如将精力和智慧用在寻找一个升职加薪的机会，或者努力争取一个好的转换工作机会，更何况10%收益的品种几乎个个都是高风险类的（指本金有机会亏损的品种）。在人生职业生涯初期，我们能够拥有的最大的投资本金，就是自己的时间、精力、智慧和热情。

单身贵族的投资选择

对20多岁的单身贵族来说，他们收入不低，还没有进入婚姻的围城，洒脱和自由是他们的标签。如果你也处在这样的情况，那么还是要提醒你，尽快养成理财的好习惯。对不久可能就会组建家庭的你来说，为今后做打算而投资的习惯必须要有，这是为将来做准备。

下面以刘小姐的情况为例进行分析。

刘小姐，26岁，单身贵族，个性沉稳、有条理。家庭目前状况：供职于上海某装饰装修企业，任设计师及项目主管，收入稳定，有基础社保。自住贷款房一套，投资贷款房一套。刘小姐为独生女，父母在老家，她已经为父母买房一套，无贷款。父母有退休金收入，未来每年会来沪短期居住。

财务收支分析：年收入15万元；生活支出3.6万元；赡养父母1.2万元；自住房贷款2.64万元。第二套房产每月贷款3600元，2014年4月拿到该房，一直出租以减轻还款负担，所以，现金流不会有太大变化。另外，没有商业保险。

未来生活预期：希望未来3～5年结婚，则现居住房有可能出租或出售，以增加现金流，或增加整笔现金资产。对目前收入满意，但工作强度过大，很伤身体，非常辛苦，希望有两全的解决办法。

根据刘小姐的财务状况，有以下投资建议：

1. 房产投资分析结论

经计算，目前刘小姐仍在还贷的自住房，每月相当于支付租金1244元。如果出租，按房产出租的收益底线一般不应该低于5%，应设定净租金在2000元以上，否则，不如卖掉变现获得房产增值收益，然后转投资于其他相匹配品种。

经计算，才交付的第二套投资房，如果自住，每月相当于支付租金2586元；如果出租，应设定净租金在4300元以上。

另外，上海市3500元以上租金的房产由中介出租时，业主需付出1个月租金做中介费，则该房产每月租金应再提高，而该地区租务市场暂时达不到此水平，则建议短期可出租（不以收益为目的，只以减低贷款负担为目的），而未来则以自住比较有价值。

2. 保险规划

第一，规划大额健康、意外赔偿品种，以对应个人负债较高阶段防灾的需求。

第二，规划小额养老金储蓄品种，开始修建资产配置中无风险、长期储蓄类别蓄水池。

3. 短期结余资金规划

建议预留3～6个月生活费在活期账户，其余结余现金，都可以放入灵活存取的短期金融品种。如中短期债券基金、货币市场基金，目的是在2～3年后累积足够额度，交由专家打理，去投资一些高风险、高收益品种。

4. 职业发展规划

刘小姐既不希望收入降低，又希望转换稍微轻松一些的岗位，关于职业发展的问题，可以确定这样一个方案：

（1）3～5年内，保持目前工作的稳定，目的是能获得理想的资金累积。3～5年后，当资金累积到30～50万元时，可以委托专家打理，投入年收益超过10%的风险类投资品种，以获得3～5万元以上的年度投资收益。

（2）在3～5年内，积极寻求本行业自由职业的机会，包括相关市场、客户的积累，虽然自由职业的年收入比现在岗位的收入稍低，但由于其他金融品种的投资收益已经可以弥补收入降低的缺口。而且，投资收益逐年再投入，弥补缺口能力越来越强，生活整体水平就不会有太大波动。刘小姐的工作强度困扰可以基本解决了。

月光族的投资策略

“80后”随着年龄的增长，相继步入婚姻的殿堂，生儿育女。如今的他们正陆续背负起家庭的责任，面临着买房难买车难看病难生孩子难和上有老下有小的经济压力，承担的压力不小。

那么，该如何巧妙理财，让钱生钱，使自己变得富有，真正做到三十而立呢？我们不妨看看下面这个例子。

吴虹雨生于1986年，大学毕业后在一家医药公司做业务代表，月收入3000元。小吴在花销上算不上大手大脚，甚至可以说为了减轻房租压力，和同事合租了一套房子；为了节省生活费开支，常常和朋友一起等到晚上8点吃打折的洋快餐；在穿衣打扮上，小吴也没有过多的奢侈，极少买名牌，基本上都是常换常新的“大路货”……虽然如此“节俭”，但到了月底，小吴的工资依然花得光光的，毫无结余。总不能月月都成为“月光族”啊，怎样才能改变这种毫无积蓄的处境呢？

分析：从小吴月收入3000元依然“月光”的例子来看，其原因并非收入少所致，在实习期1000多元照样能生活过来。小吴存不下来钱，根源是个人的理财、消费观念有偏差，以及没有掌握一些必备的理财技巧。可以肯定，小吴的花销缺乏条理性和计划性。小吴花钱虽然不是“大手大脚”，但也算不上“精打细算”。比如，她和朋友经常等到晚上8点吃打折的洋快餐，看上去似乎很“节俭”，但洋快餐即使打五折，能赶上自己做饭便宜吗？小吴买衣服虽然没买名牌，但买衣服的频率肯定很高，有时贪图便宜打折，今天买一件，穿不了两天就扔到一边，明天再买。这样还不如按“少而精”的原则适当购买经典款式、能体现个人风格的较高档服装，从而延长淘汰周期，达到省钱目的……类似的花钱误区还可以找出很多。

针对“80后”月光族，我们给出相应的投资理财建议：

1. 量入为出

“月光家庭”首先应建立理财档案，对一个月的收入和支出情况进行记录，看看“花钱”到底花到了什么地方。然后对开销情况进行分析，哪些是必不可少的开支，哪些是可有可无的开支，哪些是不该有的开支。俗话说“钱是人的胆”，没有钱或挣钱少，各种消费的欲望自然就小，手里有了钱，消费欲立马就会膨胀，所以，“月光家庭”要控制消费欲望，特别要逐月减少“可有可无”以及“不该有”的消费。

2. 强制储蓄

发了工资以后，可以先到银行开立一个零存整取账户，每月发了工资，首先要考虑到银行存钱；如果存储金额较大，也可以每月存入一张一年期的定期存单，一年下来可积攒 12 张存单，需要用钱时可以非常方便地支取。另外，现在许多银行开办了“一本通”业务，可以授权给银行，只要工资存折的金额达到一定数额，银行便可自动将一定数额转为定期存款，这种“强制储蓄”的办法，可以使自己改掉乱花钱的习惯。

用别人的钱投资赚钱

善用别人的钱赚钱，是获得巨额财富的一条捷径。富兰克林、尼克松、希尔顿都曾用过这个方法。威廉·尼克松说：“百万富翁几乎都是负债累累。”富兰克林在 1784 年《给年轻企业家的遗言》中说：“钱是多产的，自然生生不息。钱生钱，利滚利。”

用别人的钱投资赚钱，不仅仅存在于证券市场中。一个人创业阶段，不可能单凭自己的资本，还必须吸纳别人的资本投入。争取你的投资人，形成多点支撑，就能使自己的事业稳如泰山、如日中天。因此，争取别人对你的事业的投资就显得极为重要。

公司获得发展的捷径是吸引投资，市场上有无数投资者，如何吸引投资者使其对你留心，进而使其对你的公司的发展前途和潜力拥有信心，从而对本公司注入资金产生兴趣，真心采取投资行为呢？你面临的是广大投资群体，这些投资群体包括银行、其他大型投资公司等。然而，什么样的策略才能抓住这些投资者呢？可以分以下三步走。

(1) 从制订一个完备的经营计划入手。要吸引投资者，而没有一个备录完全，内容翔实的经济计划可供潜在的投资者参考或进一步研究，这简直就是空中楼阁。一份详尽的经营计划，就是一块事业成功的敲门砖，或者，就是投资大门的门票。

(2) 寻找恰当的投资人。企业经营者为了吸纳投资，认真地拟写营运计划书，对计划书追求完美，最终是希望能提出一个最完备的计划书，达成吸引投资者的目的。可是别忘记了，拥有一套完美的计划并不意味着资金已经唾手可得。好的经营方略虽然不一定需要让大众知道，但却需要让所有潜在的参与投资者明白，此时更需要进一步去找寻投资可能性高的投资者，然后加以介绍解释，以获取信任，赢得信心，才能达到吸引投资的目的。所以，好的经营计划应在最适合的时机，以最得意的方式，展现给最适当的对象。所有的条件具备，则这场吸引投资的争夺战就可以说是立于不败之地了。

那么，哪些是值得争夺的潜在投资人呢？我们认为主要有以下三类。

第一类：专业的投资公司。这种投资公司在西方很多见。伴随20世纪80年代企业国际化与跨国公司的发展，资金的需求量越来越多，单一商人或少数人的资金因其举债能力已无法应付企业扩充所需的资金，于是专业投资公司应运而生。

第二类：次于专业投资公司规模的较小的投资基金。投资基金略具公司雏形，不过规模较小，资金也较少，尽管亦属专业投资，但因其资金财力不能和专业投资公司相比，所以其平均每笔投人的资金额都小于投资公司。因投资规模较小，所以投资的风险也较小。

第三类：非正式投资人。非正式投资人，这个名词，最早是由美国一位商学院的教授提出来的。他对这个名词的定义是，具有雄厚财力的个人或群体，并不是正式地等待投资机会，而是被动地采取或参与投资行动。这些投资人的资金规模不能对大公司进行投资，所以他们是中小公司争取的较为理想的对象。

（3）与投资者面洽。获得别人的投资，这是最后一步，因此要做充分的准备。不妨问自己几个这样的问题：

投资还将着重考虑哪些要素呢？

商人及其相关人员对此次要谈的经营计划是否有充分的准备？

面谈解说有关产品简介与市场分析时，是否清晰准确，是否与经营和计划所写相符合？

商人如何评价该公司经营理念与取得投资人的信赖？

商人对其公司人员经营管理背景与专长的了解程度如何？

他们回答投资人提问的速度、深度与广度怎样？

投资人本身对该企业的直观感觉如何？对该商人的个人印象如何？

作为要创富的你必须首先从这几方面做准备，才能确保投资成功。

三口之家的投资计划

孙女士的先生是一家大型民营公司的部门经理，今年32岁，年薪18万。孙女士刚刚研究生毕业，26岁，孩子刚出生不久，准备在家做两年全职太太。家庭现在月开支大约在2500元左右，此外还有有5万左右的债务和40多万（15年）

的房贷，房子目前市价50多万元。双方父母都在60岁以上，没有养老保险，需要孙女士夫妇赡养。

先生所在公司竞争激烈，他又不是很年轻，他具有很强的危机感，而且将来孙女士重新工作的收入也不确定，因此孙女士夫妇觉得家庭经济压力比较大。先生对股票投资兴趣很大，准备在半年内还清5万元债务，然后将全部资金投进股市。

对于孙女士三口之家的这种情况，专家替她分析：丈夫的工资是家庭唯一的收入来源，虽然收入颇丰，但家庭负担很重，而孙女士两年内无就业打算。此外，孙女士家中无存款，且债务负担过于沉重，建议孙女士尽快调整收支计划。

值得指出的是，双方家庭一共有4位老人需要照顾，由于年龄太大，现在再买保险已不合算，因此需要平时从家庭开支中预留出一部分资金作为应急备用金，专门为老人看病或应付家庭临时开支储备。

孙女士的学历是研究生，将来找到的工作收入应至少在3000元以上。按照其家庭目前每月2500元的支出来说，这一收入水平至少可以满足一家人正常生活。因此，孙女士有必要在两年之内尽快找一份工作，以减轻家庭负担。

另一方面，孙女士的家庭负债过多，且没有存款。其中5万元的债务可在半年内还清。这样，40多万元的房屋贷款是一个需要考虑的负债问题。

假设这笔贷款的金额为45万元，每月孙女士需要偿还3500多元；家庭每月日常生活支出为2500元；赡养4位老人，每人每月按500元计算，共需支出2000元；另外，商业保险费应占家庭收入的10%～20%，每月保险费支出3000元较为合适。

根据分析，专家建议：孙女士家庭每月有5000元左右的收入节余，年节余6万元，其中1万元作为应急备用金存于银行，其他资金则可以投资收益较高的项目。

孙女士的先生想把家中所有资金都投入股票市场，这是极其危险的，俗话说“不能把鸡蛋放在一个篮子里”，一旦股票被套，家庭应付突发事件的能力将大大降低。建议多元投资，分散风险。由于孙女士的先生已经30多岁，正处于上有老下有小的时期，各种开销都会不断增加，因此应采取稳健投资的策略。

所以，股票投资份额应控制在总投资金额的50%以下，其余部分可投资于股票型投资基金、货币型投资基金和债券，比例分别为：20%、20%、10%，也可选择一些银行的理财产品，收益相当于货币型基金及债券。另外，信托产品风险不大，年收益率可达4%左右，这也是不错的选择。

除此之外，孙女士的先生是家庭收入的唯一创造者，一旦发生意外，家庭将会陷入财务困难，因此要加大对他的投保力度，保额的确定可以以6个月的家庭生活开支数额为标准，主要投保意外伤害保险和大病医疗保险。

中高收入阶层的投资计划

家庭年收入在10万元以上的许多中国城市家庭，可以被称作“中高收入家庭”。其中有很多家庭拥有12万元以上的存款，这一“富裕”客户群，实际占中国商业银行个人存款总额50%以上，且贡献了整个中国银行业赢利的一半以上。

中国中高收入者投资态度和投资行为方面，比其他阶层具有显著的不同。首先表现在“富裕”客户愿意在挑选个人金融服务产品时进行多方比较。在调查中，有73%的受访者认为值得投入精力去挑选个人金融服务产品，而这一比例在亚洲的总体水平仅为56%。同时，这些“富裕”客户愿意通过付费来获得好的个人金融服务的比例也高于亚洲总体水平。换句话来说，中国的中高收入者比较愿意为享受好的金融产品和服务付出相对高的价格。

此外借款方面，中高收入阶层也有自己的特点。人们越来越愿意向银行贷款，受访者中62%的人表示愿意贷款消费，这其中并不包括按揭产品，年轻受访者持此观点的比例竟高达93%。然而，目前中国银行不能满足这些贷款需求。麦肯锡的报告指出，中国中高收入者对目前金融机构的满意度比较低，仅有65%的受访者对目前金融机构满意，低于亚洲75%的总体水平，这一比例在亚洲受访国家和地区中排在倒数第三位。这些“富裕”的中高收入阶层已日益被外资银行吸引。

根据分析，中高收入家庭的投资规划一般集中在个性化的金融服务上，各种新型的金融产品和金融工具都是他们青睐的对象。

对于终稿收入阶层而言，可考虑下面的建议：

(1) 储蓄。一般以每月15%的比例来安排自己的收入。

(2) 股票和基金。有了较安稳的规划后，财务也必须日趋稳定，你应用其中不大于40%的部分来投资股票和基金，减少相对风险。

(3) 债券。可稍微提高此项投资的比例，可选择在25%左右。由于其风险较小，你即便多投些资也无妨。

(4) 保险。此项投资比例可为5%。因为你的身体此时仍十分健康，突发疾病的可能性也较小，所以，适量保险即可。

(5) 留下孩子的教育基金。可每月存5%～10%，以为孩子的发展早做准备，以免孩子的到来将生活秩序打乱。

(6) 若仍有余钱，可适当考虑投资房产等。

高收入阶层的投资计划

月收入高于1万元，一般就可认为是高收入阶层。高收入家庭在制定消费规划时，首先考虑的是汽车、住房、教育等。另外，高收入层次结构的人愿意把收入大部分用于投资。有数据显示，无论现有投资或未来投资，高收入家庭都把目标瞄准证券投资，如国债和股票。

陈真是一家公司的副总经理，他的家庭月薪大约有10000元。为了能尽快拥有自己的流动资金，他将每个月约20%的收入存入银行，其他的自由支配，一年后，他就有了24000元的流动资金。

陈真将这笔钱分成如下几类：

(1) 买股票：大约6000元。因为他觉得，虽然股票投资风险较大，但收益与之是并存的，只要他抓准时机，挑好种类，就能带来高额的投资回报。

(2) 买保险：大约2000元。与他同龄的年轻人对保险的认识都很肤浅，他却认为，保险对于保障自己和财富的安全至关重要。再者，购买保险也是一种较安全的投资方式。根据国家的税务规定，保险赔偿金不征收个人所得税，相对来说能享受到一些优惠。

(3) 买债券：大约3000元。在他眼中，国债几乎没有风险，收益也不错。自己并不是太偏好风险投资，不想将太多的钱投资到股市上，但都存到银行又觉得浪费。拿这笔钱来投资债券刚刚合适。

(4) 定期存款：大约5000元。他觉得，自己虽然收入很多，积累多，但也要有固定的资本，所以就选择了定期存款。通过计算，他发现短期的利率低，长期又怕资金活动受限制，而中期定期存款的利率比较合适，又能满足自己的需要，就将一部分资金定存。

(5) 活期存款：大约5000元。他的收入高，但社交活动也多，花销也大，因此，他将这5000元留作自己的活动经费。如遇到紧急情况，可解燃眉之急，且存取又很方便，能及时解决问题。

（6）剩余的资金：大约 3000 元。他想用于自身投资。平时想买些与职业相关的书籍，接受一些新的培训。另外，他还想考个注册会计师证，以方便自己以后的管理工作。这 3000 元钱就派上了用场。

结合陈真的案例，针对高收入阶层，有以下投资建议：

（1）股票基金投资

由于他的资金相对来说比较充足，所以，他可以优先考虑风险投资，以积蓄的 30%～40%做风险投资。此处陈真选择的是股票，当然他也可以选择基金等其他投资产品。

（2）保险

可根据个人情况，放入大约 10%左右的资金投入到保险中。这是人生各个阶段都不能少的一项生活保障，所以一定要固定下来。

（3）债券

若你和陈真一样是风险厌恶者，则可以尝试多买些债券，收益比储蓄要高，且风险较小，你可以投资大约 15%的资金。

（4）存款储蓄

即使拥有较高的收入，存款储蓄也是基本的投资方式。要知道，很多富豪都是从积蓄一点一滴开始，才有了自己的一份事业。为了你的“钱途”，必须要有适当的存款储蓄，大约可以占资金的 20%～40%，根据个人情况而定。

（5）投资其他

可以投资自己，进一步提高自己的能力，也可以投资房地产、黄金等市场，总之，让闲钱流动起来，好为你换来更多的收益。

而立之年如何进行投资

当从二人世界过渡到三口之家，一般已进入而立之年，夫妻有了爱情的结晶后，那么个人的生活从此进入到了崭新的阶段。养儿育女是人生的一项伟大工程，把一个婴儿抚育长大，可真是一件不容易的事情。除了费心费力外，各种教育开支，比如，参加补习班、兴趣班，教育经费高得惊人。

有人统计说，子女教育支出大约占个人总收入的 20%以上。但对孩子进行教育投资究竟花多少钱，很难一概而论。准备子女教育金要尽早预算、从宽规划。

由于孩子教育的持续性，从孩子出生开始就要一直进行教育投资，孩子年龄较小的时候费用较低，随着他年龄的增长，所需要的费用会越来越多。

因此，要想使孩子受到良好的教育，从孩子一出生就必须进行教育投资规划。

当小孩来到你的家庭后，家庭结构已经稳定，家庭成员的年龄都在增长，家庭的最大开支是保健医疗费、学前教育费、智力开发费。同时，随着子女的自理能力增强，父母精力充沛，又积累了一定的工作经验和投资经验，父母个人的收入能力一般也处于增长的区间。这一阶段，你应进行积极的投资，将资金合理分配于基金、保险和国债等各个投资渠道。保险应考虑定期寿险、重大疾病险及终身寿险。随着收入的增加，每年应保持年收入10%的比例投入保险才算合适。

因为稳定的收入做保障，父母在投资方面可考虑以创业为目的，如进行风险投资等。购买保险应偏重于教育基金、父母自身保障等。与此同时，处于这一阶段子女的教育费用和生活费用猛增，财务上的负担通常比较繁重。那些理财已取得一定成功、积累了一定财富的家庭，完全有能力应付，故可继续发展投资事业，创造更多财富。而那些投资不顺利、仍未富裕起来的家庭，则应把子女教育费用和生活费用作为投资的重点。在保险需求上，父母的收入可能稳定甚至还处于上升的区间，但人到中年，身体的机能明显下降，对养老、健康、重大疾病的要求较大，应该加大这方面的保险投入。

成长期的家庭每月可能还要还房贷。如果处于房贷利率不高的年代，有钱并不一定急着还贷，完全可以利用房屋的杠杆效应，获得比房贷利率更高的投资回报。不少父母有了孩子后会考虑买车。购车要根据经济承受能力，不可冲动。应估算自己每月节余多少钱，是否有能力养车。车子并非越贵越好。购新车困难时，可考虑二手车。一般情况下，只要新车一“落地”，价值上就会打七折。

此外，对于这些年轻的父母来说，如果你不想整日拼命工作仅仅是为了生活需要和应付购买奢侈品的储蓄，那么你应该先用你的收入去投资，再以投资的收入去购买奢侈品。这样购买奢侈品的欲望不但不会成为你财务危机的原因，反而会是增加财富的动力。

不惑之年如何投资理财

“三十而立，四十而不惑”，40岁之后的人已经步入不惑之年。此时，家庭、工作和生活都已经进入正轨，而子女通常处于中学教育阶段，这一阶段孩子的教育费用和生活费用开销很大；自己的父母又面临年龄增大，需要准备就医等资金。在“上有老下有小”的情况下，40岁人的家庭与年轻家庭相比，往往难以承受较大的风险和动荡。

分析40岁年龄这个群体，他们经历了半辈子的努力，大多处于事业稳定的阶段，他们如今大都上有老、下有小。肩负责任除了自身的事业外，还须面对儿女教育、老人赡养等一系列问题，可谓担子不轻。因此，对他们而言，理财多以稳健为主，决不能贸然投资，随意进入风险性较大的行业。毕竟人生尚有几十年，倘能合理规划、理性投资，最终小有收获，那么当属“成绩可以”。

大多数人对40岁这个群体的印象是，他们比较踏实。与年轻一代相比，他们是一个复杂的群体。他们成长于计划经济之下，受益于市场经济，人生的丰富阅历，无意间亦使他们少了些自我，多了一些兢兢业业，甚至过于谨慎。但毕竟此时的他们正身处人生发展的黄金期，他们中的不少人事业有成，生活较为稳定。

由此，基于珍惜眼前所拥有的事业，急需承担起家庭育儿养老之重任，进入不惑之年之后，他们的理财之道，多给人以保守感觉。事实上，他们大多数人所遵循的原则就是4个字——稳扎稳打。

杨阿姨已经将近50岁，因所在单位效益不好，加上身体状况欠佳，她两年前便待岗在家。尽管自己的工作没着落，但杨阿姨的丈夫早些年已辞去厂里公职，同友人一起下海经商，几年下来倒也收入不错。因此，一家人生活水平和生活质量都还说得过去。

不过，杨阿姨家里虽然算是“小富”，可一说到理财，杨阿姨却明显没有做到激进的念头。经历了下岗经历的她，在她看来钱放哪儿都有风险，只有存在国有大银行，才是最保险的，虽然利息收入并不高。

虽然这几年老公的生意还不错，但他挣点钱也不容易，辛辛苦苦常往珠海那边飞，一去就是个把月。家里的生计、孩子的学费，基本都靠杨阿姨的丈夫辛苦赚来。都说投资有风险，所以她一直认为，把钱存在银行里收利息最安全。在杨阿姨眼里，有了余钱就存银行，这是她多年来唯一的理财经验。

“现在不少年轻人都在谈理财，可我过惯了穷日子。直到这几年老公的生意做起来，经济状况开始好转。好不容易有点积蓄，拿出来做投资，万一亏了怎么办。所以，我自己不炒股，老公也听我的没有‘冲’进去。想想看，当年股市从2200点一路跌到不足1000点，要是套在里面，最终不得不‘割肉’就惨了。”

杨阿姨也有自己的理财经：“20年前，根本就没有证券公司和基金公司，金融机构除了银行就没有其他的了。大家有点钱，除去日常开销都拿去储蓄，延续到现在也没啥不好嘛。只可惜现在的存款利息太低。如果存个活期，还真拿不到多少利息。”在储蓄存钱方面，杨阿姨可是个行家。

虽说进入不惑之年后，不少人的理财观念都较为保守，但拿杨阿姨的理财观来说，显然有点保守过了头。其投资理念以“本金安全，适当收益”为宗旨固然不错，但只把鸡蛋（资金）放在一个篮子（银行储蓄）里的做法，未免有点过于谨慎了。

其实，像杨阿姨夫妇这样的准退休族，要实现在风险控制的前提下获得稳定收益，可以选择一些风险较低的其他投资方式。除了存款储蓄，杨阿姨可以购买一些各大银行推出的相对收益稳定的理财产品，以适当提高投资收益。此外，国债、货币市场基金等也不失为比较好的选择。更重要的是，既然杨阿姨已经面临提前退休的境地，但年龄还不算大，那么买一份保险就显得相当重要，她可以考虑选择一些“实惠”的险种投保。更何况当今保险所具备的功能，除了保障外，亦可做储蓄、投资、避税之用，何乐而不为?

现年42岁的汪先生，在某金融机构工作，目前月薪1万余元。妻子33岁，任职某公司职员，月薪4000余元。夫妻俩每月合计收入约1.5万元。年收入税后达到20万元。两人都缴纳三险一金，住房公积金每月合计3000元。

在金融机构工作的王先生对于理财有自己的一套理念。但是，汪先生夫妇是标准的“稳健”一族，他俩严格遵循“不把鸡蛋放在一个篮子里”的原则，实行分散投资。目前，夫妇俩名下已有50万元左右的金融资产，包括10万元国债、1万美元的3年期外汇理财产品（预期收益3%）、30万元的2年期信托产品（预期收益4%），及大病保险（保额每人10万元/年）和意外保险（保额每人50万元/年）。

汪先生夫妇的金融资产配置几近完美，称得上是这个年龄段人群的理财“模范”，其理财亮点在于合理规划。

虽然收入不菲，但多年来王先生夫妻两与汪先生父母合住，一直没有购置自己的房产。最近，他们开始考虑购房，为此王先生也做了充分的前期规划。在一番计划下，夫妇俩最终把购房时间定在了两年后，或是国债和信托都到期后。

王先生对家庭的整个财务状况做了一番分析，夫妇俩人的年收入20万元，目前年支出约7.2万元。因从未购房，每年可积累公积金3.6万元，合计每年有16.4万元结余，且金融资产大都属中期投资产品。两年后，夫妇俩又可结余32.8万元。其次，目前的楼市正处微妙调整阶段，后市可望企稳。两年后，楼市走向当基本明朗，适宜出手，届时也可以有较大的挑选余地。

汪先生夫妇打算购买120平方米左右的三室两厅。假设房产单价为10000元，总价约120万元。若购房利率水平和现在相差无几，则把所有到期金融资产本息约53万元加上这两年结余的32.8万元，留出半年日常支出所需现金3.6万元，剩余82万元用作首付，其余就办理38万元的按揭贷款。假定贷款期限10年，采用等额本息还款法，每月还款4000元左右，不到家庭收入的三分之一，对生活水平当然不会造成很大影响。

可以看出，汪先生的投资规划非常稳健。不过，即便如此，投资专家也认为王先生的投资显得有点保守有余，灵活不足。其实，国债、信托、外汇理财都属中长期低风险产品，收益率较低，均未超过5%。以汪先生夫妇的年纪和收入情况，在稳健之余，亦可考虑投资股票型基金，甚至可买些大盘蓝筹股。

40岁之后的人群，已经具备了相当的财务基础，这时还不理财，不为家庭和今后做一些打算，就算是比较失败了。

对于进入不惑之年的这个人群而言，要做到以下几点：

1. 清晰理财目标

40岁以后，即将面临着退休的压力，不可能再像以前那样冒险投资并且也没有多余精力分析太多的融资渠道。因此为了保险起见，必须明晰化自己的理财目标，一般可以分成4种：第一种用于储备养老金；第二种用于准备大病费用；第三种用于旅游休闲；第四种用于为儿孙存留资产。

2. 稳健为主

40岁时投资理财产品应该以稳健为主，稳步前进。对于此前已经通过投资积累了相当财富，净资产比较丰厚的家庭来说，可以抽出较多的余钱来发展其他投资事业，比如，再购买一套房产等。对于经济不甚宽裕，工作收入几乎是唯一经济来源但家庭拥有一至两套住房的家庭来说，在投资选择上要更加稳健。

3. 控制理财风险

投资理财是有风险的，合理控制投资风险，是必须要考虑到的。就投资理财类产品而言，房产投资是较为保值、升值的，所以风险相较于其他投资类产品像股票、债券等要小很多，风险控制也相对容易些。

4. 提前规划投资

比如说，如果要在40岁时投资房产，应注意的是在贷款买房时其贷款年限与成数可能不及年轻人那样高。另外，有什么样的收入水平就有什么样的支出水平，无论贷款者目前的家庭财务状况多么好，如果不能做一些提前规划的话，仍有可能达不到真正的“财务自由”境界。

40 多岁要追求稳健投资

40 多岁是人生的黄金阶段，事业也好，家庭也好，都处于人生的巅峰状态。在经历了 20～40 岁这 20 年来的春耕夏种，已届不惑之年的人们，必须通过投资让自己的财富保值和增值，否则就可能来不及了。

对于 40 多岁的人来说，稳健投资是摆在第一位的。在稳健投资的基础上，也需要追求更高的资金使用效率。

既想稳健投资，又想获得一定的投资收益，不妨投资证券投资基金。具体来看，作为养老金的投资工具，无论是投资风险还是投资期限，指数基金和平衡型基金都可以登上推荐榜的首位。投资于股指类基金，不仅获取了投资一揽子蓝筹股的机会，而且减少了为选个股而伤脑筋的事情。

此外，投资者还可以考虑的基金品种就是平衡型基金。这种基金，动态地配置于股市和债市之间，所以能更加充分地发挥股票和债券两方面的投资优势。进可攻，退可守，在养老金的投资组合中，能起到提高长期投资收益的作用。

对于不少 40 多岁的人群来说，养老可能是退居其次的，子女的教育是摆在第一位的。实际上，只要注意积累，多数 40 岁的中年人都可以攒下相当可观的养老金。但是不少 40 岁的人却并没有这样做，主要的原因可能是积累养老金与筹划子女的教育经费发生了冲突。

目前绝大部分 40 岁的人，把自己的眼光更多地投向了高生活质量的追求，把更多的资金储备用于子女的未来教育。“目前，还是把子女教育作为家庭财务的首要任务吧。在人才竞争激烈的社会，不在子女的教育上多花点成本，以后他们怎么立足社会啊？个人养老的事情还远着呢，不如等子女念完书再想这个问题。”

这代表了很多 40 岁的人的观点。他们把自己的财务天平倾向了子女教育金的筹划上，自己的养老账户则成了一个留到以后再说的话题。

这反映了一个问题，平衡子女教育金与养老金困扰着大多数 40 多岁的人群。对于收入比较有限的 40 岁人的家庭，不妨扳回自己的财务天平，可以更多地倾向于自己的退休养老账户。而子女的高等教育费用甚至留学费用，不妨鼓励孩子通过银行助学贷款、打工等形式获得。还有，鼓励孩子去争取金额更高的国家奖学金、学校奖学金和企业赞助的奖学金、助学金。通过孩子的努力，可以让孩子也养成奋斗的习惯以及理财的理念。

除了通过投资让自己未来的退休金账户长大，40 岁的人如果还没有充分的人身保障，那么此时也该赶快动起来了。

相对个人通过储蓄和投资计划自备养老金，商业养老保险有一个很大的好处，就是它具有强制储蓄的功能。所以，这类保险也可以作为退休金配置计划中的一部分。

任何人都无法预知自己的生命到底有多长，因而难以清楚地把握该存多少钱才能够用，为了应对这种“活得太久”的风险，可以通过终身支付型的商业养老保险，养老金领取到身故为止。这样，如果你活得越久，领取的养老金就越多，从前缴纳的养老保险费就越划算。

对于目前经济比较宽裕的 40 岁的人，可以做些“重大疾病保险＋住院补贴型医疗保险＋费用报销型医疗保险”，以预防生病带来的损失；预算比较拮据的 40 岁的人，则可以省去医疗费用报销型保险，在保障大病医疗金的基础上节约一定的当前支出。无论选择哪些品种，40 岁的人都要明白，过了 50 岁基本上就很难买到医疗类保险了，到时候买也不划算了，不如趁现在及早规划。

现如今的房价一直比较高，也有不少 40 多岁的人群因机缘错过了买房的机遇，但手头还有一些积蓄，他们转而想在火爆的资本市场中试一试身手，博取一些投资收益。不妨看下面的一个案例。

李先生，某公司部门主管，夫妻双方均收入稳定，但一直没有买房，有一个不到 10 岁的孩子。最近李先生家有一笔 50 万的定期存款到期，由于暂时不想买房子，因而想拿这笔钱做一些投资。

面对这种情况，理财专家建议：

（1）李先生的家庭收入稳定，但因为一直没有买房，所以买房必定是将来无法回避的一笔大额开支。再加上孩子今后的教育开支，以李先生目前的情况，即使是属于中等收入家庭，其风险承受能力也是有限的。因此，李先生首先需要注意的是控制投资风险。首先，家庭应急备用金及应付意外等大额开支的资金要留足，剩余资金再考虑投资。

（2）李先生可采取分散投资的方式，风险较低的理财产品如债券型基金和银行理财产品等，至少要占投资组合的 20%，基金组合中可适当配置指数型基金和封闭式基金。关于孩子教育基金，可采取教育储蓄和基金定投的方式来解决，为孩子积累大学教育金。

(3) 李先生可以将剩下的钱适当购买必需的保险，如夫妻二人的健康险、重大疾病险、意外险等；在孩子身上的投入除了购买一些儿童住院保险、医疗保险和意外保险外，还可以每年大概投入8000元左右，为孩子购买一份教育基金。

40多岁的人经历了不少世事，在稳健投资方面比其他年龄的人群具有更深的体验。需要注意的是，投资理财不是暴富的手段，如果将投资作为致富的唯一途径，是一个严重的误区。

理财不是一夜暴富，而是一种生活方式，不要看着别人在股市中赚钱就眼红。对于绝大部分人来说，应更着眼于长期增值，抵御生活风险，保护和改善未来的生活水平，达成多年后养老、子女教育等长期财务目标。

李钠今年43岁，是一位个体经营户，妻子38岁，经过多年打拼，他目前的年收入约30万元，他同样面临“上有老下有小”的境况。每月全家支出约5000元。此外，没有购买任何商业保险和人身保险。目前现有资产包括存款40万元，各种股票20万元，基金10万元。

李钠的情况也具有一定的代表性，针对此类人群，有以下理财建议：

1. 选择合适保险险种

李钠和妻子都没有保障，建议他和妻子预留年收入的10%～20%资金作为家庭保障的支出，选择缴费10年，风险保额高，并有重大疾病且分红，既理财又兼顾保障的双重产品。

对于从事个体经营的这个年龄段人群，身处“上有老人要孝敬，下有子女要培养”的阶段，社会竞争压力加剧，平时体力透支巨大。可以考虑直接投保意外伤害保险。上了年纪容易因为摔倒等意外事件导致住院，含有骨折的意外保障是非常合适的一个产品。不少保险公司都有专门针对此推出的意外险种。

保险专家建议，这个年龄段父亲的保险需求除了意外、健康之外，还有理财的需求。投保健康险时，要考虑“有病治病，无病养老”的终身保障型险种，这类险种具有长期投资回报、可灵活支配的特点。

2. 做好教育规划

对于中年人群来说，子女教育投资是不可或缺的投资，所选产品应具有收益可预见性、获利性和抗风险性等特点。建议选择交费3～5年、收益性高的分红产品，通过红利分配、复利获得较高的收益。

此外，投资基金可选择风险相对较小的配置型基金，如保康消费品基金。养老金因期限较长，风险承受能力稍强，可在配置型基金之外搭配部分股票型基金。股票投资宜调减为10万元，作为有风险的收益增长点。与众多理财产品相比，信托是一项比较稳定、高效的理财方式。可以15万元认购信托产品，期限2～3年的基本建设项目信托产品可作为赡养金投资，一般预计年收益5%。

房产投资的策略

胡先生，40岁，一家国企的资深员工，月薪6000元，年终奖金10000元。胡先生的妻子刘女士，38岁，私企员工，月薪2000元，年终奖金3000元。他们有一个女儿，10岁。

胡先生一家是普通的工薪家庭，现有银行存款45万；家庭住房一套，两居室60平方米，价值36万，购房贷款已全部还清。胡先生单位为其缴纳了三险一金（养老保险、医疗保险、失业保险和住房公积金），刘女士公司为其购买了三险，均没有购买商业保险。目前，胡先生想要购置一套房产作为投资。

以胡先生为例，我们分析一下其投资策略。

胡先生和刘女士每月收入比较稳定，且没有负债，每月开支控制在2500元以内，不到总收入的30%，算是比较节俭的家庭。每年对孩子常规教育费用1000元和特长教育3000元左右的支出也是比较合理的，家庭年节余7万，积蓄能力较强。

胡先生家庭净资产为81万，其中房产占44.4%，剩余55.6%都是银行存款，资产组合太过单一。

由于胡先生家处于家庭成长期，是负担最重的时期，上有老下有小需要照顾，所以胡先生家庭投资的风险承受能力将大大下降。目前，胡先生家庭投资理财的重点依次是：资产增值管理——家庭财务安全保险规划——子女教育投资规划——应急基金储备和其他金融产品投资。

胡先生想选择房产投资方式作为家庭资产增值管理的主要途径，不妨参考以下意见：

在当前的市场情势下，房产投资存在一定的风险，并且收益率也不如前几年高。针对胡先生的家庭情况，最好选择房产投资中风险较低的投资品种。新房因为配套设施较新，所以购买和出租的价格较高，但是其物业费、采暖费昂贵，使得房屋的运营成本较高。同时随着楼龄的增加，价格的下降较为明显。二手房购买和出租的价格较低，物业费大多数情况下没有或很低，运营成本较低。并且由于本身的租金较低，租价下降的空间非常有限，租金收入相对稳定，在正常情况下，租金呈缓慢上升趋势，其风险是最低的。

如果选择二手房投资，应尽量选择面积小的房子，如果按照当前价格，租价为每月 1500 元左右的房子多为此种情况，出租率都非常高；另外，交通方便、靠近主干道路或繁华商圈的房子也容易租得一个好价钱。所以建议胡先生购买一套 50 平方米左右小户型的市中心区域位置较好的二手房，房屋价格不超过 30 万。

如果将房屋用于出租，该房产每月租金为 1800 元左右，扣除可能的空置情况和房屋维护修缮费用，平均一年中每月租金收入 1500 元，每年租金收入为 1.8 万元，平均年收益率可达到 6%。由于胡先生目前没有别的高收益投资项目，所以支付方式可选择一次性支付房款，这样会省下贷款利息等费用。

另外，可安排以下保险规划：胡先生作为家庭的经济支柱有一定的社会医疗保险，但保障能力仍然不足，建议追加购买商业保险。每年支付 3000 元左右购买 20 年期的分红型终生寿险产品主险和附加险，获得 14 万元的保额，其中重大疾病保障 2 万元，意外伤害保额 4 万元。

在子女教育上，胡先生家计划让女儿在国内读完大学后到加拿大继续研究生教育，那么萱萱的教育费用大约为本科 4 年每年 1.2 万元～1.5 万元，硕士两年每年 15 万元，共计 35 万元左右。所以胡先生应该为女儿开设教育储蓄账户，从现在开始为孩子进行为期 12 年的教育储蓄，每年投入 2.5 万元，到女儿大学毕业时取出。教育储蓄作为零存整取储蓄将享受整存整取利息，利率优惠幅度在 25% 以上，而且享受利息免税优惠政策。

在其他投资方面，一般来说，胡先生家应准备 3 万元的应急基金以备不时之需，分为银行活期存款 1 万元，1 年期存款 2 万元。剩下的资金可以选择一半投资于记账式国债；另一半投资于好的平衡型基金产品。

另一位 40 岁的张先生是另一类型的家庭，我们看看他应该如何投资理财。

张先生，刚刚才 40 岁，在一家小广告公司任部门经理，月薪 7800 元，业余帮助别人做些小广告文案，赚些外快。目前已积蓄 30 万元的资金。张先生没有什么经济负担，除了每月支付 1000 元的房租后，开支项目就是日常的生活费用 1500 元。所以，他将自己定位为高风险承受者，决定做一项高负债的投资。

张先生的投资目标是通过融资杠杆（即借款投资）将 30 万元自有资金得到最大限度的放大投资，扩大投资金额，增加投资收益。

下面将以张先生为例，分析其房产投资策略。

张先生想利用融资杠杆来负债投资，扩大投资金额，是一个正确的想法。负债投资一个最主要的方式就是向银行借款投资，而负债投资不仅能扩大投资金额，还能提高投资收益率。

例如，有A、B两人都想进行一项相同的100万元的投资。A有自有资金50万元，向银行贷款50万元；B有自有资金100万元。一年后，获得投资收益20万元。但两人的自有资金的投资收益率是完全不同的，A实现的投资收益率为35%，而B只有20%。

可见，A利用负债投资，将50万元的资金做成了100万元的投资，同时也提高了投资收益率，比不利用负债投资的B多出15个百分点的投资收益。

但如何负债投资，也就是说通过怎样的负债形式，才能最大限度地扩大投资金额呢？从目前来看，只有投资房产，通过办理银行住房按揭贷款才能达到“最大限度地扩大投资金额”的目的。一般来说，购房的资金可以分为两个部分，一部分是自有资金，一部分是银行贷款。投资首套商品房，自有资金通常为总价的20%～30%。以30%的首付款比例来计算，30万元的自有资金就可通过银行贷款购买100万元的房产，投资规模放大了3.33倍。

张先生目前正好没有房产，还租房子住，所以投资房产最合算。从长远看，房产的投资收益是可以预期的。具体来说，张先生购买房产，不仅能享受今后房价上升带来的增值收益，仅就目前来说，就省了每月1000元的租金，省下的也就是赚到的，也就是说每年也赚了1.2万元。

组合投资房产有以下注意事项：

1. 投资房产要适合自身情况

张先生现有30万元的自有资金，按30%的首付款，他可以购买100万元的房产。但所购买的房产最好是现房，因为选择现房比较合算，而且购买现房还能马上居住，可节省租房费用。

2. 合理规划房贷期限

目前张先生的月收入是7800元，扣除租房及生活费用后剩余5300元。因此，张先生的月供最好控制在4000元以内，这样贷款的年限比较长，当然，以后张先生的收入提高了，每月的余钱多了，可以到银行申请缩短还款期限。

3. 部分出租增加收益

在大城市，由于房子租金较高，一般的工薪阶层很难承受，所以合租房屋就成为一个潮流。按目前100万元商品房的户型来说，应该有3个房间。因此，张先生购房后，可另找两位房客来租住，每月可以增加不少的房租收入。

第七章 保持理性，做投资场上的理性巨人

经济学总是假设人是理性的，会自觉不自觉地按成本一收益原则来行事。绝大多数情况下也的确如此。但这个世界上还有大量用理性经济学原理无法解释的现象。

——梁小民

（毕业于北京大学，著名经济学家）

用理性思考取代跟风的做法

在投资市场上，投资者往往会因身处其中而被迷惑，绝大多数投资者以跟风替代了理性思考，这也是大多数人最终赚不到钱的根本原因。很多投资者并非不具备扎实的市场知识和丰富投资经验，但遇到市场高潮来临时，也往往无法控制自己的跟风行为。

关于金融市场中的非理性行为，金融学家用羊群效应来表述。具体表现为在某个时期，大量投资者采取相同的投资策略或者对于特定的资产产生相同的偏好。羊群效应在股市的表现相当明显。遇到熊市，如果行情持续低迷，基金经理们也会几乎采用相同的策略，购买几乎完全相同的防御性股票。而到了上涨阶段，基金经理同样会倾向于购买一些大致相同的股票。尽管由于股市整体上涨，基金经理这样的行为依然可以盈利，但其业绩总体仍会输于大盘。

投资市场中的“羊群效应”并不难以理解，因为所有人的心理都是趋利避害的。实际上，与普通投资者相同，孤身作战同样会让人感到不安，很少有人可以做到像索罗斯、巴菲特那样的投资大家，他们即使被所有人嘲笑也会坚定不移地

执行自己的投资决策。大多数投资经理在投资那些不被市场普遍看好的股票时都会感到惴惴不安，而投资的成败关系着他们的事业是否成功，也关系到基金的业绩表现，这就更会让基金经理不敢做出特立独行的行为。相反，如果投资与别人类似的股票，即使业绩不佳，基金经理也不会有太大的心理负担，反正大家都在亏损。不过，当机构投资者和个人投资者像羊群一样盲目地跟随市场追涨杀跌时，他们忽视了理性思考的力量。

被称为“华尔街教父”的本杰明·格雷厄姆，他曾讲过一个寓言，来描述市场上的投资者具有相当的盲目性。一个勘探石油的人死后要进天堂，圣彼得在天堂门口拦住他：“你虽然有资格进入天堂，但留给石油业者居住的地方已经爆满了，我无法把你安插进去。”这一位听完，想了一下提出一个请求：进去跟那些住在天堂里的石油业者说一句话。圣彼得觉得这个要求不过分，就答应了。于是他对着天堂里大喊一声：“地狱里发现石油了!”话音刚落，天堂大门顿开，里面所有人都疯狂冲向了地狱。圣彼得吃惊之余请这位石油业者进天堂，但他迟疑了一会儿说：“不，我想我还是跟那些人一起到地狱去吧，传言说不定是真的呢!”

为什么有这么多人放弃了独立思考，转而去相信这些所谓的传言呢？从上面例子我们可以看出，有时候市场的传言往往是毫无根据的，但是却有越来越多的人选择相信。而随着越来越多的人相信这一点，就会催动投资者整体的“羊群效应”，使得市场的趋势波动更为频繁，更为剧烈。

在证券交易过程中，很多人总是设法获取所谓的内幕消息，如果能获取证券交易的内幕消息，也就意味着能在证券市场获得超额收益。于是，很多投资者在股市市场中，不去关注上市公司的基本面情况，甚至不想看一下披露的上市公司财务信息，而是热衷于打探各种所谓的内幕消息。事实上，得到的所谓内幕消息往往是不可靠的。首先，不论这条信息的真假，当这条消息传到投资者手里时，之前不知有多少人已经提前知道了这条消息。这时的内幕消息已经变成了“公开消息”，不仅变得毫无价值，甚至还会相当有害。格雷厄姆曾这样说过，不费力得来的消息，多半都是坏建议。

对投资者而言，要分辨市场上的一些消息来源，一些别有用心的人故意制造一些假消息。比如某一年中国股市券商借壳成为一大热潮，制造了巨大的财富效应，一时间市场上关于券商借壳上市的消息四处散发。比如某家业绩很烂的公司股价突然暴涨，接着就有传言说某证券公司有意借壳。于是这样的公司一下从无人问津变成了抢手货，很多知道了“内幕消息”的人甚至没有来得及思考一下就争先恐后入市。等到事后，证明这只是一场谣传，该公司股价就开始暴跌。制造谣言的人早就在暴跌之前抽身，而听信了传言的投资者还没有反应过来，就成了被别人利用的工具，最后只能眼睁睁看着股价暴跌，亏得一塌糊涂。

遇到所谓的内幕消息，投资者应该理性思考其可靠性。股市中的确存在着依据内幕消息而投机获利的情况，但是这种情况可遇而不可求。投资者要保持理性思考，千万不可以存有侥幸心理，将希望寄托于这些虚无缥缈的所谓内幕消息上。

在股市上操作，投资者在经过研究分析，确定看好某一股票时，投资者应该做的就是执行自己的决策，然后耐心等待市场验证。任何人的看法都代替不了市场，不要受其他人看法所左右，投资者应该多花心思提高自己的分析能力和操作经验，毕竟盈利和亏损都是自己负担的。

入市前做好心理准备

进入投资市场准备投资时，投资者必须更好地认识自我，战胜自我，做好相应的心理准备，这是投资成功必须经过的一道门槛。每个投资者都有自己的风险偏好，但作为一个整体，人类的风险偏好具有某些共性，导致某些共有的行为特征和决策偏差。

人们在做出选择时并非是理性的，有关实验揭示了人们风险偏好的规律。在赢利和亏损的不同情况下，人们同样有着不同的风险偏好：当股票价格高于买入价（即主观上处于盈利）时，投资者是风险厌恶者，希望卖掉锁定收益；而当股票价格低于买入价（即主观上处于亏损）时，投资者就会转变为风险喜好者，不愿意认识到自己的亏损，进而拒绝卖掉实现亏损。在投资组合中，也存在着较早卖出盈利股票，而将亏损股票保留的现象。回避实现损失，这就是所谓的“处置效应”，机构投资者也不例外。

可以说，“处置效应”是投资的大敌，违背了股市中“顺势而为”的原则，针对处置效应的唯一有力武器就是：斩断亏损。所谓“斩断亏损”就是及时止损，学会止损是投资者必修的一课，应该从以下几个方面来做好心理准备：

第一，自负盈亏的心态。

投资者的心理素质，是愿赌服输、自我担当的心态。也就是说，如果听取朋友意见，购买了某只股票，那么即使之后出现状况，也绝不会跑去埋怨别人，而是自己对自己的行为负责。只有担当起自己投资行为的负责人，才有心理能量去玩投资游戏。

第二，建立高度安全感的“心情免疫投资模式”。

据研究发现，投资本金的20%，是一个人心理能承受的损失极限。也就是说，如果你投资1万元，心理停损点就定在2000元，赚了2000元就出手，赔了2000元就清仓。当然，也有人用10%定损，这取决于投资者的心理承受能力。

一旦建立起这个模式，投资操作就变成了理性的、基于数据的行为，而不是凭感觉的情绪性行为。即使发生天大的事情，也还有80%的资本在那儿，风险指数就大大降低了。

第三，自律和果决。

建立起心情免疫的投资模式后，就借助电脑工具，买进卖出都按照预设的心理线位。不要犹豫不决，心存侥幸，在涨时想多赚一点，跌时期盼回升少亏一点。你不是基金经理人，没有丰富的信息源，博弈也极小可能赛过机构，所以应遵守和自己约定的游戏规则，赚少量但安全的钱。根据理财心理学研究，自律性越高的人，越容易从投资中获利。

此外，“投机”需具5字心理要诀：

1. 稳

所谓稳，当然不是随便跟风潮入市，要胸有成竹，对大的趋势做认真的分析，要有自己的思维方式，而非随波逐流。所谓稳，还要将自己的估计，时时刻刻地结合市场的走势不断修正，并以此取胜。

投资者在涉足股票市场时，要细心学习了解各个环节的细枝末节，看盘模拟做单，有几分力量做几分投资，不可急躁，投资不要超出自己的能力。要知道，证券投资具有较高的风险，再加上资金不足的压力，患得患失之时，自然不可能发挥高度的智慧，取胜的把握也就比较小。换言之，投机者需要灵活的思维与客观的形势分析相结合，只有这样，才能够使自己立于不败之地。

2. 忍

股票市场的行情升降、涨落并不是一朝一夕就能形成，而是慢慢形成的。多头市场的形成是这样，空头市场的形成也是这样。因此，未形成之前决不动心，免得杀进杀出造成冲动性的投资，要学会一个“忍”字。小不忍则乱大谋，忍一步，海阔天空。

3. 准

所谓准，就是要当机立断，坚决果断。如果总是犹犹豫豫，投资的机会往往转瞬即逝，犹豫之后的结果往往是错失投资机会。如果遇事想一想，思考思考，把时间拖得太久肯定是很难谈得上“准”字的。当然，我们所说的准不是完全绝对的准确，世界上也没有十分把握的事。如果大势一路看好，就不要逆着大势做空，同时，看准了行情，心目中的价位到了就进场做多；否则，犹豫太久失去了比较好的机会，那就只能望看板兴叹了。

4. 狠

所谓狠，有两方面的含义。一方面，当方向错误时，要有壮士断腕的勇气认赔出场。另一方面，当方向对时，可考虑适量加码，乘胜追击。股价上升初期，如果你已经饱赚了一笔，不妨再将股票多抱持一会儿，不可轻易获利了结，可再狠狠地赚一笔。例如，在台湾，1977 年初买股票，到 7 月时已赚进 30%，如果你这时出货，那么，两个月后当它涨幅超过百分之百时，你就会捶胸顿足，后悔不已！

5. 滚

跑在股票市场投资中，赚八分饱就走，股价反转而下可采用滤嘴原理即时撤兵，股价下跌初期，不可留恋，要壮士断腕，狠心了结。

当空头市场来临，在股票筹码的持有上应尽可能减少，此时最好远离股市，待多头市场来临时，再适时进入。

关于稳、忍、准、狠、滚 5 字心理要诀，在整体策略使用上，准还是其次，稳才是最重要的。因为在任何一种技艺中，准需要靠天赋，稳则靠策略及资金，进而可通过管理的手段来达到。

不做那个最大的笨蛋

1908～1914 年间，经济学家凯恩斯拼命赚钱。他什么课都讲，经济学原理、货币理论、证券投资等。凯恩斯获得的评价是“一架按小时出售经济学的机器”。

凯恩斯之所以如此玩命，是为了日后能自由并专心地从事学术研究而免受金钱的困扰。然而，仅靠讲课又能积攒几个钱呢?

终于，凯恩斯开始醒悟了。1919 年 8 月，凯恩斯借了几千英镑进行远期外汇投机。4 个月后，净赚 1 万多英镑，这相当于他讲 10 年课的收入。

投机生意赚钱容易，赔钱也容易。投机者往往有这样的经历：开始那一跳往往有惊无险，钱就这样莫名其妙进了自己的腰包，飘飘然之际又倏忽掉进了万丈深渊。又过了3个月，凯恩斯把赚到的利和借来的本金亏了个精光。投机与赌博一样，往往有这样的心理：一定要把输掉的再赢回来。半年之后，凯恩斯又涉足棉花期货交易，狂赌一通大获成功，从此一发不可收拾，几乎把期货品种做了个遍。他还嫌不够刺激，又去炒股票。到1937年凯恩斯因病金盆洗手之际，他已经积攒起一生享用不完的巨额财富。与一般赌徒不同，他给后人留下了极富解释力的“赔经”——更大笨蛋理论。

什么是“更大笨蛋理论”呢？凯恩斯曾举例说：从100张照片中选择你认为最漂亮的脸蛋，选中有奖，当然最终是由最高票数来决定哪张脸蛋最漂亮。你应该怎样投票呢？正确的做法不是选自己真的认为最漂亮的那张脸蛋，而是猜多数人会选谁就投她一票，哪怕她丑得不堪入目。

投机行为建立在对大众心理的猜测之上。炒房地产也是这个道理。比如说，你不知道某套房的真实价值，但为什么你会以5万元每平方米的价格去买呢？因为你预期有人会花更高的价钱从你那儿把它买走。

凯恩斯的更大笨蛋理论，又叫博傻理论：你之所以完全不管某个东西的真实价值，即使它一文不值，你也愿意花高价买下，是因为你预期有一个更大的笨蛋，会花更高的价格，从你那儿把它买走。投机行为关键是判断有无比自己更大的笨蛋，只要自己不是最大的笨蛋，就是赢多赢少的问题。如果再也找不到愿出更高价格的更大笨蛋把它从你那儿买走，那你就是最大的笨蛋。可以这样说，任何一个投机者信奉的无非就是“最大笨蛋理论”。

对中外历史上不断上演的投机狂潮最有解释力的就是最大笨蛋理论：

1593年，一位维也纳的植物学教授到荷兰的莱顿任教，他带去了在土耳其栽培的一种荷兰人此前没有见过的植物——郁金香。没想到荷兰人对它如痴如醉，于是教授认定可以大赚一笔，他的售价高到令荷兰人只有去偷。一天深夜，一个窃贼破门而入，偷走了教授带来的全部郁金球茎，并以比教授的售价低得多的价格很快把球茎卖光了。

就这样郁金香被种在了千家万户荷兰人的花园里。后来，郁金香受到花叶病的侵袭，病毒使花瓣生出一些反衬的彩色条或“火焰”。富有戏剧性的是病郁金香成了珍品，以至于一个郁金香球茎越古怪价格越高。于是有人开始囤积病郁金香，又有更多的人出高价从囤积者那儿买入并以更高的价格卖出。1638年，最大的笨蛋出现了，持续了五年之久的郁金香狂热悲惨落幕，球茎价格跌到了一只洋葱头的售价。

始于1720年的英国股票投机狂潮有这样一个插曲：一个无名氏创建了一家莫须有的公司。自始至终无人知道这是什么公司，但认购时近千名投资者争先恐后把大门挤倒。没有多少人相信它真正获利丰厚，而是预期更大的笨蛋会出现，价格会上涨，自己要赚钱。饶有意味的是，牛顿参与了这场投机，并且不幸成了最大的笨蛋。他因此感叹："我能计算出天体运行，但人们的疯狂实在难以估计。"

投机者的目的不是犯错，而是期待一个更大的笨蛋来替代自己，并且从中得到好处。没有人想当最大笨蛋，但是不懂如何投机的投资者，往往就成为了最大笨蛋。那么，如何才能使自己在投资和投机时避免做最大的笨蛋呢？其实，只要猜对了大众的想法，也就赢得了投机。

所以，要想知道自己会不会成为最大的笨蛋，除了需要深入地认识自己外，还需要具有对别人心理的准确猜测和判断能力。

只要有钱在手，就要拿它消费，不要害怕风险。在投资时不要有任何顾虑，也许你的钱投进去了，你就赚了，但你要是总在犹豫里徘徊，把钱攥得紧紧的，那你将永远赚不到钱。只有你把钱投进去了，才可能会有更大的笨蛋出现，要是你不投钱的话，那么发财的机会就永远是别人的，你就是最大的傻瓜了。

投资需要坚韧的耐力

彼得·林奇说："投资成功的关键——耐力胜过头脑。"彼得·林奇作为一代大师，在投资方面对耐力有着特别的见地和推崇。巴菲特说："不要试图在短期操作中运用集中投资，你至少愿意在某只股票上花5年或者是更长的时间。在实行集中投资战略时，长期的投资能体现出企业的真实价值，并增加投资的安全性。"

巴菲特的成功使他成为一个令人敬仰的人物，可是你有没有想过，其实他成功的最大原因之一就是他的耐心。投资是一门艺术，在当前的金融危机下，具有一颗善于等候的心，才可能在投资中稳操胜券、胜利在握。

对于投资者来说，只有耐心等待才能保证投资获得成功。例如，投资股票，短期内利率的变化、通货膨胀等因素都会影响股价。如果我们把时间跨度拉长，反映公司基础商业经济状况的趋势线会逐渐主导股价的起伏。

巴菲特认为，他买某只股票就是想永久拥有它，而绝不是因为感到它要上涨。很多时候我们不能测定一只股票的真正价值，不过一旦我们发现自己认为值得购买的股票就要果断地买下来，并且无须每天都盯着计算机屏幕猜测股价下一步的变动方向。你要相信，如果你对某个公司的看法是正确的，而且你正好在一个合适的价位买下了它的股票，你只需耐心地等待便可以了。

价格波动是集中投资的必然副产品。不管从学术研究上还是从实际案例史料分析上，大量证据表明，集中投资的追求是成功的。从长期的角度看，所持公司的经济效益定会补偿任何短期的价格波动。巴菲特本人就是一个忽略波动的大师。另一位这样的大师是巴菲特多年的朋友和同事查理·芒格。查理是伯克希尔·哈撒韦公司的副总裁，那些倾心钻研并酷爱伯克希尔·哈撒韦公司出类拔萃的年度报表的人都知道巴菲特与查理彼此支持、互为补充，二人的观点有时如出一辙。查理与巴菲特在态度和哲学观念上亦丝丝相扣，互为影响。

大多数投资者不可能像巴菲特那样，将持股的期限定为“永远”，他自己当然也不太可能做到这一点。不过，巴菲特所认为的5～10年的持股时间，相对于那种第一天买进、第二天卖出的持股时间来说，可能也算得上是永远了。从高周转率走向零周转率，就像从一个极端走向另一个极端，是非常不明智的做法，因为你可能会因此丧失更好的机会。很少有投资者能做到持股5～10年，因为在这一漫长的时间段里，股价的波动可能会极为剧烈。利率、经济景气指数及公司的管理层都有可能发生很大的变化，进而影响到股价的波动。对大多数投资者而言，股价的波动将大大地刺激他们的神经。在传统的多元化投资组合中，不同个股的波动将最终产生某种平均化的效果，其带来的后果可能被抵消。但集中投资的特性，使得股价波动将可能产生巨大影响。所以，那些实行集中投资策略的投资者，更需要加倍的耐心与智慧来应对由股价波动所带来的巨大冲击。

有些投资者好不容易选中了一只股票，买入后却发现别的股票上涨，它却一直不动。一开始还有些耐心，心想下次也许就轮到它涨了，可是一等再等，它就是“瘟”在那里，而别的股票却涨个不停。这时也许你就没有耐心了，一气之下将它抛掉。可是一段时间后，它又使劲往上涨，叫你后悔莫及。

其实，成百上千只股票，不可能要涨一齐涨，总有个先后。而且，一只股票涨，也总有个能量积蓄过程。所以，当牛市来了，只要你所选的股质地好、价位低，公司基本面没有发生问题，别的股票都涨了，它就不可能永远不涨，这时你只需要有耐心，考量自己当初选它、买它的理由是否发生质的变化。相反，在等待中，别的股都涨上去了，你再将便宜筹码拱手让人而去追高，到头来往往是得不偿失的。

因此，对集中投资者来说，耐心是必备的素质，要想得到超出市场平均值的回报，你必须以超常的耐心等待，不要被短期行情所影响。只要你相信自己是对的，就一定要坚持。

理想的时间期限应当是多长呢？对于这点，并没有一个硬性的规则，它的目的并不是让你不要转手。要知道，非东即西的想法是愚蠢的，因为那样当机会来的时候，你就会错过它。作为一个一般的规则，我们可以考虑把转手率界定在10％～20％。10％的转手率表明投资者持有股票10年，20％则表明持有5年。

投资不是“投机”游戏

投机和投资的最终目的都是为了获利，都是通过交易的手段。因此，经常被人们混淆。但两者的交易原理和理念有着本质区别，必须遵循各自的规则，才可能实现交易目标，如果交易者对此没有明确认识，容易造成资产的损失。

二者的本质区别：

投机交易的核心是关注价格的相对变化，不考虑价值。

投资的核心是关注价格与价值的相对关系，不考虑价格的相对变化。

很多时候人们所说的“投资”其实都是投机行为，比如说“投资黄金”“投资房产”“投资郁金香”……人们认为自己是投资者，其实对自己“投资”对象的价值从未去设法了解，只是根据其价格的变化进行交易。因此，从本质上是投机交易。优秀的投机交易必须遵循一定的规则：入场、目标价格区间、获利出场、止损出场，必须要制订明确的交易计划并严格执行，才可能在投机市场取得长久的收益。投机交易是一种充满智慧和技巧的交易方式，交易者需要长时间的训练才能达到稳定获利的水准。

在炒股的时候，很多投资者始终不明白这样一个问题，做股票到底是投资还是投机？这是一个很实在的问题，不过并不是一个很复杂的问题，关键在于投资者要把问题理清楚。

投资就是长期持有股票，分享公司成长带来的收益。结合现在的市场，投资的概念还可以再缩短一些，只要是持有期限在一年以上的差不多就可以算是投资了。投机就是通过二级市场的差价获取收益，持有期限比较短，甚至可以短至一个交易日。

不同的投资者会选择不同的方式。有些投资者启动资金很少，但又希望通过炒股而成为富人，那就只有投机才有可能达到目标。

假设有资金5万元，用投资的方法，而且抓到了一家罕见的10年涨10倍的股票，那么10年后的资金是50万元，离富人的目标还相当遥远。同样是投入5万元，投资者用投机的方法每年翻一倍，这样5年后就是160万元。接着再进行投资，假设年收益率很低，只有30%，这样再过5年资金将近600万元。两种方法的差异在10倍以上。当然，其中的关键是如何在前几年中使资金快速增值，这是投资者必须攻克的一个难题，所以还必须做好以下几点：

首先是要保证有足够的时间和精力用于看盘，其次是必须自己琢磨出一套研判主力动向的方法，最后还要结合一些短期的基本面因素进行决策。其中研判主力的动向难度比较大，但只要工夫到了总是会有收获的。要坚定不移地坚持下去，要相信自己能够获得最终的成功。

大势对于投机并不重要，投机只看重个股，否则的话，手里拿着5万元永远也圆不了富人的梦。也一定会有人讥笑投机很累。但投资者都知道，所有的成功者都是累出来的。累也许不一定能获得成功，但不累肯定是不能获得成功的。

如果投资者只是为了资金的保值、增值，或者手头资金非常多，那么可以远离投机。

诱惑面前保持自制力

投资必须要有自制力。我们没有必要比别人更聪明，但我们必须比别人更有自制力，必须能控制自己，不要让情感左右理智。

对个人而言，投资是一种自由度很大的投资行为，没有人监督、管理和限制你的操作，很多投资行为都是靠自己的决策来实施。

但是对于不少人来说，保持自制力是听起来很简单但做起来很困难的事情。投资是极其枯燥无味的工作，有的人也许会把投资当成一件极其刺激好玩的事，那是因为他把投资当成消遣，没有将它当成严肃的工作。

每天收集资料，判断行情，将其和自己的经验参照，定好投资计划，偶尔做做或许是兴奋有趣的事，但常年累月地重复同样的工作就是“苦工”。如果不把“苦工”当成习惯，无论是谁，成功的希望都不会太大。

自制力可以帮助投资者排除干扰，坚定地执行合理的投资原则和操作计划，并顺利实现赢利。巴菲特认为，在投资中要清楚自己的行动范围，这样才能尽量避免犯重大的错误。

不同的人理解不同的行业，最重要的事情是知道你自己理解哪些公司的业务，以及什么时候是你正好在自己的能力圈内进行投资。清楚地知道自己的能力圈边界，并且以很强的自制力限制自己的行为，任何时候都清楚地知道自己该干什么和不该干什么，是投资成功的最关键因素。

成都股民陈先生就是这样一位有自制力，等待机会来临的人。

在长达4年的熊市折磨下，大多数股民心境悲凉，有的甚至已经麻木。不过，成都股民陈先生却是少有的“幸运儿”之一：从1993年到2001年，他竟把5万多元变成了近70万元。

陈先生，憨厚的外表显得比实际年龄大。他是计算机专业的大学生，从1993年起就开始炒股，并辞去工作成为职业股民。

1999年初，陈先生把做销售和原先炒股积累下来的30多万元投进股市，2001年高位全线清仓，账户上的资金将近70万元。前几年行情好，有30%以上的年收益，接下来的几年还是稳赚，年年收益超过10%，赚了20%。“炒股还是比打工强得多。”陈先生感叹道。

大盘2005年下跌8.21%，陈先生的收益率是20%，不仅把大盘远远甩在身后，还超过了绝大多数基金经理的理财水平。他有什么绝招呢？

他的绝招说起来其实很简单：控制与耐心。

陈先生从不把炒股当赌博，而当成投资一家公司。他只关注基本面，不太注意每天的涨涨跌跌，去年取胜就靠天地科技和石油大明两只股票。

陈先生眼光精准，选股首先看行业，比如，天地科技是国内著名的煤矿安全设备生产厂家，石油大明则拥有油田，这两只股票同属于2005年市场上非常火爆的能源股。天地科技做过两次波段，累计赢利40%，石油大明5.95元买，7元多卖，赢利同样丰厚。

陈先生的操作频率非常低，首先是品种少，一年就在两三只股票上买卖。其次是动作非常缓慢，慢慢买、慢慢卖。比如，他在石油大明上建仓，前后花费半年，还不包括选票的时间。陈先生很在意买点，从来不追涨，一直等到石油大明市价跌破每股净资产后，才出手买进。为何缓慢买进呢？陈先生解释道：“不可能每次都能买到大牛股，比如，2005年买的新华医疗，买后走势很弱，遇到这种情况，我就不加仓，趁反弹时亏损10%出局。”

与多数股民光注重选股不同，陈先生非常重视控制仓位。陈先生说："很多股民的亏损原因主要是没有管好仓位。连续几年，我都能做到在高点以现金为主，低点以股票为主。资金安排最好采用'倒金字塔'形式，指数越低仓位越重，指数越高仓位越轻。"

如果投资者希望像陈先生那样成为赢家，首先要做的便是学会控制自己、培养自制力。具体到操作上，我们要依据客观现实控制自己的投资行为，不要让投资行为反过来控制自己的投资思路。在情绪上，要排除投资市场涨跌的影响、排除个人盈亏的干扰，控制自己的情绪，才能胜不骄、败不馁，这是获得成功的基础；在思维上，可以进行创造性思维，可以运用反向思维，但不能人云亦云，要保持自己的独立思维；在节奏上，不需要像蜜蜂那样忙个不停，投资市场具有独特时令季节和快慢节奏的特点，投资者在对整个大势走向有一定把握的情况下，要懂得准时参与、适时休息。稳健的投资者应该注意"安全第一"，不要参与超过自己承受能力的炒作。

看过狮子是怎样捕猎的吗？它耐心地等待猎物，只有在时机适合的时候，它才从草丛中跳出来。成功的投资者具有同样的特点，例如，他绝不会为炒股而炒股，他等待合适的时机，然后采取行动。

等待时机也如种植花草。无论你多么喜欢花，也不能在冬天把种子播入土中。你不能太早，也不能太迟，在正确的时间和环境做正确的事才有可能得到预想的效果。不幸的是，对业余投资者而言，他们不是没有耐心，也不是不知道危险，他们也知道春天是播种的时机，但问题是，他们没有足够的知识和经验去判定何时是春天。

所有这些都需要漫长且艰难的学习过程，除了熬之外，没有其他的办法。当投资者经历了足够的升和跌，投资者的资金随升跌起伏，投资者的希望和恐惧随升跌而摆动，逐渐地，投资者的灵感就培养起来了。

喜欢冒险，却不轻易冒险

在偌大的市场里，风险的确无处不在，如果投资者希望得到较高的回报，首先要具备的素质就是敢于冒风险。否则机会就与你擦肩而过。

索罗斯在二战中的坎坷遭遇，更奠定了他日后打拼国际金融市场的基本原则：首先，冒险是正确的；其次，冒险不能孤注一掷。"我渴望生存！"1992年，在索罗斯事业的巅峰时刻对媒体表示："冒险，但不要冒毁灭性危险!"

索罗斯的很多投资行为看起来就是一种冒险的行动。提到"冒险"两字不少人感到可怕，感到十分的不安。但对于那些很多投资者避之不及的危险，索罗斯却感到亲近和兴奋。他对股市中"股市有风险，入市须谨慎"这句话不以为然。他认为，在股市中冒险还是非常必要的——它会带给你成功和机遇。消极被动可能更加危险，冒险的风险反而更小。

索罗斯在20世纪90年代末期对东南亚各个国家的金融市场实行大扫荡，造成泰国、马来西亚、印尼等多个国家的经济倒退，直接导致当年的亚洲金融危机。他把东南亚各国的金融体系搅得天翻地覆，并且从中成功获取高达20亿美元的投资回报。在1992年，索罗斯曾在一个月内就将15亿美元的利润收入囊中。他事先看准投资机会，于是大量购买德国马克，他不但投入量子基金的10亿美元，而且还大举借债来投资。巨大的风险令量子基金的所有人都感到窒息。但索罗斯在这项投资中，不仅取得了辉煌战绩，而且也淋漓尽致地验证了风险越大收益越大的理论。

索罗斯在看到一个有利的投资时机时，敢于把整个量子基金80%的资金投入其中，甚至还向外借款。这种魄力是不可想象的，在世界投资大师中也不多见的。索罗斯说过，正是股市中的巨大风险给他带来了强烈的刺激，而他喜欢这种感觉。在风险中投资，对他来说，具有很大的吸引力，丝毫约束不了他的性情。他十分关注投资者都不喜欢的高风险投资，并且在投资游戏中寻求变化，完善个人的投资风格。

别人认为是冒险的事情，他却不觉得恐怖。针对风险问题，索罗斯曾经对投资者说过："证券经营是一种最残酷无情的事业，没有人知道它的好景会多长。历史证明所有的经营者都将最终退出，我也是毫不例外。"索罗斯认为，害怕风险就不要进入投资行业，在这个特殊环境中。要是消极等待。不如冒险一赌。

也正是因为有了这种无所畏惧的勇气，加上其独具一格的投资方法，还有对金融市场准确的把握，才成就了索罗斯，使他成为投资大师中的巨鳄。几十年来，动辄数十亿美元乃至上百亿美元的资金投入，索罗斯运用自如。很多投资者认为，他的投资行为近乎豪赌，但这些在索罗斯心中却是波澜不惊。索罗斯有句名言常常为很多投资者信服。他说："在非常时期，要想活下去，就要机智而且胆大。不能够老想着会不会被人揭穿秘密，也不要想自己会不会被处死，而是要坦然地面对现实。在特殊时期，谁机智大胆，谁就能够活下去。"

索罗斯甚至不喜欢与那些不愿冒险的人交往。他认为，敢于承担风险和一个人的品质有很大的关系。他在选择员工时，也把冒险精神作为重要的考核内容。只有爱冒险的投资者才适宜从事高风险的投资事业。

但是，如果你以为索罗斯仅仅是一个敢于冒险的人，那就大错特错了。索罗斯喜欢冒险，却从来不轻易冒险。索罗斯的投资实践颇似冒险，但其思路却颇为缜密，他特别推崇“与矛盾共生”的准则。他的投资行为并不是胡乱操纵，他有着自己的理论依据，任何投资都需要符合他的基本条件。索罗斯清楚，股市有众多的因素影响着它的发展，股市也是很多因素作用的共同体。例如：一方面美国股市牛气冲天，另一方面石油价格跌势不止。石油价格的下跌会抵消通货紧缩的作用。面对这种令大多数投资者困惑的情形，索罗斯采取了既不放弃过去行之有效的交易模式，在不同的股市情况下，需要采取不同的交易形式，情况变化了，交易方式也必须随之变化。这种同时以两种相反的理论作为指南的策略看来不可思议，实际上却十分明智。它也是索罗斯“不冒毁灭性危险”的现实体现。

索罗斯不会轻易冒险，同时他也不会消极被动。他明白，只要你进入了投资市场，风险就不可能完全避开。换一个角度讲，在金融市场上，假如真的规避了所有的风险，也就无利益可言了。索罗斯每一次的冒险也充分考虑到安全因素，绝不会一意孤行。他总会为自己日后能够东山再起留足资本，不会将全部的资本注入到一项投资中。对于投资要冒多大的风险，收益和亏损会是多少，他事前都会精心计算。

有很多次，索罗斯在投资进行一半时，发现难以达到预期目标，就及时撤出资金。这样即使损失一部分资金，但还是较好地保存了实力。索罗斯在风险巨大的投资中，一样有过很多次的失败经历，甚至有着惊人的亏损，但他总能坦然接受。他认为，敢于冒险和敢于接受失败都是投资者必须具备的素质。

索罗斯不赞成人们在投资中去冒没有把握的风险，他告诫投资者，不能够失去理智。应该看到，索罗斯的所有投资行为都是一种理智的冒险。他在冒险投资中，也给自己留有充分的余地，不会孤注一掷。所以，这位以冒险著称的投资家收获多于损失。

股市没有带头大哥

在股市的海洋里，无数股民希望跟着“股神”们慢慢实现自己的暴富梦想。有了“股神”，炒股才有希望。由于中国股市很年轻，中国股民心态极不成熟，总幻想着“一夜暴富”，所以很多“大师”才有可乘之机。其实美国的大师级人物巴菲特平均每年的业绩增长只有22%，索罗斯的年利润只有10%。

在不少股民的眼中，价值投资、技术分析都一无是处，只有跟着自己的“股神”炒才能够赚钱。跟着“股神”炒赚钱不用愁。买啥啥涨，还不是涨一点，而是连着涨停，这就是“股神”曾经的风范。“股神”并不是一个人，而是遍布大街小巷，各个证券交易大厅内包括网上，都有股民们公认的“股神”。

牛市是一个造就“股神”的时代，在股市如日中天的时候，到处都有“股神”为股民们大荐股票，大胆预测。但在大跌之时，“股神”突然消失，在股民最需要帮助时，没有人出来为股民们指明方向。

其实，所谓的预测只是“股神”的谎言。股神一贯的操作手法是，先推荐几个成长性较好的股票，让听消息的股民们小赚一笔。然后，他们立即会转变成庄托的身份，大力推荐某一股票，目的就是让对他们深信不疑的散户跑去接股，只要吸引了一定的量，庄家就会在高位全身而退，让散户们流血。所以，这一类的股票，往往会在推荐的第二天高开低走，庄家在高位出货，接招的散户就被全线套牢。

美国著名投资家巴菲特告诫人们：“永远不要试图预测市场，因为没有一个人能准确预测股市的走向。”既然我们无法预测股市，那么最好的办法是放弃预测股市，寻找有投资价值的公司，坚持炒股的根本核心：股价是不可能被预测到的，但是公司的价值是可以预测的，股市想挣钱只能投资不能投机。所谓股评，很多都是正确的废话。看似正确，但是也没用。在股市中，什么样的专家言论你都可以去听，但是，要有自己的分析和判断。

早在2007年6月，一个名为“带头大哥777”的荐股博客迅速蹿红。“我要是天下第二，没有人敢自称天下第一”“我的预测准确率超过90%”，这些是“带头大哥”的宣言。

他自2007年2月以来，开始在网上设群传授股票经验，因其自称对股票预测准确率超过90%，又自诩为“散户的保护神”。因此许多人通过缴费方式申请加入了“带头大哥777”的QQ群。股民缴费最少的每人每年3000元，最多的竟达3万多元。“黄金群是1.3万一年，铂金群2.7万一年，白金3.9万一年。”

“带头大哥777”姓王，他喜欢把“777”作为自己的幸运数字缀在自己的绰号“带头大哥”后面。然而，疯狂追捧“带头大哥777”的股民万万没有想到，在司法机关的调查下，王某非法敛财的真实目的终于浮出水面，即先在博客上编造“辉煌”的过去，然后再利用QQ群最终谋取利益。

“不论他是‘带头大哥777’、还是‘带头大哥888’，我以后都不会再相信了。”受到诓骗的某散户小吴认为，那些收费的荐股博客和QQ群就是为了收费盈利，推荐的股票根本就不准。

此前，小吴不但曾经加入过“带头大哥777”的以收费为目的的荐股QQ群，而且在“带头大哥777”入狱之后，她还加入过其他几个以收费为目的的荐股QQ群。虽然花费了一万余元，但是最后不但没有跟着这些所谓的专家赚到什么钱，反而亏损超过30%。

“当时宁可交费加入这些QQ群，不就是为了在股市中赚点钱吗？谁成想是‘偷鸡不成蚀把米’，最后不但白交了不少会员费，自己的操作也弄得一塌糊涂。”小吴说，“‘带头大哥’们真的不可信，以后再也不能信了。”

股市上很多被奉为“股神”的人，貌似有着各种传奇经历。但实际上，都是他们杜撰的故事。等他在股市中走红后，他的身后就有成千上万的散户崇拜者，赚散户的钱才是他们唯一的目的。

要知道，股市中根本不可能存在什么带头大哥，那些“股神”不过是一个个为股民所设的特大陷阱，只会让你越陷越深。如果股民需要参考荐股，最好是看传统媒体的建议，比网络荐股可靠得多。对于炒股博客，股民们最好只当其是参考意见。

从质疑市场价格开始

总有投资者认为，资本市场总是正确的。他们认为，市场价格能反映股票价格涨跌的发展趋势。即使这种发展趋势还不明朗，但人们可以根据价格分析未来市场的走向。

事实上，市场价格不仅不会正确地引导人们，往往还会误导人们。因为，人们在偏信市场价格能反映市场供需时，忽略了它在未来可能会造成一定的影响。正确的说法是：市场价格总是错误的，带着人们对未来的偏见而错误地反映市场趋势。

投资大师索罗斯绝对质疑市场价格的正确性，在他看来，任何对未来市场的发展进行解释的观点都带有个人主观性，是片面的、存有偏见的。人们总是目光短浅地看待市场，市场价格高就跟进，市场价格低就抛售，往往会忽略市场价格对未来发展可能造成的影响——人们愈跟进，市场价格就愈高，价格攀升得愈快，人们赔钱的速度就愈快，赔钱的可能性就愈大。因此，索罗斯认为，市场总是错的，它所反映的并不是未来的市场走向，而是投资者的期望走向。毫无疑问，投资者带着赚钱的期望进入市场，他们偏颇地希望自己购买的股票价格会大幅攀升，当人们将期望付诸行动时，其炒作的股票价格就真的上升了。但这个上升并不是受市场的正常影响而产生的波动。而是受投资者主观愿景的影响所产生的繁荣假象。

"但是曲解总是在正反两方面同时起作用。"索罗斯辩证地解释这个问题，"并不只是市场参与者在操纵市场交易时带有片面性；同时，他们的片面性也会反过来影响交易过程的未来发展，他们互为作用与反作用力。这可能使人们产生这样的印象，即市场能先期预料未来的发展，并且相当准确。然而事实却是：并不是眼前的期望符合未来的事件，而是未来的事件为眼前的期望所影响。从本质上讲，市场交易者的感觉本来就是曲解、错误的；同时，在交易者曲解错误的感觉和实际事物的过程之间，有一个双向的联系，导致它们之间缺乏一致性。"

根据索罗斯的观点，投资者一旦对股票市场产生片面认识，就会导致股市的涨跌（积极认识导致股票价格上涨，消极认识导致股票价格下跌），人们的这种自我强化意识一旦付诸行动，就会影响股市；而股市客观存在的潜在发展趋势，反过来又影响投资者的期望值，两股力量交织在一起，产生股市的波动，刺激散户的疯狂。

因此，股价并不能正确的反映市场，人们也不能从客观市场发掘价格的信息，相反的，它是投资者对市场感觉的结果，在产生的结果中，人们丰富的情感和冰冷的数据所起的作用是相同的。正如索罗斯所言：当（股票）活动拥有能用头脑思考的人时，那么交易活动的主要内容就不只在事实的范围内，还包括交易活动参与者的感觉。那么这一活动的因果链也不是直接的从事实到事实，而是从事实到感觉，从感觉到事实。

想要在投资中获利，先要抱着一种怀疑的态度参与交易。只有这样，才能在价格无法支持价值，崩盘出现之前，做出正确的投资策略，避免"投资变成股东"的情况出现。

从自己的错误中学习

有人曾以美国成功投资家为研究对象，发现那些成功的投资家普遍具有两个特点：第一，从不抱完美主义。第二，对于投资失败从不放在心上，只专注于未来的挑战。

由于高报酬率的投资机会一定伴随着高风险，失败是投资人必经的过程，而且也是成功投资的一部分，大多数成功投资家都是经历数次失败方能累积出成功的心得。如果有人对你说："我自投资以来还不曾赔过钱。"那么这只有两种可能：他是在骗你，或者他根本就没有投资过。

曾经有人访问美国一位职业棒球的打击王成功的秘诀，他的回答是："我挥棒落空的次数比别人多。"的确，想成为一位优秀的棒球选手，只有靠不断地苦练，在练就高打击率之前，他必然比别人挥过更多的棒，也尝过更多挥棒落空的滋味。如果细读成功人士的传记，常可体会一句话："成功的人所经历的失败，比失败的人还要多。"失败乃成功之母，这句话是放之四海而皆准，投资理财也不例外。

成功投资的入门条件便是要经得起亏损的考验，一个未曾失败过的人成不了大器；一个未受过损失、经历洗礼的人也别想赚大钱。如果你要求自己每次投资都不能损失，或每次损失就悔不当初而自责，久而久之，你会发觉最佳的策略就是极度保守，不冒任何风险，这样一来，投资理财无法成功也就不足为奇了。

诚如索罗斯所说："最失败的一种投资结果就是从来没有败过。"投资不犯错，就永远没有成功的机会。获取成功最佳的途径就是先失败，并要学会怎样利用失败，且投资人千万不要忘记败绩，因为那是得胜之论。成功的投资者不会因为失败而怀忧丧志，而是回过头来分析、检讨当初的投资决策，并从中吸收经验。

索罗斯的成功使人们奉他为神灵，美国华尔街一度赞誉索罗斯为"投资之神"，索罗斯自己也试图把自己想象成一位上帝，一位能拯救俄罗斯于金融危机的上帝，索罗斯自己管理的基金会被称为"索罗斯帝国"。然而，索罗斯也有失败的时候，在港币会战、俄罗斯金融危机中，索罗斯损失惨重，祸不单行。自从索罗斯败走俄罗斯后，又连连失手，其旗下的对冲基金亏损 20.15%，1998 年上半年损失两成。1998 年初，仅此一役，索罗斯就亏掉了约 20 亿美元，整年度其旗下基金整体损失达 20.15%，约 30 亿美元，元气大伤。

因此，即便金融大鳄索罗斯也并非永远都是正确的，但有些人往往只看到他创造的无尽财富，便盲目崇拜，认为索罗斯说的每一句话都是金玉良言，从不出错。事实上，索罗斯认为这种想法非常可笑。他说："坦白地说，我和其他投资者一样会犯很多错误，但因为我的业绩，人们会认为我屡战屡胜。事实上，这是一种误导。我觉得我的不同之处就在于能够先别人一步认清自己的错误。”的确，俗话说：“亡羊补牢，犹未晚矣。”既然人非圣贤，又孰能无过呢？只要能够及时发现自己的错误，进而采取措施予以修正，同样能达到预期的目的。

只有从错误中才能获取投资经验。如果你想教一个人骑自行车，你会怎么做？给他一本参考书？带他去听一段冗长的演讲，让他了解骑自行车的物理原理，了解保持平衡、转弯、起步和停车的方法？还是给他几点指示，让他骑上车子，轻轻推他一下，让他一次次的跌倒，直到他自己领会了骑车的技巧？

我们都知道试图从书本上或演讲中学会骑自行车是荒唐可笑的。其实所有的人都只有一种学习方法：犯很多很多的错误，然后从错误中获取经验。纵观索罗斯的投资生涯，当然也不乏一些失败和遭遇挫折的情况发生。但是，他之所以能将量子基金越做越大，并非会神机妙算或比别人判断得准确，而是因为他比别人更善于发现自己的错误并及时纠正。事实上，很多时候不是我们没有发现错误，而是出现错误后没有从中吸取经验。这样一来，一旦出现了严重的后果，我们便会说：“早知道……”可是世上没有卖后悔药的，等到事态恶化了，再好的补救方法都无济于事了。这正如身患癌症一样，如果发现及时并马上进行治疗，或许还有治愈的希望。但是，如果一拖再拖，延误了治疗的最佳时机，就算用再好的药物也回天无力了。所以，无论是投资还是做其他事情，第一时间发现错误并及时获取经验以指导日后的行动，总是有百益而无一害的。

如何在第一时间来发现这些错误，索罗斯有他一套独特的方法，值得我们大家借鉴。这套方法就是通过理论和身体本能的结合来寻找错误，具体来讲：

第一，问问自己想正确投资或者说是必须正确的时候，会产生哪些感想。若自认为正确却出现不断地亏损，是否会产生“市场有问题”的想法？

第二，暂时将交易情况抛到脑后，闭上你的眼睛，问自己：“现在我的身体内部感觉如何？”一般有两种答案：一为“内部”有挤压感，二为“内心舒坦”。

第三，如果对自己最初的分析判断信心十足，自认为市场“前途光明”，因而拼命为亏损去补仓，交易最终如愿以偿，你是否还会坚信自己的分析判断？

第四，回想交易最糟糕的时候，问自己当时正确时的身体感受，然后在内心感觉一下，身体是否有不同的感受？当我们怀着“正确”的态度去交易，我们的执着会产生某种情绪化的东西。回想那种状态，直到你感受到这种情绪。

如果你能准确地捕捉到自己的身体对这些感受的反应，并对它们进行描述，那么你在面对市场中的错误时定能坦然自若。

判断自己的风险属性

小王、小李、小丁同去买基金，小王是低风险偏好者，小李是中等风险偏好者，小丁是高风险偏好者。

正好赶上新推出了以下三种基金：

银华稳进和双禧 A 都是类固定收益产品，可以在保值的基础上适度实现增值。

兴业合润分级基金的杠杆比率、交易机制的设计都使得该基金特别适合于中等偏下和中等偏上的风险偏好投资者。

银华深证 100 分级基金和国联安双禧基金本身就是属于指数型基金，股票仓位较高，适合喜好风险的投资者。

小王较为合适的是分类基金中的份额 A。其中，银华深证 100 中的银华稳进和国联安双禧基金的双禧 A 皆为此类基金。两只基金的收益分别为一年定存＋3％、一年定存＋3.5％。

因此，投资者可以认购银华深证 100 或者国联安双禧基金，分离后，可以卖出银华锐进或双禧 B，保留银华稳进或双禧 A。另外，投资者也可以在基金上市后再伺机买入银华稳进或双禧 A。

小李适合低风险份额合润 A。它兼具零息债券（基础净值 1.21 元以下时只有本金）和可转债券（基础净值 1.21 元以上时恢复）。而高风险份额合润 B 只是在基础净值 1～1.21 元之间获得杠杆放大效应，放大倍数也限定在 1.67 倍，因此，可以说是一种有限度的放大。

合润 A 尤其适合那些不愿承担高风险，但也不愿限制享受低收益的低风险偏好投资者；下跌风险有限，上涨收益较大，攻守兼备，兼具债券和股票型基金的双重特征。而合润 B 则适合于那些希望提高收益，但又不过分承担风险的积极型投资者。

小丁可以认购银华深证 100 分级基金和国联安双禧基金后持有；也可分拆后卖出银华稳进和双禧 A；或者可以等上市后，买入银华锐进或双禧 B。一般来说，银华锐进的杠杆相对于双禧 B 来说更高，因此更加激进，适合高风险偏好投资者。

风险承受能力与投资成败有着直接的关系。不同的风险偏好，即使对同一投资结果所获得的快乐也是不一样的，而风险承受能力即投资属性直接关系着对投资成败的判断。如上例，给小王推荐高风险的，给小丁推荐低风险的，显然，他们都不能获得该有的投资成就感，会直接导致投资的不成功。

不同的人应该选择不同的投资产品，因为有不同的风险偏好，也就是说，他们是属于不同的投资属性的。投资属性指的是投资者对于风险的态度，不同的人对风险的感知是不一样的，以此产生的决策也是大大的不同。性别、年龄、投资经验、职业等决定了不同投资者的决策行为。一般来说，年轻人更偏好高风险、高收益的投资；中年投资人则追求低风险。随着年龄增长，投资者会越发保守，越看重长期增值，而年轻者更青睐于短期操作。此外，男性较为慎重，女性较为激进；资产规模大的、做实业出身的投资者尤其重视风险控制，而自由职业者基本上不进行长期投资，以短期操作为主；相对来说，企业职工和机关工作人员进行长期投资的比例较大……

根据个人的条件与个性，面对风险表现出来的态度基本有三种：积极型、稳健型、保守型。积极型的人愿意接受高风险以追求高利润；稳健型的人愿意承担部分风险，志在谋取高于市场平均水平的获利；保守型的人则为了安全并获取眼前的利益，宁可放弃可能高于一般水平的收益，只求保本保息。人类的个性与行为模式往往互为因果，例如，急躁的人走路比较快，说话像机关枪一样停不下来；温吞的人比较容易拖拖拉拉，很难下决定。对照在投资方面，胆小的人害怕赔钱，所以显得保守谨慎；大胆的人想要多赚一点，所以变得冒险；还有中庸的人则采取稳健的方式，追求稳定成长。

长久以来，很多搞不清自己投资属性的人，用错了投资方式，选错了投资工具，所以得到了很凄惨的下场，不是血本无归就是认赔出场。主要的原因就是许多投资属性相当保守的朋友，在媒体的吹捧与理财经理的怂恿下，常常做出不该属于他的投资决策。因为我们常常忽略了高报酬率的金融产品背后的两件事，其一是高报酬也伴随高风险，其二总是认为自己不应该那么倒霉就被套住。

投资人在投资时，最重要的是了解自己对风险的承受度，也就是所谓的“风险属性”，然后依据自己的风险属性，做出最适合自己的投资规划、资产配置，这才是正确的投资观念。

大多数投资人的决策过程是由心理因素来决定行为判断的，因此，明了自己的投资个性后，才能拟定投资战略，在理财的领域中好好发挥。正所谓知己知彼，百战不殆，不论积极型还是保守型的投资人，都有一套适合他们的让资产稳定增长的必胜策略。

因此，你只有先了解自己，才能在理财的过程中获得财富，个人理财应遵循以下 6 个原则：

（1）了解自己理财的目的：赚钱与赚多少钱。

（2）没有明确的理财目标一定会迷失理财的方向。

（3）不要高估报酬。

（4）不要低估风险。

（5）设定获利的满足点与赔钱的停损点。

（6）拒绝在股海中浮浮沉沉。

以上 6 个原则都有助于避免错估投资属性、对理财不适当的期望。

银监会已经再三表示金融机构在销售金融产品或推荐各类投资产品给客户之前，一定要了解客户的投资属性，不可以推销不符合客户需求的产品，更不可以夸大投资产品的绩效，其目的就是要保护投资人的基本权益并告知投资人潜藏的投资风险，以免投资期望与实际获利出现太大的落差。

其中的缘由在于投资人常常无法确定自己投资时对风险能够忍受的程度，以及对投资报酬率的需求，因此，需要用“投资性向分析”来帮助自己建立投资组合。投资性向分析通过询问了解投资人该资金的运用期限、对投资风险的忍受度、相对投资报酬率的情形、过去的投资经验、投资金额的大小等等，了解这些基本资料后，再对个人投资组合做出建议和规划。

第八章 精明存贷款，稍加留心就能让财富积少成多

就理财而言，专家很难给老百姓出主意，因为这涉及个体的风险偏好问题。最稳妥的方式当然是存银行，银行的理财产品也是可以选择的，相对风险较小。

——曹凤岐

（北京大学金融学教授，经济学家）

任何时候都要积谷防饥

在人们的投资项目中，一个最基础也是最重要的投资方式就是储蓄。储蓄是一种积少成多的“游戏”，中国人深谙“积谷防饥”的概念，储蓄在中国人眼中并不陌生。

有别于东方文化，西方不少国家的储蓄率并不高，美国的人均储蓄率是负数，意思是美国人整体上没有储蓄，反倒先使用未来的钱，不少人利用信用卡大量消费，到月底发工资时才缴付信用卡账单，有些更已欠下信用卡贷款。

我们为什么要储蓄呢？从微观的角度来说，我们普通居民存款的目的是攒钱应付日常生活、购房、购物、生老病死、子女上学等预期开支；从宏观的方面来看，伴随着国民经济的日益发展，储蓄在社会经济活动中的作用已经十分重要，而我国居民储蓄存款更是在近些年来出现了大幅度增长趋势，一方面为缓解资金供求矛盾，调节货币流通，促进经济建设发挥了积极作用，另一方面也对稳定经济，稳定物价，稳定金融，抑制通货膨胀，实现治理整顿的目标也起到了良好效果。

储蓄也许相对于其他投资方式而言，收益率并不高，但却是最保险的投资方式。每个人都在自己能赚钱的年龄段为自己准备好“粮食”。人的一生中有一段

赚钱的黄金高峰期，大约是40岁前后的20年时间，之前是刚开始工作的时间，收入有限且不稳定；之后的开支及家庭负担较大，赚钱能力也随着年龄而倒退。对于大多数人来说，赚钱的高峰期就是筹备一生中如置业、子女教育及退休等重大开支的最佳时期，每个人应好好把握。

储蓄只需每月一部分的零钱，点点累积变洪流，长时间的储蓄好像滚雪球效应，可变成很大的收成。以每月储蓄1000元为例，储蓄20年，每年的回报以3%计算，预期总回报也是一个不小的数字。

每一个月储蓄多少没有一个定律，各人的收支情况都不同。可按每月收入扣除开支所剩下的余钱作为参考，把这余钱的一半作为储蓄已很不错，其他的拨作应急基金，以应付不时之需。

储蓄是一种习惯，是一种积少成多的“游戏”。每一个月开始之前先把预定的金额存起来，在不影响日常生活的前提下，口袋里的财富逐步累积；相反，如果没有储蓄概念，花费往往没有节制，等到急用钱时，往往会手头拿不出钱。

储蓄宜早不宜迟，越早储蓄，你就会越早得到积累的财产。千万再相信那句“今朝有酒今朝醉”的名言了，它带给你的只会是得过且过的平庸生活。所以，马上开始储蓄吧!

怎样才能养成储蓄的习惯?

1. 银行储蓄

你需要强迫储蓄，在不影响基本生活的前提下，每个月拿出薪水的25%存起来，长期以来，就可以发挥很好的效果。当然，方式可以不加限定，但你务必要在规定的日子里把钱存到银行，以形成储蓄的习惯。

2. 为储蓄设定目标

把存钱的目的写到纸上，然后把它放到易看到的地方，使自己能时时看到目标，以起到提醒的作用。为自己拟定储蓄目标，尽量在该节省的地方节省。

3. 积攒小钱

很多人从小时候开始，就有很多零钱，但是却不会想到要储蓄，总是把这件事延迟。在平时就应该把那些所谓的小钱存起来。

4. 不时回顾

不时地看到自己的储蓄在一点点增加，体会数字逐渐变多的喜悦。时间久了，你便会感受到金钱得来不易。这些钱都是自己辛苦节省来的，一定要珍惜，不能随意地支配。

储蓄是投资之本

很多投资者都认为，储蓄并不重要，如果有其他的投资方式，为什么还要采用这么古老的投资方式呢。实际上，合理储蓄在投资中是很重要的。储蓄是投资之本，尤其是对于一个月薪族来说更是如此。如果一个人下个月的薪水还没有领到，这个月的薪水就已经花光，或是到处向人借钱，那这个人就不具备投资的资格。

随着时代的发展，很多人不再视储蓄为必须。有的人不喜欢储蓄，认为投资可以赚到很多的钱，所以不需要储蓄；有的人认为应该享受当下，而且认为储蓄很难，要受到限制；有的人会认为储蓄的利息没有通货膨胀的速度快，储蓄不合适。然而，事实并不是这样。

首先，不能总是等收入提高再储蓄。有些人往往错误地希望“等我收入够多，一切便能改善”。事实上，我们的生活品质是和收入同步提高的。你赚得愈多，需要也愈多，花费也相应地愈多。不储蓄的人，即使收入很高，也很难拥有一笔属于自己的财富。

其次，要合理规划自己的储蓄。我们可以将每个月收入不低于10%的部分拨到另一个账户上，把这笔钱当作自己的投资资金，然后利用这10%达到致富的目标。也许，你会认为自己每月收入的10%是一个很小的数目，可当你持之以恒地坚持一段时间之后，你将会有意想不到的收获。也正是这些很小的数目成为了很多成功人士的投资源泉。

小白工作已经有5年的时间，从一名普通的职员，慢慢做到公司的中层，薪水也一直稳中有升，月薪已有近万元，比上虽然不足，比下却有余。可是昔日的同窗，收入未必高过小白，可在家庭财富方面已经把他甩在了后面。

随着小白的逐渐进入了“而立之年”，可还一直没有成家。父母再也坐不住了，老两口一下子拿出了20万元积蓄，并且让小白也拿出自己的积蓄，尽快买套房子交首付，为结婚做打算。可是让小白开不了口的是，自己所有的银行账户加起来，储蓄也没能超父母的积蓄。

其实，小白也觉得非常困惑。父母是普通职工，收入并不高，现在已早就退休在家。可是他们不仅把家中管理得井井有条，还存下了不少的积蓄。可是自己呢？虽说收入不算少，自认为用钱不算多，可是工作几年下来，竟然与“月光族”“白领族”没有什么两样。不仅是买房拿不出钱来供首付，而且前两年周边的朋友投资股票、基金也赚了不少钱，纷纷动员小白和他们一起投资。小白表面上装作不以为然，其实让他难以开口的是，自己根本就没有钱用来投资。

让小白出现这种情况的很大一部分原因就是他缺乏合理的储蓄规划。虽说储蓄在很多老年人看来是理所当然的事，然而在不少年轻人中间这却始终没有储蓄的概念。很多像小白这样的年轻人，收入看上去不少，足够应对平时生活中的需要，可是他们就是难以建立起财富的初次积累。原因就在于，他们在日常生活中没有合理的储蓄规划，花钱也是东一笔、西一笔。开支没有节制，乱七八糟的费用加起来，最后得到的节余几乎为零。对于处在事业起步阶段的人来说，出现“月光”的状况可以理解。可是如果收入已经渐进稳定，依然保持着零储蓄的生活，你就该好好反省一下自己了。

身边的不少例子足以证明，储蓄不再是可有可无的了。尤其对于年轻人来说，需要为自己的将来多做打算，就要尽早储蓄。下面我们就来详细地剖析一定要储蓄的理由：

1. 储蓄积累投资基金

有人认为，储蓄的投资回报率太低，选择股票投资等方式，会使自己自然而然地变得越来越富有。然而事实上并非如此，不少投资者可能会问：为什么投资股票不一定使自己变得富有呢？

这是基于风险的考虑，股票等投资方式投资收益的确比较高，但风险也比较大。一旦投资失败，就有可能影响正常生活。通过持续的储蓄，为自己积累参与其他投资的基金，让投资风险适当降低。

2. 储蓄让自己逐渐致富

每个月将收入的固定一部分（可能是10%或者15%）存入自己的账户，这样一来，优秀的投资者们就可以利用这笔钱达到致富的目标。

3. 储蓄积累原始资本

储蓄还能够帮助优秀的投资者进行原始资本的积累。优秀的投资者们可以用固定的一部分收入来进行这种资本的投入。假设这部分资本金的固定额度是家庭总收入的10%，那么优秀的投资者们应该如何累计这部分资本呢？首先，优秀的投资者需要开设一个存储账户，每个月初，将收入的10%存入这个账户；要把持住自己，任何时候都不要轻易动用这个账户里的钱；找到适当的机会，用这个账户里的钱进行投资；当这个账户里的金额越来越多时，优秀的投资者们将得到更多的投资机会和安全感。

最重要的几种储蓄方式

储蓄几乎是每一个人要遇到的事情，它是人们把手中的货币存入银行等金融机构的一种信用活动。通俗点来说，储蓄就是把钱存到银行，虽然看起来容易，但是储蓄却对我国的宏观经济以及个人和家庭的发展有着十分重要的作用。比如，一方面根据货币的流通规律，市场上的货币流通量必须与投入流通的产品价格总额相互适应，从而稳定物价；同时通过储蓄，能够推迟一部分现实购买力或使货币直接掌握在国家的手里，保证了国家能够根据商品流通的实际需要，有计划地调节市场货币流通量，完成宏观调控，从而缓和了商品供求矛盾，保持了市场物价的稳定。另一方面，作为对使用储户存款的报酬，银行付给储户利息，从储户的角度来看，通过参与储蓄，他们获得了比本金更多的收入，使自己的货币得以保值。因此储蓄在我国乃至世界范围内成为个人投资的主要渠道之一。当然，这也就关系到我们下面给大家介绍的居民如何储蓄生息，实现利息最优化的问题。

目前，我国城市居民的个人储蓄存款种类包括活期储蓄和定期储蓄两大类。其中，定期储蓄又细分为定期储蓄和存本取息定期储蓄。除此之外，还有一种处于两者之间的折中品种——“定活两便储蓄”。

定期储蓄，是指客户在存款的时候就和银行约定储蓄期限，一次或者在存期内按期分次地存入本金，整存或分期分次地支取本金和利息的一种储蓄方式。定期储蓄根据不同的存、取款的方法和付息方式，又可以分为零存整取定期储蓄、整存整取定期储蓄、存本取息定期储蓄、贴水定期储蓄、整存零取定期储蓄、大额可转让定期存单和专项储蓄 7 种。

根据人们对储蓄的需求，我们可以选择不同的储蓄种类，以下重点介绍几种储蓄方式，下面我们就简而言之地给大家列举一些。

1. 存本取息定期储蓄

存本取息定期储蓄是一次存入整笔资金，在约定的存期内分次支取利息，然后到期一次性支取所有本金的一种储蓄方式。这种储蓄约定期限内不动用本金，只按期支取利息。支取利息的期次，一般可以是一个月、三个月或六个月，适用我国境内的个人居民。存本取息定期储蓄的特点是存款金额大、稳定性好、收益良好，适应本金不动、只按期支取利息的大笔款项存储。

开办存本取息定期储蓄时，要一次存入金额，约定好需存款的期限和支取的次数，银行签发给存单，储户凭存单，按约定日期就能支取利息。存单到期时可支取全部本金。例如，你父母有较大一笔20万元的存款，而且在相当长的时间内别无他用，但要定期旅游之类，这种存本取息的储蓄方式不失为他们的最佳选择。

不同的储蓄银行，存本取息定期储蓄的起点存储金额也是不同的，一般为3000元到5000元人民币，无上限。存款的期限有一年、三年、五年三种。支取利息的期次，由储户自己决定。储户可以根据自己的具体情况来决定支取利息的期间。需要注意的是，如果你到了取息日仍不提取，以后也随时可以支取，但是逾期不计算复利；如果你要提前支取，要扣回已经分期支取的利息，计息原则基本同上。此外，在存款原订存期内，国家调整利率，仍然是分段计算利息，如果是过期支取时，其过期部分利息照以上规定进行支付。

例：储户张先生于2011年7月1日存入1万元存本取息储蓄，定期三年，利率年息7.47％，约定每月取息一次，计算利息总额和每次支取利息额为：

利息总额＝10000×3(年)×7.47％＝2241元。

每次支取利息＝2241÷36(月)＝62.25元。

2. 定活两便储蓄

定活两便定额储蓄，是一种事先不约定存期，一次性存入，一次性支取的储蓄存款，它介于定期与活期之间，也可称是定期与活期储蓄的“折中”产品——定活两便储蓄的利息根据实际存期，分别按活期利率或整存整取定期储蓄同档利率计算。这种储蓄以固定面额存单为存款凭证，存期不限，面额固定，存单不记名、不挂失，可以在同一个城市内通存通兑、随时支取。比如，当你手头的资金有较大额度的结余，但在不久的将来要随时全额支取使用时，就可以选择“定活两便”的储蓄存款形式。

定活两便储蓄的计息方式为：三个月以内的储蓄按活期计算；三个月以上的，按同档次整存整取定期存款利率的六折计算；存期在一年以上（包含一年），无论存期多长，整个存期一律按支取日定期整存整取一年期存款利率打六折计息。公式为：

利息＝本金×存期×利率×60％

因定活两便储蓄不固定存期，支取时极有可能出现零头天数，出现这种情况，适用于日利率来计算利息。下面举例来说明定活两便储蓄的计算方法：

例：储户刘女士于2008年2月1日存入定活两便储蓄10000元，2008年6月21日支取，她应该能获得多少利息。我们首先算出这笔存款的实际存期的天数140天，应按支取日定期整存整取三个月利率（年息2.88%）打六折计算。

应获利息＝10000元×140天×0.8%(日利率)×60%＝67.2元。

正是因为具备了灵活、方便、保密等多方面的优点，定活两便储蓄方式的适应范围较广。具体分析，它既适合一些存期、用途尚未确定，又对利息、保密的要求比较大的一些款项的存储，也能适应储蓄投资者对通存通兑的需要。目前也有一些银行开始记名储蓄，如有丢失，用户可以凭借身份证等证明自己合法身份的证件去办理挂失。

3. 零存整取定期储蓄

零存整取定期储蓄，简称“零整”，它是一种按月存储，到期一次提取本金和利息的定期储蓄。零存整取具有“积零为整，积小钱办大事”的特点，并且每月存入不多，不会影响我们的正常生活，长期积累还可以形成一笔可观的积蓄，这也符合我们多数人投资消费的细水长流的心理。

此外，零存整取的存款期限分为1年、3年、5年三种，一般银行不对储蓄金额做出限制。但一般来说要求每月需要存入固定金额（往往开户金额，有些银行会收取卡费、工本费等），中途如有漏存，可以在下月补齐，但是如果在第3个月未补齐，则会被视作违约，到期银行会按活期利率计付利息。零存整取储蓄的适应面非常广，一般的家庭和个人都适用，尤其是对那些计划在一定时期后实现特定目的如购房、支付子女教育费用等的投资者则显得更加合适。

零存整取定期储蓄计息方法有几种，一般家庭宜采用“月积数计息”方法。其公式是：

利息＝月存金额×累计月积数×月利率，其中：累计月积数＝(存入次数＋1)÷2×存入次数。

据此推算一年期的累计月积数为（12＋1)÷2×12＝78，以此类推，3年期、5年期的累计月积数分别为666和1830，储户只需记住这几个常数就可按公式计算出零存整取储蓄利息。

下面我们列举具体的例子给大家介绍一下零存整取定期储蓄在实践中的应用。

例：王女士于2011年9月1日开立零存整取户，约定每月存入300元，定期一年，开户日该储种利率为月息3.5‰，按月存入至期满，其应获利息为：

应获利息＝300×78×3.5‰＝81.9元。

4. 通知储蓄存款

通知存款是指储户存款不约定存期，但在支取时提前通知银行，并约定支取存款日期和金额才能取得存款的一种存款。通知存款通常采取记名存单式，能够办理挂失，手续简单、安全。起存金额为50000元。个人通知存款是不论实际存期长短，通常都按存款人提前通知的期限分为一天通知存款和七天通知存款。前者必须提前一天通知约定支取存款，后者则必须提前七天通知约定支取存款，利率分别为0.95％和1.49％（2011年4月9日起执行）。

接下来我们给大家总结一些通知存款的特征：具有活期储蓄的便利和高于活期储蓄的利率；适合大额资金存期很难固定，存取款较频繁的客户；在股市低迷，或者在法定节假日、短期内不用钱的时候，选择了中国银行的通知存款，可获得更大的收益；通知存款的币种多样，目前我国通知存款的币种有人民币、港币、英镑、瑞士法郎、澳大利亚元、美元、日元、欧元等。

关于通知存款的起算金额。人民币通知存款最低起存金额为5万元，单位最低起存金额是10万元，而个人和单位的最低支取金额分别为5万和10万元。外币最低起存金额为1000美元的等值外币。此外，通知存款的使用对象有：中国居民、港澳台居民、居住在中国境内外的外国人、外籍华人和华侨，凭实名制认可的有效身份证件在中国银行各营业网点都可开通通知存款账户。

下面我们给大家介绍一些关于使用通知存款的技巧。首先，因“通知存款”银行是采取了“候款服务”与“高回报”的服务方式，故也对该“通知存款”的储户存、取款做出了一些特殊规定——“通知存款”遇下列情况时将按活期存款利率计息：

（1）如果没有提前通知银行支取而取款的。

（2）虽已办理通知手续（电话或书面通知），但在实际取款时逾期或者提前支取的。

（3）实际存款期限不足通知期限的。

（4）支取金额不足或超过通知约定金额的那部分存款的。

（5）支取金额不足该存款规定的最低支取金额的。

倘若你计划储蓄的金额超过5万元，那么“通知存款”定是你的不二之选，因为选择该储种可获得最多的利息。还要提醒你注意的是，如果预计存款期限超过3个月，尽量选择通知存款之外的其他存款。此外，通知存款是允许多次取款的，但是单次取款金额和账户余额必须不少于 50000 元人民币或者是 6250 美元，即必须符合最低账户余额的要求，取款后银行给客户签发新的存款通知书，余额的利息将从原存款存入日开始计算，并沿用原存款利率。

下面举个例子来向大家解说一下：

朱先生（个人）手头上先后集资 500000 元现金，拟于近期用作缴纳购买房子款项，余款他打算在股市行情好时投入股市，为此他决定把这笔钱存入银行，等待具体缴款日期。向银行内专业人士咨询后，他认为把这钱存 7 天通知存款较合算，既符合通知存款的起存金额要求，也符合自己在这笔钱使用时间上的要求，可谓利益可观。

又如，资深股民黎女士在股市低迷期间，将 100 万炒股资金存入 7 天通知存款，2 个月后，黎女士即可获取比活期存款多：100 万×60 天×（1.62%－0.72%/360 天＝1500 元的利息，既保证了用款需要，又可享受活期利息 2.25 倍的收益。

5. 教育储蓄

所谓教育储蓄，是指自然人按国家有关规定到指定银行开户、在规定的期限内存入规定数额资金、专门用于教育目的的一种专项储蓄，更是一种专门为学生支付非义务教育所需教育金的专项储蓄，凡在校的中小学生（小学四年级以上），为应付将来上高中或大学等非义务教育开支的需要，都可以在其家长帮助下，参加教育储蓄。教育储蓄采用实名制，开户时，客户要持本人（学生）户口簿或身份证到银行以学生的姓名开立存款账户；而到了到期支取时，储户需凭存折及有关证明一次支取本息。

教育储蓄最低起存金额为 50 元，能够多存，但每次月存金额不得超过开户月的存款额。例如，六年期每月存 277 元，6 年到期本金就是 19944 元；或者可每月存 5000 元，四个月后即已存满，但也须六年后方到期。最后，每一账户到期本金合计最高限额为 20000 元。在存期方面，教育储蓄存期有 1、3、6 年期共三档。

下面我们给大家介绍一下教育储蓄的利率。教育储蓄可以在同档整存整取定期储蓄利率的基础上按有关优惠利率计息，并按实际存期计算利息。教育储蓄各档次利率为：1 年期按开户日中国人民银行公告的一年期整存整取定期储蓄利率计付利息；3 年期按开户日中国人民银行公告的 3 年期整存整取定期储蓄存款利率计付利息；6 年期按开户日中国人民银行公告的 6 年期整存整取储蓄存款利率计付利息，同时享受教育储蓄优惠利率。此外，教育储蓄在存期内遇到利率调整时，按存折开户日挂牌公告的相应储蓄存款利率计付利息，不分段计息。如果你是逾期支取教育储蓄的话，可凭存折和本人的居民身份证或户口簿到开户储蓄所办理提前支取业务，其超过原定存期的部分，按支取日挂牌公告的活期储蓄存款利率计付利息。

初次办理教育储蓄存款时，可以办理预存分期存款。在办理时要分笔进行，每笔金额相等，但预算总额不得超过 20000 元。如某储户带现金 5000 元要求办理教育储蓄，可有两种方法办理：一是选择期限，一次全额办理；二是选择期限，多次办理。

还有一点与其他储蓄方式不同的是，教育储蓄在利息所得税方面是被免征的，因而利息收入又可少扣 20%，加上享受的有关优惠利率所多得的利息，合起来与普通零存整取储蓄利息收入的差额超过 50%。以 3 年期教育储蓄为例，经计算比普通零存整取储蓄利息收入高出 56.2%。

值得注意的是，教育储蓄中的违约是指教育储蓄在分月存入过程中，中途若有漏存，次月又未补齐的情况。时隔 2 个月后的存款都按照银行挂牌公告的活期储蓄存款利率来计息，而没有违约的部分按教育储蓄规定计息。如某储户在分期计入 1 年期教育储蓄存款的过程中，第 7 个月没有存入固定存额的 100 元，到第 9 个月存入各 100 元，那就构成了我们所说的违约。这样的话前 6 个月按公告的 1 年定期储蓄存款给付利息，以后的存款都作为公告的活期存款利率计息。

说了这么多，接下来我们给大家介绍一些关于教育储蓄的实用技巧。确定一个合理的约定存款金额，在同一存期内，每月约定存款数额越小，计息的本金就越小，续存次数就越多，计息天数也相应越少，所得利息与免税优惠就越少；反之，计息的本金就大，计息天数就多，所得利息与免税额就越多；其次，尽量选择 3 年期、5 年期教育储蓄存款。

说了这么多，我们可以清楚看到教育储蓄给国家和个人都带来了很大的好处，比如税务优惠，按照国家相关政策规定，教育储蓄的利息收入可凭有关证明享受免税待遇；积少成多，适合为子女积累学费，培养理财习惯。

针对不同储种的储蓄技巧

在储蓄存款低息和储蓄仍然是家庭投资理财重要方式的今天，掌握各储种的储蓄技巧就显得尤其重要，掌握了这些技巧将使家庭的储蓄存款保值增值达到较好的效果。

有人纠结于银行存款活期好还是定期好。作为普通大众的我们，这倒也的确是个问题，我们先来看一下什么是活期存款和定期存款。

所谓活期存款是一种无固定存期，随时可取、随时可存，也没有存取金额限制的一种存款。而定期存款是指储户在存款时约定存期，开户时一次存入或在存期内按期分次存入本金，到期时整笔支取本息或分期、分次支取本金或利息的储蓄方式。它包括整存整取、零存整取和存本取息 3 种方式。

存款时是选择活期还是定期，具体要看你的资金对流动性要求如何。如果你的钱长期不用，可以存定期，而且最好分存为几张等额存单，这样就算有急用，也可以解存部分定期，不至于损失全部利息，而且存期越长，利率越高，肯定要比活期好。反之，如果你的钱很可能随时会用到，那还是活期比较好。

如果定期存款全部提前支取，你的存款只能按照活期的利率计算，与同档次定期存款利率相比，你将损失不少利息收入。因此，最好在存款时做好计划，合理分配活期与定期存款，大额定期存款可适当化整为零，这样既不影响使用，也不减少利息收入。目前银行开办的储种可谓种类繁多，面对不同的储种，是否都有与其相对应的储蓄技巧呢？答案当然是肯定的。

1. 有关活期储蓄的技巧

对于活期储蓄来说，没有太多可供深究的技巧可言，家庭只需了解对于活期储蓄银行一般规定 5 元起存，由银行发给存折，凭折支取（有配发储蓄卡的，还可凭卡支取），存折记名，可以挂失。它的特点是利息于每年 6 月 30 日结算一次，前次结算的利息并入本金供下次计息。

活期储蓄适合被普通家庭运用在日常开销方面，因为它的特点是灵活方便。但是由于活期存款利率较低，一旦活期账户结余了数目比较大的存款，家庭就应及时把其转为定期存款。另外，家庭在开立活期存折时一定要记住留存密码，这不仅是为了存款安全，而且还方便了日后跨储蓄所和跨地区存取，因为银行规定：未留密码的存折不能在非开户储蓄所办理业务。

2. 有关定期储蓄的技巧

定期储蓄中又包含许多储种，它们的特点各不相同，因此在使用时的技巧也会有所不同。

整存整取是定期储蓄中历史最悠久的储种，它适用于家庭中节余的较长时间不需动用的款项。在高利率时代，储蓄的技巧是期限分拆，即将 5 年期的存款分解为1年期和2年期，然后滚动轮番存储，这样做可以达到因利生利的效果，使收益最佳。而在如今的低利率时期，家庭都应该明白，其储蓄的技巧除了尽可能地增长存期外，别无他法。这就要求家庭能存5年的就不要分期存取，因为低利率情况下的储蓄收益特征是存期越长、利率越高、收益越好。此外，家庭还要能够善用我们在前文中提到的部分提前支取、存单质押贷款等方法来避免利息损失。

零存整取也是许多家庭非常熟悉的一种储蓄方法，它适用于较固定的小额余款存储，因为其积累性较强。目前银行一般规定零存整取定期储蓄5元起存，存期分为1年、3年、5年3个档次，尤其适合收入不高的家庭生活节余积累成整的需要。它的规定比较严格，存款开户金额由家庭自行决定。很明显我们可以看出，这种储蓄方法不具有很强的灵活性，有一些家庭存储了一段时间后，认为如此小额存储效果并不明显，因此放弃者不在少数，其实这种前功尽弃的做法对家庭来说往往损失很大，因此采用这种储蓄方式最重要的技巧就是“坚持”。

存本取息是定期储蓄中的另一个储种，目前银行一般规定存本取息定期储蓄是5000元起存。要使存本取息定期的储蓄效果达到最好，最重要的技巧就是把这种方法与零存整取储种结合使用。

3. 有关定活两便储蓄的技巧

目前银行一般规定定活两便储蓄50元起存，可随时支取，既有定期之利，又有活期之便。这种储蓄方法的技巧主要是要掌握支取日，确保存期大于或等于3个月，这样做可以减少利息的损失。

4. 有关通知储蓄存款的技巧

目前银行一般约定通知储蓄存款5万元起存，一次存入，可一次或分次支取，存期分为1天和7天两个档次。支取之前必须向银行预先约定支取的时间和金额。这种储蓄方式最适合那些近期要支用大额活期存款但又不知支用的确切日期的家庭，例如，个体户的进货资金、炒股时持币观望的资金或是节假日股市休市时的闲置资金。

5. 有关教育储蓄的技巧

教育储蓄作为国家开设的一项福利储蓄品种，目前银行一般规定教育储蓄50元起存，存期分为1年、3年、6年3个档次。存储金额由家庭自行决定，每月存入一次（本金合计最高为2万元）。因此，教育储蓄具有客户特定、存期灵活、总额控制、利率优惠、利息免税的特点。由于教育储蓄是一种零存整取定期储蓄存款方式，在开户时家庭与金融机构约定每月固定存入的金额，分月存入，但允许每两月漏存一次。因此，只要利用漏存的便利，家庭每年就能减少了6次跑银行的劳累，也可适当地提高利息收入。

另外，除了上述对应不同储蓄类型的技巧外，就家庭储蓄本身而言，还是存在许多额外技巧的。在对待储蓄的态度上有的家庭会觉得花钱总是一种愉悦的享受，而储蓄却好似一种痛苦的惩罚。如果有这样的想法，那么，家庭大可以把储蓄看作是一个游戏，一旦意识到这个游戏充满着智慧的挑战，那么就会取得成功。对于刚刚建立的新家庭而言，从小额储蓄起步是很正常的。家庭可以拿出月收入的10%到15%来进行储蓄，最重要的是制定目标后要持之以恒。另外，家庭还可以采取定期从工资账户上取出20元、50元或100元，存入新开立的存款账户中的方法，家庭会发现这种手中可支配现金比以往减少了的生活不会和从前有什么差别，一旦适应之后，家庭就可以逐步从工资账户中增加每次取出的金额，存入新的存款账户，这样你就会发现，银行账户上的钱会比想象得多。我们还有一个相似的办法，就是每天从钱包里拿出5元或10元钱，把它们放在一个自己看不见的地方，也可以当作是被小偷偷走了，然后每月将这些积攒到一定数目的钱存入银行存款账户中。家庭仍然会感觉到，其实每天可支配的钱少了5元或10元并不会对生活产生什么影响，然而如果每天存5元，每月就是150元，一年就居然可以买得起一台电视了！

我们必须承认，储蓄也是需要动力的，它更是考验一个人自制力的最好方法。如果家庭成员对自己的自制力不那么自信，不如就把储蓄的目标贴在床头、冰箱门、客厅的墙上等家中醒目的地方，时常提醒自己，以增加储蓄的动力吧。

家庭一旦养成了储蓄的良好习惯，并能坚持下去，再配以一种或几种适合家庭的投资理财方式，以获得较高的投资回报，将来家庭的前途一定不可限量。储蓄永远都是一个家庭的坚实基石，有了它，家庭就可以无忧无虑地进行投资、享受生活了！

设定科学合理的储蓄方案

家庭作为一个基本的消费单位，在储蓄时也要讲科学、合理安排。一个家庭平时收入有限，因此对数量有限的家庭资本的储蓄方案需要格外花一番工夫，针对不同的需求，家庭应该分别进行有计划的储蓄。

我们的建议是把全家的整个经济开支划分为5大类。

1. 日常生活开支

在理财过程中，每个家庭都清楚建立家庭就会有一些日常支出，这些支出包括房租、水电、煤气、保险、食品、交通费和任何与孩子有关的开销等，它们是每个月都不可避免的。根据家庭收入的额度，在实施储蓄时，家庭可以建立一个公共账户，采取每人每月拿出一个公正的份额存入这个账户中的方法来负担家庭日常生活开销。

为了使这个公共基金良好地运行，家庭还必须有一些固定的安排，这样才能够有规律地充实基金并合理地使用它。注意不要随意使用这些钱，相反的，要尽量节约，把这些钱当作是夫妻今后共同生活的投资。另外，对此项开支的储蓄必不可少，应该充分保证其比例和质量，比如，家庭可以按照家庭收入的35%或40%的比例来存储这部分基金。

2. 大型消费品开支

家庭建设资金主要是用于购置一些家庭耐用消费品，如冰箱、彩电等大件和为未来的房屋购买、装修做经济准备的一项投资。我们建议以家庭固定收入的20%作为家庭建设投资的资金，这笔资金的开销可根据实际情况灵活安排，在用不到的时候，它就可以作为家庭的一笔灵活的储蓄。

3. 文化娱乐开支

现代化的家庭生活，自然避免不了娱乐开支。这部分开支主要用于家庭成员的体育、娱乐和文化等方面的消费。设置它的主要目的是为了在紧张的工作之余为家庭平淡的生活增添一丝情趣。比如，郊游、看书、听音乐会、看球赛，这些都属于家庭娱乐的范畴。在竞争如此激烈的今天，家庭难得有时间和心情去享受生活，而这部分开支的设立可以帮助他们品味生活，从而提高生活的质量。我们的建议是：这部分开支的预算不能够太少，可以规划出家庭固定收入的10%作为预算，其实这也是很好的智力投资，若家庭收入增加，也可以扩大到15%。

4. 理财项目投资

家庭投资是每一个家庭希望实现家庭资本增长的必要手段，投资的方式有很多种，比较稳妥的如储蓄、债券，风险较大的如基金、股票等，另外收藏也可以作为投资的一种方式，邮币卡及艺术品等都在收藏的范畴之内。我们认为，以家庭固定收入的20%作为投资资金对普通家庭来说比较合适。当然，此项资金的投入，还要与家庭个人所掌握的金融知识、兴趣爱好以及风险承受能力等要素相结合，在还没有选定投资方式的时候，这笔资金仍然可以以储蓄的形式先保存起来。

5. 抚养子女与赡养老人

这项储蓄对家庭来说也是必不可少的，可以说，它是为了防患于未然而设计的。今后家庭有了小孩，以及父母的养老都需要这笔储蓄来支撑。此项储蓄额度应占家庭固定收入的15%，其比例还可根据每个家庭的实际情况加以调整。

上述5类家庭开支储蓄项目一旦设立，量化好分配比例后，家庭就必须要严格遵守，切不可随意变动或半途而废，尤其不要超支、挪用、透支等；否则，就会打乱自己的理财计划，甚至造成家庭的“经济失控”。

应对低利息的存储策略

由于目前银行利率已经降到历史最低，那么对于储蓄这种依靠利息增值的理财方式来说，对每个家庭的冲击非常大，家庭辛辛苦苦存下来的钱眼看就要无法增值了。

面对这种情况，我们要保持清醒的头脑，通过适当的方法达到存储利益的最大化，只有这样才能减小低息对储蓄的直接影响。

1. 选择合理的存期

一般来说，在币值稳定、通货膨胀率低的情况下，存期越长，利率越高，实际收益越大。我们认为，目前人民币存款利率已达到或接近谷底。近年来连续的几次降息对经济回升起到了明显的作用。由此我们建议在当前阶段，家庭的储蓄策略应以“中短期”为主，尤其是大额资金，应基本控制在2年期内，这样在利息率回调的时候家庭才不会因为储蓄年限的不协调而错过机会。

2. 善用通知存款

通知存款是银行近年来推出的新储种，许多家庭还都不太熟悉。它是指家庭在存入一笔钱时不约定存期，而支取时只要提前通知银行约定支取存款的日期与金额即可，提前通知银行的日期可以是一天也可以是七天。这种储蓄方式适用于大额短期存款，因为它方便灵活，利率又高于同期的定活两便储蓄，无疑是家庭大额闲置资金的最佳储种选择。

3. 活用外币存储

从小额外币存款利率看，在相同的存期内，不少外币存款利率要远远高于人民币存款利率，比如，美元、英镑、港币等。由此，在低利率时代，家庭可以考虑适量存储一些外币来弥补人民币利率过低所造成的利息损失。

4. 投资“教育储蓄”

教育储蓄作为新兴的储蓄项目对于刚刚建立的新家庭来说是颇具吸引力的。这种储蓄利率优惠，而且国家免征利息税。它的另一个好处是存贷结合，家庭一旦参加了教育储蓄，今后孩子升学若遇到资金困难，还可向开户银行申请“助学贷款”，银行将会优先给予解决。

在这里我们提醒家庭应该注意的是：不要选择“存本取息＋利息零存整取”配套储蓄。因为央行的多次降息，大大地缩小了各存期档次间的利差，“存本取息＋利息零存整取”配套储蓄已无利可图，其组合利息收入反而低于同期限的定期存款利息。

如何实现存款利润最大化

家庭理财中储蓄获利是最好的一种选择。那么，如何实现储蓄利润最大化呢？根据自己的不同情况，可以做出多种选择。

1. 压缩现款

如果你的月工资为10000元，其中5000元作为生活费，另外节余5000元留作他用，不仅节余的5000元应及时存起来生息，就是生活费中的5000元也应将大部分作为活期储蓄，这会使本来暂不用的生活费也能养出利息。

2. 尽量不要存活期

一般情况下，存款的存期越长，利率越高，所得的利息也就越多。因此，要想在家庭储蓄中获利，你就应该把作为日常生活开支的钱存活期外，节余的都存为定期。

3. 不提前支取定期存款

定期存款提前支取，只按活期利率计算利息。若存单即将到期，又急需用钱，则可拿存单做抵押，贷一笔金额较存单面额小的钱款，以解燃眉之急；如必须提前支取，则可办理部分提前支取，尽量减少利息损失。

4. 存款到期后，要办理续存或转存手续以增加利息

存款到期后应及时支取，有的定期存款到期不取，逾期按活期储蓄利率计付逾期的利息，故要注意存入日期，存款到期就取款或办理转存手续。

5. 组合存储可获双份利息

组合存储是一种存本取息与零存整取相组合的储蓄方法。如你现有一笔钱，可以存入存本取息储蓄户，在一个月后，取出存本取息的第一个月利息，再开设一个零存整取储蓄户，然后将每月的利息存入零存整取储蓄。这样，你不仅得到存本取息储蓄利息，而且利息在存入零存整取储蓄后又获得了利息。

6. 月月存储，充分发挥储蓄的灵活性

月月储蓄说的是 12 张存单储蓄，如果你每月的固定收入为 2500 元，可考虑每月拿出 1000 元用于储蓄，选择一年期限开一张存单，当存足一年后，手中便有 12 张存单，在第一张存单到期时，取出到期本金与利息，和第二期所存的 1000 元相加，再存成一年期定期存单。以此类推，你会时时有 12 张存单。一旦急需，可支取到期或近期的存单，减少利息损失，充分发挥储蓄的灵活性。

7. 阶梯存储适合工薪家庭

假如你持有 3 万元，可分别用 1 万元开设 1～3 年期的定期储蓄存单各一份；1 年后，你可用到期的 1 万元，再开设一个 3 年期的存单，以此类推，3 年后你持有的存单则全部为 3 年期，只是到期的年限不同，依次相差 1 年。

8. 4 份存储减少不必要的利息损失

若你持有 1 万元，可分存在 4 张定期存单，每张存额应注意呈梯形状，以适应急需时不同的数额，即将 1 万元分别存成 1000 元、2000 元、3000 元、4000 元的 4 张 1 年期定期存单。此种存法，假如在一年内需要动用 2000 元，就只需支取 2000 元的存单，可避免需取小数额却不得不动用“大”存单的弊端，减少了不必要的利息损失。

9. 预支利息

存款时留下支用的钱，实际上就是预支的利息。假如有 1000 元，想存 5 年期，又想预支利息，到期仍拿 1000 元的话，你可以根据现行利率计算一下，存多少钱加上 5 年利息正好为 1000 元，那么余下的钱就可以立即使用，尽管这比 5 年后到期再取的利息少一些，但是考虑到物价等因素，也是一种很经济的办法。

保守型投资者该如何储蓄

花大妈手头有 50000 元，打算都存成定期获得利息，但是她又害怕这期间会有什么突发事件让她被迫中止存款，那样自己将会损失很多的利息。

于是，本着保险起见，花大妈将这50000元分成了5份，并分别以存期1年、存期2年、存期3年、存期4年、存期5年为期限存入银行。一年后，花大妈又将其中到期的10000元转存了5年期的定期存款，两年后，花大妈又将另一个到期存款转存，并也以5年期的定期存入银行。以此类推，5年后，花大妈的所有账户都将变成5年期的定期存款，到期时间也都相差一年，这样，一旦花大妈急需用钱，就可以取出距离到期日期最近的一张存折，将利息损失降至最低。

这种储蓄策略就叫作阶梯式储蓄，它适合于保守型的投资者，是一种风险小、利益损失较低的储蓄投资方式。

虽说现在是微利时代，钱存银行，利乎其微。不过相比较现在的投资渠道而言，储蓄仍旧是最基础和最稳妥的理财方式。

怎样存着才能获取高利息，又不失流动性，适应国家对利率的调整呢？不妨采用“阶梯式储蓄理财法”。

这种方法对于“月光族”来说尤为有用，既可以安排日常生活的开支又不至于太浪费，同时还能最大限度地获取定期利息。

王小姐，26岁，在某中学任教，月收入3500元左右。每月生活开销1000元，逛街买衣服每月2000元，交通费每月500元，是彻彻底底的“月光一族”。单位提供“三险一金”。父母均有退休金和医疗保障，身体健康。

专家认为，像王小姐这样消费欲望特别强的年轻人，要想摆脱“月光女神”的“光环”，就要尽量压缩不必要的开支，例如：交际应酬、购买奢侈品。建议王小姐使用记账的理财方法，坚持一个月，就会逐渐养成不乱花钱的好习惯。

对于王小姐来说，可考虑阶梯式组合储蓄法。在前3个月时，根据自身情况每个月拿出收入的30%进行理财。理财的前提是有财可理，首先要“节流”攒钱。最开始可将900元存3个月定期，从第4个月开始，每个月便有一个存款是到期的。如果不提取，银行可自动将其改为6个月、1年或者2年的定存；之后在第4到第6个月，每月再存入一定资金作为6个月的定存。这样的“阶梯式”操作，不仅保证了每个月都有一个账户到期，而且自由提取的数目也在不断增长。

十二存单法让闲钱生息

很多人习惯将每月的节余积攒到较大数额再存定期，其实闲钱放在活期账户里利率很低，积攒过程中无形损失了一笔收入，不妨利用“十二存单法”，让每一笔闲钱都生息。

亚维和老公今年都刚过30岁，每人每个月只有2000多元钱的工资收入。以前，觉得挣的钱少，不值得理财。后来两家老人经常生病住院，亚维夫妻俩为了老人花了不少钱。在这种情况下，夫妻俩还是买了房子，这多亏亚维充分利用了“十二存单法”。

亚维认为，除了必要的开支之外，剩余的钱对于工薪家庭来说放在银行里是最有保障的。她将这部分钱分作两部分，25%存为活期以备不时之需，75%存成定期，而且是存一年的定期。

对于这样存钱，亚维有自己的想法。第一，是一年期的定期与零存整取相比起来利息要高一些。第二，一旦急需用钱，动用零存整取就意味着前功尽弃，而每张的定期存单你都可以根据你需要用钱的数目及存单到期的先后顺序去考虑动用几张及动用哪几张，这样就不会使其他的定期存款受影响。第三，到期时，零存整取意味着相对的一大笔钱到期，这时会很容易让人产生购物的冲动，定期一年的存单，因为每笔的数额都不大，这种冲动就小多了。第四，零存整取是一次性到期，除了那个月有点惊喜，其他时间应该就没有什么感觉了吧。定期的存单可不一样了，到了第二年每个月都有存单到期，每个月都有惊喜。

然后，从第二年起，亚维就每个月再把当月的75%和当月到期的存单一起再存成一年的定期。

除了固定的工资收入之外，过年过节的分红、奖金一类的数额较大的收入，更要计划好如何去存储。亚维的做法是不要存成一张定期存单，而是分成若干张，例如：1万元存一年，不如分成4000、3000、2000、1000元各一张。为什么？当然也是为了应付不时之需了，需要1000元时，就不要动其他的，需用5000元时就动用4000加1000元（或3000加2000元），总之动用的存单越少越好。

亚维理财成功主要是因为合理地规划了家庭开支，还有，她的存款方式合理。其实，亚维的存款方式就是“十二存单法”，它在实际生活中会收到意想不到的效果。

这种储蓄方式很适合年轻家庭，操作起来简单、灵活，既能有效地累积家庭资产，又可以应对家庭财务中可能出现的资金短缺问题。李庆和赵林也是巧妙利用“十二存单法”的受益者。

李庆和赵林是一对结婚不到两年的夫妇，两个人每个月的工资合起来有6000

块钱左右。以前还没结婚时，两个人花钱大手大脚，到月底基本上没什么节余，所以一直觉得没钱，谈不上理财。但结婚时花了不少钱，而且贷款买了套小房子，每月要还房贷，以后还要准备生孩子、自己还要准备养老费用等，一盘算下来，两人脸都白了：要花钱的地方多的是，不得不开始存钱了！

小两口坐下来仔细算了算，两人的公司福利不错，上下班有班车接送，中午有免费工作餐，不定时还发点鸡蛋、牛奶、花生油之类的，除去日常生活费用和1000多元的月供，两人每月实际上可以余下2000块钱。但是说起怎么存钱，两人又犯了难：如果把节余的2000块钱放在工资卡里不动，只能算活期利息，不划算，而且说不定什么时候又取出来花掉了。如果把钱存成定期，万一突然有急用临时取出来，利息还是只能按活期算，那也划不来。怎么办呢？小两口经过学习了解后，心中有了周密的打算。

首先，两人决定拿出两个月的节余4000元钱，作为应急准备金，购买了货币型基金，这样收益比活期存款的利息高，赎回也很方便，如果有什么急事要用钱可以及时赎回。然后，从第三个月开始，把每月节余的2000元钱都存定期，存款期限设为1年。1年后两人手里就会有12张2000元的定期存单，而且每个月都会有一张存单到期，不需用钱的话，可以将到期的存单自动续存，并将每月要存的2000元添加到当月到期的这张存单中，继续滚动存款。这样两人手里始终有12张存单，并且每个月都有一笔资金可以动用。

李庆和赵林对这种存钱方式很满意，一来，一年期的定期与零存整取相比起来利息要高不少；二来，若急需用钱，可以根据用钱的数目及存单到期的先后顺序去考虑动用哪几张。这样就不会使其他的定期存款受影响，不像零存整取，一旦要提前支取利息就只能按活期计算了。

如果开通自动转存业务，约定当活期账户资金达到2000元时，银行自动将该笔资金转存为1年期的定期存款，更能免去了每月跑银行的麻烦。以后，还可以考虑将定存期限适当延长，这样可以提前锁定收益所得，避免因利率下调而带来的利息损失。

提前支取定期存款的技巧

生活中常常都有意想不到的事情发生，如果你存了一笔定期储蓄，在还不到期时急着用钱怎么办？

一般来说，定期储蓄在存入时约定存期，没有到期一般不得支取，但储户如遇特殊情况确需支取的，银行也准予办理。储户办理提前支取时要带存单和身份证件，凭印支取的还要加盖预留印鉴，然后到银行办理提前支取手续。如果由他人代办，代办人还要带上自己的身份证件。

提前支取定期存款，损失是不可避免的，但可以运用一些技巧使利息损失减少到最低程度。提前支取的利率按支取时挂牌活期储蓄利率计息。假若储户不打算全额提前支取，也可以办理部分提前支取，剩余部分银行另开给新存单，并按原存款日期和利率计算利息，不会影响这部分存款利息收入。那么，有什么好办法既可以解用款的燃眉之急，又可以将利息损失降至最低呢？具体可参考以下方法：

1. 办理部分提前支取

银行规定，定期存款的提前支取可分为部分和全额支取两种。你可根据自己的实际需要，办理部分提前支取，这样剩下的存款仍可按原有存单存款日、原利率、原到期日计算利息。

2. 办理存单抵押贷款

假如你因急用钱需要全额提前支取 1 年期以上的定期储蓄存单，而支取日至原存单到期日已过半，在这种情况下，你可以用原存单做抵押申请办理小额抵押贷款手续，这样可减少利息损失。

3. 交替存储法

比如你有 5 万元现金，可以将 5 万元分为两份，每份为 2.5 万元，分别按半年、1 年的存期存入银行，1 年期存款设为自动转存。

若在半年期存款到期后，有急用便取出，若用不着，则也转为 1 年期定期存款，并设立自动转存功能。这样两笔存款的循环时间为半年，若半年后有急用，可以取出任何一张存单。在适当时候也可根据需要，使用定期储蓄存款部分提前支取功能，这样一来，存款便不会全部按活期储蓄存款计算利息，从而避免了损失掉不应该损失的利息。

要学会利用贷款

迫于生活的压力，越来越多的人开始求助于贷款，越来越多的人加入到还贷的行列中。不过，仍有人对贷款知识一窍不通。下面简单了解一下银行贷款的相关知识。

1. 个人贷款种类

（1）个人住房贷款。个人住房贷款是银行提供的用于支持个人购买、大修住房的贷款项目。目前其主要是指抵押加阶段性保证个人住房贷款，即通常所称的“个人住房按揭贷款”。贷款的额度最高为所购（大修）住房全部价款或评估价值（以低者为准）的80%，期限一般最长不超过30年。

（2）个人汽车贷款。个人汽车贷款是银行提供的用于支持个人购买汽车的贷款项目。若所购车辆为自用车的，贷款金额不能超过所购汽车价格的80%，期限不超过5年。

（3）个人消费品贷款。一般是指生活中的耐用品贷款。即银行提供的用于支持个人购买日常生活中耐用消费品的贷款项目。耐用品是指单价在3000元以上（含3000元）、正常使用寿命在2年以上的家庭耐用商品，如家用电器、电脑、家具、健身器材等，期限一般为5年。

除上面的以外，各个银行还可能开设不同的业务，如建设银行还有个人助业贷款。

2. 贷款的一般流程

（1）向银行提出贷款申请。个人贷款一般需要携带下列物品：户口本、婚姻状况证明、身份证、收入证明、房地产权证以及担保人的相关证明等有关材料。另外还要支付相关的一系列费用。

（2）银行受理后，对相关材料进行调查评估。银行在收到相关材料后，将对这些内容进行初审，对借款人进行资信调查和客户评价，对于符合贷款条件的客户申请进行审批，不符合的不审批，并说明理由。

（3）签订借款合同，并开立账户。银行审批通过，就可以签订相关贷款合同，再由个人在银行开立账户，如此，则一切就绪。

（4）银行支用贷款。最后一个步骤，就是银行向申请人发放贷款。

3. 贷款的学问

贷款，不仅仅是向银行申请填个表格，这其中还有很多内容。不想变成“房奴”，不想变成“负翁”，你就必须研究贷款里面的知识。

1. 自我评估的学问

在贷款之前，你要学会的第一件事就是评估自己的经济实力。然后根据综合评估的数据，来确定首期付款金额和比例。经济实力一般包括不动产和动产两大部分。

2. 收支预算的学问

为了将来能更好更快地还清贷款，你必须对家庭未来的收入及支出做出合理的预期。这其中一定要考虑各种可能的影响因素。一般来说，高学历的年轻人个人收入预期较高，还款的日期就可以适当加快。

3. 计算可贷额度的学问

为了能确定自己的可贷额度，以免过度增加自己的还贷压力，你应当根据自己的收支情况，按照每月的家庭收支余额来计算可贷额度。而且，在计算的过程中，还要考虑到家庭收支情况的变动，避免出现财务真空。

4. 规定借款年限的学问

很多时候，你会发现，有的人怕自己到时候还贷会有压力，于是就选择尽可能长的贷期。其实，这样不一定合适。如果你的收入没过多久就有了较大幅度的增长，于是你有了相当一部分还贷款的能力，甚至可以还清全款。那就没必要等到几年甚至十几年后再来还款。不过若此时你提前还贷，就要浪费一笔违约金，对你十分不利。所以，对于大多数工薪族来说要慎重考虑借款期限。不过对于一般人来说，15 到 20 年就足够了。

质押贷款和抵押贷款的办理

银行贷款的种类中，质押贷款和抵押贷款是最主要的贷款形式。我们简单了解下这两种贷款的办理过程。

1. 质押贷款的办理

在我国，个人也可以办理质押贷款。个人质押贷款因其办理时间短、手续简便、贷款额度高等特点正受到越来越多人的青睐。

（1）个人质押贷款的申请条件

①在中国境内居住，具有完全民事行为能力。

②具有良好的信用记录和还款意愿。

③具有偿还贷款本息的能力。

④提供银行认可的有效权利凭证做质押担保。

⑤在银行开立个人结算账户。

⑥银行规定的其他条件。

（2）借款人申请办理个人质押贷款需要提交以下资料：

①申请人本人的有效身份证件，以第三人质物质押的，还要提供第三人的有效身份证件。

②有效质物证明。以第三人质物质押的，还须提供受理人、借款申请人和第三人签署同意质押的书面证明。

③银行规定的其他资料。办理个人质押贷款时，银行经办人要验看申请人的身份证件、名章，《借款申请书》是否真实有效，质押物是否已被冻结等。

根据《个人质押贷款办法》规定，贷款期限在1年（含）以内的，采用一次还本付息的还款方式；贷款期限超过1年的，可采用按月（季）还息、一次还本，或按月等额本息、等额本金的还款方式。当借款人无法按借款合同约定如期偿还贷款本息时，银行有权处理质押物，用以抵偿贷款本息。

2. 抵押贷款的办理

抵押指债务人把自己的财产押给债权人，作为清偿债务的保证。而抵押贷款是指借款者以一定的抵押品作为物品保证向银行取得的贷款。

办理抵押贷款时能作为抵押品的通常包括有价证券、各种股票、房地产，以及货物的提单、栈单或其他各种证明物品所有权的单据等。

抵押贷款最基本的形式是动产抵押贷款和不动产抵押贷款。动产抵押贷款是指以车辆、船舶、有价证券等做抵押品的贷款。不动产抵押贷款是指以不动产做抵押品的贷款。能够作为抵押品的不动产主要有住房、仓库、办公楼、厂房及土地等。

抵押贷款到期，借款者必须如数归还，否则银行有权处理其抵押品。

抵押贷款一方面使商品、票据、有价证券等提前转化为货币现款，这对于加速资本周转、刺激经济增长再生产，起到一定的作用。但是，另一方面，这种贷款容易造成虚假的社会需求，助长投机活动。因此，我国各大银行在对抵押贷款进行审核时都非常慎重。

如何办理个人住房贷款

住房，对一个人或一个家庭来讲，恐怕是头等大事，但是要解决住房问题需要很多金钱，这可不是一个小数字，对许多人来讲都有一定的难度，这时我们就需要求助于银行。

现在，银行一般都开设了个人住房贷款业务。有了个人住房贷款，就算你还没有足够的财力购买一套房子，也可以凭借你的信用，通过个人住房贷款来实现安居梦。

下面是关于个人住房贷款的一些基本政策：

1. 贷款金额

按照中国人民银行的规定，个人住房贷款最高不超过房价的70%，也就是说，购房者至少要准备30%的首期付款。

2. 贷款方式

个人住房贷款主要有3种方式，分别是个人住房商业性贷款、住房公积金贷款和个人住房组合贷款。个人住房商业性贷款是银行用信贷资金发放的贷款。住房公积金贷款的资金来自于职工缴存的住房公积金存款，因此这类贷款只贷给那些住房公积金缴存人，但有金额上的限制。个人住房组合贷款是上述两种贷款的组合。

3. 贷款利率

个人住房商业性贷款利率与公积金贷款利率一般也会随时调整，理论上将使用这种利率的贷款称为浮动利率贷款。浮动利率的具体调整方式由借款人与商业银行在签订贷款合同时协商确定。近年来，一些商业银行推出了固定利率的住房贷款。所谓固定利率贷款，指的是在一定时间内，不管国家如何调整利率，贷款人只根据贷款合同中规定的贷款利率支付利息。固定利率贷款和浮动利率贷款各有利弊。如果未来利率上调，选择固定利率贷款比较划算，可少付利息；如果未来利率下调，选择浮动利率贷款更合适。

4. 还款方式

个人住房贷款一般有3种还款方式：一是一次性还清本息，这种方式比较少见；二是等额本息，就是每月以相等金额偿还本息，每次数额明确，便于购房者安排收支，适合未来收入稳定的购房者；三是等额本金，就是每月等额偿还本金，利息按月计算，这种办法的利息总额支出比前一种方法小，但前期还款压力较大。

5. 贷款期限

个人住房贷款的最长期限为30年。购房者可以提前还款，不过需要向银行提出书面申请，征得银行同意。

个人住房贷款的操作流程

了解了关于一些住房贷款的政策后，在实际生活中如何办理个人住房贷款呢？办理个人住房贷款的整个过程大致分为3个阶段：

第一阶段，提出申请，银行调查、审批。

借款人在申请个人住房贷款时，首先应填写《个人住房贷款申请审批表》，同时须提供如下材料：

1. 借款人材料

（1）借款人合法的身份证件。

（2）借款人经济收入证明或职业证明。

（3）有配偶借款人须提供夫妻关系证明。

（4）有共同借款人的，须提供借款人各方签订的明确共同还款责任的书面承诺。

（5）有保证人的，必须提供保证人的有关资料。

2. 所购房屋材料

（1）借款人与开发商签订的《购买商品房合同意向书》或《商品房销（预）售合同》。

（2）首期付款的银行存款凭条和开发商开具的首期付款的收据复印件。

（3）贷款人要求提供的其他文件或资料。

第二阶段，办妥抵押、保险等手续，银行放款。

贷款批准后，购房人应与贷款银行签订借款合同和抵押合同，并持下列资料到房屋产权所辖区房产管理部门办理抵押登记手续。

（1）购房人夫妻双方身份证、结婚证原件及复印件。

（2）借款合同、抵押合同各一份。

（3）房地产抵押申请审核登记表。

（4）全部购房合同。

（5）房地产部门所需的其他资料。

房地产管理部门办理抵押登记时间一般为 15 个工作日。抵押登记手续完成后，抵押人应将房地产管理部门签发的《期房抵押证明书》或《房屋他项权证》交由贷款银行保管。

第三阶段，按约每月还贷，直到还清贷款本息，撤销抵押。

借款人未按借款合同的约定按月偿还贷款，贷款银行根据中国人民银行有关规定，对逾期贷款按每日计收万分之二点一的罚息。当发生下列任何一种情况时，贷款银行将依法处置抵押房屋。

（1）借款人在贷款期内连续 6 个月未偿还贷款本息的。

（2）《借款合同》到期后 3 个月未还清贷款本息的。

第九章 炒股赚钱，高风险与高回报的宠儿

我认为，股票市场实际上是一个交易平台。它是企业之间的交易平台，我们不做过多的，不去更深一步看它是投资还是投机……我认为中国经济好了，我们投资中国最赚钱的公司，就不会有错。

——林园

（毕业于北京大学，被誉为“民间股神”）

如何选择一只好股票

股票市场上有很多种股票，这些股票有升有跌，即使是升值的股票，有的升值幅度大，有的升值幅度小。面对多只股票，投资者即使拥有最雄厚的资金，也不可能同时购买自认为能升值的所有股票。如何选择风险小、收益大的某只或某几只股票进行投资，实在是一件难事。

在眼花缭乱的大量股票中选择合适的股票，这对普通投资者而言，显得非常不容易。正因为如此，不少人慨叹选股票实在是一件费心费力的难事。

不过，如何选择一只好股票，并非毫无策略可言，下面介绍一些选股的基本方法。

1. 根据公司业绩选股

股票交易价格的变化首先反映公司业绩的变化，可以说，公司业绩是股票价格变动的根本力量。公司业绩优良，其股票价格必将稳步持续上升，反之，则会下降。因此，长线投资者应首先考虑公司业绩进行选股。投资者衡量公司业绩的最主要指标是每股赢利及其增长率。有投资专家认为，根据我国经济和公司经营

现状，如果每股税后赢利 0.8 元以上且年增长率在 25%以上者，具有长期投资价值。

2. 根据经济周期选股

经济繁荣与经济萧条阶段的股票表现往往也不同，不少公司股票在经济周期的不同阶段，其市场表现大不一样。有的公司对经济周期的变化极为敏感，经济繁荣时，公司业务迅速扩张，赢利也极为丰厚；反之，经济衰退时，其业务规模萎缩，业绩也明显下降。当然也有极少数公司受经济繁荣或衰退的影响则不大，繁荣时期，其赢利不会大幅上升；衰退时期亦无明显减少，甚至还可能更好。对投资者而言，在经济繁荣时期，最好选择前一类股票；而在经济不景气或衰退时，最好选择后一类股票，不过这类股票可不容易找到。

3. 根据每股净资产值选股

每股净资产值体现股票的“含金量”，它是股票的内在价值，是公司资产中真正属于股东的且有实物或现金形式存在的权益，它是股票价格变动的内在支配力量。通常情况下，每股净资产值高于每只股票的面值，但通常低于股票的市价，因为市价总是包含了投资者的升值预期。在市价一定的情况下，每股净资产值越高的股票越具有投资价值。因此，投资者应选择每股净资产值高的股票进行投资。如果市价低于每股净资产值，其投资价值极高。当然，净资产值低而市价也低的股票，也可适当选择。但需要投资者注意的是，最好不要选择净资产值低于股票面值的股票。

4. 根据股票市盈率选股

市盈率是一个综合性指标，长线投资者可以从中看出股票投资的翻本期，短线投资者则可从中观察股票价格的高低。一般地说，投资者应选择市盈率较低的股票。但市盈率长期偏低的股票未必值得投资者选择，因为它不活跃一定有其理由，可能不被大多数投资者看好，股票的价值是由大众行为决定的，因此，长期市盈率偏低的股票价格一般很难攀升。至于市盈率究竟在何种水平的股票值得选择，并没有绝对标准。从我国目前经济发展和企业成长状况来看，市盈率在 20 左右不算高。

5. 根据股票的市场表现选股

股票的净资产、公司业绩是该只股票的价格基础，但两者并非完全对应，比如净资产值高的股票，其市价不一定都有良好的表现，相同或相近净资产值的股票，其市价可能有较大差异。因此，对短线投资者而言，市场价格如何变动，即其波动幅度大不大，上升空间广不广，这也是选股的重要依据。一般地说，短线操作者最好选择那些短期内有较大上升空间或市价波动幅度大的股票，这些股票提供的短期获利机会较大，这时候更要关注股票的短期市场表现。

6. 根据个人情况选股

大多数投资者不可能选择到市场上所有类型的股票，通常他们对某些股票有所偏好，这可能是因为对这类股票的公司业务较熟悉，或是对这类股票的长期表现较易驾驭，或是操作起来得心应手，等等。根据个人情况选股，就是要全面考虑自己的资金、风险、心理、时间、知识等方面的优劣势及承受能力。比如，有的股票经常大起大落，变动无常，就不宜作为在上述方面承受能力不强的投资者的选择。

7. 根据股价涨幅超前与否选股

通常同一行业中最好的两三只股票会有强劲的走势，而其他的股票则表现较为平稳。前者被称为“领导股”，所谓“领导股”也是涨幅超前股，是投资者应选择的对象。如何发现同行业的这些“领导股”呢？一个简易的方法是股票相对价格强度测定法。所谓“相对价格强度”，是指某种股票在一定时期内涨价幅度与同期的股价指数或其他股票的涨幅度的比值。通常认为，相对价格强度在80以上的股票极具选择价值。

8. 根据多头市场的4段行情选股

根据相关投资理论，多头市场的行情走势通常可分为4段行情。

第一段行情为股价急升行情，整个市场的升幅极大，通常占整个多头行情的50％。在这段行情内，大多数股票从空头市场过度压抑的水准下反弹时，几乎所有的股票都会上涨。在这期间可以选择高风险股票。当空头市场转向，公司破产的威胁减少，这类股票会回复到较正常的水准，其升幅将有优良的表现。

第二段行情也是相当有利的，股价指数的升幅超出整个多头行情的25％。通常，在这段行情中，成长股开始有好的表现。投资者普遍看出经济发展的未来美景，并且寻找参与成长的方式。在这种投资气候里，成长股会更快地升高价位，此时的绩优成长股走势也相当好，其可能涨幅比股价指数还要高。因此，在这一段行情内，最好选择成长股的绩优股。

第三段行情的涨幅明显较小，一般少于整个多头行情的25％，而且只有极有限的股票继续上升。对这段行情的可能策略是，投资者慢慢卖出次等成长股，转移部分资金用于具有在多头市场里维持价位能力的绩优成长股，以及购进那些能在未来经济困境中特别获益的顺应大势的股票。总之，此段行情内必须开始对空头市场做准备。

第四段行情是多头市场即将完结的行情，此时该涨的股票都已涨得差不多，只有绩优成长股以及可在经济困境中获利的少数股票，才可能继续上升。因此，这段行情的选股是最困难的，因为通常这时应是准备撤离市场的时候。但空头市场究竟何时来临很难确定，故此时全部清盘未必明智，最佳的保障办法是维持某些绩优成长股，而不要全部空仓。

买卖股票的基本原则

股票投资当然比较复杂，但是股票投资中也有一定的规律，如果遵循正确的原则和买卖纪律，投资股票可以让高收益和低风险得以并存。

比如，投资者可以选择长线投资，其理论依据是价格围绕价值波动，价值引导资金和决定股价长远走势。投资者应判断股票的价值及成长性，选择交易冷淡的底部介入，跟踪个股的价值变化情况，耐心等待，以时间换取空间；短线投资注重趋势，如果趋势改变，就要止损，切忌把短线做成长线，让亏损无限制扩大。中线应在 20 日或 30 日均线介入，当均线系统破坏时就出局。

投资者在股票买卖过程中，应遵循买卖股票的基本原则：

（1）大盘原则：大盘下跌时尽量空仓或轻仓，大盘盘整时克服自己的贪欲，当达到 10％或以下的利润就考虑平仓，大盘上攻时选择最强势的个股持有。

（2）板块原则：大盘上攻时，不少个股呈现板块轮涨的特征，投资者判断某一时期的主流板块，可选择板块中的龙头追入。记住，资金有获利回吐的特性，没有永远的热点，努力寻求新的热点，在热点形成时迅速介入。

（3）价值原则：选择未来两三年能实现价值增长的股票，至少未来一年能实现价值增长。股票价值永远是决定股票价格的首要因素，股票投资中的波浪理论和江恩理论等说明了这项法则的正确性。

（4）资金流原则：资金流入该股票，慎防股票的获利回吐。

（5）趋势原则：尽量选择股价呈现向上波动趋势的股票。

（6）资金管理：不要永远让资金放在股票里。现金永远是最安全的，定期清仓，保障资金的主动性，等待机会，选择合适的时机重新建仓。

（7）共振原理：价值趋势向上，价格趋势向上，股票价格短线、中线、长线趋势向上，基本面和技术面都无可挑剔的股票一定是最好的股票。

（8）努力避免浮亏：股票被套是痛苦的事情，如何避免浮亏是一件难事。正确地选择买点和卖点是避免被套的良方，写下买进和卖出的原因，严格地遵守买卖纪律，就能保障资金的主动性，虽然有时候要付出微亏的代价。

选择股本收益率高的公司

作为投资者，如果你能估计公司未来的股本收益率，那么你就可以估计股本价值在年度间的增长。并且，如果你能估计股本价值的增长，你就能合理地预测取得每一年年终股本价值所需的赢利水平。

不少投资家认为，在公司的股本收益率走势和未来赢利走势之间存在着某种相关关系。如果年度股本收益率上升，赢利率也应该同样上升。如果股本收益率的走势稳定，那么赢利率走势就很可能会同样稳定，并且具有更高的可预见性。

你得到过股息吗？股票价格上升了吗？你的总收益率是多少？巴菲特说："当股价走到了相对于其赢利增长以及股本收益率具有吸引力的水平时，才应当购买它们。"这是取得成功的一个要诀。

作为一个股票投资者，应该把注意力集中在具有高水平股本收益率的公司上，因为股本收益率高的股票直接关系着你投资获利的多少。你应该主要关心投资收益，或者从股票中获得的现金流。

投资收益在对某只股票进行分析时发挥着重要作用，它把股票价格和股票价值水平置于一个恰当的关系之中。许多投资者都把注意力集中在公司过去的及预测的赢利增长上。即使顶尖的分析师们一般也非常关注盈亏底线的增长，把它们作为衡量成功的标准。然而，一个公司使投资者的资本获得高收益的能力，对于长期增长同样是至关重要的。

在某些方面，投资收益或许是衡量公司表现的一个更加重要的尺度，因为公司可以借助众多的手段来改变它们的会计利润。

股票投资者的收益包括股息支付加上投资者在股票持有期内所经历的股票价格的上升部分（减去下降部分）。市场只关注股票持有者的年收益，通常用收入或者损失的百分比来表示，并且通常以日历纪年为基准期来计算收益。股票持有者的收益指的是年收益，等于股息与股票价格净变化的和除以股票的初始价格：

股票持有者收益率＝(股息＋股票价格变动)/股票初始价格

例如，如果一只股票的年初价格是100美元，随后的一年中发放1美元的股息，年终股票价格是109美元，其持有者的收益率就等于（1＋9）/100＝10％。关于收益率的计算并不复杂。

股票价格的升跌可能因为宏观环境的影响而有所变化，诸如较高的利率、较低的赢利预测、通货膨胀或紧缩恐慌、地缘政治情况——比如伊拉克恐怖主义恶化、俄罗斯货币危机等。突如其来的市场下跌力量可能会推动你的股票一起下跌，上市公司对股票价格的反向运动也无能为力。所以这可以解释，即便公司的运营和赢利前景都非常良好，股票持有者的收益率也可能是负数。

与这种情况相反，在公司的运营没有亮点甚至称得上糟糕的时候，股票投资者的收益率可能非常好。股票市场可能因为某种积极的经济事件而上扬，比如央行释放了流动性、通货膨胀预期降低、失业率降低等。另一方面，糟糕的公司运营状况可能会使公司进入被收购的候选名单，股票价格的上升可能是对这个公司股票收购要约的结果。例如，1997年，所罗门兄弟公司在交易中遭受很多损失，这导致旅游者集团旗下的史密斯——巴尼公司以远高于当时市价的溢价水平收购了所罗门公司。

当一家公司取得了高水平的股本收益率时，表明它在运用股东们提供的资产时富有效率。因此，公司就会以很快的速度提高股本价值，由此也使股价获得一个同样快速的增长。

那么，关于股本收益有没有一个标准呢？标准—普尔500指数代表公司的股票收益，在20世纪的大部分时间里，平均水平达到10％～15％之间。然而到90年代却发生了急剧增长。到90年代末，公司的股东收益超过了20％。考虑到这是500家公司的平均水平，20％的水平确实是一个惊人的速度。不少上市公司在90年代的股本收益都持续地超过了30％。许多生产消费品的公司如可口可乐、菲利浦·莫里斯，以及某些制药公司，如华纳·兰伯特（Wamer Lambert）、艾博特实验室还有默克公司，它们的股本收益都超过了30％。由于公司为股东持有的股票（或者账面价值）创造了如此高的收益，投资者们愿意为其股票支付一个相对于账面价值来说很高的溢价。在20世纪的大部分时间里，股票价格一般为股本价值的1～2倍，而这些公司的平均股票价格到1999年后期却超过了股本价值的6倍。

投资大师巴菲特开始质疑公司能否以超过20％的速度持续地提高股本收益。在20世纪90年代，美国公司不再慷慨地分派红利，而越来越多地保留了当年的赢利。此外，美国经济似乎只能维持一个3%～4%的年增长率，在这些条件下，公司无限期地保持一个20%的股本收益增长速度几乎是不可能的。

买卖股票时机的判断

低买高卖是人人都懂得的股票买卖时机，但是由于在股市中，投资者相互冲突的理论、风险的恐吓性应用、投资收益的机会、认识多头市场和空头市场、识别行情中的技术骗线、识别市场中言论的真伪、识别主导市场走向的主力机构的“诡计”、投资者自身的投资理念及与投资行为相匹配的知识与技巧，加上人心中存有的自身很难控制的贪欲……多种因素融合在一起，要想让投资者判断最佳的买卖时机，恐怕是非常难的事。

但是，对于投资者而言，追求最佳的买卖时机，仍有迹可循。

1. 最佳的买入时机

我们可从以下方面进行分析判断：

(1) 股价已连续下跌3日以上，跌幅已逐渐缩小，且成交也缩到底，若成交量突然变大且价格上涨时，表示有大户进场吃货，可以买进。

(2) 股价由跌势转为涨势初期，成交量逐渐放大，形成价涨量增，表示后市看好，可以迅速买进。

(3) 市盈率降至20以下时（以年利率5%为准），表示股票的投资报酬率与存入银行的报酬率相同，可以买进。

(4) 个股以跌停开盘，涨停收盘时，表示主力拉抬力度极强，行情将大反转，应迅速买进。

(5) 6日RSI在20以下，且6日RSI大于12日RSI，K线图出现十字星，表示反转行情已确定，可迅速买进。

(6) 6日乖离率已降至－3～－5且30日乖离率已降至－10～－15时，代表短线乖离率已在，可买进。

(7) 移动平均线下降之后，先呈走平势后开始上升，此时股价向上攀升，突破移动平均线便是买进时机。

(8) 短期移动平均线（3日）向上移动，长期移动平均线（6日）向下转动，二者形成黄金交叉时为买进时机。

(9) 股价在底部盘整一段时间，连续两天出现大长红或3天小红或十字线或下影线时代表止跌回升，可买进。

（10）股价在低档K图出现向上N字形的股价走势及W字形的股价走势便是买进时机。

（11）股价由高档大幅下跌，一般分三波段下跌，止跌回升时便是买进时机。

（12）股价在箱形盘整一段时日，有突发利多向上涨，突破盘局时便是买点。

（13）收盘价比5日均价低4%，确保信号发生在跌势。

（14）开盘价低于昨日最低价1%。

（15）收盘价反弹至昨日最低价以上。

2. 最佳的卖出时机

当某只股票的价格已经达到它的实质价值时就是卖出的时机。因为一旦股票的交易价格超过其实质价值，就几乎不具有潜在利益，投资人最好再寻找其他价格被低估的股票。

实际上，一般投资者也可当股票的价格达到一定程度时获利卖出。这也就是通常我们所说的止盈卖出。

止盈就是保护赢利的意思。主要是针对买股票后，股票价格走高，自己有一定的浮动赢利，如卖出股票又担心该股价格会继续上冲，赚不到最丰厚的股票盈利；不卖出又担心股票价格快速回落，使自己的赢利化为乌有。止损主要是针对投资者买入股票亏损后，防止损失进一步扩大。止盈强调既有的赢利不会再失去，甚至可以使自己的赢利尽可能的最大化，避免出现“赚了芝麻，丢掉西瓜”的现象发生。

许多投资者都有这样的经历：当自己在10元左右买入某股，价格升到12元，自己认为该只股票差不多已赢利20%时，立即就卖出；但谁知该股却直线上扬，升到18元，自己后悔不迭，埋怨自己只得到蝇头小利，失了大利。还有一种情况，就是10元买了某只股票，当价格升到15元时，不想卖出，谁知该股却跌回13元，50%的利润没有赚，最后却只赚了30%，离场又不心甘；但是股票继续跌到11元，想想再不走就有亏损可能，只好勉强了结，最终自己白忙活一场。

从以上事例可以看出：此现象与投资者本身没有选准获利时机卖出有极大的关系。

作为投资者，选准获利时机卖出时可遵循以下准则：

（1）树立止盈的观念

许多投资者都有止损观念，都知道亏损时卖掉股票认赔，却从来却没有止盈的观念。有时投资者赢利后看到股票略有下挫就及时出局，全然不顾该股上升势头良好，仍可看高一线的情况，错失后面一大截的利润。或者只知道先落袋为安，不清楚有止盈这回事。因为有了止盈观念，才可能会有止盈的计划，也才可能让赢利充分增长。当然不少投资者会有这样的疑问："我都不知道赢利多少，怎么制订止盈方案?"制订止盈的计划，一般以现在的赢利数的8%以内作为标准。就是说，当自己买入股票后，该价格走高，自己已赢利30%，则该股开始回落；回落了约8%，就立即卖出，以防止该股继续下跌，吞了自己已有的赢利。一般来说，一只个股能从高位回落8%以上，就有可能继续回落20%～30%以上；如果回落幅度在8%以内说明该股仅是暂时调整之后会重拾升势，不必急于出局，以争取更大的赢利。

(2) 时刻注意大盘的走势

一般来说，在大牛市时，个股震荡起伏空间较大，因此止盈幅度可适当放大。因为牛市时，尽量以持股为主，偶尔出现大回调，也会逐渐走高，因此放宽条件后，就不会被震荡出局，而会错失后市回稳的机会。而面临大熊市时，止盈幅度可适当收窄。因为在熊市时个股大多难逃下跌的厄运，即使有强庄进驻的个股，也往往会有走跌的可能，或者是价格也不会升幅太大，因此一旦上升乏力，自己就及时出局为上策，避免出现止盈止不住的情况。

(3) 卖出后不要后悔

有时个股走跌或回落，其价格正好触及自己的止盈价格，然后又步入升途，如不设止盈单，则就会出现赚得更多的情况，但这时不应有后悔心理，或认为不必要设止盈单。这个时候，不应把精力放在后悔上，而应想想可能自己设置的止盈幅度不合理，要持续改进。另一方面，自己止盈出局，毕竟也赚了钱，不要因为自己少赚而自责，同时，也可及时想办法进行补救，仍然具备获利机会。

(4) 要适当调整

由于许多个股在上升过程中，或者由于主力洗筹，或由于外来突发因素会使该股价格出现意料不到的变化，在此时要适当地调整止盈幅度，赢利越大则止损幅度可适当放宽，如8%调整为10%、15%；赢利幅度不大时，则止盈的幅度也应适当的缩小，如5%，这样可以尽可能地保护住已获得的盈利。也许有人会说："我如有8%的赢利，肯定早已卖出了。"其实这种做法有一定的危害性，因为尽管股市上个股极多，但真正在一段时间内，个股有较大升幅的不多，能买到应说非常地走运。赚了一点儿就出局，一是交易成本大，二是出局后，总希望该股回落到自己卖出股票的价格以下，但往往是该股不会再回落，只好在更高价格追入，从而导致赢利减少。

选择好的卖出时机

为了避免股票投资发生大的损失，投资者首先需要把握如何卖股票。对投资者来说，如果买了好的股票，未能选择好的卖出时机，将会给股票投资者带来诸多遗憾。

不少投资者都采用目标价位法，目标价位法是指投资者在买入股票时，已经给这一只股票定好了一个赢利目标价位。一旦这个股票的价格达到这一目标价位，投资者便抛出股票。一般来说，运用这一投资策略的投资者大多数都是运用基本分析的方法，通过对股票基本面的分析，包括对公司财务状况、业绩增长前景等因素的考虑，确定出一个他们认为合理的目标价位，然后就是希望该股票能够达到这一目标价位。当然，目标价位法也可能采用的是技术分析方法，比如，黄金分割线等。目标价位法是世界上许多成功的投资者与基金经理运用的方法。

运用目标价位法，通常投资者首先必须掌握一套对公司基本面进行分析的方法，对公司的经营情况、市场环境都相当了解。投资者所判断出来的目标价位只有在此基础上才能是合理的，否则目标价位可能被定得太高，实际的股价永远也达不到这一高度，投资者只能一直持股。反过来，投资者也可能定得太低，结果导致实际价位涨得很高，投资者白白错失大量收益。当投资人决定买入某一股票时，投资人所设定的“目标价位”肯定要高于其当前的市场价，否则，投资人不会买。但凭什么投资人就比其他投资者聪明，人家认为只值目前这个价格，而投资人却知道其目标价位更高呢？很显然，投资人必须有超过其他大多数人的消息或分析判断能力。所以，除非投资人在股票投资上有自己的独到之处，否则，投资人可能会因设定了错误的“目标价位”而陷入困境。

此外，事先并不给自己的股票确定一个目标价位，直到其股价显示出有见顶迹象时才抛出股票的方法称为顺势探顶法。一般而言，采用这一卖出策略的投资者通常采用的是技术分析法，他们判断见顶迹象主要是从股价走势的角度。具体来说，他们所关注的见顶迹象主要包括“最后的疯狂”与“后劲不足”。很多投资者相信，当股票价格持续稳步上升了一段时间后，如果某一天忽然放量大涨的话，往往是显示有最后一批投资者冲了进去，或者是主力准备拉高出货，后续空间已经不大，所以称之为“最后的疯狂”。而“后劲不足”则反映在股票价格的走势逐渐趋缓，后续买盘不足，也是将要见顶的迹象。尤其是当股价在上升过程中小幅回调后，第二次上涨又无法突破前期高点时，很多投资者相信这是到了必然要卖出的时候。当然，运用顺势探顶法的投资者也有可能运用基本面的分析方法，不过，这时候他关心的不是股价的走势，而是公司利润的增长是否会有见顶的迹象，以决定是否要卖出。

投资人可以选择其中某一种也可以把这两种策略结合起来运用。

对投资者而言，以下就是卖出股票的原则：

1. 低于买入价 7%～8%坚决止损

投资最重要的就在于当你犯错误时迅速认识到错误并将损失控制在最小，这是 7%止损规则产生的原因。通过研究发现：40%的大牛股在爆发之后最终往往回到最初的爆发点。同样的研究也发现，在关键点位下跌 7%～8%的股票未来有较好表现的机会较小。投资者应注意，不要只看见少数的股票大跌后大涨的例子。长期来看，持续地将损失控制在最小范围内，投资将会获得较好收益。

股价下跌至买入价的 7%～8%以下时，就应迅速止损，卖掉股票！也许在卖出时需要咬牙承受损失，但是承担小的损失，将让你获得更多的补偿。当然，使用止损规则时有一点要注意：买入点应该是关键点位，投资者买入该股时判断买入点为爆发点，虽然事后来看买入点并不一定是爆发点。

2. 股票见顶之后卖出

如何判断一只牛股将见顶而即将回落到合理价位？一个最常用的判断方法就是当市场上所有投资者都试图拥有该股票的时候。一只股票在逐渐攀升 100%甚至更多以后，突然加速上涨，股价在 1～2 周内上涨 25%～50%，从图形上看几乎是垂直上升。不过，持股者在高兴之余应该意识到：该抛出股票了。这只股票已经进入了所谓的高潮区。一般股价很难继续上升了，因为没有人愿意以更高价买入了。在突然之间，对该股的巨大需求变成了巨大的卖压。根据研究，股价在高潮后很难再回到原高点，如果能回来也需要非常长的一段时间。

3. 获利 20%后抛出股票

不可能股票会永远不断上涨的，许多投资者往往选择在股价上涨 20%以后卖出股票。如果你能够在获利 20%后抛出股票，那么你投资 4 次对 1 次就不会遭受亏损。对于这一规则，华尔街最顶尖的资深投资人威廉·欧奈尔给出了一个例外，他指出，如果股价在爆发点之后的 1～3 周内就上涨了 20%，不要卖出，至少持有 8 周。他认为，这么快速上升的股票有股价上升 100%～200%的动能，因此需要持有更长的时间以获得更多的收益。

4. 当突破最新平台失败时卖出

一只股票的走势也有类似于春夏秋冬的循环。这些股票经历着快速上涨和构筑平台的交替变化。一般来讲，构筑平台的时间越长，股价上升的幅度越大。但这也存在着股价见顶的可能，股价有可能大幅下挫。通常，股价尚未见顶时，赢利和销售增长情况非常好，因为股价是反映未来的。无疑，股价将在公司增长迅速放缓之前见顶。当有较大的不利消息时，如果预计该消息将导致最新平台构建失败，投资者应迅速卖出股票。

买入股票后就应该时刻保持警惕，在符合卖出规则的情况发生时坚决卖出股票。严格执行卖出规则，不仅可以帮助你避免大的损失，而且将帮助你增长财富。股票和股票市场都是遵循一定规律的，成功地卖出股票的要诀在于毫无例外地简单执行我们以上总结的规律。

牛市中如何选股

有人把牛市划分为3个阶段：牛市初期、牛市中期和牛市末期。在不同的牛市时期，股票投资者要针对市场的变化，可以采取不同的操作策略。

1. 牛市初期赚钱法则

熊市末期、牛市初期这是一个过渡期，股市呈现恢复性上涨，大部分股票都会上涨，这是对熊市过分下跌的修正。牛市初期，会产生由几只大盘蓝筹股为代表的上涨行情，而且这些龙头股的上涨会贯穿整个牛市。

熊市末期和牛市初期时，买入并持有最能赚钱的优质公司（其中含有大市龙头个股），这期间采取“乌龟政策”，就是只买进不卖出。选取看好的几只股票，静候不断升值，这样会把利润赚饱、赚足。

2. 牛市中期操作方法

行情如果进入牛市中期，市场中会出现一批较为优质的公司股票的上涨，而且市场会给它们轮流上涨的机会，这时换股炒作会变得很重要。

从牛市初期逐步向牛市中期演变，这可能需要一段时间。于是，需要抓紧调研一批较优质的公司，作为进入牛市中期可能选择的“猎物”。当然，这批公司多数已经进入你的视野多年，牛市中期来临前，你的首要任务就是把这些公司彻底搞清楚，为牛市中期的大决战做好充分的准备工作。

3. 牛市末期操作方法

到牛市末期，市场中大多数股票都会上涨。

根据过去的实战经验，到了牛市的中后期，才是最赚钱的时期。正所谓行情不等人，投资者必须时刻做好准备，待有利时机到来时，立即介入。

在牛市行情中，新股更是受到投资者的青睐。新股在牛市时上市，往往会使股价节节攀升，并带动大势进一步上扬。因为在大势看好时新股上市，容易激起投资者的投资欲望，使资金进一步围拢股市，刺激股票需求。

选购新股，没有历史走势可以进行技术分析，有一定的难度，但是从以往的经验看，还是有一定规律可循的。具体可参照以下几点：

1. 看新股上市时大盘的强弱

新股和大盘走势之间存在非常明显的正相关关系，并且新股的涨和跌往往会超过大盘。在熊市中，新股以短炒为主，做长庄的情况很少出现；而在牛市中，新股以长期为主，主力往往倾向于中长线操作。

2. 看新股的基本面

除了公司经营管理和资产情况外，还应从发行方式、发行价、发行市盈率、大股东情况、每股收益、每股公积金、每股净资产、募集资金投向、公司管理层情况、主承销商实力等方面综合分析，最重要的是要看它是否具有潜在的题材，是否具有想象空间，等等。

3. 看比价效应

对比与新股同类的个股的定位，发现新股价值被低估带来的炒作机会。

4. 观察盘口

量是根本，以往的统计数据显示，新股首日上市最初5分钟的换手率在16%以下，表明主力资金介入还不明显，短线投资获利机会仅有20%左右。而如果换手率在16%以上，短线投资获利的机会可达到80%以上。若5分钟换手率达到20%以上，则短线投资获利机会高达95%以上。

新股炒作讲究题材和时机的把握，值得注意的是，过分追随被爆炒的新股，即使在牛市中，也会遭受损失。

熊市中如何选股

投资者希望年年都是牛市，因为牛市中可以轻松赚钱。但是，有牛市就有熊市，投资者不必懊恼，在熊市中照样能赚到钱，关键就是你如何在熊市中选择股票。

熊市首要的任务是保本，其次赚钱。熊市中操作股票，首先要忍痛“割肉”，意思就是说，你在高位买入的股票，一旦遇到熊市，就应当果断地、速战速决地、极早地将它抛出，如果股票继续下跌，就可少亏一部分。

熊市中购买股票，可采用逐次平均买进法，多至6次，少至3次。以3次为例，每次各投资三分之一，算出均价，在股价反弹后上升到你购入的平均价，并除去各种费用后抛出，就可获取利润。

熊市中购买股票，可采用加倍买入摊平法，就是在第一次用三分之一资金买进后，如继续下跌，则第二次用三分之二的资金投入，以求摊平成本。如资金宽裕，也可用三段加倍买进平摊法，即将资金分成8等份，第一次至第三次分别投入八分之一、八分之三和八分之四的资金，这个办法在第三次买进后，股票价位回升到第二次买进的价位，再除去各种费用后抛出，亦有利可图。

另外，熊市选股要将重点关注股价走势。这不能不仔细研究K线图，K线图是一种记录股价走势的特殊语言，每一条日K线相当于一个短语，描述了当天的股价变化情况：由许多条K线构成的图形则相当于一个语句。精通K线图的人会从图表上读到“看涨语句”“看跌语句”及“不明朗语句”。在读到“看涨语句”时进，读到“看跌语句”及“不明朗语句”时在场外观望。必能在跌势中保存实力，同时又能赚一点儿短线差价，只是K线图这门语言相当深奥，需下工夫去研究。不过，为了利润，多下点儿工夫是值得的。当然，除K线图外，其他的技术分析工具也需参考。

股价不会永远上升，也不会永远下跌，股市最悲惨之际就是最佳入货时机，因此不要因亏损而乱了方寸，应审时度势，在跌势中保存实力，股价见底时大胆出击。股市是一个风险市场，因此入市者应对所面临的风险进行细致地推敲，并预先想好对策，做到这一点才能在亏损时不慌不乱。胜败乃兵家常事，为将者在逆境中应保存有生力量。以图有朝一日重整旗鼓，东山再起，卷土重来。

有投资专家认为，在熊市中最好的操作就是不操作。但是有些人总是已经习惯了不断买卖股票，他们不断地买卖，不断地进出。

对投资者而言，在熊市中并不是没有股票可做，有些股票在熊市中也有不错的市场表现。所以，在熊市中硬是要操作的话，还是有股可选的。但怎样才能选到这种熊市的大牛股呢?

第一，坚持价值投资，做有业绩持续增长的股票。要做好基本面分析和经济分析。符合政策导向和市场趋势的股票一般比较有爆发力，比如，节能环保类股票逆市上涨就是一个例子。

第二，要做趋势向上的，并且有成交量的配合。没有成交量什么股票都很难涨。趋势向上体现在K线上就是要做顶在顶上的股票：K线一个底部比一个底部抬高的股票，逢低买进，逢高卖出。

第三，技术指标要有所反映。在熊市中选股是很难的，技术指标不是唯一的参考因素，但是投资者应该重点关注如下几个技术指标，一般macd趋势向上的，0轴刚出现红柱的比较保险；kdj的j低于0才能逢低阴线抢反弹。

第四，控制仓位。熊市最好的方法是空仓休息。如果你想操作，无论你买什么股票都要严格控制仓位，最高不超过半仓，可以是20%～30%的仓位。这样的话，你是进可以攻退可以守。不要担心赚不到钱，资金安全才是第一位的。

第五，工作线原则。只有指数站上工作线才可以持股，否则，只能短线操作，快进快出。

避免错误的选股思路

对于股民来说，选股是很重要的，我们都是选好了股票，等着拉升获利。但是，在选股时，很多人会出现错误的选股思路。

以下错误的选股思路，你也会犯吗？

1. 所选股票太多

很多投资者在选股时，看到哪只股票上涨就买哪只股票，资金总共不超过几十万，结果买入的股票有几十只。

作为投资者，其个人精力是有限的，每天盯着这几十只股票察看盘口就会令投资者忙得晕头转向。何况每只股票的走势各异，有的上涨，有的下跌。过多的股票，让投资者无暇顾及，对每只股票的走势也不会烂熟于心。

同时，所选的股票数量过多，会直接导致投资者的目光无法集中，很容易看走了眼，也无法周全地照顾到每一只股票，这样就会错失一些重要信息，也就不能够在第一时间内果断地做出买卖决策。

有人认为，多投资一些股票，能够分散投资风险。实际上，投资几十只股票看似分散了风险，实质上也铺摊了利益。在市场一味向好的时候，这是有些人所不能接受的，尤其是新手，看到自己股票的平均收益才有5%多点，看到另外的股票收益有20%、40%，甚至更高，于是心内蠢蠢欲动想换掉手头持有的股票。他们在3个月或者更短的时间里，卖掉自己手里的股票，买上自己观察所发现表现更好的股票，以此来赢取更大的收益。

投资的目的就是为了获取更大的收益，这样的做法本无可厚非，但往往会事与愿违。

在实际操作中，如果投资者能够通过将自己的投资范围限制在少数几个易于操作的公司中，一个聪明的、有知识的、勤奋的投资者就能够以有效且实用的精确程度判断投资风险，并且获得更多的投资回报。

2. 买底部股

不少投资者谈起自己的选股经时会说：低吸高抛，买底部股。但这个“底”到底在哪里呢？相信很多投资者都有下面这个投资者这样的经历：

有位股民小A，入市不久发现有一只股票从10元跌到6元，认为这只股票已经跌了将近一半，是底部了，便大胆买入。一个月后，这只股票又跌到4元多，心想：这回应该是底部了，又筹集资金进行补仓，没想到还没出一个月，这只股票又跌去1元多，于是他心里就没底了，害怕这只股票继续跌下去，在3元附近忍痛割肉出局。

这其实就是许多散户朋友“抄底运动”的真实写照。很多投资者认为都很难捉摸到这个“底部”究竟在哪，的确如此，大多数人难以捉摸到真实的底部在哪。在买底部股时，一定要沉得住气。

3. 只买低价股

大部分投资人都倾向于买进低价格的股票。他们认为，用同样的钱与其买50股较昂贵的股票，不如买100股或1000股较便宜的股票。事实上，这样的操作手法并不值得提倡。投资者应该购买价格较高、公司营运状况较佳的股票。投资者应该注意的是不在于你可以买多少股票，而在于你能投资多少钱，以及这笔钱所能买到的最好商品。

股票的基本面是非常重要的，如果不对个股的基本面做出充分的分析研究，不管个股是否具有上升潜力，不分青红皂白地随便抓只股票就长线投资，极有可能没有收获，甚至是负收益。

买便宜货是人的正常心理行为，但买股票并非像买白菜那样越便宜越好。股票投资是买公司的未来，良好的赢利能力和成长性是支撑股价上涨的内在动力，所以说，并不是低价股就是好股。每股 2 元、5 元或 10 元的股票看起来好像便宜，然而大部分股价低于 10 元的公司，要不是营运状况不好，就是经营体制不健全。

另外，大量买进低价股所负担的佣金也比较多，风险也比较高，因为低价股下跌15％～20％的速度远高于高价股。

4. 迷信股评荐股

很多投资者都具有以下两个弱点：所掌握的信息少之又少，即使那些公开的信息也不能清楚地了解；分析能力有限，无法对股票的未来走势进行准确的预测。

这些方面的不足使投资者没有信心对股市进行独立的判断和预测，于是开始希望外界某种神奇力量能够给自己指明方向，选到好股。不少投资者把目光集中于股评家。毋庸置疑，股评家的专业素质和投资赚钱能力的确很高，远远高于普通投资者。问题是有些投资者对股评家产生了某种崇拜的情绪，迷信股评所荐的股票和所进行的后市预测。不管其观点对不对，所选股票适不适合自己，也不管当前位置是不是买入的好时机，便盲目买入，到头来很多时候都是惨败而归。

投资者不能过于迷信股评，在参考股评的基础上，加上自己的合理判断，才有可能不断盈利。

如何选择大盘股和小盘股

不少投资者都热衷于盘子较小的股票，小盘股更受到很多投资者的欢迎。但随着机构投资者的壮大，太小盘子的股票已经容纳不了他们巨大的身躯，他们开始将投资目标转移到那些超级大盘身上，特别是大盘蓝筹股。

无论是大盘股还是小盘股，都有一定的选股策略。

1. 如何选择大盘股

投资者要花费相当大的精力，以全新的视野来筛选大盘股，从中找出精品股。大盘股最大的优点就是大盘的走势无法对它们产生巨大的牵制力，往往能够顶住大势的重压而走出一波独立行情，它们是大市指数的中流砥柱。

一般说来，选择最佳大盘股应该具备以下几方面的特征：

（1）行业处在景气周期内，并且还将持续一段时间。

（2）成交萎缩到极点。

（3）绝对涨幅不大，应该少于 50％。

（4）行业的低谷周期即将结束，股价徘徊底位已经有相当长的时间。

（5）媒体开始大谈价值投资观念。

（6）短线升幅不大，经过一定时间的调整。

（7）短线出现回调，产生难得的低位区。

在不少投资者眼里，大盘股能产生令人惊讶的回报，但并不是说在大盘股里遍地是黄金。实际上，只有少数的大盘股才能助你在股市中赚大钱，这需要投资者用自己的慧眼去识别。

2. 如何选择小盘股

小盘股一向深受投资者的追捧。因为，小盘股与大盘股相比有以下优点：

（1）振荡幅度大，这本身就能让投资者获得更大的投资获利机会。

（2）只需较小规模的资金便可将股价推高，因而可以吸到大大小小的庄家介入。

（3）潜在的题材较丰富。

（4）股权变更较容易。

（5）重组也易进行。

（6）很多黑马股都出身于小盘股。

（7）主营业务转型难度相对较小。

所以投资者在选择股票时，选择流通盘小于 1 亿的小盘股，更容易在股市中赚大钱。

但是，要选择最佳的小盘股，需要具备以下几个条件：

（1）绝对价格应该小，最好小于 15 元。

（2）盘中主力的获利尚不大，最好小于 50%。

（3）成交量进入密集区。

（4）股权分散。

（5）国家股和法人股等非流通股比例小。

（6）公司业绩尚可，绝不能连续 3 年亏损，绝不能有退市风险。

不同类型股民的选股技巧

每个投资者都有自己的个性，不同类型的股民在投资上会表现出不同的特点。按照自己的个性选股，是比较稳妥可靠的方法。

1. 稳健型投资者

稳健型的投资者都很强调本期收入的稳定性和规则性，因此，通常都选择信用等级较高的债券和红利高而且安全的股票。如果投资组合中无风险或低风险证券的比重较大，那么投资者的投资姿态是稳健型的。所以，选股时应把安全性当作首要的参考指标。具体应注意以下几个方面：

（1）上市公司经营状况和赢利能力都比较稳定。

（2）股票的市盈率较低。

（3）红利水平较高。

（4）股本较大，一般不会有市场主力光顾。

为了兼顾本期收入的最大化，稳健型投资者可将股票、基金和债券融合在一起，共同组成投资组合。另外，证券投资基金作为一种由专家管理的金融工具，也不失为一种较好的投资对象。

2. 激进型投资者

激进型投资者的目标是尽量在最短的时间内使其投资组合的价值达到最大。因此，其投资对象主要是震荡幅度较大的股票。

激进型的投资者通常运用技术分析法，认真分析市场多空双方的对比关系、均衡状态等情况，而不太注意公司基本面的因素，并以此为依据做出预测，选择有上升空间的股票。激进型的投资者在选择股票时要参考以下几条标准：

（1）股票以往表现较为活跃。

（2）最好有主力资金的介入。

（3）有炒作题材配合。

（4）量价关系配合良好。

（5）技术指标发出较为明显的讯号。

激进型投资的优点是重视技术分析的运用，往往能在短期内取得较大的收益，缺点是忽略了基本分析，是一种不全面的分析方法，因此预测成功率通常不会很高，风险系数也较大。

3. 进取型投资者

进取型投资者介于激进型投资者和稳健型投资者之间。进取型投资者讲究的是在风险尽可能小的前提下，使利润达到最大化。当然，其风险系数要高于稳健型投资，而低于激进型投资者。

进取型的投资者在选择股票时，通常采用基本分析法，深入了解各公司的竞争力、管理水平、产品特点、销售状况等情况，并以此对各公司的赢利和红利做出预测，从而根据各股票的内在价值与市场价格的对比，选择价格被低估的股票。可参考以下几点进行分析：

（1）赢利和红利的增长潜力大。

（2）红利水平较低。

（3）预期收益率较高。

（4）赢利增长率较高。

进取型投资最大的优点在于其基本分析，投资者通过对公司基本资料和国家政策的分析，往往能预测出将来市场行情的变化。如果投资者预测大盘由熊市走向牛市，就应加大高风险股票在投资组合中的比重，也就是说转成激进型投资者；若投资者预测大盘由牛市走向熊市，则应提高低风险股票在投资组合中的比重而转为稳健型投资者。

由于股票市场是一个高风险的市场，投资者往往追求高收益而忽略其风险因素，大多数股票投资者都可归纳为激进型和进取型的投资者。

主升浪行情中，如何选股

投资主升浪行情中，需要确认个股是否有继续上涨的动力，这时关键需要选好股。个股的持续上涨动力，来自于各种市场客观条件的支撑。具体而言，在主升浪行情中，宜选择以下几种类型的个股：

1. 有价值支持的个股

价值与价格之间的关系很重要，如果个股的股价严重背离其价值，则股价的上涨将缺乏价值的支撑。目前沪深股市中仍有不少个股市盈率处于相对合理的水平，值得投资者参与，不过这类股票需要投资者慢慢万挖掘。

2. 有业绩增长支持的个股

业绩优良、有良好分配方案的股票，不断受到主流资金的追捧和炒作，这类股票具有更好的上涨动力。

3. 有市场热点支持的个股

热点的深化炒作，往往是个股得以持续性上涨的原动力。对于个股是否处于市场热点的中心，有两种分析方法：一是看该股是否属于市场热门的板块，二是观察涨幅榜、成交量等，看有没有大量与该股同属于一个板块的个股。

4. 有增量资金支持的个股

股价的上涨，归根结底离不开资金的推动，增量资金介入的踊跃程度，是对股价最有力的支持。对于增量资金的分析，不能仅仅局限于观察成交量的大小，更关键的是要分析增量资金的性质，有时候即使个股成交量突然剧烈增长，但如果资金只是属于短线流动性强的投机资金的话，那么，行情往往并不能持久。所以，投资者必须对增量资金的4个方面进行综合分析，这4个方面包括：资金的规模与实力、资金的运作模式、资金的运作水平、资金的市场敏锐程度。

主升浪行情中，投资者需要结合上涨的趋势来操作。一旦趋势转弱，要立即卖出股票。而且即使看好后市行情，投资者也不宜满仓追涨。稳健的方法是：可以用半仓追涨，另外半仓根据行情的波动规律，适当高抛低吸做差价。由于手中已经有半仓筹码，投资者可以变相地实施“T+0”操作，在控制仓位的同时，以滚动操作方式获取最大化的利润。

投资者追涨的过程中，需要依据市场行情的变化设定赢利目标，到达赢利目标位时，要坚决止盈，这是克服贪心和控制过度追涨的重要手段。

股票支撑位、阻力位的买卖点选择

支撑位也叫作抵抗位。支撑位起阻止股指、股价继续下跌的作用。当股指、股价跌到某一点位附近时，股指、股价停止下跌，甚至还可能回升，这是多方在此价位买入造成的。

阻力位也叫压力。阻力位起阻止股指、股价继续上升的作用。当股价上涨到某一价位附近时，股指、股价会停止上涨甚至回落，这是空方在此价位抛售造成的。

在下跌行情中，压力线对股价的反弹起反压作用；在上升行情中，支撑线对股价的回档起依托作用。由于在下跌行情中人们关注的是会跌到什么价位，所以关注支撑线多一些；在上升行情中人们更关注能涨到什么价位，所以关注压力线就多一些。

股指、股价的运动有其自身趋势，要维持这种趋势，保持原来的运动方向，就必须不断地冲破阻力线或抵抗线。如维持下跌，必须突破支撑线的阻力，创出新低；要维持上升，必须突破上升压力线的阻力，创出新高。

支撑线和压力线都有被突破的可能，它们不可能长久地阻止股指、股价保持在一定的水平之上或之下，只不过是使它暂时保持稳定而已。支撑位和压力位之所以能起支撑和压力作用，很大程度上是由于市场心理因素所致，两者的相互易位转换也是如此。

股市中必然包括多头和空头两股力量。如果股指、股价在一个区间停留一段时间后开始向上运动，那么在此点位买入股票的多头肯定认为自己的判断和操作是对的，并因自己没有多买入而感到后悔。在该点位卖出股票的空头也认为自己错了，他们希望能在股指、股价再跌回原先卖出的价位时，将原先卖出的股票再买回来。总之，不论是多头或空头，此时都有买入股票成为多头的愿望。支撑位的支持表明大盘或个股的走势将会向上运行。

正是由于多头和空头都决定要在这个买入时机和价位买入，所以股指、股价稍一回落就受到关注，多空双方迟早会进入股市介入该股，使价格还未下降到原来的位置，上述多空双方自然又介入，把价格推上去，使该价位成为支撑区。

众多股票的实际走势表明，除非庄家恶意操纵，一般情况下在支撑位成交越多，表明很多的股票投资者在这个支撑位有切身利益，这个支撑区就越重要。

第十章 选择基金，让专业人士为投资保航

这么多年来，有资格被称为投资大师的人并不少，譬如沃伦·巴菲特、彼得·林奇（麦哲伦基金经理）和乔治·索罗斯（量子基金经理）。但相比规模庞大的投资专家队伍而言，有着超凡业绩（以及超凡运气）的基金经理仍属沧海一粟。

——欧阳良宜

（北京大学经济学院副教授）

基金的真面目

这里我们所说的基金不同于福利基金、慈善基金、助学基金等，而是专指用于投资获利的证券投资基金。到底什么是证券投资基金呢？

证券投资基金是指通过发行基金单位，集中投资者的资金，由基金托管人托管，由基金管理人管理和运用资金，从事股票、债券、外汇、货币等金融工具投资，以获得投资收益和资本增值的一种共享收益、共担风险的集合证券投资方式。那么，证券投资基金究竟是怎样发展起来的呢？

19 世纪 60 年代，证券投资基金起源于当时最发达的英国。当时，随着第一次产业革命的成功，英国生产力水准得到了巨大的提高，国内资金充裕，公债利率较低。投资者对国内投资缺乏兴趣，纷纷在国外寻求发展。当时正逢美国大规模兴建铁路，发展纺织、通讯等行业，资金需求非常旺盛，而且美国的公债利率比英国高 1 倍，另外，拿破仑战败后，重建欧洲需要巨额资金，欧洲各国为此发行了大量高利率债券。在这种情况下，英国资金大量流入美国和欧洲，然而出乎

投资人意料的是，美国铁路建设很快冷却，投资美国这些事业的投资者损失惨重。惨痛的教训让投资者认识到，对外投资需要进行严格的考察，不能盲目跟进，而且应尽可能将众多小额资金汇集起来增强力量，共同运作、分散投资以减少投资风险。在这样的背景下，1868 年，英国政府出面成立了专门投资于欧洲大陆、殖民地、美国的世界上第一家证券投资基金，即“国外及殖民地政府信托基金”。这就是现代证券投资基金的雏形。

证券投资基金在不同国家或地区的称谓有所不同，美国称为“共同基金”，英国和香港称为“单位信托基金”，日本和我国台湾称为“证券投资信托基金”。然而，虽然称呼不同，但是各个国家和地区的证券投资基金一般都包含五层基本含义。

第一，证券投资基金专门从事股票、债券等有价证券的投资，投资领域仅限于金融市场。

第二，证券投资基金的基础是现代信托关系。投资者们将资金委托给基金管理人或投资顾问公司进行运作，并且委托基金托管人（一般为银行）管理基金资产，并监督基金管理人对基金资金的运作。

第三，证券投资基金运行的基本原则是共同投资、共担风险、共享收益。

第四，证券投资基金是一种将社会上闲散资金集中起来进行投资的独立核算机构，是一种特殊的投资组织形式。这不同于一般股份有限公司，也不同于商业银行和一般的非银行金融机构。

第五，证券投资基金通过发行证券投资基金单位募集资金。基金单位性质类似于股票，是一种代表基金持有人对基金的一定数量所有权，并且借此获取投资收益的权益凭证。

随着科技的发展，全球金融市场的关联性日益加强，现在基金的投资领域不再局限于某一国的金融市场，而是进入国际金融市场，资金来源更为广泛，投资目标也日趋多元化。某些庞大的基金可以动用旗下资金，在全球范围内任意进行资源配置，因此基金不仅影响一国的金融市场，甚至还会影响全球的金融市场。这方面索罗斯的量子基金就是一个典型的例子。

量子基金动辄动用几十亿，上百亿美元的资金，在国际金融市场进行大笔的做空做多交易，以此对某种货币发起攻击。1992 年量子基金成功地上演了“英镑狙击战”，使得索罗斯在一个星期内赚了 10 亿美元。1997 年，索罗斯牵头发动“泰铢狙击战”，号召近百亿美元的国际游资攻击泰铢，导致泰铢一夜之间汇率狂跌，索罗斯从中获利近20亿美元。泰铢的贬值引起连锁反应，东南亚各国不约而同受到影响，引致了“东南亚金融风暴”。

虽然量子基金规模庞大作风凶狠，在国际金融市场上动辄掀起惊天巨浪，听起来似乎遥不可及。然而事实并非如此，基金离我们并不遥远，现在基金已成了大众投资者惯常使用的一种重要的投资工具。

按照不同的分类标准，基金可分成不同的类型：

根据组织形式的不同，基金可分为契约型基金和公司型基金两种。契约型基金也称为信托基金，它是按照契约原则，通过发行带有受益凭证的基金证券而形成的投资基金；公司型基金筹集资金的手段是通过发行股份筹集，是以投资营利为目的，具有独立法人资格的股份有限公司。

根据基金单位能否加增或赎回，基金分为封闭式基金和开放式基金。开放式基金是指基金发起人在设立基金时，基金份额总规模不固定，可视投资者的需求，随时向投资者出售基金份额，并可应投资者要求赎回发行在外的基金份额的一种基金运作方式；封闭式基金是指基金规模在发行前已确定，在发行完毕后和规定的期限内，基金规模固定不变的投资基金。

根据投资风险偏好与收益偏好的不同，基金可分为成长型基金、收入型基金和平衡型基金。成长型基金以资本长期增值为投资目标，其投资对象主要是市场中有较大升值潜力的小公司股票和一些新兴行业的股票；收入型基金是指以能为投资者带来高水准的当期收入为目的的基金，主要投资于可带来现金收入的有价证券；平衡型基金是指以支付当期收入和追求资本的长期成长为目的的基金。

根据投资对象的不同，基金可分为股票基金、债券基金、货币市场基金、期货基金、期权基金、指数基金和认股权证基金等。股票基金是指以股票为投资对象的投资基金；债券基金是指以债券为投资对象的投资基金；货币市场基金是指以国债、大额银行可转让存单、商业票据、公司债券等货币市场短期有价证券为投资对象的投资基金；期货基金是指以各类期货品种为主要投资对象的基金；期权基金是指以能分配股利的股票期权为投资对象的基金；指数基金是指以某种证券市场的价格指数为投资对象的基金；认股权证基金是指以认股权证为投资对象的基金。

另外，基金按区域进行分类，可分为国际基金、海外基金、国内基金、国家基金和区域基金等。除此之外，基金还包括伞型基金、基金中的基金等类型。

在世界范围内，短短几十年间，证券投资基金就得到了迅速而广泛的发展?

相比于股票和债券，基金究竟有什么不同之处？

首先，基金投资人的资金受到多重保障。

基金托管人是一个独立的第三方机构，其存在不受基金公司的影响，任务是单独为投资者保管资金，并且监督基金管理人的运作是否合规。

在投资过程中，基金经理向基金托管人（一般是商业银行）汇报投资策略，并向经纪人发出操作指令，基金托管人核查此项交易是否符合双方的规定，是否符合基金经理的权限，并负责对盘和与经纪人结算。基金经理不仅不能直接接触到资金，而且在职业操守上也有严格的规定。

其次，基金可以通过证券组合投资，以降低投资风险。基金市场上的投资风险分为系统性风险和非系统性风险。其中，系统性风险是指由于全局性的共同因素引起的投资收益的可能变动，这种因素以同样的方式对所有证券的收益产生影响。非系统风险又称非市场风险或可分散风险。是指只对某个行业或个别公司的证券产生影响的风险。它通常是由某一特殊的因素引起，与整个证券市场的价格不存在系统、全面的联系，而只对个别或少数证券的收益产生影响。例如，公司的工人罢工，新产品开发失败，失去重要的销售合同，诉讼失败或宣告发现新矿藏，取得一个重要合同等，都是隶属于非系统性风险的范畴。

确定投资目标

投资目标表明该基金投资所具有的风险与收益状况，因此在募集基金时，募集单位必须在基金招募说明书中对投资目标加以明确，以供投资者选择。

投资目标不同，主要投资工具则不同，基金获取收益的方式也不同。收入型基金会有较高的当期收入，平衡型基金在分配到利息和股利的同时也能够实现一定的资本利得，成长型基金只注重长期的资本利得，对当期的股利和利息收入并不注重。

每一只基金都会有自己的投资目标。投资目标明确了该基金日后具体的投资方向，在股票和债券上面的选择依据，等等。根据投资目标，投资者也可以了解到基金投资所具有的风险与收益状况。

以个人投资者的偏好而言，个人投资者的投资目标很多，比如，教育、养老、购房等，这些目标所能够承受的风险是不同的，养老是低风险承担水平，教育是中等风险承担水平，而购房一般属于高风险承担水平，即使收益率要求相同，也需要投资不同类型的基金才能够实现正确的投资。

对于个人而言，投资目标并不是一成不变的，所有的目标都是动态的。在不同的阶段，理财的目标也是不一样的，它应该有长期、中期、短期之分。在设定具体目标时，有几个原则必须遵循：一是要明确实现的日期；二是要量化目标，用实际数字表示；三是将目标实体化，假想目标已达到的情景，这样可以加强人们想要达到目标的动力。

例如，三种常见的投资目标——养老金储备、教育储备及应急储备和其他短期目标。许多个人投资基金是出于长期理财目标，尤其是储备养老金。据测，如果个人退休后的生活质量要与退休前相差不大，那么其退休后收入至少应该有他退休前的税前收入的 70%～80%。如果你计划在 60 岁退休，那么你至少要准备 22 年的养老金，因为对 60 岁的人而言，平均寿命预期是 82 岁，而且呈上升趋势。最理想的状况是，个人通过多种途径来储备养老金，比如，社会保险金、企业养老金和个人储蓄（包括个人养老账户投资理财）。

许多父母或者祖父母投资基金是为孩子将来上大学的费用做准备。对教育储备而言，投资期限格外重要。如果你在孩子一出生就开始储备，那意味着有 18 年的投资期限。

应急储备是为了满足难以预料的紧急支出需求。许多投资者用货币市场基金来做应急储备。单独投资货币市场基金，或者同时投资于债券基金，都是短期投资的理想选择。

投资期限对于正确估计投资风险和进行适当的投资配置十分重要，投资期限较长便可以采取相对积极的投资方式，比如，选择成长型股票基金；反之，就需要选择货币市场基金等近似无风险的基金品种。一般而言，在其他条件相同的情况下，建议投资者选择较长期限的投资方式，以期取得较好的投资效果。

除了考虑投资期限，我们还需考虑投资成本。

投资者可以从以下 5 个方面充分考虑基金投资的成本：

第一，基金购买价格上的成本。不同的基金产品，其净值是不同的，从而决定了其价格的不同，直接影响到投资者购买的成本。也就是说，是否能够运用最少的资金购买较多的基金份额，或者运用最少的资金创造最高的收益。

第二，基金进场时机上的成本。影响基金净值高低的因素众多，而不同的市场环境下，不同的投资时机，基金的购买成本是完全不同的。如在证券市场的阶段性高点购买基金及在证券市场的阶段性低点购买基金的成本是完全不同的，即使是同一基金产品，也会存在很大的差异。

第三，基金基本面成本。由于不同的基金产品，采取不同的投资策略和资产配置特点，也就呈现出了基金管理人不同的管理和运作基金的能力，从而造成基金运作上的净值差异化。这种潜在的投资成本是投资者所不能忽略的，也是决定一只基金成长性，是不是能够有效补偿基金成本的重要因素。

第四，基金投资的时间成本。作为一种专家理财产品，基金管理人管理和运作基金的能力直接决定着基金净值增长的幅度，同时也影响着投资者持有基金的时间成本。净值增长较快，将使投资者的投资周期得到缩短，从而创造更多的累积利润。相反，基金的净值增长缓慢，收益受到影响，也会在一定程度上延长投资者持有基金的时间成本。

第五，基金的创新成本。可以说，这是一种投资者容易忽略的成本。主要表现为通过基金管理人对基金产品、交易制度、收益分配创新而带来的投资成本的变化。如基金通过大比例分红、复制和拆分而带来的基金份额的变化和投资者重新选择的成本。

成本总是越小越好的，要比较大小，首先就要量化成本。基金不一定赚钱，但一定要缴付费用。比如，基金交易费用是多少，基金托管费用是多少，有没有成本更低的以及自己为这些收益所支付的成本是不是值得。对于投资者而言，至少投资收益要与支付的成本成正比。投资人要想得到专业理财服务，必须缴付申购费、认购费、赎回费、转换费等费用，但是费用过高，也不合算。这些费率水平每年基本维持不变，但基金投资于股票和债券的回报却是起伏不定的。你无法控制市场突如其来的变化，也无法控制基金组织的投资操作，但是你可以控制费用。

共同基金和对冲基金

市场的投资基金主要有两种类型：共同基金和对冲基金。现在我们从不同的角度，对其作一番考察。

1. 共同基金和对冲基金的不同特点

共同基金是由基金经理的专业金融从业者管理，向社会投资者公开募集资金以投资于证券市场的营利性公司型证券投资基金。共同基金购买股票、债券、商业票据、商品或衍生性金融商品，以获得利息、股息或资本利得。共同基金通过投资获得的利润由投资者和基金经理分享。共同基金涵盖的种类比较广，我们经常提到的开放型基金、封闭型基金、股票基金、债券基金、成长型基金、平衡型基金都是从不同角度对共同基金的分类。

对冲基金起源于20世纪50年代初的美国，其英文名称为Hedge Fund，意为“风险对冲过的基金”。其操作的基本宗旨，在于利用期货、期权等金融衍生产品以及对相关联的不同资产进行实买空卖、风险对冲的操作技巧，这在一定程度上可规避和降低证券投资风险。

经过几十年的演变，金融衍生品市场逐渐发展兴旺，对冲基金已失去其初始时保守的风险对冲的内涵。如今的对冲基金已成为一种新的投资模式的代名词，即基于最新的投资理论和极其复杂的市场操作技巧，充分利用各种金融衍生产品的数倍放大的杠杆效用，承担高风险、追求高收益的投资模式。对冲基金与共同基金相比，具有以下几个特点：

（1）投资效应的高杠杆性

对冲基金的证券资产流动性极强，使得它可以利用基金资产更为便利地进行抵押贷款。一个资本金只有1亿美元的对冲基金，可以通过反复抵押其证券资产的方式，借贷到高达几十亿美元的资金。这种杠杆效应，使得在一笔交易完成后扣除贷款利息，净利润远远大于仅使用1亿美元的资本金运作可能带来的收益。有些规模较大的对冲基金往往利用银行信用，以极高的杠杆借贷方式，在它原始基金量的基础上几倍甚至几十倍地扩大资金，以尽最大可能获取投资回报。

反过来，投资交易的高收益就意味着高风险，也正因为这种杠杆效应，对冲基金的风险在操作时也被数倍放大，一旦出现失误时，往往也面临着巨大的超额损失。

（2）投资活动的复杂性

近年来，世界金融市场上各类金融衍生产品层出不穷，花样不断翻新，如期货、期权、远期、利率互换等。相应的，金融衍生品也就成为对冲基金的主要操作对象。面对日趋发达的金融衍生品，对冲基金利用它们进行复杂的投资操作并获利。

不少金融衍生产品本来是为对冲风险、套期保值设计的，由于它们成本低、风险高、回报高的特性，也适应了对冲基金的复杂操作技巧的要求。对冲基金将这些金融工具进行复杂的组合设计，分别设定投资权重和投资方向，根据市场预测进行投资，预测准确时就可以获取巨额利润。或者利用金融市场短期内的波动而产生的非均衡性设计投资策略，从而在市场恢复正常状态时获取差价收益。

（3）操作的隐蔽性和灵活性

对冲基金与面向普通投资者的证券投资基金相比，在资金募集方式、基金投资者、受监管程度和资讯披露要求上存在很大差别，而且在投资活动的灵活性和公平性方面也存在很多差别。对冲基金的高收益性和高风险性，决定了它的进入具有高门槛。只有那些资金实力雄厚而且对风险的承受力较高的个人投资者或者机构投资者，才比较适宜对冲基金进行投资。

普通的证券投资基金一般在投资工具的种类选择和资金分配比例上有确定的方案，即有较明确的资产组合定义。如平衡型基金在投资组合中股票和债券数量大体各半，成长型基金则侧重于高增长性上市公司股票的投资。

另外，共同基金在投资工具的选择上有一定的范围规定，比如不能利用信贷资金进行投资。而对冲基金则完全没有这些方面的限制，可尽可能利用一切可用的金融工具发展投资组合，最大限度地利用信贷资金，以获取明显高于市场平均回报的超额赢利。由于对冲基金高度的隐蔽性和灵活性以及杠杆放大的效应，它在现代国际金融市场的投机活动中扮演了重要角色。

（4）筹资方式的私募性

对冲基金大部分都是私募基金，其组织结构一般是合伙人制。基金投资者主要提供大部分资金入伙，但不参与投资活动。基金管理者负责基金的投资决策，以自己的资金和技能入伙，例如索罗斯就将自己的资产投入到量子基金中进行交易。

由于对冲基金多为私募，从而规避了美国法律对公募基金资讯披露的严格要求。由于对冲基金的高风险性和复杂的投资手段，一些西方国家都不允许对冲基金向公众公开招募资金，以保护普通投资者。而为了避开美国的高税收和美国证券交易委员会的监管，投资美国市场的对冲基金一般在一些税收低、管制松散的“避税天堂”进行离岸注册，并仅限于向美国境外的投资者募集资金。例如著名的量子基金就是在库拉索离岸注册的。

2. 共同基金与对冲基金的各自优点

目前，共同基金已经成为中产阶级的主要投资工具，共同基金之所以如此受欢迎，自然有其特殊的优点。

（1）低手续费

个体投资者投资共同基金所需要支付的交易费用，比投资个别股票或其他金融证券时所支付的费用低很多。共同基金一般只需要支付相当于个体投资者从事交易时所需支付费用的10%左右，这些较低的费用再在每一个投资者身上进行平摊。

(2) 共同基金没有破产风险

在大多数投资者心目中，银行和保险公司因为背后拥有政府的支持，几乎是无风险行业。但单个银行和保险公司都有破产的风险，因为银行和保险公司的负债可能超过他们自身的资产数额。共同基金的投资总数永远不会超过投资者投资共同基金的投资总额。对于投资者投入的每一美元，共同基金必定有相对应的可赎回的金融证券。

但这并不意味着共同基金不会亏损，投资共同基金最坏的情况就是在卖掉共同基金股份时收到的现金少于当初购买基金股份时所支付的现金，但绝不会出现血本无归的情况，因为共同基金所购买的证券价值不可能全部降为零。

相比之下，对冲基金的优点主要有以下几点：

(1) 追求绝对报酬率

对冲基金最主要的精髓在于以最小风险追求绝对报酬，其所设定的预期报酬率不受指标指数多空表现影响。

(2) 大部分对冲基金不受某一国的证券监管机构管辖，在操作手法上限制较少，比较灵活、富有弹性。对冲基金常设立在免税且法律规定不太严格的国家或地区，即所谓“避税天堂”，以保证它能够使用尽可能多的操作手法，并且尽量节约交易成本。

(3) 利用空头仓位配合多头仓位平行作业

对冲基金为了创造最佳的报酬和适当分散风险，将风险最小化，报酬最大化，常利用空头仓位配合多头仓位双面反向操作，而且也常交换使用期货、选择权或其他策略来降低仓位的波动性。

(4) 管理人可以收取绩效奖金

由于对冲基金需要运用多种复杂的操作手法，对冲公司的经理人必须具备丰富的专业知识、高度的投资智慧和熟练的操作技巧，来灵活运用这些金融工具，并善于分析金融环境与市场趋势。因此对冲基金的管理人挑选更加严格，经理人的报酬也更多。传统基金经理人只收取固定年费或管理费，对冲基金则会从基金获利中提取固定百分比给经理人，当作绩效奖金。

3. 共同基金与对冲基金的投资方式对比

(1) 投资范围

虽然共同基金可以随意投资对冲基金所投资的大部分证券，但是一个共同基金投资的范围要比一个对冲基金小得多，而且对冲基金持有的资产类型不经常变化。

（2）计算净值

共同基金成立时，对资讯披露的要求很高，通常需要每天计算并公布他们股票的净资产价值（NAV）。而对冲基金在这方面相对自由，在有投资者退出或进入时，才计算净资产价值，并且不对外公布数据。共同基金会每季度详细公布一次他们的持仓情况，包括证券的数量和种类，而对冲基金几乎不对外公布这些投资信息。

（3）进入或退出的时机限定

大部分共同基金允许投资者在一年中的任何工作日进入或退出基金。而对冲基金只允许每月或一个季度选择进入或退出基金。对冲基金对投资者往往增加限定条款，在一段时间内禁止退出。

（4）对杠杆效应的应用

共同基金投资时很少运用杠杆效应，只有一小部分共同基金使用杠杆交易增加收益，而且比例很小。并且只有少数情况下共同基金才会进行做空交易。对冲基金却可以充分运用杠杆的放大作用，只有少数对冲基金不采用杠杆交易。对冲基金的杠杆交易比例一般为 2∶1 到 10∶1，有的甚至超过 100∶1。然而，杠杆比例的高低不等于风险的大小。虽然一些对冲基金要比一般的共同基金的波动大得多，但一般的对冲基金要比投资于不使用杠杆交易的标准普尔 500 指数的波动小。

投资封闭式基金的切入点

封闭式基金是一种适合稳健型投资者的投资方式，由于其交易价格长期低于净值，曾经走向边缘化。但自 2005 年至 2007 年，封闭式基金在高折价、净值增长、到期概念、分红预期等动力驱动下又走向繁荣，使其投资价值逐步得到了投资者的认同。

虽然历史数据表明封闭式基金净值与大盘基本同步，但是自从 2005 年下半年以来，基金净值表现明显超过大盘。

首先，封闭式基金估值水平仍然偏低，反弹要求交易价格向净值回归。其次，到期套利与制度创新是未来几年保持高度活跃的重要题材。由于前期封闭式基金普遍涨幅较大，未来封闭式基金净值增长与相对估值水平更多是取决于A股走势。

假设上述两个因素不变，我们引入“内部收益率”指标，该指标即是假设基金净值不变，持有基金到期的投资收益，那么，未来封闭式基金到期选择的方案不同，投资者超额收益水平将有一定区别。

在到期清算情况下，基金管理公司需提前进入清算状态，根据国际平均水平，到期清算成本在5%左右，因此投资者所获超额收益水平为理论内部收益率扣除清算成本部分。封转开情况下，在方案实施的过程中，二级市场交易价格已经基本向净值回归，转为开放式基金后，赎回套利空间已相对较小，与其他开放式基金一样仅保持相对固定的赎回比例，对市场的冲击力度也较小，投资者所获的超额收益率水平与理论内部收益率相差无几。

如果方案是在到期日前提前进行封转开，那么就与基金到期日的远近无关了，投资高折价的大盘基金获利空间就较大；如果方案是到期才进行封转开，则只有到期日近的小盘基金能够在较短时间内实现超额收益，到期日远的大盘基金只能在类似效应下，寻求二级市场交易价格的反弹机会。目前大批封闭式基金折价率普遍在40%以上，一旦有封转开方案的出台，高折价基金将加速回归，投资者有望获得超过理论内部收益的超额收益。

在封转开情况下，方案实施的时点不同，对投资者超额收益的影响也不同。分析表明，美国封闭式基金实施封转开时，持有基金的折价与内部收益成正相关。但是没有封转开预期的高折价基金，其折价与内部收益没有明显的关系。联系到我国封闭式基金封转开下的套利机会，可见方案实施的时点不同，具体基金品种的套利空间则不同，投资者所获的超额收益也是不同的。

我们建议投资者进行封闭式基金投资时，抓住以上两大切入点，即在关注净值增长潜力的同时，兼顾折价率水平，从而获取较高超额收益。

按照我们对影响封闭式基金价格的各要素分析，投资者该如何挑选封闭式基金具体品种，思路就已经跃然而出了。

（1）寻找有较强股票投资管理能力的基金管理公司旗下的品种。更强的战胜市场的能力、更强的基金净值增长能力仍是封闭式基金市场价格上涨的重要力量。

（2）寻找高折价、高净值的基金品种。股指期货一旦成为现实，封闭式基金折价可能迅速下降，在同等情况下，折价越高意味着涨幅越大。高净值基金则表明该基金存在更高的分红预期，而关于分红因素的作用，我们前面已经分析得很清楚了。

（3）投资者利用“时间差”，积极投资即将到期的封闭式基金。比如，2007年2月9日，基金普华的折价率是7%，其到期日是当年的5月28日，若投资者此时买入并持有到期，待其“封转开”后赎回，可接下来投资7、8月份到期的基金，包括基金裕华、基金安久等，之后可以再投资11、12月份到期的基金，包括基金同德、基金兴安、基金隆元、基金景阳等。这样如果每次都能成功获取6%左右的收益，一年下来收益有机会超过20%。

需要注意的是，如此短线操作易受大盘波动的影响，投资者需要根据市场变化及时调整策略。

下面是封闭式基金的投资亮点：

1. 大规模分红是重大利好（分红进一步扩大折价率）

封闭式基金分红潮使得投资者面临一个很好的投资时机，封闭式基金分红成为了封闭式基金持有人的特大利好。一方面，可以按净值赎回部分份额；另一方面，由于分红进一步提高的折价率也为基金价格上涨提供了一个契机。

2. 提前转开放预期不断增强

创新型封闭式基金正不断逼近，但如果现有的封基折价率还超过15%，创新型封闭式基金是很难被推出的。

3. 股指期货助推大盘蓝筹股

股指期货、融资融券等一系列政策将进一步提升大盘蓝筹股的估值水平，进而带动市场重心上移，对封闭式基金的净值无疑也会起到正向作用。在股指期货推出之后，封基存在很大的套利机会，相信大多数机构是不会放弃的。

4. 折价率将逐步降低

股指期货将改变封闭式基金普遍高折价的历史。可以预期，包括保险资金、社保资金和QFII在内的机构投资者入市限制将会得到大幅度的放宽，其他风险厌恶型投资者入市的积极性也会提高，甚至即将阳光化的私募基金也表现出了极大的兴趣，上述几种投资者绝不会对高折价率的套利机会无动于衷，套利交易将取代传统的封转开等因素成为降低封闭式基金折价率的主要动力。

重视折价率的同时也不能忽视其他因素，折价率确实是投资基金时必须参考的因素之一，但对基金的赢利能力分析更重要。打个比方，现在有两只基金都是3年后到期，前一个基金折价率是20%，其每年的赢利率能达到10%，后一个基金折价率是30%，但每年亏损10%。等到期的时候，到底哪一只基金的累计净值高和更有价值呢？不用说，当然是前一只基金了。所以，单单看折价率来投资是不行的。

货币基金：收益高于定期利息

货币基金是指投资于货币市场上短期有价证券的一种基金。该基金资产主要投资于短期货币工具，如国库券、商业票据、银行定期存单、政府短期债券、企业债券、同业存款等短期有价证券。

货币基金的特色是安全性好、流动性高，因为其投资的货币市场工具大多数风险较低，易于变现。货币市场基金往往被投资人作为银行存款的良好替代物和现金管理的工具，享有“准储蓄”的美誉，而其收益水平通常高出银行存款利息收入1～2个百分点，所以又被称之为“高于定期利息的储蓄”。

货币基金单位资产净值通常保持在1元。尽管这种“1元净值”并不是硬性规定和保底要求，但由于其投资的短期证券收益的稳定性，使基金经理得以经久不变地把单位净值维持在1元的水平，波动的只是基金支付的红利水平。

倘若你有1000个基金单位，那么你的基金净值就是1000元，衡量该基金表现的标准是收益率，体现在红利的多少。例如，上述投资1年后的收益率为6%，而且你选择了红利再投资，则届时你就拥有1060个基金单位，净值1060元。

上述保持1元净值的一般属于收益分配型的基金，即投资人可以选择红利再投资或者现金分红。另一类为收益积累型基金，即把红利自动转为再投资，该类型的基金中有一部分基金的净值可能在分红后调整到1元以上。

选择投资货币基金，要注意以下3个问题：

首先，要考虑流动性。一般来说，份额越大的货币基金流动性越好。以南方现金增利为例，基金份额高达410亿份，流动性风险相对较小。另外，也要综合考虑赎回后资金的到账时间早晚。

其次，要考虑安全性能。对货币基金来说，自2005年4月1日估值新规实行后，投资的安全性得到极大提高。选择时应尽量选择每天收益相对稳定的基金品种，同时还要用一段时间的累计收益来进行比较。

最后，要考虑的才是收益性。由于投资对象的同一性，除了少数几个基金外，大部分的投资收益均不相上下。考虑到货币基金20%的融资比例，合理的应在2.8%～3%之间。

股票型基金：与股票市场息息相关

所谓股票型基金，是指以股票为投资对象的投资基金，是基金的主要种类。股票型基金的主要功能是将大众投资者的小额投资集中为大额资金，然后将其投资于不同的股票组合，是股票市场的主要机构投资者。

不论是与其他基金相比，还是与投资者直接投资于股票市场相比，股票型基金都能具有吸引投资者的目光。

第一，流动性强、变现性高。与其他基金相比，股票型基金具有上述特点。股票型基金的投资对象是流动性极好的股票，基金资产质量高、变现容易。对投资者来说，股票型基金经营稳定、收益可观。不仅如此，封闭式股票基金上市后，投资者可以在交易所交易获得买卖差价。合约期满后，享有分配剩余资产的权利。

此外，与其他基金相比，股票型基金还具有在国际市场上融资的功能和特点。就股票市场而言，其资本的国际化程度比外汇市场和债券市场低。一般来说，各国的股票基本上在本国市场上交易，股票投资者也只能投资本国上市的股票或在当地上市的少数外国公司的股票。在国外，股票型基金则突破了这一限制，投资者可以通过购买股票型基金，投资于其他国家或地区的股票市场，从而对证券市场的国际化具有积极的推动作用。从海外股票市场的现状来看，股票型基金投资对象有很大一部分是外国公司股票。

第二，分散风险、费用较低。与投资者直接投资于股票市场相比，股票型基金具有如上特点。对一般投资者而言，个人资本毕竟是有限的，难以通过分散投资种类而降低投资风险。但若投资于股票型基金，投资者不仅可以分享各类股票的收益，还可以通过投资于股票型基金进而将风险分散于各类股票上，大大降低了投资风险。此外，投资者投资了股票型基金，还可以享受基金大额投资在成本上的相对优势，降低投资成本，提高投资效益，获得规模效益的好处。

当然，风险与收益总是如影随形。股票型基金的收益高，但也不能因此而忽略了其风险。投资股票型基金，我们需要注意以下几个问题：

首先，看投资取向。基金的不同投资取向代表了基金未来的风险、收益程度，因此应选择适合自己、收益偏好的股票型基金。看基金的投资取向是否适合自己，特别是对没有运作历史的新基金公司所发行的产品更要仔细观察。

其次，看基金公司的品牌。买基金是买一种专业理财服务，因此提供服务的公司本身的素质非常重要。目前，国内多家评级机构会按月公布基金评级结果，尽管这些结果尚未得到广泛认同，但将多家机构的评级结果放在一起也可作为投资时的参考。

最后，面对国内市场上众多的股票型基金，投资者可优先配置一定比例的指数基金，适当配置一些规模较小、具备下一波增长潜力和分红潜力的股票型基金。

指数型基金：紧跟指数变化

沃伦·巴菲特曾经说过："大部分机构投资者和个人投资者都会发现，拥有股票最好的方法是收取最低费用的指数型基金。投资人遵守这个方法得到的成绩，一定会击败大部分投资专家提供的结果。"

那么，所谓的指数型基金到底是什么呢？它有何特点？我们该如何投资指数型基金？指数型基金是一种以拟合目标指数、跟踪目标指数变化为原则，根据跟踪标的指数样本股构成比例来购买证券的基金品种。

与其他类型基金相比，指数型基金不主动寻求取得超越市场的表现，而是试图复制指数的表现，追求与跟踪标的误差最小，以期实现与市场同步成长，并获得长期稳定收益。

指数型基金具有以下特点：

1. 低成本性

指数型基金的低成本性，是指其往往具有低管理费及低交易成本的特性。由于指数投资不以跑赢指数为目标，只需根据指数成分变化来被动地调整投资组合，不需支付投资研究分析费用，因此可收取较低的管理费用；另一方面，指数投资倾向于长期持有买入的股票，相对于主动式管理因积极买卖形成高换手率而必须支付较高的交易成本，指数投资不主动调整投资组合，换手率低，交易成本低。

2. 具有透明度

由于指数投资完全反映投资组合及投资报酬率，因此基金的投资组合内容非常明确且公开，投资人较易明了组合特性并完全掌握投资组合状况，做出适当的预期。

3. 可以分散投资

被动式投资组合通常较一般的主动式投资组合包含较多的标的数量，随着标的数量增加，可减低单一标的波动对整体投资组合的影响程度，同时通过不同标的对市场风险的不同影响，得以降低投资组合的波动程度。

指数型基金虽然具有低投入高回报的优点，但是我们在投资指数型基金时，仍然要注意一定的投资策略。

依据市场行情把握投资时机。对投资时机的把握是难之又难的，即使是专业的投资分析师也难以对时点进行准确的判断。但投资指数基金时，仍需对大势做出判断，如果判断为牛市行情，即可选定一个相对低的点位买入并长期持有，将会获得与市场相近的回报。但如果只是想做短线投资，则需更为慎重，低吸高抛的目标无法实现时就会给投资者带来很大的损失。

立足于选择一个好的指数来选择指数基金。结合市场行情，看指数有没有很强的赢利能力，是否有较高的投资价值。对市场主要指数进行比较和选择主要从以下几个方面进行：

第一，市场指数的代表性。这主要通过总市值和流通市值来比较。

第二，市场指数的发展前景。这主要通过每股收益、净资产收益率、税后利润、资产负债比率和市盈率等指标来比较。

第三，市场指数的风险收益特征。这主要通过对指数的收益和风险指标来比较。

选择对指数跟踪效果好的指数基金。我们可以观察指数基金跟踪指数的偏离度，偏离度越小，跟踪误差越小，其有效性越好。举例说，假设指数涨了20％，但是跟踪误差偏离了5％，这样可能你只赚了15％，相当于少赚了5％。

这里还要提醒投资者，从指数基金本身的特点来看，产品更加适合于进行长期投资，投资人应在对产品有了充分的了解后进行资产配置。

债券型基金：稳中获利

所谓债券型基金，是指以债券为主要投资标的的共同基金。除了债券之外，尚可投资于金融债券、债券附买回、定存、短期票券等，绝大多数以开放式基金形式发行，并采取不分配收益方式，合法节税。

根据投资股票的比例不同，债券型基金又可分为纯债券型基金与偏债券型基金。两者的区别在于，纯债型基金不投资股票，而偏债型基金可以投资少量的股票。偏债型基金的优点在于可以根据股票市场走势灵活地进行资产配置，在控制风险的条件下分享股票市场带来的机会。

目前国内大部分债券型基金属性偏向于收益型债券基金，以获取稳定的利息为主，因此，收益普遍呈现稳定增长。

一般来说，债券型基金投资具有以下优点：

第一，不收取认购或申购的费用，赎回费率也较低。

第二，风险较小。由于债券收益稳定、风险也较小，相对于股票基金，债券基金风险低，回报率也不高。

第三，收益稳定。投资于债券定期都会有利息回报，到期还承诺还本付息，因此债券基金的收益较为稳定。

第四，注重当期收益。债券基金主要追求当期较为固定的收入，相对于股票基金而言缺乏增值的潜力，较适合于不愿过多冒险，谋求当期稳定收益的投资者。

如果你不想把投资都放在股市中，就可以考虑在组合中纳入现金或者债券。对于基金投资人来说，就可以买一些债券型基金。但投资之前至少需要关注以下几点：

第一，了解债券型基金的持仓情况。

在国内，债券基金的投资对象主要是国债、金融债和企业债等固定收益类品种，也可投资可转债甚至少量股票。为了避免投资失误，在购买此类基金之前，前需要了解自己债券基金的持仓情况。

要想了解债券型基金的持仓情况，我们可以从两方面入手：利率敏感程度与信用素质。债券价格的涨跌与利率的升降成反向关系，利率上升的时候，债券价格便下滑。要知道债券价格变化，债券基金的资产净值对于利率变动的敏感程度如何，可以用久期作为指标来衡量。久期越长，债券基金的资产净值对利息的变动越敏感。假若某只债券基金的久期是 5 年，那么如果利率下降 1 个百分点，则基金的资产净值约增加 5 个百分点；反之，如果利率上涨 1 个百分点，则基金的资产净值要遭受 5 个百分点的损失。

第二，选择适合的费率方式。

国内不少债券型基金都提供多种费率模式供选择。以工银强债券基金为例，该基金推出了 A、B 两类收费模式，两类模式对应的基金代码也不一样。主要区别是，A类有交易手续费，收取认购、申购、赎回费用，可选择前端或后端收费模式；B类则免收交易手续费，但需从基金资产中每日计提销售服务费（年费率为0.4%）。A类与B类仅仅是在收费方式上有所区别，在基金运作方面，如投资管理上，两类基金份额是合并运行、完全一致的。只不过，由于B类按日计提销售服务费，在公布基金净值时，会出现A类基金份额净值稍高于B类的情况。对此，投资人可根据自己不同的需求来选择适合自己的费率方式，能够起到降低成本、提高收益的作用。

具体来说，投资人在选择收费类型时可参考以下建议：

如果购买金额不大、持有时间不确定（两年以内）适宜选择B类。

如果购买金额在100万元以下、持有时间超过两年的投资者，适宜A类的后端收费模式。因为B类需向投资者收取每年0.4%的销售服务费，而选择A类的后端收费模式，仅收取一次性0.4%的认购费用（两年以上赎回费为零），则成本更低。

如果是500万元以上的大额投资者，适宜A类的前端收费模式。对一次性购买超过500万元以上的客户，选择A类的前端收费模式，仅需缴纳1000元每笔的认（申）购费，成本最低。

投资债券型基金时除了应该关注其持仓情况和收费标准之外，投资者至少还应该关注债券基金的业绩、风险、基金经理是谁等，这些对于投资赢利都有很大影响。

混合型基金：综合各家所长

通过前面的分析，不论是货币基金、股票型基金还是指数型基金、债券型基金，都是有利有弊，投资者如果对它们都有所疑虑怎么办？这里有一个折中的方案——混合型基金。

混合型基金是指投资于股票、债券以及货币市场工具的基金，股票投资可以超过20%（高的可以达到95%），债券投资可以超过40%（极端情况下可以达到95%）。混合型基金的风险和收益介于股票型基金和债券型基金之间，股票投资的比例小于股票型基金，因此在股票市场牛市来临时，其业绩表现可能不如股票基金。但是由于仓位调整灵活，在熊市来临时，可以降低及规避风险。

根据美国投资公司协会2001年对共同基金家庭持有的调查显示，34%的持有人拥有混合型基金。随着中国债券市场的发展和成熟，混合型基金投资机会在国内也逐渐出现。譬如2005年债市走牛使得当年的债券基金收益一举超过了股票型基金，而债券市场吸引力的不断增强也为混合型基金树立了良好的财富效应，促进了其快速发展。

混合型基金与传统基金相比具有相当大的优势，主要体现在：

第一，牛市可以积极加大股票投资，熊市可以加大债券投资。换言之，它根据时机的不同，可以成为最积极的股票基金（股票投资比例可以达到净资产的80%），也可以成为最纯粹的债券基金（股票投资比例为0）。在国外成熟市场，混合型基金在投资人的资产结构中占据了相当的比例。

第二，风险更小、收益更稳定。由于混合型基金关于股票投资下限的规定，一般会远远低于股票型基金，这样基金经理可以通过更为灵活的资产配置策略，主动应对股指的高波动。在股市走牛时，基金可以加大股票投资力度、降低债券配置，以获取更大的投资收益；在股市下跌中，又可以反向操作，调低股票仓位，回避风险。因此，混合型基金被认为具有“进可攻、退可守”的特性，可以根据市场趋势进行大类资产的灵活配置。

值得投资者注意的是，由于混合型基金具备投资的多样性，因此其投资策略也具备灵活性。譬如在股市走牛时，可采取加大股票投资力度以获取更大投资收益；在股市下跌中，则将采取调低股票仓位的方式应对股市下跌。因此，混合型基金尤其适合那些风险承受能力一般，但同时又希望在股市上涨中不至于踏空的投资者。

如何评估基金业绩

评价基金的业绩如何，投资者可以根据基金的业绩比较基准进行判断。拥有同样的资产配置状况却可能导致不同的盈利能力，而基金的业绩是投资者需要评估基金是否值得投资的最终标准。

业绩比较基准是基金评估中一个极为重要的工具。每只基金在发行时都会确认自身的业绩比较基准，基金业绩比较基准是衡量基金业绩相对回报的一个重要指标，也是反映基金收益状况和风险控制能力的重要指标。从根本上说，设定基金业绩比较基准即是确定了基金的风险收益特征，基金管理的主要目标则是超过业绩比较基准。

比较基准选择的首要条件是必须与将要评价的基金高度相关，两者投资类型和投资结构要相似或者相同。

一般有两种选择基准的做法。一种是以市场指数为基准，另一种是以类似基金为基准。

在投资市场上有许多现存的指数，这些指数可以直接拿来作为基准，但是不同基金选择的指数是不一样的，即使是同一类基金选择的基准指数也是不一样的。

选择类似基金为基准时，必须注意的是确定基金的不同类型。在美国通常有三种区分类似基金的标准，即：招募说明书投资目标、利普基金分类法、晨星基金分类法。根据不同的分类标准划分出来的基金类型不一样。

除了利用业绩比较基准，投资者还可以通过以下方法来评估基金的业绩：

第一，将基金的当期收入与历史收益进行比较。只有稳定的业绩才能显示出基金的真正水准，投资者在评价基金业绩的时候，应该放在一个较长的时间段进行综合评估，而不能被短期利益所诱惑。投资者在寻求基金收益的时候，不应只关注于短时间内具有突出表现的基金，而应该注重基金获益的可持续性。只有具有稳定获益能力的基金，才可以在风云变幻的市场中站稳脚跟。而且稳定的业绩，也反映了基金背后运营团队的强大操作实力，反映了基金公司的雄厚背景。比如索罗斯的量子基金，就因为拥有索罗斯、罗杰斯、德鲁肯米勒等一批优秀的基金经理而受到投资者追捧，他们的存在就是投资者信心的保证。

第二，投资者应该将基金收益和自己的预期做比较。根据基金的投资原则和基金经理的操作理念，考察基金的表现是否符合自己的预期。投资者对基金应建立起自己的评判标准，从收益大小、风险水平、资金回流速度、资产种类等多个方面进行评判，尽量选择自己熟悉的领域进行挑选，而不应该随便听从基金经理或是交易经纪人的言语就妄下评论。

第三，应该将基金收益与其他同类基金的收益比较。从长期来讲，风险越高、操作手法越急进，就容易产生越高的收益。投资者应该将不同类型的基金区别对待。而从前面所说的来看，用基金比较基准作为参照，分析基金业绩的时候也需要按照不同的类型来分别看待，不同类型的基金不能混为一谈。

另一个预测基金业绩的方法是通过证券的投资组合。证券投资基金主要通过组合投资、分散风险的方式，来获取比银行存款利率和国债更高的稳定收益。因此，投资者为必须对证券投资基金的投资组合有所了解。投资组合的关键是分散风险，将资金“分散在不同的篮子内”，但对于一个投资者来说，评估一家基金公司的投资组合是否在获取最大收益的同时也做到了最大限度的分散风险，就必须了解基金公司投资组合的运作，从而预测出整只基金未来的获利前景。

一个基金公司的投资组合成败与否，是关系到基金公司未来前景的重大问题。如果该投资组合没有最大程度的分散风险，就会影响到投资者资金的未来收益情况。

那么，应该怎样评价基金公司的投资组合呢？我们可以运用特雷诺测度的方法进行衡量。

1965年，杰克·特雷诺提出了一种对投资业绩进行评估的的业绩，首先需要一个衡量基金业绩的基准。只有在一个的基础上比较，才能知道该基金的业绩到底怎样。

如果甲、乙基金的业绩分别为8%和10%，那么哪个基金的业绩更好呢？表面上看来，应该是乙基金，实际上也许并非如此。作为投资者，必须首先确定甲基金和乙基金分别是什么种类的基金。假定甲基金为债券基金，乙基金为股票基金。债券基金同期平均收益率是6%；股票基金同期平均收益为1.5%，那么，很显然乙基金的业绩不如甲基金。

最后，投资人在选择基金时，最显著的考察指标要算基金的业绩。但是投资人仅仅依靠单独一个指标来选择基金是不够的。

所以，投资人在选择基金时，还要注意到其他以下指标，比如基金的规模。一般来讲，基金规模越小，抗风险的能力就越弱。但小型基金也有自身优势，小型基金对市场变化的反应比较敏锐，往往在一段时间的业绩并输给大型基金。因此对于那些对风险不是很厌恶的投资人来说，也可以适当考虑投资小型基金。

通过基金公司来看基金的发展潜力

随着购买基金热潮的兴起，市场上可供投资者选择的基金越来越多。投资者想要挑选出具有发展潜力的基金，就要密切关注基金背后的基金公司，从各个方面考察公司的可靠程度，从而判断出基金的价值。那么，一家优秀的基金公司具有哪些特点呢？

第一，重视公司的管理。良好的基金公司，其内部必定有一套完善的管理制度。而公司的管理是否规范、管理水平如何，会直接影响到基金持有人委托管理的资产保值增值情况。规范的管理和运作是基金管理公司必须具备的基本要素，是基金资产安全的基本保证。一般来说，有一套完善的管理制度、注重集体管理、分工明确及配合协调的基金公司，在决策程序上往往较一致，行动起来目标也较为明确。判断一家基金管理公司的管理运作是否规范可以参考以下几方面的因素：一是基金管理公司的治理结构是否规范合理，包括股权结构的分散程度、独立董事的设立及其地位等。二是基金管理公司对旗下基金的管理、运作及相关信息的披露是否全面、准确、及时。三是基金管理公司有无明显的违法违规现象。

索罗斯所管理的基金公司有自己独特的管理风格。首先，索罗斯十分信任自己的下属人员，对他们给予充分授权。他曾多次鼓励自己的员工说，如果看好一项投资项目，并且对自己的眼光信心十足，那么就对所投资的金额进行加码，放手建立大的头寸。朱肯德米勒在回忆起索罗斯时也曾说过，索罗斯对他的批评从来不是因为对市场趋势判断失误，而是在判断准确时没有尽可能建立起大的仓位，导致与获利良机失之交臂。他在与下属人员的沟通方面没有特规矩，实行完全开放式沟通，所以他的员工有不同意见时，会勇敢地反驳索罗斯。

索罗斯在管理上也做到权责明确。有一次，有一位交易员在索罗斯不知情的情况下进行了一笔货币交易。这笔交易虽然赢利了，但是索罗斯最终解雇了这名交易员，因为这名手下并不能对自己的投资行为负责，这种不诚实的品质是索罗斯不能容忍的。正是因为索罗斯如此重视公司的管理，他的基金公司才会在投资市场中不断胜出。

第二，是否拥有强大的实力。俗话说“大树底下好乘凉”，投资者在选择基金管理公司的时候，也要考虑公司是否拥有深厚的金融背景、实力雄厚的股东。尤其是基金经理人的投资经验和业务素质、管理方法及信托人、会计师、核算师的资历和经验，都会对基金的业绩表现产生重大影响。只有实力雄厚的基金公司，旗下的基金才会有一个比较好的运营和发展平台，也更容易在复杂多变的市场中赢利。所以，挑选基金公司时，大投资机构或金融机构管理的基金相对而言是更可靠的选择。

第三，基金管理公司的持续发展能力。一个基金管理公司是否具有持久的发展能力对旗下基金的发展潜力也有大的影响。基金投资属于长期性投资，因此一般的基金管理公司必须能够存在5年以上。而判断一个基金公司是否具有长远发展能力，投资者应该对这个基金管理公司的背景有深刻了解。投资者需要考虑的因素，包括所有制结构、大股东名单、成立的重大新闻背景、历史财务状况、成长速度等，并进行综合分析和考察。

第四，公司管理的基金业绩是否突出。毋庸置疑，基金公司的业绩可以在很大程度上反映某段时期基金管理公司的经营人员的业务素质、管理水平以及分析预测能力的高低。所以，在比较基金管理公司的时候，可以对基金管理公司管理过的各类其他基金的业绩进行考查。如果此公司以往的基金业绩较差，则说明此公司的管理能力较弱，这样的公司并不能给投资者带来高回报，甚至还有可能遭受亏损；如果此管理公司有着良好的历史基金业绩，说明该管理公司的经营管理能力较强，能够保证基金资产价值的持续增长，保持基金份额的稳定，会给投资者带来较高的投资收益。

衡量基金公司的经营业绩状况的指标最通用的是投资报酬率的高低。其计算公式为，投资报酬率=(期末净资产价值-期初净资产价值)/期初净资产价值。投资报酬率越高，基金公司的业绩越突出，投资者就越可能获得高的利润。

第五，交易人员的操作经验是否丰富。一流的投资分析人员是一个好的基金管理公司必备的团队，这是投资者判断一个公司的基金管理能力及持续性的判断依据。一个良好的投资分析人员需要拥有足够的理论知识储备、丰富的实战经验，并且对市场有敏锐的判断力和洞察力，在实际的市场操作中可以做到游刃有余。索罗斯在1982年为他的基金寻找接班人的时候就非常注重对他们理论知识和实战经验的考查。他非常看重基金管理人的素质，因为这会影响到投资者对基金公司的信心，影响到基金公司未来的发展方向。

第六，公司的基金投资组合能力。市场中一个较为常用的分散风险的方法就是进行投资组合，投资者要避免风险，就必须学会投资组合分析。因为只投资于某一行业的某种基金往往会带来较高的风险，投资者的资金盈亏状况完全取决于这只基金的业绩，所以投资者在选择基金公司的时候，为稳妥起见，可以尝试选择进行分散投资的基金公司。

第七，公司的基金规模状况。不同规模的基金各有自身的优缺点。一般来说，小规模的基金弹性大、运作手法灵活，在投资品种转移上较为迅速，建仓和出货都较为简便。规模较大的基金可通过分散投资来降低风险，同时由于交易的金额较大，在政策和交易费用上往往会有更多的优惠，从而可以降低基金的交易费用和相关税费，并且大规模的基金支付经营管理费用的能力较强，更有可能获得良好的经营管理。

第八，基金价格是否稳定。基金价格的变化会对投资者的收益产生直接的影响，同时也反映着基金的风险水平。所有的投资者都不希望所投资的基金价格波动幅度过大。投资者可以根据在市场行情看涨和看跌两种情况下基金的表现，来确定基金的价格波动情况以及大致的浮动范围。

那么，普通投资人又如何选择一家优秀的基金管理公司呢？一般可以下从几个标准来进行筛选：

1. 看公司股权结构是否稳定。股权频繁发生变动的基金公司，会削减公司和团队的长期竞争力，尤其是股东变更影响到管理层变动时，就不可避免会影响基金的运作，影响到基金的长期发展情况。

2. 看内部管理及风险控制制度是否完善。严格的风控制度和完善的内部管理才能对基金的投资运作形成一道安全护栏，只有始终坚持稳健、规范运作并将风险控制置于首位的基金公司，才能最大力度保障投资者利益不受威胁。

3. 看基金业绩表现是否有持续性。基金短期表现的参考价值不大，要考察公司的实力，必须要长时间看公司的基金管理团队的整体基金业绩。国际权威评级机构晨星对目前国内公募基金的星级评定标准规定，必须运作三年以上的基金方有资格参与评定。

无论以什么样眼光选择基金公司，总之，是否可以长时间维持整体基金业绩优异、股权稳定、管理完善，这才是投资选择优秀基金公司的重要参考依据。

第十一章 玩转债券，兼顾安全性和收益性

过去我们可能用外汇储备购买美国的国债，它的收益率相对比较低，风险比较小。现在我们考虑是不是拿出来一部分给基金去做，然后投资到国外去，就是风险相对高一点，但是收益率和回报率可能也会高一点。这个就是理财。

——王在全

（北京大学投资理财中心主任）

债券投资的特点

十几年前，时常还能在邻居中听到这样的谈话："你买今年的国债了吗?"这里谈到的国债就是一种债券。

在投资领域，债券是政府、金融机构、工商企业等直接向社会借债筹措资金时，向投资者发行，承诺按一定利率支付利息并按约定条件偿还本金的债权债务凭证。债券的本质是债的证明书，具有法律效力。

我国的国债历史可追溯到晚清政府时期。1894 年清政府为支付甲午战争军费的需要，由户部发行的，当时称作"息借商款"，发行总额为白银 1100 多万两。甲午战争后，清政府为交付赔款，又发行了公债（当时称"昭信股票"），总额为白银 1 亿两。自清政府开始发行公债以后，旧中国历届政府为维持财政平衡都发行了大量公债，北洋政府、伪满政权、武汉国民政府以及蒋介石政府先后发行了数十种债券。

为了让大家更好地理解债券的含义，我们来打个比方：如果你做生意缺钱，你找别人借钱，并且承诺在一定期限内按约定的支付利息还给他本金和利息。为

了证明你们的借贷关系，你给他一张欠条，这张欠条也就是我们说的债券，也可以说是一种债务的证明书。

如果将一个人换成一个国家或者企业，那么就变成国家或者企业向别人借钱，大家就可以把自己暂时用不到的钱借给国家或者企业，国家和企业就给你“债券”这个凭证，你可以选择借出年限，然后到期连本带利收回。

具体来说，债券包含了以下四层含义：

（1）债券的发行人（政府、金融机构、企业等机构）是资金的借入者。

（2）购买债券的投资者是资金的借出者。

（3）发行人（借入者）需要在一定时期内还本付息。

（4）券是债的证明书，具有法律效力。债券购买者与发行者之间是一种债权债务关系，债券发行人即债务人，投资者（或债券持有人）即债权人。

我国债券市场的规模与美国债券市场的规模相比存在着巨大的发展差异。美国的证券化产品在金融市场中超过80%，我国还不到10%；债券余额，美国相当于GDP的二倍，我国却仅接近30%。由此可以看出我国债券市场的规模，还有进一步发展的空间。目前，我国国债品种较为单一，今后在促进债券市场品种的多样化，满足不同发行主体的融资需要等方面需要做出努力，诸如积极发展地方政府债券市场；扩大和引导发行企业债券；增加短期债券及短期回购品种；建立基准国债及衍生产品等。

自从债券投资这个概念出现以来，数以万计的投资者参与其中。不少退休在家的老大爷、老大妈是债券投资的忠实拥趸。债券投资为什么会有如此大的魅力？因为它是一种能让投资者进退自如的投资，是一种风险性极低、安全度极高的投资工具，拥有一些其他投资方式所没有的特点，具体体现在以下几点：

1. 安全性高

债券作为有价证券，一般由国家和大企业进行担保，不会出现所谓的破产倒闭等情况，是十分安全的。由于债券发行时就约定了到期后偿还本金和利息，故其收益稳定、安全性高。特别是对于国债及有担保的公司债、企业债来说，几乎没有什么风险，是具有较高安全性的一种投资方式。

如果债券票面价格上涨，债券投资者就能得到利息和票面价格差价的双重收益；如果票面价格下跌，投资者只需继续持有，最差也能赚到购买时发行人承诺的利息，收益能有保障。总体来看债券既能赚到比存款更高的固定收益，又能规避股市价格大涨大跌的风险。

2. 收益稳定

投资于债券，投资者一方面可以获得稳定的利息收入，另一方面可以利用债券价格的变动，买卖债券，赚取价差。国家的固定利率就是债券投资最稳定的保障，虽然对于那些喜爱风险，希望从中获取很大利润的投资者而言，债券投资可能在收益稳定的同时，收益却并不高。但保险型的投资理念为大多数人所接受，此外，债券投资作为最稳妥的投资方式，应该是很多人选择债券投资最重要的理由。

3. 流动性强

那么，到底什么是流动性？流动性本身指的是市场能够进行迅速低成本交易的能力。上市债券具有较好的流动性。当债券持有人急需资金时，可以在交易市场随时卖出，而且随着金融市场的进一步开放，债券的流动性将会不断加强。试想如果债券的流动性不高，那就相当于你的投资只换来了几张普普通通的纸而已，人们选择投资，很看重购买力。然而只有现金才真正具有购买力，要是你在关键时刻需要现金时，发现手中有的仅仅是几张不能兑现的纸，那么你一定会后悔自己的投资选择。选择债券投资，很大程度上就可以解决这个你所担心的问题。

4. 偿还性好

债券本身是一种投资凭证，购买者和发行者之间实际上是一种债权人和债务人的关系，是债的证明书，具有法律效力，不用担心到了偿还期限却拿不到钱的问题出现。债券拥有一定的偿还期限，债务人必须如期向债权人支付利息，偿还本金。

我们可以了解到，债券是一种让人很放心的投资选择，从时间上看：不论长期还是短期的债券投资都有到期的时间；从发行单位看：分国家债券、金融债券、企业债券等；从收益方面看：稳定性较强，风险小；从权力方面看：它无权参与被投资企业的管理。可以说，正是因为有了这些特点，债券才具有了那么大的魅力。

那么，这是不是代表着任何情况下购买债券都是最好的选择呢？答案是否定的。主要是看投资者自己对风险的态度以及资金的用途。如果是长期规划，如需要为自身养老，为未来孩子的教育储蓄的话，购买债券确实是一种相对稳妥的办法。

了解债券的种类

我国现代意义上的债券市场从 1981 年国家恢复发行国债开始起步，经过 30 多年的发展，经历了实物券柜台市场为代表的不成熟的场外债券市场为主导、上海证券交易所为代表的场内债券市场为主导、银行间债券市场为代表的成熟场外债券市场为主导的三个阶段的发展过程。

债券的种类繁多，且随着人们对融资和证券投资的需要又不断创造出新的债券形式，在现今的金融市场上，债券的种类可按发行主体、发行区域、发行方式、期限长短、利息支付形式、有无担保和是否记名等分为九大类。

1. 按发行主体分类

根据发行主体的不同，债券可分为政府债券、金融债券和公司债券三大类。

政府债券，由政府发行的债券称为政府债券，它的利息享受免税待遇，其中由中央政府发行的债券也称公债或国库券，其发行债券的目的都是为了弥补财政赤字或投资于大型建设项目；而由各级地方政府机构，如市、县、镇等发行的债券就称为地方政府债券，其发行目的主要是为地方建设筹集资金，因此都是一些期限较长的债券。在政府债券中还有一类称为政府保证债券的，它主要是为一些市政项目及公共设施的建设筹集资金而由一些与政府有直接关系的企业、公司或金融机构发行的债券，这些债券的发行均由政府担保，但不享受中央和地方政府债券的利息免税待遇。

金融债券是由银行或其他金融机构发行的债券。金融债券发行的目的一般是为了筹集长期资金，其利率也一般要高于同期银行存款利率，而且持券者需要资金时可以随时转让。

第三类是公司债券，它是由非金融性质的企业发行的债券，其发行目的是为了筹集长期建设资金。一般都有特定用途。按有关规定，企业要发行债券必须先参加信用评级，级别达到一定标准才可发行。因为企业的资信水平比不上金融机构和政府，所以公司债券的风险相对较大，因而其利率一般也较高。

2. 按发行的区域分类

按发行的区域划分，债券可分为国内债券和国际债券。国内债券，就是由本国的发行主体以本国货币为单位在国内金融市场上发行的债券；国际债券则是本国的发行主体到别国或国际金融组织等以外国货币为单位在国际金融市场上发行的债券。

如最近几年我国的一些公司在日本或新加坡发行的债券都可称为国际债券。由于国际债券属于国家的对外负债，所以本国的企业如到国外发债事先需征得政府主管部门的同意。

3. 按期限长短分类

根据偿还期限的长短，债券可分为短期、中期和长期债券。一般的划分标准是指期限1年以下的为短期债券，在10年以上的为长期债券，而期限在1年到10年之间的为中期债券。

4. 按利息的支付方式分类

根据利息的不同支付方式，债券一般分为附息债券、贴现债券和普通债券。附息债券是在它的券面上附有各期息票的中长期债券，息票的持有者可按其标明的时间期限到指定的地点按标明的利息额领取利息。息票通常以6个月为一期，由于它在到期时可获取利息收入，息票也是一种有价证券，因此它也可以流通、转让。贴现债券是在发行时按规定的折扣率将债券以低于面值的价格出售，在到期时持有者仍按面额领回本息，其票面价格与发行价之差即为利息。除此之外的就是普通债券，它按不低于面值的价格发行，持券者可按规定分期分批领取利息或到期后一次领回本息。

5. 按发行方式分类

按照是否公开发行，债券可分为公募债券和私募债券。公募债券是指按法定手续，经证券主管机构批准在市场上公开发行的债券，其发行对象是不限定的。这种债券由于发行对象是广大的投资者，因而要求发行主体必须遵守信息公开制度，向投资者提供多种财务报表和资料，以保护投资者利益，防止欺诈行为的发生。私募债券是发行者向与其有特定关系的少数投资者为募集对象而发行的债券。该债券的发行范围很小，其投资者大多数为银行或保险公司等金融机构，它不采用公开呈报制度，债券的转让也受到一定程度的限制，流动性较差，但其利率水平一般较公募债券要高。

6. 按有无抵押担保分类

债券根据其有无抵押担保，可以分为信用债券和担保债券。信用债券亦称无担保债券，是仅凭债券发行者的信用而发行的、没有抵押品做担保的债券。一般政府债券及金融债券都为信用债券。少数信用良好的公司也可发行信用债券，但在发行时须签订信托契约，对发行者的有关行为进行约束限制，由受托的信托投资公司监督执行，以保障投资者的利益。

担保债券指以抵押财产为担保而发行的债券。具体包括：以土地、房屋、机器、设备等不动产为抵押担保品而发行的抵押公司债券、以公司的有价证券（股票和其他证券）为担保品而发行的抵押信托债券和由第三者担保偿付本息的承保债券。当债券的发行人在债券到期而不能履行还本付息义务时，债券持有者有权变卖抵押品来清偿抵付或要求担保人承担还本付息的义务。

7. 按是否记名分类

根据在券面上是否记名的不同情况，可以将债券分为记名债券和无记名债券。记名债券是指在券面上注明债权人姓名，同时在发行公司的账簿上做同样登记的债券。转让记名债券时，除要交付票券外，还要在债券上背书和在公司账簿上更换债权人姓名。而无记名债券是指券面未注明债权人姓名，也不在公司账簿上登记其姓名的债券。现在市面上流通的一般都是无记名债券。

8. 按发行时间分类

根据债券发行时间的先后，可以分为新发债券和既发债券。新发债券指的是新发行的债券，这种债券都规定有招募日期。既发债券指的是已经发行并交付给投资者的债券。新发债券一经交付便成为既发债券。在证券交易部门既发债券随时都可以购买，其购买价格就是当时的行市价格，且购买者还需支付手续费。

9. 按是否可转换分类

按是否可转换来区分，债券又可分为可转换债券与不可转换债券。可转换债券是能按一定条件转换为其他金融工具的债券，而不可转换债券就是不能转化为其他金融工具的债券。可转换债券一般都是指的可转换公司债券，这种债券的持有者可按一定的条件根据自己的意愿将持有的债券转换成股票。

债券的核心要素

通俗地讲，债券就是发行人给投资人开出的“借据”。由于债券的利息通常是事先确定的，因此债券通常被称为固定收益证券。作为证明债权债务关系的凭证，一般会呈现为具有特定格式的票据，那么，作为“借据”的债券在票据上必须具备哪些构成要素呢？

一般来说，债券的核心要素应该包括四个：票面价值、债券价格、偿还期限、票面利率。下面我们就来具体解释一下这四个要素：

1. 债券的票面价值

债券的票面价值就是债券的面值，是指债券发行时设定的票面金额，由以下两个基本内容组成：

（1）票面价值的币种，即以何种货币作为债券价值的计量标准。

（2）债券的票面金额。票面额较小，使得小额投资者也可购买，持有者分布面广，但票券印刷及发行工作量大，可能增加发行费用；票面金额过大，则购买者仅为少数大投资者，一旦这些投资者积极性不高、不予认购，往往可能导致发行失败。

2. 债券的价格

债券的价格包括债券的发行价格和债券的交易价格。债券的发行价格是指债券原始投资者购入债券时应支付的市场价格，它与债券的面值可能一致也可能不一致。从理论上而言，债券的票面价值应该等于债券的发行价格，但事实却并非如此。由于受到市场供求关系的影响以及债券发行者的各种考虑，债券的价格和面值往往会产生不符的情况。债券发行价格高于面值时，称为溢价发行；低于面值时，称为折价发行；等于面值时，称为平价发行。

债券的交易价格就是债券的成交价格，分为收盘价、开盘价以及成交价三类。通过行情的波动各自得名。虽然债券的面值是固定的，其价格却是波动变化的。发行者根据债券的面值计息和还本，投资者也是根据面值获取利息。

3. 还本期限与方式

债券的偿还期限即从债券发行日起至偿清本息之日止的长短时间。具体来说是在某一个时间段内，以债券的发行日期为起点，偿还日期为终点进行计算。根据债券的偿还期限划分，一般将债券划分为短期债券（偿还期限在1年以内的）、中期债券（偿还期限在1年以上、10年以内的）、长期债券（偿还期限在10年以上的）三种。一般而言，债券的偿还期限和利率是呈反比关系。期限越长的收益率越高，越短的则收益率越低。投资者可以根据自己的实际情况，选择所购买的债券种类。

债券常用的还本方式有如下3种：

（1）到期还本，即在债券期满时一次全部偿还本息。

（2）分期偿还，即在债券发行期内，每年或每半年偿还一定金额的本息，直至债券期满还清。

（3）任意还本，即发行者有权随时偿还全部或部分债券的本金，当偿还时，须在 30 天至 60 天内通知债权人。

4. 票面利率

票面利率又简称利率，是指债券发行者每年支付给投资者的利息与债券面值的比例。投资者获得的利息多少就是票面利率乘以债券面值。利率分为固定利率和浮动利率两种，受其影响债券可以分为固定利率债券和浮动利率债券。

顾名思义，固定利率债券的利率是固定的，直到还本期满，利率保持不变；浮动利率债券的利率是变化的，在还本期限内，定期进行调整，通常是每 3 个月或每半年调整一次。

债券投资的原则

和所有的投资方式一样，投资债券既要获得收益，又要控制风险。因此，进行债券投资的时候，必须要把握一定的原则，才能达到最初的投资目的。

那么，进行债券的投资应该遵循怎样的原则呢？根据债券的特点，债券投资必须遵循以下的原则：

1. 收益性原则

收益性原则应该说是从投资者的目的出发的，谁都不愿意自己的投资血本无归，都希望能够有所回报，所以这个原则就排在了第一位。我们很容易理解，不同种类的债券收益大小不同，例如，国债是以政府的税收做担保的，具有充分安全的偿付保证，一般认为是没有风险的投资；而企业债券则存在着能否按时偿付本息的风险，但是也就是因为存在着这种风险，才使得企业债券的收益必然要比政府债券高，也可以说高出来的这部分收益正是对于那些敢于冒险的投资者最好的回报。因此，投资者可以根据自己的实际情况选择自己买入何种债券进行投资，毕竟适合自己的才是最好的。

2. 安全性原则

相比于其他投资工具而言，投资债券实际上要安全得多，但这也仅仅是相对而言，其安全性问题依然存在。就拿企业债券和政府债券相比较而言，一旦企业出现经营不善或者倒闭的情况，投资者就有很大的可能血本无归；但是政府发行的债券因为其依托性，所以信用等级很高，甚至与国家信用相当。债券的安全性受到经济环境、经营状况、债券发行人的资信等级等许多因素的影响，所以也不是一成不变的。因此，投资债券还应考虑不同债券投资的安全性。

一般来说，政府债券的安全性是最高的，企业债券相对比政府债券的安全性低一些；对抵押债券和无抵押债券来说，有抵押品做偿债的最后担保，其安全性就相对要高一些。对可转换和不可转换债券，因为可转换债券有随时转换成股票，作为公司的自有资产对公司的负债负责并承担更大的风险这种可能，所以可转换债券比不可转换债券的安全性要低一些。

3. 流动性原则

流动性原则主要指的是债券回收本金时候的速度快慢。影响其流动性的主要因素是债券的期限，期限越长，流动性越弱；期限越短，流动性越强。另外，不同类型债券的流动性也不同。流动性强意味着债券能够以比较快的速度兑换成货币，对于那些著名的大公司和那些经营状况十分好的公司来说，它们所发行的债券的流动性本身是相当强的，也受到很多投资者的热烈追捧；反之对于那些规模和经营状况都不尽如人意的公司来说，它们发行的债券流动性就要差很多。所以当投资者选择债券时，所选择债券流动性的强弱与否也是必须要考虑的一个问题。因此在投资者选择投资对象的同时，应该尽可能地去了解公司的业绩以及别人对于该公司债券的评价，这对于投资者能否投资成功是一个很重要的因素。

具体到在债券投资的实际应用中，投资者应综合考虑影响债券收益的各种因素，包括债券种类、债券期限、债券收益率（不同券种）和投资组合等多方面的信息，从而做出适合自己的选择。

债券投资的风险

相比较于其他投资方式，债券投资的风险较小，但是任何投资的风险都是普遍存在的，债券投资也不例外。与其相关的所有风险我们称之为总风险，总风险有两种表现形式，分别是可分散风险和不可分散风险。

1. 不可分散风险

不可分散风险又被称为系统性风险。指的是市场上的某些因素对所有债券造成一定的经济损失的可能性。具体来说又分为四个方面，分别是税收风险、政策风险、利率风险以及通货膨胀风险。

（1）税收风险。所谓税收风险是指对于那些免税政府债券的投资者而言，他们将可能面对税率下调的风险。

（2）政策风险。所谓政策风险是指政府对债券市场采取了一定的重要举措，或者出台了相应的法律法规，使得相关政策发生了很大的变化，从而给投资者带来的风险。通常情况下，政府对于债券市场发展有一定的政策，旨在加强对市场的管理和监控力度。为了保证债券市场平稳有序的发展，政府制定的证词和法规应该是具有很强稳定性的，至少在一定时间内不会轻易改变。政府可以用经济、法律、行政管理三种手段结合，从而保证债券市场健康繁荣地发展。

（3）利率风险。所谓利率风险是指市场利率的变化可能给投资者带来一定程度的经济损失。利率和债券的购买时间有关。一般而言，投资者所购买的债券距离其还款日越长，利率变动的可能性越大。不过对于固定利率的债券来说，如果市场利率上升，债券价格将下跌，因为债券的需求减少；如果市场利率下降，那么债券价格将上涨，因为债券的需求增加了。利率和市场的调节紧密相连。

（4）通货膨胀风险。在通货膨胀的条件下，货币会出现贬值，与此相对应会造成债券价格虚高，从而使投资者忽略通货膨胀风险的出现。归根结底还是与市场的调节作用有关。如果通货膨胀率上升超过了债券利率的水平，那么债券的购买力就会下降，从而造成本金的损失。如果通货膨胀率等于债券利率的水平，那么债券的购买力不变，也不会造成本金损失。如果通货膨胀率小于债券利率的水平，那么投资者便可以从中获得实际的收益。

2. 可分散风险

可分散风险又被称为非系统性风险。指的是单个债券本身受到某些因素影响从而遭受经济损失的可能性。有五种表现形式，包括信用风险、赎回风险、转让风险、可转换风险以及再投资风险。

（1）信用风险。国债一般无信用风险这一说，信用风险主要体现在公司债券中，指的是由于发行债券的公司当债券偿还期截止时无法对投资者进行还本付息，从而使投资者遭受经济损失。这种风险是相当可怕的，很可能使得投资者最终血本无归。并且需要注意的是，发行公司的经营状况与实际的财务状况没有必然的联系，有时就算表面上公司的经营状况良好，也有可能出现财务状况不佳的情况。此时必然会产生信用风险，从而损害投资者的利益。

（2）赎回风险。赎回风险指的是具有回收性条款的债券在市场中利率下降，投资者却在此时收取债券利息，从而有可能被发行公司强制收回债券的风险。发行公司为了避免自己受到损失，从而提前收回债券，损害了投资者的利益。

（3）转让风险。转让风险又被称为流动性风险，指的是如果出现某些意外情况使得消费者急于出手手中的债券兑现时，就不得不以低于债券票面价值的价格将其出售。当然由于受到市场价值规律的影响，这种损失是不可避免的。投资者的这种行为可能造成的损失就被称为转让风险。

（4）可转换风险。可转换风险指的是投资者本身购买了可转换债券，有权将其转换成股票。若是投资者真的将其转换成股票以后，由于股市的风险性和收益率都与债券不同，如果遭遇市场波动，股票受到的影响会大于债券，因此产生了可转换风险。

（5）再投资风险。一旦短期债券到了还款日期，投资者将其兑现时发现此时利率下跌，想再次等到利率上涨的机会出现，就变得不是那么容易，这就是再投资风险。再投资风险只可能出现在那些购买了短期债券的投资者身上。因为债券的兑换期限和利率息息相关。虽然债券本身的安全性相对其他投资方式而言比较高，但是有些谨慎的投资者为了进一步减少受到损失的可能性会选择购买短期债券。

债券投资不同于储蓄

债券投资与储蓄存款是有相似之处的。以至于在许多投资者的眼中，债券和储蓄存款，特别是储蓄中的定期存款没什么两样，都是把钱存到一定的时间然后再取出来，只是所得的利息不同而已。

债券投资与储蓄存款都体现一种债权债务关系；两者都有规定的期限，到期后都要归还本金；都可以事先确定适用利率或计算方法，到期后取得规定的利息收入。这是它们的相同之处。那么，它们又有什么区别呢？

总的来说，它们的区别主要反映在下面的几点上：

1. 安全性不同

从整体上看，储蓄存款安全性高于债券。政府、金融机构和企业三者构成了债券投资的主体，而储蓄存款债务人是银行和其他金融机构。债务人的不同使两者安全性存在差异。因为我国银行信用程度很高，有国家和中国人民银行严格的监管及自身的风险防范预警机制，银行倒闭的风险极小，所以，银行存款是最安全、可靠的一种资金增值方式。

债券投资的安全性与其发行主体有密切关系。投资主体不同，相对应的债券安全性也不一样：政府债券因为其发行人是政府，以财政做担保，所以其安全性最高。金融债券的发行基础是银行信用，其安全性与储蓄存款基本相同。而企业债券发行者为各类企业，数量众多，不同企业的资金实力、经营状况不同，其安全性相对较差，投资者要承担因企业亏损、破产而不能及时或按规定条件还本付息的风险。

当然，国家对于企业发行债券的标准有一定的要求以及规章制度，使得企业债券的风险得到了严格的控制。一般是规模较大和资信级别较高的公司或企业，经过有关部门审查批准后才准予发行。

总体上来说，债券的安全性较高，债券持有人的收益相对固定，不随发行者经营收益的变动而变动，并且可按期收回本金，其风险并不大。尽管如此，投资者购买债券尤其是购买企业债券时，树立风险意识是非常重要的。

2. 期限不同

债券一般比储蓄的期限长。储蓄存款的期限通常较短，定期存款期限最长为8年，而债券的存储期限则分为1年以内、1年到10年、10年以上三种，有的投资者投资期限甚至长达几十年。我国近年来债券发行比较频繁，品种多样，长、中、短期相结合，适应了投资者不同期限的投资需要。

3. 流动性不同

储蓄分为活期存款和定期存款。相比较而言，活期存款流动性非常强，随时可以到银行转化为现金；定期存款则缺乏流动性，储户若急需现金而到银行申请取款时，不管需要多少，全部存款只能一次性支取，并按照活期存款利率计息。存款越多，期限越长，利息的损失越大。

在流动性方面，债券比定期储蓄存款具有较大的优势，债券具有较强的流动性。债券投资者若急需现金，可以根据需要的多少将手中持有的债券在市场上进行转让，转让价格为市场价格，债券按规定利率和已持有期限应计而尚未支取的利息收入已包含在市场价格之中。当然，债券的流动性依赖于一个比较完善、成熟和发达的债券市场，也与债券本身的质量相关。

4. 收益性不同

储蓄存款投资者的收益来源是利息收入。对于储蓄投资者而言，储蓄期限越长，利率越高，储蓄期限越短，利率越低。存款时每笔存款的利率即已确定，因此可以精确地确定得到的利息收入。存款利率如遇利率调整，除活期存款外，不会发生改变。

债券投资收益的构成相对复杂一些，虽然其最基本的部分是利息收入，但买卖债券时由于价格的变化还可能得到资本收益。若考虑复利，则分期支付利息的附息债券投资收益还应计入利息的再投资收入。

债券的实际利率一般较同期限的定期存款利率高。我们可以将其归结为两方面的原因：一是债券融资和银行存款在资金循环中的位置不同。债券融资是资金的最终使用者向最初的资金供应者融资，中间不需要经过任何环节，节省了融资成本；而银行存款属于间接融资，资金存入银行以后，必须由银行发放贷款，资金才能到达最终使用者手中，所以资金最初供应者与最终使用者之间存在银行这一中间环节。

如果出现了债券融资的情况，那么资金最终使用产生的利润由使用者和资金提供者两家分割；而在间接融资的情况下，资金最终使用产生的利润由资金使用者、银行和资金最初提供者三家分割，银行的存贷款利差一般为3%～4%。因为这些原因，所以使得债券的实际利率高于同期限的存款利率成为可能。

另外，从市场配置资源的一般要求来说，投资的风险越大，要求的报酬率越高。投资债券的风险性高于储蓄存款，所以其收益自然要比银行存款多。

影响债券投资收益的因素

债券投资收益可能来自于息票利息、利息收入的再投资收益和债券到期或被提前赎回或卖出时所得到的资本利得三个方面，而与之对应的息票利率、再投资利率和未来到期收益率是债券收益率的构成因素。

影响债券投资收益率包括基础利率、发行人类型、发行人的信用度、期限结构、流动性、税收负担等多方面。其中，基础利率是投资者所要求的最低利率，一般使用无风险的国债收益率作为基础利率的代表，并应针对不同期限的债券选择相应的基础利率基准。

债券收益率与基础利率之间的利差反映了投资者投资于非国债的债券时面临的额外风险，因此也称为风险溢价。可能影响风险溢价的因素包括：

第一，发行人种类。不同种类的发行人代表了不同的风险与收益率，他们以不同的能力履行契约所规定的义务。例如，实业公司、金融机构、外国公司等不同的发行人发行的债券与基础利率之间存在一定的利差，这种利差有时也称为市场板块内利差。

第二，发行人的信用度。债券发行人自身的违约风险是影响债券收益率的重要因素。如果国债与非国债在除品质外其他方面均相同，则两者间的收益率差额有时也被称为品质利差或信用利差，反映了国债发行条款与其他债券发行条款之间的差异。债券发行人的信用度越低，投资者所要求的收益率越高；反之则较低。

第三，提前赎回等其他条款。如果债券发行条款中赋予发行人或投资者针对对方采取某种行动的期权，这一条款将影响投资者的收益率以及债券发行人的筹资成本。一般来说，如果条款对债券发行人有利，比如，提前赎回条款，则投资者将要求相对于同类国债来说较高的利差；反之，如果条款对债券投资者有利，比如，提前退回期权和可转换期权，则投资者可能要求一个小的利差，甚至在某些特定条款下，企业债券的票面利率可能低于相同期限的国债利率。

第四，税收负担。债券投资者的税收状况也将影响其税后收益率，其中包括所得税以及资本利得税两个方面。不同的债券条款对于不同投资者来说意味着不同的税后收益率。例如，零息债券没有利息支付，其面值与发行价格之间的资本利得需要缴纳资本利得税，而与投资者所处的所得税税收等级无关；国债利息一般不需要支付所得税。

第五，债券的预期流动性。一般来说，债券流动性越大，投资者要求的收益率越低；反之，则要求的收益率越高。

第六，到期期限。由于债券价格的波动性与其到期期限的长短相关，期限越长，市场利率变动时其价格波动幅度也越大，债券的利率风险也越大。因此，到期期限对债券收益率也将产生显著影响，投资者一般会对长期债券要求更高的收益率。

怎么算债券收益率

人们投资债券时，最关心的就是债券收益有多少。对于附有票面利率的债券，如果投资人从发行时就买入并持有到期，那么票面利率就是该投资者的收益。

很多债券投资者所希望持有的债券拥有变现功能，这样持有人不仅可以获取债券的利息，还可以通过买卖赚取价差。在这种情况下，票面利率就不能精确衡量债券的收益状况。人们一般使用债券收益率这个指标来衡量债券的投资收益。债券收益率是债券收益与其投入本金的比率，通常用年率表示。决定债券收益率的主要因素有债券的票面利率、期限、面值和购买价格。

通常我们可以通过媒体和交易所的网站查询某只债券在以当天的收盘价计算的到期收益率，它的计算公式较复杂，除了考虑到本金投资的因素外，还充分考虑到获得利息进行再投资的因素。人们往往将其称为复利收益率，对于大资金运作的专业机构，用这种收益率计算方式较为科学。但对于中小投资者而言，由于各方面条件的限制，运用复利收益率在操作上有一定的难度，下面介绍一种简单的债券收益率计算公式：

债券收益率=(到期本息和-发行价格)/(发行价格×偿还期限)×100%。

通过这个公式，我们便很容易计算出债券的收益率，从而指导我们的债券投资决策。

必须要了解的“国库券”

国库券这个名词对于很多人来说已经不是熟悉的概念，但不少比较保守的理财人群对这个名词还深有印象，十几年前，“国库券”可是最流行的投资产品之一。不过，后来随着金融改革，“国库券”退出了人们的视野。

我们口中的“国库券”其实是国债的一种形式，直到1981年我国恢复发行国债后，才又一度掀起购买国债的浪潮。人们之所以这样欣赏它，主要是因为它的低风险，以及确定期限，持有人可以到期收回本金和利息。这在那个追求安稳的年代，无疑是投资的上好选择。时代发展到今天，国债还是有它独特的魅力，依旧受人追捧。

国债又称政府公债，是政府举债的债务，具体指政府在国内外发行债券或向外国政府和银行借款所形成的国家债务，中央政府向投资者出具的、承诺在一定时期支付利息和到期偿还本金的债权债务凭证。

它是国家信用的主要形式，在国家资金紧张或者需要进行经济上的宏观调控时，都会发行国债。例如，在通货膨胀的时候，政府为了减少流通中的货币，就可能采取财政上的措施，发行大量的国债。由于国债有国家财政信誉做担保，信誉度非常高，历来有“金边债券”之称，为稳健型投资者所喜爱。

目前，我国个人投资者可购买的国债共分两大类：一类为可上市国债，包括无记名国债和记账式国债两种；另一类为不可上市国债，主要是凭证式国债。

记账式国债又称无纸化国债，通过交易所交易系统以记账的方式办理发行。投资者购买记账式国债必须在交易所开立证券账户或国债专用账户，并委托证券机构代理进行。因此，投资者必须拥有证券交易所的证券账户，并在证券经营机构开立资金账户才能购买记账式国债。和凭证式国债不同，记账式国债可上市转让，价格随行就市，有获取较大利益的可能，也伴随有相当的风险，期限有长有短。

凭证式国债类似储蓄又优于储蓄，通常被称为“储蓄式国债”，是以储蓄为目的的个人投资者理想的投资方式。凭证式国债并非实物券，各大银行网点和邮政储蓄网点均可购买，由发行点填制凭证式国债收款凭单，内容包括购买日期、购买人姓名、购买券种、购买金额、身份证号码等。凭证式证券不能上市交易、随意转让，但变现灵活，提前兑现时按持有期限长短取相应档次利率计息，各档次利率均高于或等于银行同期存款利率，没有定期储蓄存款提前支取只能按活期计息的风险，价格（本金和利息）不随市场利率而波动。

凭证式国债和记账式国债特点各异，投资者可结合自身情况进行取舍。但有业内专家指出，后者实际上比前者收益更高。

首先，从利率（收益率）来看，凭证式国债虽然比银行利率高，但却比记账式国债低。其次，从兑取成本来看，假定记账式国债在交易所流通的手续费与凭证式提前兑取的手续费同为2%，但记账式国债可以按市价在其营业时间内随时买卖，而凭证式国债持有时间不满半年不计利息，持有1年以后按1年为一个时段计付利息，投资者如提前兑取，须承担未计入持有时间的利息损失。

此外，还有无记名国债。无记名国债为实物国债，是我国发行历史最长的一种国债。投资者可在各银行储蓄网点、财政部门国债服务部以及承销券商的柜台购买，缴款后可直接得到由财政部发出的实物券或由承销机构开出的国债代保管单。有交易所账户的投资者也可以委托证券经营机构在证券交易所内购买。无记名国债从发行之日起开始计息，不记名也不挂失，一般可上市流通。

了解了以上几种国债，投资者可以按照自己的偏好和风险承受度来选择适合自己的国债品种。

购买国债也并非如人们想象的那样只赚不赔，如果操作不当，不仅不能获利，而且还可能带来一定的经济损失。假设一投资者5月1日购买当年二期凭证式国债，他选择3年期共购进10000元。半年后，因急需用钱，该投资者持券到原购买点要求提前兑付。根据有关规定，应按年利率0.81%计算，可得利息41元，再扣除按2%计收的手续费20元，实际回报21元。与同期银行储蓄相比，他实际少收入28.5元。凭证式国债持有期越短，相对“损失”就越大。仍以上述投资者为例，假设他于6月1日购买，一个月后提前兑付，根据有关规定，购买期限不满半年不予计息，而且仍应向银行支付手续费20元，与同期银行储蓄存款相比较，投资者实际损失已近30元。就凭证式国债而言，投资期限在一年以内的，都不如选择同期银行储蓄存款。

必须要了解的企业债券

企业债券，通常又称为公司债券，代表着发债企业和投资者（债券持有人）之间的一种债权债务关系，是公司依照法定程序发行，约定在一定期限还本付息的有价证券。

企业债券与股票一样，都是证券，可依法自由转让。企业债券持有人是企业的债权人，不是所有者，无权参与或干涉企业经营管理，但有权按期收回本息。企业债券由于与国债相比具有更大的信用风险，因而本着风险与收益相符的原则，其利率通常也高于国债。但我国在交易所上市的公司债券基本是AAA级，相当于中央企业级债券，信用高，风险低。

企业债券于国债相比，具有较大的风险，因此企业债券的收益率通常也高于国债。企业债券风险与企业本身的经营状况直接相关。如果企业发行债券后，经营状况不好，连续出现亏损，可能无力支付投资者本息，投资者就面临着受损失的风险。所以，在企业发行债券时，一般要对发债企业进行严格的资格审查或要求发行企业有财产抵押，以保护投资者利益。另一方面，在一定限度内，证券市场上的风险与企业债券收益成正相关关系，高风险伴随着高收益。

国务院1993年颁布的《企业债券管理条例》规定，企业债券是指在中国境内具有法人资格的企业发行的债券。

中国发行企业债券始于1983年，主要有地方企业债券、重点企业债券、附息票企业债券、利随本清的存单式企业债券、产品配额企业债券和企业短期融资券等。地方企业债券，是由中国全民所有制工商企业发行的债券；重点企业债券，是由电力、冶金、有色金属、石油、化工等部门的国家重点企业向企业、事业单位发行的债券；附息票企业债券，是附有息票，期限为5年左右的中期债券；利随本清的存单式企业债券，是平价发行，期限为1～5年，到期一次还本付息的债券，各地企业发行的大多为这种债券；产品配额企业债券，是由发行企业以本企业产品等价支付利息，到期偿还本金的债券；企业短期融资券，是期限为3～9个月的短期债券，面向社会发行，以缓和企业流动资金短缺的情况，企业债券发行后可以转让。

根据中国的实际情况，参与企业债券运作的中介机构主要应有信用评级机构、证券公司、会计师事务所、律师事务所。企业债券作为一种信用工具，能否发得出去，到期能否及时兑付，关键在于发行人的信用级别的高低，投资者判断某种企业债券是否具有投资价值，信用评级公司做出的评级结果是其最重要的依据。

国际上著名信用评级公司——标准普尔评级公司和穆迪投资服务公司的每一项评级结果都直接影响了国际资本市场的投资决策。作为会计师事务所，在企业债券发行过程中的重要作用是核查审计发行人的财务状况，让投资者对发行人的财务状况有一个全面的认识。律师事务所的作用是不言而喻的，企业债券发行章程作为一种契约，是一种法律文件，其是否合法，需要由律师把关。投资银行作为企业债券的承销机构，其主要工作任务是将企业债券发行出去，并且代理发行人兑付企业债券本息。

企业债券的种类很丰富，有很多不同的分类标准，由此可以分出很多不同的种类，最常见的分类标准有以下几种：

1. 按期限划分

企业债券根据期限分为短期企业债券、中期企业债券和长期企业债券。根据企业债券的期限划分，短期企业债券期限在1年以内，中期企业债券期限在1年以上5年以内，长期企业债券期限在5年以上。

2. 按债券有无担保划分

企业债券可分为信用债券和担保债券。信用债券指仅凭筹资人的信用发行的、没有担保的债券，信用债券只适用于信用等级高的债券发行人。担保债券是指以抵押、质押、保证等方式发行的债券，其中，抵押债券是指以不动产作为担保品所发行的证券，质押债券是指以其有价证券作为担保所发行的债券，保证债券是指由第三者担保偿还本息的债券。

3. 按是否记名划分

企业债券按是否记名可分为记名企业债券和不记名企业债券。如果企业债券上登记有债券持有人的姓名，投资者投资和领取利息时要凭印章或其他有效的身份证明，转让时要在债券上签名，同时还要到发行公司登记，那么，它就称为记名企业债券，反之称为不记名企业债券。

4. 按债券票面利率是否变动划分

企业债券按票面利率是否变动可分为固定利率债券、浮动利率债券和累进利率债券。固定利率债券是指在偿还期内利率固定不变的债券；浮动利率债券是指票面利率随市场利率定期变动的债券；累进利率债券是指随着债券期限的增加，利率累加的债券。

5. 按债券可否提前赎回划分

企业债券按是否可以提前赎回可分为可提前赎回债券和不可提前赎回债券。如果企业在债券到期前有权定期或随时购回全部或部分债券，这种债券就称为可提前赎回企业债券，反之则是不可提前赎回企业债券。

6. 按发行人是否给予投资者选择权划分

企业债券按发行人是否给予投资者选择权可分为附有选择权的企业债券和不附有选择权的企业债券。附有选择权的企业债券，指债券发行人给予债券持有人一定的选择权，如可转换公司债券、有认股权证的企业债券、可返还企业债券等。可转换公司债券的持有者，能够在一定时间内按照规定的价格将债券转换成企业发行的股票；有认股权证的债券持有者，可凭认股权证购买所约定的公司的股票；可退还的企业债券，在规定的期限内可以退还。反之，债券持有人没有上述选择权的债券，即是不附有选择权的企业债券。

7. 按发行方式划分

企业债券按发行方式可分为公募债券和私募债券。公募债券是指按证券主管部门批准公开向社会投资者发行的债券；私募债券是指向特定的少数对象发行的债券，发行手续简单，一般不能公开上市交易。

如何办理债券开户

债券交易既有场内交易又有场外交易。场外交易没有一个专门的账户，只需要在交易的时候填写申请书和委托单就可以了。所以一般投资者所说的开户都是指场内交易的开户。

场内交易也叫交易所交易，证券交易所是市场的核心，在证券交易所内部，其交易程序都要经证券交易所立法规定，其具体步骤明确而严格。

债券投资者要进入证券交易所参与债券交易，首先必须选择一家可靠的证券经纪公司，并在该公司办理开户手续。那么，普通投资者该如何办理场内交易的开户手续呢？

1. 订立开户合同

开户合同应包括如下事项：委托人的真实姓名、住址、年龄、职业、身份证号码等；委托人与证券公司之间的权利和义务，并同时认可证券交易所营业细则和相关规定及经纪人商业同业会的规章作为开户合同的有效组成部分；确立开户合同的有效期限，以及延长合同期限的条件和程序。

2. 开立账户

上海证券交易所规定，投资者开立的现金账户，其中的资金要首先交存证券商，然后由证券商转存银行，其利息收入将自动转入该账户；投资者开立的证券账户，则由证券商免费代为保管。

在投资者与证券公司订立开户合同后，就可以开立账户，为自己从事债券交易做准备。在我国上海证券交易所允许开设的账户有现金账户和证券账户。现金账户只能用来买进债券并通过该账户支付买进债券的价款；证券账户只能用来交割债券。因投资者既要进行债券的买进业务又要进行债券的卖出业务，故一般都要同时开立现金账户和证券账户。

以上是进行场内交易时的开户程序。那么，如果进行场外交易又该如何开户呢？它跟场内交易有什么不同呢？

场外债券交易就是证券交易所以外的证券公司柜台进行的债券交易，包括自营买卖和代理买卖两种交易方式。首先为大家介绍一下自营买卖债券的程序。场外自营买卖债券就是由投资者个人作为债券买卖的一方，其交易价格由证券公司自己挂牌。自营买卖程序十分简单，具体包括：

（1）买入、卖出者根据证券公司的挂牌价格，填写申请单。申请单上载明债券的种类，提出买入或卖出的数量。

（2）证券公司按照买入、卖出者申请的券种和数量，根据挂牌价格开出成交单。成交单的内容包括交易日期、成交债券名称、单价、数量、总金额、票面金额，客户的姓名、地址，证券公司的名称、地址，经办人姓名、业务公章等，必要时还要登记卖出者的身份证号。

（3）证券公司按照成交单，向客户交付债券或现金，完成交易。

场外代理买卖就是投资者个人委托证券公司代其买卖债券，证券公司仅作为中介而不参与买卖业务，其交易价格由委托买卖双方分别挂牌，达成一致后形成。场外代理买卖的程序包括：

（1）委托人填写委托书。内容包括委托人的姓名和地址、委托买卖债券的种类数量和价格、委托日期和期限等。委托卖方要交验身份证。

（2）委托人将填好的委托书交给委托的证券公司。其中买方要交纳买债券的金额保证金，卖方则要交出拟卖出的债券，证券公司为其开临时收据。

（3）证券公司根据委托人的买入或卖出委托书上的基本要素，分别为买卖双方挂牌。

（4）如果买方、卖方均为一人，则通过双方讨价还价，促使债券成交；如果买方、卖方为多人，则根据“价格优先，时间优先”的原则顺序办理交易。

（5）债券成交后，证券公司填写具体的成交单。内容包括成交日期、买卖双方的姓名、地址及交易机构名称、经办人姓名、业务公章等。

（6）买卖双方接到成交单后，分别交出价款和债券。证券公司收回临时收据，扣收代理手续费，办理清算交割手续，完成交易过程。

如何办理交易委托

投资者在证券公司开立账户以后，要想真正上市交易，还必须与证券公司办理证券交易委托关系，这是一般投资者进入证券交易所的必经程序，也是债券交易的必经程序。

委托交易可以有柜台委托和非柜台委托两种。柜台委托需要先填写买进或者卖出委托书，券商确认后输单至交易所综合系统，然后等待成交回报；非柜台委托包括通过电话委托、通过触摸屏委托和通过互联网委托这三种方式，它们的操作都可以根据语音或者文字的提示进行委托或者查询有关信息。

下面详细介绍一下柜台委托的方式。

要采用柜台委托方式必须先确立投资者与证券公司之间的委托关系，这就需要投资者向证券公司发出“委托”。投资者发出委托必须与证券公司的办事机构联系，证券公司接到委托后，就会按照投资者的委托指令，填写“委托单”，将投资交易债券的种类、数量、价格、开户类型、交割方式等一一载明，而且“委托单”必须及时送达证券公司在交易所中的驻场人员，由驻场人员负责执行委托。投资者办理委托可以采取当面委托或电话委托两种方式。

根据债券的具体交易，其委托的种类有：买进委托和卖出委托，当日委托和多日委托，随行就市委托和限价委托，停止损失委托和授权委托，停止损失限价委托、立即撤销委托、撤销委托，整数委托和零数委托。

其中限价委托是指在债券的交易中，投资者对委托券商买卖的债券在价格上附加有限定条件。对于申买委托，其成交价格不得高过客户的报价。而对于申卖委托，其成交价就不能低于股民的报价。券商只需依据客户的意愿如实地将其委托数据报与证券交易所的交易系统即可，其根本就没有必要对客户的委托价格予以更改，除非是在报单的过程中出现失误。

随行就市委托是指客户对委托券商成交的债券价格没有限制条件，只要求立即按当前的市价成交即可。在我国的上海与深圳证券交易所，其交易系统内其实并没有设置随行就市委托程序，且深圳证券交易所正推广无形席位，许多券商并没有出市代表，故深圳股市根本就没有随行就市委托。而上海证券交易所的随行就市委托都是券商接受了客户的随行就市委托后，其场内的出市代表根据债券的交易情况替客户决定一个价格，然后将其输入电脑，使其成交。

债券在交易时必须要经过委托这一程序，没有投资者直接买卖的做法。

第十二章　投资外汇，升值与贬值带来的盈利机会

正如一位经济学家指出的那样，金融衍生品是金融的高科技，不懂得金融衍生品就不能说真正地懂得了金融……因此，用金融衍生品去对冲风险，规避风险就成为我们面临的紧迫课题。外汇投资是金融衍生品场内和场外交易的重要组成部分。

——彭弘

（北京大学中国金融衍生品研修院副院长彭弘）

了解外汇的含义

外汇，就是外国货币或以外国货币表示的能用于国际结算的支付手段。外汇是国际汇兑的简称，从本质上讲是把本国货币兑换成外国货币，从而相应地把这部分资金转移到国外。概括地说，外汇指的是外币或以外币表示的用于国际间债权、债务结算的各种支付手段。

我们通常所讲的外汇包含动态含义的外汇和静态含义的外汇。外汇的动态概念，是指把一个国家的货币兑换成另一个国家的货币，借以清偿国际间债权、债务关系的一种专门性的经营活动。它是国际间汇兑的简称。这种行为或活动并不表现为直接运送现金，而是采用委托支付或债权转让的方式，结算国际间的债权债务。如出口企业和进口企业收付货款、办理结汇就是一种外汇行为，银行与客户之间的外汇买卖和银行同业之间的外汇买卖就是一种外汇经营活动。

外汇的静态概念，是指以外国货币表示的可用于国际之间结算的支付手段。这种支付手段包括以外币表示的信用工具和有价证券，如：银行存款、商业汇

票、银行汇票、银行支票、外国政府国库券及其长短期证券等。按照静态的含义，作为国际支付手段的外汇必须具备3个属性：可支付性、可获得性和可兑换性。可支付性是指在国际市场上普遍被接受的支付手段；可获得性是指在任何情况下都能够索偿的支付手段；可兑换性是指可兑换成任何国家货币或其他各种外汇资产的支付手段。

外汇作为国际经济往来发展的产物，是债权、债务转移的重要手段，其主要功能有以下4项：

1. 作为国际结算的支付手段

不论起因如何、金额大小，所有的国际债权债务都可通过银行国际业务，利用外汇凭证进行清算，从而完成国际结算。国际债权债务到期时，主要通过各种外汇凭证进行非现金结算。

2. 促进国际贸易和资本流动

利用外汇进行国际债权债务关系的清算，可以节省运送现金的费用，避免风险，还可以加速资金周转，扩展资金融通的范围，从而促进国际间的商品交换和资本流动；否则，国际经济、贸易和金融往来就要遇到障碍，难以得到发展。

3. 调剂国际间的资金余缺

由于世界经济发展不平衡，各国所需的建设资金余缺程度不同，这在客观上需要在世界范围内进行资金调剂。由于各国的货币制度不同，各国的货币不能直接调剂，外汇作为一种国际支付手段，则可以发挥调剂资金余缺的功能。

4. 充当国际储备

国际储备是一国可以用于国际支付的那部分流动资金，是衡量一国经济实力的主要标志之一。

外汇作为清偿国际债务的手段，同黄金一样，可以作为国家的储备资产。因此，外汇构成国际储备的一个重要组成部分。

按不同的标准，外汇可以分为下面几类：

1. 根据外汇是否可自由兑换

（1）自由外汇

自由外汇是指无需外汇管理当局批准，可以自由兑换成其他国家货币或用于对第三国支付的外汇。换句话说，凡在国际经济领域可自由兑换、自由流动、自由转让的外币或外币支付手段，均称为自由外汇。例如：美元、英镑、日元、欧元、法郎等货币以及以这些货币表示的支票、汇票、股票、公债等都是自由外汇。

由于许多国家基本上取消或放松了外汇管制，因此目前世界上有50余种货币是自由兑换货币，持有它们可自由兑换成其他国家货币或向第三者进行支付，因而成为国际上普遍可以接受的支付手段。

(2) 记账外汇

它又称为协定外汇或双边外汇，是指在两国政府间签订的支付协定项目中使用的外汇，不经货币发行国批准，不准自由兑换成他国货币，也不能对第三国进行支付。

记账外汇只能根据协定在两国间使用，协定规定双方计价结算的货币可以是甲国货币、乙国货币或第三国货币。通过双方银行开立专门账户记载，年度终了时发生的顺差或逆差，通过友好协商解决，或是转入下一年度，或是用自由外汇或货物清偿。记账外汇的特点是：它只能记载在双方银行的账户上，用于两国间的支付，既不能兑换成他国货币，也不能拨给第三者使用。一些彼此友好的国家与第三世界国家之间为了节省双方的自由外汇，常采用记账外汇的方式进行进出口贸易。例如，历史上原来隶属于《华沙条约》组织的东欧国家之间的进出口贸易，曾经采用部分或全部记账外汇方式来办理清算。

2. 根据来源和用途不同

(1) 贸易外汇

贸易外汇是对外贸易中商品进出口及其从属活动所使用的外汇是商品进出口伴随着大量的外汇收支。同时从属于商品进出口的外汇收支还有：运费、保险费、样品费、宣传费、推销费以及与商品进出口有关的出国团组费。

(2) 非贸易外汇

非贸易外汇是贸易外汇以外所收支的一切外汇。非贸易外汇的范围非常广，主要包括：侨汇、旅游、旅游商品、宾馆饭店、铁路、海运、航空、邮电、港口、海关、银行、保险、对外承包工程等方面的外汇收支，以及个人和团体（公派出国限于与贸易无关的团组）出国差旅费、图书、电影、邮票、外轮代理及服务所发生的外汇收支。

3. 根据外汇的交割期限

(1) 即期外汇，又称现汇

是指外汇买卖成交后，在当日或在两个营业日内办理交割的外汇。所谓交割是指本币的所有者与外币所有者互相交换其本币的所有权和外币所有权的行为，即外汇买卖中的实际收支。

（2）远期外汇，又称期汇

是指买卖双方不需即时交割，而仅仅签订一纸买卖合同，预定将来在某一时间（在两个营业日以后）进行交割的外汇。远期外汇，通常是由国际贸易结算中的远期付款条件引起的。买卖远期外汇的目的，主要是为了避免或减少由于汇率变动所造成的风险损失。远期外汇的交割期限从1个月到1年不等，通常是3～6个月。

4. 根据外汇管理对象

（1）居民外汇

居民外汇指居住在本国境内的机关、团体、企事业单位、部队和个人，以各种形式所持有的外汇。居民通常指在某国或地区居住达一年以上者，但是外交使节及国际机构工作人员不能列为居住国居民。各国一般对居民外汇管理较严。

（2）非居民外汇

非居民外汇指暂时在某国或某地区居住者所持有的外汇，如外国侨民、旅游者、留学生、国际机构和组织的工作人员、外交使节等以各种形式持有的外汇。在我国，对非居民的外汇管理比较松，允许其自由进出国境。

汇率是如何标价的

汇率，又称汇价，是一个国家的货币折算成另一个国家货币的比率或比价，也可以说是用一国货币所表示的另一国货币的价格。例如，2015年1月5日美元兑换人民币的汇率中间价是：1美元＝6.2203元人民币。由于国际间的经贸往来必然会引起国与国之间的债权债务和货币收付，因而需要有关国家办理国际结算。这种结算是通过外汇买卖来实现的，为此产生了外汇买卖的价格问题。这种外汇买卖所产生的比价实质上就是外汇汇率。

可见，汇率是随着外汇交易而产生的。汇率从不同的角度，可以有不同的分类，外汇市场的交易视角，汇率可以归为以下几种类型：

1. 固定汇率和浮动汇率

固定汇率指一国货币同另一国货币的汇率基本固定，其波动被限制在极小的范围内，波动幅度很小。

浮动汇率指一国货币当局不规定本币对其他货币的官方汇率，外汇汇率完全由市场供求关系来决定。事实上，完全由市场来决定汇率的浮动的情况并不存在，各国货币当局都审时度势地干预外汇市场，实行有管理的浮动。

2. 基础汇率和交叉汇率

基础汇率指本国货币与基准货币或关键货币的汇率。基准货币或关键货币是国际上普遍使用的、在本国国际收支中使用最多的、在国际储备中比重最大的货币。目前，各国基本上都把美元作为基准货币，通过制定与美元的汇率来套算（交叉）出与其他货币的汇率。我们经常说的直盘就是基础汇率，所说的交叉盘就是交叉汇率。交叉汇率指通过基础汇率套算出的本币对其他货币的汇率，也称“套算汇率”。

3. 买入汇率、卖出汇率、中间汇率和现钞汇率

买入汇率又称“买入价”，指银行向同业或客户买入外汇时使用的汇率。在采用直接标价法的情况下，外币折合本币较少的那个汇率或采用间接标价法时，本币折合外币较多的那个汇率，即为买入价。相对来说，本币折合外币数额较少的那个汇率，即为卖出汇率，也叫卖出价。中间汇率也叫“中间价”，是买入价与卖出价的平均数。

一般来说，外国现钞不能在本国流通，只有将外钞兑换成本币，才能够购买本国的商品和劳务。把外币现钞换成本币，就出现了买卖外币现钞的兑换率，即现钞汇率。

4. 官方汇率和市场汇率

官方汇率指由一国货币当局或外汇管理部门制定和公布的用于一切外汇交易的汇率。市场汇率指在自由外汇市场上买卖外汇所使用的实际汇率。官方汇率与市场汇率之间往往存在差异，在外汇管制较严的国家不允许存在外汇自由买卖市场，官方汇率就是实际汇率。而在外汇管制较松的国家，官方汇率往往流于形式，通常有行无市，实际外汇买卖都是按市场汇率进行的。

值得注意的是，本币与外币的区分是相对的，一般把外汇市场所在地国家的货币视为本币。折算两个国家的货币，首先要明确以哪个国家的货币作为标准，通过变动另一国家的货币来反映比价。由于确定的比较标准不同，因而产生了4种不同的汇率标价方法。

1. 直接标价法

直接标价法也称“应付标价法”，是指以一定单位（1个或100、1000个单位）的外国货币为标准，计算出应付出多少单位的本国货币。也就是说在直接标价法下，外国货币的数额是固定不变的，本币数额的变化表示着外汇汇率的变化。若以一定单位的外币折算的本币增多，说明外汇汇率上浮，即外币对本币升值；反之，若以一定单位的外币折算的本币减少，说明外汇汇率下浮，即外币对本币贬值。目前世界上大多数国家采用直接标价法，我国也采用直接标价法。

2. 间接标价法

间接标价法也称“应收标价法”或“数量标价法”，是指以一定单位（1个或100、1000个单位）的本国货币为标准，计算应收进多少外国货币。

在间接标价法下，本国货币的数额是固定不变的，外币数额的变化表示着外汇汇率的变化。若一定单位的本币折算外币的数额增多，说明外汇汇率下浮，外币对本币贬值；反之，则说明外币对本币升值。目前在世界上只有英、法、美等少数国家使用间接标价法。

3. 双向标价法

外汇市场上的报价一般为双向报价，即由报价方同时报出自己的买入价和卖出价，由客户自行决定买卖方向。买入价和卖出价的价差越小，对于投资者来说意味着成本越小。银行间交易的报价点差正常为2点～3点，银行（或交易商）向客户的报价点差依各家情况差别较大，目前国外保证金交易的报价点差基本在3点～5点，香港在6点～8点，内地银行实盘交易在10点～50点不等。

4. 美元标价法

又称纽约标价法。是指在纽约国际金融市场上，除对英镑用直接标价法外，对其他外国货币用间接标价法的标价方法。美元标价法由美国在1978年9月1日制定并执行，是目前国际金融市场上通行的标价法。其特点是：所有外汇市场上交易的货币都对美元报价，除英镑等极少数货币外，对一般货币均采用以美元为外币的直接标价。

目前，除英国、美国外，国际上绝大多数国家都采用直接标价法。美国在第二次世界大战前也曾采用直接标价法，第二次世界大战以后，随着美元在国际支付和国际储备中逐渐取得统治地位，为了与国际市场上的标价相一致，美国从1978年9月1日起，除了对英镑使用直接标价法外，对其他货币一律使用间接标价法。

世界上著名的外汇市场

外汇交易市场是个现金银行间市场或交易商间市场，它并非传统的实体市场，没有实体的场所供交易进行，交易是通过电话及经由计算机终端机在世界各地进行，直接的银行间市场是以具外汇清算交易资格的交易商为主，他们的交易构成总体外汇交易中的大额交易，这些交易创造了外汇市场的交易巨额，也使外汇市场成为最具流通性的市场。

外汇市场有广义和狭义之分。广义外汇市场是指所有进行外汇交易的场所。为了进行贸易结算，商人须到市场上进行不同货币之间的交换。这种买卖不同国家货币的场所，就是广义的外汇市场。狭义的外汇市场指外汇银行之间进行外汇交易的场所。

外汇市场的类型可以从不同的角度来划分：

1. 根据外汇市场交易的性质，外汇市场可以分为传统外汇市场和创新外汇市场两类。在传统外汇市场上进行的是传统的外汇交易，包括即期外汇交易、远期外汇交易、套汇交易等。在创新外汇市场上进行的是创新的外汇交易，包括外汇期货、外汇期权和货币互换等。

2. 从外汇交易的组织形式看，外汇市场分为有形外汇市场和无形外汇市场两种类型。有形外汇市场的交易参与者在专门的交易所里，在规定的交易时间内，集中起来进行外汇交易。有形外汇市场主要存在于欧洲大陆地区，例如，法国巴黎、德国法兰克福、意大利米兰和比利时布鲁塞尔等地。无形外汇市场没有具体的交易场所，也没有固定的开盘和收盘时间，交易的参与者利用电报、电话、电传和计算机网络等现代化通讯手段进行交易。无形外汇市场普遍存在于英国、美国、日本和瑞士等国家和地区，例如，英国伦敦、美国纽约、日本东京和瑞士苏黎世等地。

3. 根据外汇交易额度的不同，外汇市场分为批发外汇市场和零售外汇市场两类。批发外汇市场是指银行同业之间进行外汇交易的市场，包括从事外汇业务的银行之间、从事外汇业务的银行与中央银行之间以及各国中央银行之间进行的外汇交易。这种交易的额度一般比较大，故称之为批发外汇市场。零售外汇市场是指银行与其客户之间进行外汇交易的市场。一般情况下，这种外汇交易的额度相对于银行同业之间的外汇交易额度来说，要小得多，所以称之为零售外汇市场。

无与伦比的流动性和 24 小时全天候运转的特性，使外汇市场成为专业投资者眼中最理想的市场。目前，世界上有 30 多个主要的外汇市场，它们遍布于世界各大洲的不同国家和地区，世界上著名的外汇交易市场主要有以下几个：

1. 英国伦敦外汇市场

伦敦作为世界上历史最悠久的国际金融中心，其外汇市场的形成和发展也是全世界最早的。目前，在伦敦金融城中聚集了约600家银行，外汇银行和外汇经纪人分别组成了行业自律组织，即伦敦外汇银行家委员会和外汇经纪人协会。伦敦作为欧洲货币市场的中心，几乎所有的国际性大银行都在此设有分支机构，大大活跃了伦敦市场的交易。

由于伦敦地处两大时区交汇处，连接着亚洲和北美市场，亚洲接近收市时伦敦正好开市，而其收市时，纽约正是一个工作日的开始，所以这段时间交投异常活跃。如今，伦敦已经成为世界上最大的外汇交易中心，对整个外汇市场走势有着重要的影响。

2. 美国纽约外汇市场

纽约外汇市场迅速发展成为一个完全开放的市场，是世界上第二大外汇交易中心。第二次世界大战以后，美元成为世界性的储备和清算货币。由于美元在国际货币体系中的特殊地位，美国对经营外汇业务不加限制，政府不指定专门的外汇银行，外汇业务主要通过商业银行办理，商业银行在外汇交易中起着重要的作用。

目前世界上90%以上的美元收付通过纽约的“银行间清算系统”进行，因此，纽约外汇市场有着其他外汇市场所无法取代的美元清算和划拨的功能，地位日益巩固。同时，纽约外汇市场的重要性还表现在它对汇率走势的重要影响上，纽约市场上汇率变化的激烈程度比伦敦市场有过之而无不及。

3. 日本东京外汇市场

东京是亚洲地区最大的外汇交易中心。伴随着外汇管理体制的演变和日本经济的迅猛发展及其在国际贸易中地位的逐步上升，东京外汇市场也日渐壮大起来，从一个区域性外汇交易中心发展为当今世界仅次于伦敦和纽约的第三大外汇市场，年均交易量居世界第三。

4. 欧洲大陆的外汇市场

欧洲大陆的外汇交易市场由瑞士苏黎世市场、法国巴黎市场、德国法兰克福市场和一些欧元区成员国的小规模市场组成。主要是德国的法兰克福市场，交易时间为北京时间14:30～23:00。在交易中比东京市场活跃，汇价的变动也较大。

瑞士苏黎世外汇市场是一个有历史传统的外汇市场，在国际外汇交易中处于重要地位。这一方面是由于瑞士法郎是自由兑换货币；另一方面是由于二战期间瑞士是中立国，外汇市场未受战争影响，一直坚持对外开放。其交易量原先居世界第四位，但近年来被新加坡外汇市场超过。

5. 中国香港外汇市场

中国香港外汇市场是20世纪70年代以后发展起来的国际性外汇市场。自1973年香港取消外汇管制后，国际资本大量流入，经营外汇业务的金融机构不断增加，外汇市场越来越活跃，发展成为国际性的外汇市场。香港外汇市场是一个无形市场，没有固定的交易场所，交易者通过各种现代化的通信设施和电脑网络进行外汇交易。中国香港特别行政区地理位置和时区条件与新加坡相似，可以十分方便地与其他国际外汇市场进行交易。

6. 大洋洲的两个外汇市场

大洋洲的外汇市场主要是惠灵顿外汇市场和悉尼外汇市场。惠灵顿外汇市场是全球每天最早开市的市场，交易时间为北京时间4:00～13:00。两个小时之后，悉尼外汇市场开市。其收市也要晚两个小时。主要交易本国货币和美元。

7. 新加坡外汇市场

新加坡外汇市场是由国内及国外商业银行和货币经纪商参与经营的，市场交易以即期交易为主，同时远期和投机交易也非常活跃。参与新加坡外汇市场的主要机构有：本国银行、外国银行及分支机构、外汇经纪商、新加坡金管局、政府机构、企业、公司和个人。

外汇市场是一个买卖同时进行的双向市场，因每天的交易量高达3.2万亿美元而成为目前世界上最大、资金流动性最强的市场。

外汇的交易可以在纽约、伦敦、东京或是世界任何地方进行，拥有数量庞大的参与者及多样化的背景，就连政府都没有能力干预外汇市场。

外汇交易的主要参与者

外汇市场的参与者就是外汇市场的参与主体，主要有外汇指定银行、客户、中央银行、外汇经纪商等。

1. 外汇指定银行

外汇指定银行是外汇市场上最重要的参与主体。外汇银行是外汇市场的主要角色，它是外汇供求的中介机构，也是主要的报价者。外汇银行又叫外汇指定银行，是指经过本国中央银行批准，可以经营外汇业务的商业银行或其他金融机构。外汇银行不但对客户买卖外汇，而且还在同业银行之间进行大量的交易，一些大的外汇银行还是市场的创造者。

在美国外汇市场上，纽约的十几家大型商业银行和其他主要城市的几十家大型商业银行，实际上扮演着“造市商”的角色。由于它们经常在外汇市场上大规模地进行各种货币的买卖，使得外汇市场得以形成并顺利运转。一方面，外汇指定银行充当外汇供求的核心机构；另一方面，又通过与中央银行、其他外汇指定银行之间的外汇交易，来调整其自身在外汇市场中的头寸状况。

外汇银行买卖外汇，要产生差额，形成外汇头寸的盈缺。由于市场上汇率千变万化，银行外汇头寸的盈缺都会带来损失，因此外汇银行要对多余的头寸进行抛出，或对短缺的头寸进行补进。各外汇银行都进行头寸的抛补，就形成了银行间的外汇交易市场。

2. 中央银行及其他官方机构

各国的中央银行是外汇市场上另一个重要的参与主体。各国的中央银行都持有相当数量的外汇作为该国国际储备的重要组成部分，同时承担着维持本国货币金融稳定的职责。

中央银行参与外汇市场的目的不是获利，而是通过制定和颁布一系列条例和法令来维持外汇市场的交易秩序；通过买进或抛出某种国际性货币的方式来对外汇市场进行干预，以便能把本国货币的汇率稳定在所希望的水平或幅度内，从而实现本国货币金融政策的意图。因此，中央银行不但是外汇市场的参与者，而且是外汇市场的操纵者。

中央银行对外汇市场的干预程度、范围和频率主要取决于该国政府实行的汇率制度种类。例如，一国货币实行与别国货币相联系的固定汇率制度，则该国中央银行的干预程度就明显比实行浮动汇率制度的国家大得多。一般说，中央银行在外汇市场上的交易额并不很大，但其影响却非常广泛。因为外汇市场的参与主体都密切地注视着中央银行的举措，以便及时追踪和把握政府宏观经济决策的有关信息，进而采取相应的交易策略。所以，中央银行在外汇市场上的一个微小举措，也会对一国货币汇率产生重大影响。有些时候，会有几个国家的中央银行联合干预外汇市场，其效果更为明显。

3. 公司或个人

在外汇市场上，凡是与外汇指定银行有外汇交易关系的公司或个人，都是外汇指定银行的客户，他们是外汇市场上的主要供给者和需求者，他们在外汇市场上的地位和作用仅次于外汇指定银行。客户参与外汇市场的目的各不相同，有的是为实施某项经济交易而买卖外汇，如从事国际贸易的进出口商，到东道国投资的跨国公司，发行国际债券或筹措外币贷款的国内企业，等等；有的是为调整资产组合结构或利用国际金融市场的不均衡状况而进行外汇交易，如买卖外国证券的投资者，在不同国家货币市场上赚取利率差异收益和汇率差异收益的套利者和套期保值者，赚取风险利润的外汇投机者。

此外，还有其他小额的外汇供求者，如留学生、汇出或汇入侨汇者、国际旅行者、提供或接受外币捐赠的组织或个人等。在这些客户中，最重要的是跨国公司，跨国公司在实施全球经营战略时涉及多种货币的巨额收入和支出，非常频繁地进出外汇市场。

4. 外汇经纪商

外汇经纪商是介于外汇指定银行之间、外汇指定银行和其他市场参与主体之间，进行联系、接洽外汇买卖，从中赚取经济佣金的经济公司或个人。外汇经纪人是一种代理性质的专门职业，他们所买卖的不是自己的头寸，因此不负担外汇交易的盈亏风险，也不得利用差价图利。

外汇经纪商与外汇指定银行和客户之间联系密切，熟悉外汇市场供求行市，他们了解各种信息并能够及时把握外汇市场行情，能够根据买卖双方的条件和意愿，使买卖双方能在适当的交易价位上找到合适的交易对象，从而提高外汇交易的效率。

了解炒汇的基本术语

对于准备投身于外汇投资的人而言，必须要了解一些炒汇的基本术语。

1. 直盘和交叉盘

直盘是指非美货币与美元比率的货币对，我们主要交叉的直盘货币对包括：美元/日元，欧元/美元，英镑/美元，美元/瑞郎，澳元/美元，美元/加元。

交叉盘则是指美元之外的货币相互之间的比率，比如，欧元/日元，欧元/英镑，英镑/日元，欧元/澳元等等。

2. 多头、空头

大家常听到的做多、做空。这些成对的术语，前面一个词都是表示买进某个货币对的看涨合约，后者都是指买进某个货币对的看跌合约。买进某个货币对的看涨合约之后，称之为该货币对的多头；买进某个货币对的看跌合约之后，称之为该货币对的空头。

比如，我们常说的：持有欧元/美元多头头寸，即表示已经在此前买入了欧元/美元，现在处于持有状态。

3. 头寸、平仓

头寸，也称为部位，确切的概念应该是市场约定的合约。应用说明：投资者买入了一笔欧元多头合约，就称这个投资者持有了一笔欧元多头头寸；如果做空了一笔欧元，则称这个投资者持有了一笔欧元空头头寸。当投资者将手里持有的欧元头寸卖回给市场的时候，就称之为“平仓”。

4. 揸、沽

源于粤语，分别是做多和做空的意思。

5. 波幅、窄幅波动

波幅是指汇价一段时间内的最高价和最低价之间的幅度，比如，单日波幅指某个交易日汇价的最高价和最低价之间的幅度。我们在了解某个货币的习性的时候，需要注意观察这个货币的常规波幅，不要经常性地做超出常规波幅的判断，以减少分析的准确率。

窄幅波动，一般指一段时间内汇价的波幅处于 30 点以内。窄幅波动的内在含义是汇价短线处于酝酿过程，往往刚刚经历了一轮波幅比较大的走势，出现窄幅波动是在为下一轮较大波幅走势积蓄动能。

6. 支撑、阻力

支撑和阻力都是技术分析中的基本术语，在日常分析和操作中会经常用到。

支撑，表示某货币对在向下运行的过程中可能遭遇买盘支持的价位；阻力，则是某货币对在上涨过程中可能遭遇卖盘打压的价位。支撑和阻力价位可能由趋势线产生，也可能由百分比分割产生，还可结合多种分析方法进行推断。

关键的支撑和阻力价位往往能起到确认汇价运行方向的效果。

7. 突破、假突破

突破往往指对关键支撑或者阻力价位的越过走势，对汇价接下来的运行节奏有指示意义。而假突破则是指汇价越过了关键的支撑或者阻力价位，但是很快又回到突破前的价格范围内，并能表明汇价不会按照突破的指示意义继续运行。

8. 反抽

又叫回抽，是指在突破某些关键的支撑或者阻力价位之后，汇价再回撤到原来的支撑或者阻力价位附近的过程，此后汇价再按照突破的方向运行。

9. 空头回补，多头回补

空头回补是指某货币对的多头拉动汇价突破某关键阻力，导致的空头做出的被动离场行为，空头的离场自然会以买入多头头寸为实际行为，这样做的结果是推动汇价进一步向多头有利的方向运行。

多头回补则刚好与空头回补相反，是多头头寸持有者离场的行为，推动汇价向空头有利的方向运行。

当汇价越过关键阻力或者支撑的时候，空头回补或多头回补一旦发生，可能引发速度较快的短线行情。

10. 止损

离场的一种方式，主要目的是为了保护资金安全，在市场走势与判断有差异时，需要及时地止损离场，避免损失无谓地扩大。学会及时止损是在外汇市场生存的必要技能，止损的放置基本原则是放在关键支撑的下方、关键阻力的上方。

11. 基本面、技术面

基本面分析和技术面分析是外汇走势分析的两大方法，其中基本面分析主要分析的是全面的经济、政治、军事等数据，它们是决定汇率长期走势的根本因素，借助基本面分析主要有利于把握汇率走势的大方向；技术面分析重在借助技术指标来分析汇率运行的阶段性趋势、节奏、价位、支撑阻力等，并以此来指导操作。

12. 交割日

外汇即期或远期交易的结算如期，我们更经常地在外汇期货、期权的交易中用到，交割日在其到期日之后的约定日期，而我们最常见的外汇实盘和保证金交易都是采取当日为交割日，所以一般不会用到这个名词。

外汇交易的盈亏计算

投资外汇，必定是以盈利为目的的。任何投资都是需要计算机会成本的，外汇投资当然也不例外。比如，美元一年的存款利率是3%，那么我们在其他市场投资或者说进行外汇交易的时候，如果一年的收益率小于3%，仍然是亏损，达到3%才刚好达到了平手，毕竟我们在进行外汇交易的时候付出了风险，所以只有得到更大的收益才能算是物有所值。

投资者在投资之前，必须要了解外汇交易中的盈亏可能。

1. 实盘交易的盈亏计算

实盘外汇买卖的盈亏计算与股票基本一致，是1∶1的实际买卖。

比如，某投资者在1.1900价位用10万美元买入欧元，后平仓于1.2100，赢利200点，赢利金额为：100000美元/1.1900×1.2100－100000美元＝1680.67美元；如果平仓价位在1.1800产生亏损，则亏损金额为：100000美元/1.1900×1.1800－100000＝－840.34美元，即亏损了840.34美元。

计算公式为：

本金/买入汇率×卖出汇率－本金＝盈亏金额

2. 外汇保证金的盈亏计算

外汇保证金交易是一种合约交易，所以它的盈亏计算方式与实盘有很大的差异。这里采用放大比例为100倍的杠杆交易进行说明，100倍放大比例是海外保证金交易最常见的比例，而风险大小并不取决于倍数，只取决于投资者所采用的仓位的大小。

(1) 做多。比如，某投资者在1.1900价位做多欧元，仓位为1个标准单（占用保证金1000美元），后平仓于1.2100，赢利200点，欧元每点价值10美元。赢利金额为：(1.2100－1.1900)×10＝2000美元。

如果亏损，上述头寸平仓于1.1850，那么亏损金额为：(1.1850－1.1900)×10×1＝－500美元。

计算公式为：

每点价值×(平仓价－入场价)×仓位＝盈亏金额

(2) 做空。比如，某投资者在1.1900价位做空欧元，仓位为1个标准单（占用保证金1000美元），后平仓于1.1800，赢利100点，欧元每点价值10美元。赢利金额为：(1.1900－1.1800)×10×1＝1000美元。

如果亏损，上述头寸平仓于1.1950，那么亏损金额为：(1.1900－1.1950)×10×1＝－500美元。

计算公式为：

每点价值×(入场价－平仓价)×仓位＝盈亏金额

不同货币的每点价值也有所差异，比如，欧元、英镑、澳元等货币标准单每点价值都是10美元，而日元、瑞郎、加元的标准单每点价值均不到10美元，交叉盘的每点价值也分别不同。

在保证金交易的盈亏计算中，如果持仓过夜，还应考虑到各个货币的隔夜利息差异。就某个货币对而言，做空低息货币/高息货币，可以得到隔夜利息，做多低息货币/高息货币需要付出隔夜利息；做多高息货币/低息货币可以得到隔夜利息，做空高息货币/低息货币需要付出隔夜利息。隔夜利息是会经常变动的，主要由资金在国际市场上的信贷需求和各货币的自身利率决定。

外汇如何开户

凡持有有效身份证件、拥有完全民事行为能力的境内居民个人，均可进行个人实盘外汇交易。开户是进行外汇买卖的第一步。

投资者只要有一定的外汇资金（各个银行的开户起点金额不同），并且携带本人身份证件，即可去任何一家银行网点办理开户手续，在填写个人外汇买卖申请书并签字后，开通“外汇宝业务”与电话委托服务，即完成开户。目前，中行、农行、工行、建行、交行和民生银行等都开通了个人外汇买卖业务。

其开户具体步骤为：到银行柜台申请开一个外汇账户，然后购汇存入该账户，与银行签订外汇交易协议，申请开通网上银行，然后在家里用个人电脑登录该银行的网站，进入网上银行进行交易即可。

国内外汇保证金交易投资者一般需要通过国内的外汇经纪商或者直接登录国外的投资公司网站申请开户，比较发达的外汇交易市场基本是在欧美国家，主要集中在美国和英国，其中美国管制最为成熟和严格。

外汇保证金交易开户的基本流程如下：

1. 准备资料

准备第一份资料就是填写外汇交易商提供的《开户申请表》，内容一般包括：风险揭示、隐私政策告示、外国客户告示、外汇客户协议书、账户申请表。此外，投资者还需要备好两份材料：政府颁发的身份证明文件和地址证明。一般地址证明文件只要提供身份证明上的地址就可以了。

2. 发送材料

投资者准备好材料之后，就可以直接发送给外汇交易商进行核对开户，通过传真、电子邮件以及邮政快递都可以。

3. 收到账户号码

开户人在发出开户资料后的 1～2 个工作日之内，就会在自己的电子邮箱里面收到账户号码。账户号码是直接由国外的外汇交易商通过电子邮件发送到开户人在《开户申请表》中登记的电子邮箱里面，所以《开户申请表》里面登记的电子邮箱地址一定要准确。

4. 汇款

在拿到个人外汇交易账户号码后，开户人就可以向外汇账户汇款了，因外汇交易商是在国外，而且受到当地监管机构的监督，开户人只能汇款到国外外汇交易商的托管银行的账户内，只能用外币汇款，大多数时候是用美元，有的外汇交易商也允许用其他的外币汇款。汇款方式包括信用卡汇款、支票汇款、邮政汇款等。

5. 交易

在外汇交易商收到开户人的汇款后，会向开户人发送电子邮件通知其汇出的款项已经收到，而且告知开户人登录交易平台的用户名和密码。在收到登录交易平台的用户名和密码之后，开户人就可以从外汇交易商的网站上下载交易软件，下载安装好了以后，用用户名和密码登录即可交易。

目前来看，国内外汇交易的方式主要有两种：外汇实盘和外汇保证金交易。投资者可以根据自身的风险承受能力和资金规模来选择交易方式。

选择外汇交易的平台

外汇保证金交易具有很多优点，但怎样选择外汇保证金公司，对普通投资者来说并不是容易的事。目前进入中国的外国保证金公司大约有几百家，那么怎样才能选到适合自己的交易平台？需要注意哪些方面呢？

1. 选择具备良好监管的公司

在市场出现较大波动的情况下，风险控制能力较弱的保证金公司存在较大的亏钱甚至破产的可能。因此，选择监管适度的保证金公司比较安全，特别是当出现系统性金融风险时投资者的保护网有大银行和国家两层，中小投资者会得到一定程度的保护，保证金公司破产的风险较小。

2. 保证金平台的稳定性要好

保证金平台本身运转的稳定性及其与国际市场（报价）数据的一致性非常重要。由于风险管理水平和能力不同，平台所用软件的性能和先进程度（服务器大小）不同，以及网络服务器距离中国远近的不同等原因，各家保证金平台运转的稳定性差别很大。

有的平台当国际市场发生大波动时甚至经常瘫痪，使投资者无法交易，这样的平台当然不能选。还有的平台稳定性差，佣金或点差是随价格变动幅度而浮动的，这种平台最好也别选。

3. 出入金渠道必须畅通

与出金相比，入金可能更重要，因为保证金交易可能出现必须立刻补仓的需求。如果渠道不畅通，一笔汇款三天才到，投资者的仓可能早爆了。当然，出金也要快，但是，安全更重要。由于保证金公司与客户都是不见面的，大多数情况下是通过网络联系，为了避免内部人“盗窃”客户资金，许多保证金公司都要求客户在出金时必须在“出金申请”上签字。有投资者可能认为这很烦琐，而这正是保护投资者所必须的。

现在大多数保证金公司存在地下通道出入金的问题，而能够解决这一问题的保证金公司非常少，因此，投资者最好选择有正规出入金渠道的保证金公司。

4. 公司要有诚信

现在有些保证金公司存在道德问题。有的保证金平台以为它们在海外注册，投资者不可能诉告它们，因此经常变换收费标准或采用隔夜利息计算方法，甚至调整点差，制定“霸王”条约。这类保证金公司，投资者会在网上进行投诉，因而可以搜索到。

初选保证金公司的投资者必须问清：佣金等收费标准和隔夜利息的计算方法会不会任意变动，交易点差是不是固定，会不会随着行情变化而任意调整。更要到网上查一查，它们有没有“霸王开店”的“前科”，有没有随意变更交易费用的“恶行”。

5. 交易成本要合理

目前，各家保证金平台的交易费用也是千差万别的，有的高达 20 点，有的只有两三点，有的甚至在广告中宣称没有点。必须强调，任何保证金交易平台都必须支付成本，而且主要是交易成本，因此，没有成本或成本很低未必就好。正常来说，一般 4 个点左右是保证金公司维持基本正常运转的保本点，6 个点有正常的赢利。高于 6 个点，属于费用偏高，低于 3 个点则是自欺欺人，投资者要小心。

6. 尽量选择在国内有代理业务的保证金公司

客观地讲，敢于公开地代理境外保证金公司业务的国内机构现在也非常少，但并不等于没有。有机构代理肯定比找不到人好。境外保证金平台大都远在国外，而投资者经常会遇到许多问题需要咨询。如果什么事都打（国际）长途，那么对于投资者来说是很不公平的。而国内有代理，随时可以帮助投资者解决开户、出入金以及操作中出现的各种问题，并为投资者提供各种各样的咨询服务，包括操作支持。

对于投资者尤其是个人投资者来说，选择国内有代理咨询服务机构的保证金公司是上上之选。

选择外汇交易时段的技巧

由于所处的时区不同，各外汇市场在营业时间上此开彼关，但一个市场结束后，往往就为下一个市场的开盘定下了基调。这些市场通过先进的通讯设备和计算机网络连成一体，市场的参与者可以在世界各地进行交易，由此形成了全球一体化运作、全天候运行的国际外汇市场。

虽然世界各地的外汇交易市场被距离和时间所隔，它们各自独立又相互影响。这些外汇市场以其所在的城市为中心，辐射周边的其他国家和地区。若以北京时间为标准，每天凌晨的时候，从新西兰的惠灵顿开始，直到次日凌晨的美国西海岸市场的闭市，澳洲、亚洲、北美洲各大市场首尾衔接，在营业日的任何时刻，交易者都可以寻找到合适的外汇市场进行交易。

尽管外汇市场是24小时交易，但在交易时段的选择上还是有一定的技巧的。以下是一些交易时段的经验：

以北京时间作为参考，我国的外汇交易时间以前是早上9:30至早上11:00，2003年2月8日调整为早上9:30至下午3:30，午间不休市。外汇市场交易时间的延长，对于投资者参与全球外汇交易具有积极的意义。

作为投资者，必须要明白，在全天24小时中，外汇市场每个交易时段都有其自身的规律和特性，所以投资者只需要了解它的规律，在适当的时段采取相应的策略，就可大大提高交易成功率，同时也可避免交易风险。

外汇市场区别于其他交易市场最明显的一点就是时间上的连续性和空间上的无约束性。

换句话说，在一个24小时不停运转的外汇市场上，主要的波动和交易时间在周一新西兰开始上班到周五美国芝加哥下班。周末在中东也有少量的外汇交易存在，但基本上可忽略不计。这些交易属于正常的银行间兑换，并非平时的投机行为。

1. 清晨 5:00 至中午 12:00 时间段

这一时段主要是亚洲和澳洲市场活动的时间，由于整体经济实力相对较弱，再加上市场主要炒作的是欧洲和美洲的货币，这一市场所受的推动力量较小。一般振荡幅度在 30 点以内，且没有明显的方向。这段行情多为调整和回调行情，一般与当天的走势相反，如：若当天走势上涨，则这段时间多为小幅振荡的下跌，此时风险低，收益也低，不适合交易。

2. 下午 1:00 至下午 3:30 时间段

这一时段为欧洲开市前夕，交易及资金量都会逐渐增加，且此时段也会伴随着一些对欧洲货币有影响力的数据公布。所以此时段可说是黎明前的黑夜，市场和图形都开始酝酿，这一时段基本上是每天最好的也是第一次的进场时段。这一时段波动不会太大，主要是做图形或是从技术上给投资者以暗示。此时投资方向一般与当天大势相反，或是做出有效的技术信号支持大家交易。风险中等，收益较低，适合建仓。

3. 下午 4:00 至下午 6:00 时间段

这一时段欧洲开始交易，资金量和受关注程度增加。这一时段才是每天外汇市场行情的真正开始。在上时段建仓的投资者此时段则可尽获收益了；没有及时交易的投资者，则在其已经开始部分行情后不要追势，最好等到回调时再进入。此时风险中等，收益高，不适合临时建仓。

4. 晚上 7:00 至晚上 8:30 时间段

这一时段为欧洲的中午休息和美洲市场的清晨，交易平淡，多为回调上一波行情，是入场的第二次机会。此时风险低，收益低，适合建仓。

5. 晚上 9:00 至凌晨 00:00 时间段

这段时间是美洲市场和欧洲市场同时交易的时段，按照资金和关注性来说是最密集的时候，行情波动自然也最大，一般是大势振荡的真正时刻。此时风险高，收益也高，不适合临时建仓。

6. 凌晨 00:30 至凌晨 4:00 时间段

这一时段为美国的下午盘，一般在此时已经走出了较大的行情，这段时间多为对前面行情的技术调整。不过有些很重要的美国数据会在这个时段公布，所以偶尔会出现瞬间大幅波动的情形，如果有重要数据应及时平仓，以避免风险。此时风险有高有低（根据当时具体情况确定），收益低，不适合交易。

通过对各时间段特点的分析，我们可以看出，中国的外汇交易者拥有别的时区不能比拟的时间优势，就是能够抓住下午 3:00 至凌晨 00:00 的这个波动最大的时间段。一般的投资者都是从事非外汇专业的工作，从下午 5:00 下班到凌晨 00:00 这段时间是自由时间，正好可以用来进行外汇投资，不必因工作的事情而分心。

外汇买卖的技巧

任何事物的发展都有一定的规律，外汇市场的变化也不例外。因此，投资者可以根据外汇市场的变化规律运用一些技巧来获得收益。

1. 利上加利

利上加利，即在汇市对自己有利时追加投资以获取更大利益。但投资者必须对行情判断准确，并且坚定信心。例如，当汇市朝着预测的方向发展，且已升到你预测的某个点时，本来出手即可获利，但如果你不满足于这点小小的利润，并坚信汇价还会上涨，而且也无任何表明汇价将下跌的迹象，则应加买，扩大投资额。如果行情接着高涨，那么，即使不能全胜，但大胜已是确定无疑了。

同样道理，当汇市明显下落的时候，也可以采用加利技巧，只不过需要改变交易位置罢了。

2. 自动追加

当汇市比较平稳，没有大的波动，而只在某一轴心两边小幅度摆动，即汇市处于盘局时，便可以采用自动追加技巧。具体操作是：当你已确认汇市处于盘局时，便在最高价位卖出而在最低价位买入，如此反复操作。表面上看，这种操作似乎违背顺势而作的做法，而且每次获利不多，但因为多次反复操作，收益是积少成多，总的利润是相当可观的。

3. 积极求和

当入市后，发觉市势向相反方向运动，则必须冷静，认真分析所出现的情况，不可盲目交易。如果你经过认真分析后，确认市势已经见底，不久即可反弹，便可一直追买下去。这样，等到汇价反弹时，便可以逐步获利。即使汇价反弹乏力，也可以抓住机会打个平手。

4. 双管齐下

如果确认行情是上下起伏波动，呈反复状态，则可以在汇价升到高价位时追买，当汇价跌至低价位卖出，以平掉开始入市时的淡仓而套取利润，同时用再一次的高价位点入市以平掉前次的追仓获得。这样不仅没有亏损，反而有利可图，这种双管齐下的技巧（即低价位时卖出而高价位时买进），实际上是以攻为守和以守为攻的技法。但运用这一技巧时必须小心，绝不可多用，因为一旦汇市趋势呈单边状况而不是反复波动，就会无法套利平仓。

外汇交易的方式

投资者选择合适的外汇买卖方式，可以有效提高交易的便捷性和准确性，节省时间和费用，避免由于交易方式不当而造成不必要的损失。当然哪种方法比较好，是因人因事而异的。一般来说，传统的外汇交易方式有柜台交易、电话交易、自助终端交易；新兴的外汇交易方式有网上交易、手机交易等。

在这里我们重点介绍柜台交易、网上交易、电话交易。

1. 柜台交易

柜台交易是指交易者直接通过银行柜台，对银行大屏幕显示器所报价格予以确认，从而完成个人外汇的买卖交易。交易是柜台即时成交、即时清算。这种交易方式最直接、最普遍，是开办此业务的各大商业银行竞相提供便利条件的最基本的交易方式。柜台交易一般有以下几个步骤：

（1）填写《个人外汇买卖申请书》。

（2）将该《个人外汇买卖申请书》连同储蓄通用存折或现钞交给银行职员审核清点。

（3）银行职员审核确认后，根据《个人外汇买卖申请书》打印《个人外汇买卖证实书》，一式两联，交易者确认。

（4）交易者签字确认，成交汇率以《个人外汇买卖证实书》为准，复核员复核后，还给交易者保存，柜台即时交易结束。

虽然说起来简单，但在这短短的时间内包含着交易者的智慧、分析和判断。

2. 电话交易

电话交易方式的优势是方便省力，可运筹帷幄。缺点是操作间接，不能直接看到屏幕报价显示。电话交易包括即时电话交易和电话委托交易，下面具体介绍一下这两种电话交易：

第一，即时电话交易。

个人外汇买卖即时电话交易是指交易者使用银行的个人外汇买卖电话交易系统，进行不同币种之间的外币兑换，当即完成买卖的交易方式。其具体步骤如下：

（1）填写《个人外汇买卖电话交易申请书》。

（2）开立外币定期存款的账户，有的银行规定为活期通用存折。

（3）设定电话交易的专用编号或密码。客户可随时通过银行个人外汇买卖电话交易系统对自己设定的密码进行更改。只有账号加密码输入正确，才能打开账户进行各类交易。因此需要注意的是，凡掌握密码而实现的交易，银行均视为客户本人所为，因泄露密码而导致的一切后果，银行则不承担责任。因此，一定要注意密码的安全。

第二，电话委托交易。

外汇买卖电话委托交易也就是挂盘交易，又称“挂篮子”或“委托交易”，即开始允许投资者根据自身判断决定合理的买卖成交价格。比如说投资者把买卖币种、交易金额及期望成交价格通过电话交易系统输入给银行，银行视市场情况并按时间优先原则决定是否受理投资者的指令。银行一旦受理投资者的指令即按达到或优于投资者指定价格执行投资者指令，电脑即自动成交，实际成交价格就成为银行当时牌价。外汇买卖挂盘交易的引入，使得个人外汇买卖交易更加便利。

3. 网上交易

网上外汇交易的发展，打破了地域的局限，使得原来必须依赖本地经纪商才能参与外汇交易的个人和小型机构投资者可以更加方便地进行外汇投资。

虽然网上外汇交易的历史不长，但是发展很快，目前市面上大部分电子交易平台不但功能多样化，而且十分易用。

具体来说，网上外汇交易的优点体现在以下3个方面：

（1）成交速度更快。在步调快速的外汇市场上时间就是一切。网上交易的执行只需几秒钟，保证投资者不会错过任何市场机会。

（2）交易费用更低。外汇市场的场外交易结构特别是高效率的电子化交易系统缩减了大部分的成交和结算费用，降低了交易支出。

（3）价格透明度更高。投资者不用像过去那样给四五家银行来来回回打电话，只需要看着一个屏幕，就能知道多家银行的买卖报价，而且数据要实时更新。

除以上三种外汇交易方式，投资者还可以选择自助终端交易（指投资者在银行营业时间内，通过营业厅内的个人理财终端，按规定的方法自行操作，完成个人外汇买卖交易的方式）、手机交易（现在有些银行和手机运营商合作，推出了手机买卖外汇的业务）等交易方式。总之，投资者可以根据自己的实际情况灵活选择适合自己的外汇交易方式。

即期外汇交易的方式

“即期”一词的意思是交易“当时”（on the spot）就完成，即期外汇交易又称现汇买卖，是指交易双方以约定的汇率交换两种不同的货币，并在两个营业日内进行结算交割（Delivery）的外汇交易。

即期外汇交易是外汇市场上最常用的一种交易方式，占外汇交易总额的大部分。即期交易在之后的两个营业日内交割。交割是指外汇交易双方互相交换货币的行为。交割的那个营业日称为交割日（Delivery Date）。

即期外汇买卖不但可以满足买方临时性的付款需要，也可以帮助买卖双方调整外汇头寸的货币比例，以避免外汇汇率风险。我国个人外汇交易的实盘交易和保证金交易都属于即期外汇交易的范围。由于即期外汇交易只是将第三天交割的汇率提前固定下来，它的避险作用十分有限。

根据交割方式不同，可将即期外汇交易分为三种：

1. 电汇交割方式，简称电汇（Telegraphic Transfer，T/T）

银行卖出电汇是指汇款银行应汇款人的申请，直接用电报、电传通知国外的汇入银行，委托其支付一定金额给收款人的一种汇款方式。电汇交割方式就是用电报、电传通知外汇买卖双方开户银行（或委托行）将交易金额收付记账。电汇的凭证就是汇款银行或交易中心的电报或电传汇款委托书。

2. 票汇交割方式，简称标汇（Demand Draft，D/D）

银行卖出标汇是指汇款银行应汇款人的申请，开立以国外汇入银行为付款人的汇票，交由汇款人自行寄给收款人或亲自携带前往，凭票向付款行取款的一种汇款方式。票汇交割是指通过开立汇票、本票、支票的方式进行汇付和收账。这些票据即为汇票的凭证。

3. 信汇交割方式，简称信汇（Mail Transfer，M/T）

银行卖出信汇是汇款银行应汇款人的申请，直接用信函通知国外的汇入银行委托其支付一定金额给收款人的一种汇款方式。信汇交割方式是指用信函方式通知外汇买卖双方开户行或委托行将交易金额收付记账。信汇的凭证就是汇款行或交易中心的信汇付款委托书。

上述三种汇款方式的成本与效益是不同的。在汇款收付过程中，收入本币与付出外币之间因汇款方式的不同存在着时差，从而决定不同汇款方式的不同汇率，而汇率高低又取决于时差的长短。汇款在途时间长，银行可利用这笔资金的时间就多，收益就大，但费用会变小，因此银行报价也较低。反之，时间短，银行可利用这笔资金的时间就短，收益就小，但费用会变大，这就是银行报价较高的原因。

一般来说，现阶段汇率都是以电汇汇率为基础来计算的，电汇汇率成了即期交易的基础汇率。随着电子计算机的广泛应用和国际通信日益网络化，邮期也就大为缩短，因此几种汇款形式之间的差别正在逐渐减少。

企业通过进行与现有敞口头寸（外汇资产与负债的差额暴露于外汇风险之中的那一部分资产或负债）数量相等、方向相反的即期外汇交易，可以消除两日内汇率波动给企业带来的损失。

远期外汇交易的方式

远期外汇交易又称期汇交易，是指以在当前营业日约定的汇率并在约定的未来某一个日期进行交割的外汇交易。远期外汇交易的未来交割日、交割汇率和货币金额都是在合同里事先规定的。

20 世纪 70 年代初期，国际范围内的汇率体制从以固定汇率为主导转向以浮动汇率为主导，汇率波动加剧，金融市场蓬勃发展，从而推动了远期外汇市场的发展。

远期外汇交易的主要方式有以下两种：

（1）直接的远期外汇交易：是指直接在远期外汇市场做交易，而不在其他市场进行相应的交易。银行对于远期汇率的报价，通常并不采用全值报价，而是采用远期汇价和即期汇价之间的差额，即基点报价。远期汇率可能高于或低于即期汇率。

（2）期权性质的远期外汇交易：公司或企业通常不会提前知道其收入外汇的确切日期。因此，可以与银行进行期权外汇交易，即赋予企业在交易日后的一定时期内，如 5～6 个月内执行远期合同的权利。即期和远期结合型的远期外汇交易。

远期外汇交易还有一种特殊的交易形式——择期外汇交易。这是一种交割日期不固定的外汇买卖形式，客户可以在将来某一段时间（通常是一个半月内）的任何一天按约定的汇率进行交易。

远期外汇交易是有效的外汇市场中不可缺少的组成部分。最常见的远期外汇交易交割期限一般有 1 个月、2 个月、3 个月、6 个月、12 个月。若期限再长则被称为超远期交易。远期外汇交易的作用是避险保值。确定其交割日或有效起息日的惯例为：

（1）任何外汇交易都以即期交易为基础，所以远期交割日是以即期加月数或星期数。若远期合约是以天数计算，其天数以即期交割日后的日历日的天数作为基准，而非营业日。

（2）远期交割日不是营业日，则顺延至下一个营业日。顺延后跨月份的则必须提前到当月的最后一个营业日为交割日。

（3）“双底”惯例。假定即期交割日为当月的最后一个营业日，则远期交割日也是当月的最后一个营业日。

远期外汇买卖主要有以下几方面的特点：

（1）双方签订合同后，无需立即支付外汇或本国货币，而是延至将来某个时间支付。

（2）买卖的目的，主要是保值，避免外汇汇率涨跌的风险。

（3）买卖规模较大。

（4）外汇银行与客户签订的合同须经外汇经纪人担保。

在国际贸易中，进出口商务合同中所使用的计价和结算货币往往与进口商手中实际持有的货币不一致，而合同的支付一般是在将来的一定时期。为了避免在付款时外汇汇率的变化，进口商可以事先进行远期外汇交易，固定成本，规避将来在付款时因汇率变化带来的风险。

某一香港进口商向美国买进价值 10 万美元的商品，约定 3 个月后交付款，如果买货时的汇率为 US＝HK7.81，则该批货物买价为 78.1 万港元。但 3 个月后，美元升值，港元对美元的汇率为 US＝HK7.88，那么这批商品价款就上升为 78.8 万港元，进口商得多付出 0.7 万港元。如果美元继续猛涨，涨至 US＝HK8.00 以上，香港进口商进口成本也猛增，甚至导致经营亏损。所以，香港的进口商为避免遭受美元汇率变动带来的损失，在订立买卖合约时就向美国的银行买进这3个月的美元期汇，以此避免美元汇率上升所造成的成本风险，因为届时只要付出78.1万港元就可以了。

由此可见，远期外汇交易的主要用途是规避国际贸易和国际金融活动中的汇率风险。通过远期外汇交易，交易者可以事先将外汇的成本或收益确定下来，避免或减少汇率变动带来的风险。

在国际借贷中，借款货币与借款人的实际经营收益的货币不一致，而借款的偿还期一般又是在远期。如果以实际经营收益作为还款资金来源，借款人就面临汇率风险。为避免还款时汇率变化可能带来的损失，借款人可以先进行远期外汇交易，将还款金额固定，避免将来还款时可能遭遇的汇率风险。

第十三章 期货市场，冒险家的乐园与墓地只在一线间

期货在于瞬息万变的市场，期货管理和投资操作就像上战场打仗一样紧张，两者有相似处。

——徐俊

（北大经济学院金融衍生品与期货班学员）

期货：有别于现货的形式

期货（Futures），通常指期货合约。是由期货交易所统一制定的、规定在将来某一特定的时间和地点交割一定数量标的物的标准化合约。这个标的物，可以是某种商品，也可以是某个金融工具，还可以是某个金融指标。广义的期货概念还包括了交易所交易的期权合约。大多数期货交易所同时上市期货与期权品种。

期货合约有买方和卖方，如果买方将合约持有到期，那么他有义务买入期货合约对应的标的物；而期货合约的卖方，如果将合约持有到期，那么他有义务卖出期货合约对应的标的物，期货合约的交易者还可以选择在合约到期前进行反向买卖来冲销这种义务。

1. 期货合约的组成要素

（1）交易品种。

（2）交易数量和单位。

（3）最小变动价位，报价须是最小变动价位的整数倍。

（4）每日价格最大波动限制，即涨跌停板。当市场价格涨到最大涨幅时，我们称“涨停板”，反之，称“跌停板”。

（5）合约月份。

（6）交易时间。

（7）最后交易日。

（8）交割时间。

（9）交割标准和等级。

（10）交割地点。

（11）保证金。

（12）交易手续费。

2. 期货合约种类

（1）商品期货。商品期货是指标的物为实物商品的期货合约。商品期货历史悠久，种类繁多，主要包括农副产品、金属产品、能源产品等几大类。其中有：

①农产品期货：1848 年 CBOT（美国芝加哥商品交易所）诞生后最先出现的期货品种。主要包括小麦、大豆、玉米等谷物，也包括棉花、咖啡、可可等经济作物和木材、天然胶等产品。

②金属期货：最早出现的是伦敦金属交易所（LME）的铜，目前已发展成以铜、铝、铅、锌、镍为代表的有色金属和以黄金、白银等贵金属为代表的两类产品。

③能源期货：20 世纪 70 年代发生的石油危机直接导致了石油等能源期货的产生。目前市场上主要的能源品种有原油、汽油、取暖油、丙烷等。

（2）金融期货。金融期货是指交易双方在金融市场上，以约定的时间和价格，买卖某种金融工具的具有约束力的标准化合约。主要包括：

①外汇期货：20 世纪 70 年代布雷顿森林体系解体后，浮动汇率制引发的外汇市场剧烈波动促使人们寻找规避风险的工具。1972 年 5 月芝加哥商业交易所率先推出外汇期货合约。目前在国际外汇市场上，交易量最大的货币有 6 种，美元、日元、英镑、瑞士法郎、加拿大元和法国法郎。

②利率期货：1975 年 10 月芝加哥期货交易所上市国民抵押协会债券期货合约。利率期货目前主要有两类——短期利率期货合约和长期利率期货合约，其中后者的交易量更大。

③股指期货：随着证券市场的起落，投资者迫切需要一种能规避风险实现保值的工具，在此背景下，1982 年 2 月 24 日，美国堪萨斯期货交易所推出价值线综合指数期货。

期货交易的运作机制

期货交易运作机制有其自身的特点，它与证券市场存在着很大的不同。如果不熟悉期货交易的运作机制特点而盲目进入，将会直接影响投资运作的效益。

因此把握期货交易与证券交易的不同点，对于投资者有效控制风险、提高投资效率非常重要。

1. 期货保证金制度

保证金制度是期货交易的最显著特征。它充分体现了期货市场的便利性。投资者在进行期货交易时，无须支付期货合约全额价值，只需支付合约价值一定比例的保证金，一般为合约价值的5%～8%。以5%保证金为例，相当于把“投资资金”放大了20倍。例如，在股票市场，10万元资金，按100%的足额保证金制，只能买10万元的现货股票，假如改为按5%的保证金制，则相当于可买200万元的股票。这样，无疑极大地提高了资金的杠杆率，从而扩大了可能的利润空间，当然杠杆带来的风险也被放大。

在进行期货交易过程中，应特别注意保证金制度的特点：

一是保证金制度具有十分明显的杠杆作用。期货保证金制度一方面极大地提高了期货市场的投资运作效率，投资者通过较少的资金实现较大数量合约的交易。当在期货市场具备向上的行情时，往往能够获取较高收益。对于投资者而言，套期保值者则能够用少量资金规避较大的现货市场风险。但是，另一方面，期货保证金制度也是一把双刃剑，在增强期货市场资金利用效率的同时，也会利用杠杆放大市场风险。当期货市场向着不利于自己的方向变化时，亏损也将被放大。例如，大商所大豆期货交易，保证金比例为5%，一天的最大价格波动幅度即涨跌停板为3%，也就是说一个涨跌停板，对于投资者来说就是所投资保证金金额60%的盈亏。因此进行期货交易前制订严谨而充裕的投资计划和策略十分重要。

二是可以追加保证金。期货交易实行每日无负债结算制度，即每日收盘后根据当日期货结算价进行结算。当客户保证金不足以维持其所持有的期货合约（持仓）时，要求投资者及时补足保证金，当不能及时追加保证金时其持仓将被部分或全部强制平仓，直到达到规则规定的保证金水平。

当市场某项合约持仓达到一定规模时梯度增加保证金，以及当市场某项合约价格同一方向连续变动两个停板时增加保证金。

三是同一品种不同期货合约的保证金水平不尽相同。一般从进入交割月前一个月开始逐步梯度增加保证金，交割月前一个月为10%，以后每5个交易日保证金增加5%。从交割月第一个交易日增加到30%，交割月第五个交易日增加到50%。

证券市场实行全额交易制度，投资者购买证券必须交纳足额的资金。当然，在有些国家证券投资也是可以通过部分融资（透支）来进行的。但是，总体上讲，融资的比例是受到限制的。目前在我国，透支交易证券是一种违规作为。

2. 期货做空机制

期货市场不同于其他的证券交易，期货具有双向交易机制，既可以在未来行情看涨时买进，又可以在对未来行情看跌时卖空，即所谓的做空机制。也就是说，当投资者认为未来期货价格会上扬，便可以买入期货合约，若判断正确，价格上涨以后在高价位卖出平仓即可获利；相反，当投资者认为未来价格会下跌，则可以卖出期货合约，若判断正确，价格下跌以后在低价位买入平仓即可获利。

如果投资者对未来走势判断正确，期货价格上涨或是下跌，都可以是投资者获利的机会；反之，若投资者对未来走势判断失误，则无论期货价格是涨是跌都会亏损。这种双向交易机制也为投资者提供了便利的双向投资工具。当然，期货市场的做空机制为上市商品合约相关涉及行业和企业提供了“全天候”管理现货经营风险。理论证明，双向交易机制下的多空双方“频繁”的价格撮合，会在一定程度上促进期货市场在充分竞争和公平合理条件下形成价格的真实性和有效性。

与期货市场不同，我国的证券市场目前还没有做空机制，即投资者在不持有股票的情况下不可以进行卖出。即使在一些国家和地区较成熟的证券市场上，现货股票做空机制也是受到一定限制的。因此，在没有做空机制条件的证券市场上股票投资者只能在看涨时买进入市，在看跌时将所持有的股票卖掉或者只能持币观望。这种单向交易机制在一定程度上影响了投资者的资金利用效率，使投资者在漫长的熊市中缺少投资机会。同时，单向交易机制下会造成股市中多空力量的不均衡，从而会形成大量资金的集中进退，加剧股市的波动。

3. 期货交易机制

对于期货交易而言，最显著的特点是保证金制度。在上文中已经对保证金制度做过介绍，期货保证金制度使期货交易在本质上区别于现货交易，也使期货交易具有了进入成本低、盈利（或风险）效率高、投资风险大的特征；其次是期货合约的期限性。期货交易的交易对象即是期货合约，具有不同的时间期限，不同的期货合约拥有不同的时间价值；市场流动性不一样，价格代表性以及影响其价格变化的因素也不一样。

就我国现存的期货交易制度而言，还具备以下特征：

（1）每日无负债结算，即对每笔期货交易当天进行清算。当保证金不足时，必须在规定时限内及时追加保证金，或是对所持有的期货合约进行平仓至满足保证金规定要求为止。

（2）涨跌停板，指限制期货合约一个交易日内最大价格波动幅度，不能超过这个限度。

（3）持仓限制，将客户和会员的持仓量根据不同上市品种，不同合约按照一定规则限制在一定比例或一定数量范围内。

（4）套期保值，指现货相关企业根据其参与现货市场交易情况，需要在期货市场规避风险的，提出申请并经过交易所批准的套期保值者，将不受持仓限制制度所规定的持仓限量的限制。

（5）大户报告，当会员或客户持仓达到一定规模数量时，需要向交易所提交书面报告。

（6）强制平仓制度，当出现保证金不足并未能在规定时间内补足，以及超出持仓限额所规定数量等情况时，要实施对所持有的期货合约进行强制平仓。

在证券市场上，股票交易是现货交易。现货交易与期货交易的显著不同就是全额货款与货物的即时交换，股票现货交易一般不存在期限性问题、保证金制度、追加保证金制度、强制平仓制度和做空机制等。当然，证券交易有时候也会借鉴期货市场的涨跌停板制度。

由于期货交易的特点，一般期货市场都实行严格的风险控制制度。如当某个期货合约的市场持仓规模达到一定数量时，对该合约提高一定比例的交易保证金；当某合约价格 3 个交易日向同一方向连续涨停板或跌停板时，规则规定允许持仓不利一方且愿意平仓的对冲出局。

4. 期货交易对象

期货交易的对象是交易所上市的标准化期货合约。与商品期货的合约对应的是合约所代表的标准化商品。商品期货交易的对象具有这样几个特点：一是上市品种多是易标准化、易储存运输的大宗商品；二是每个期货合约都有其固有的期限；三是上市合约价格与其所对应的现货市场价格一样，在一定市场因素影响下会产生相当幅度的变化，是现货市场价格变化的温度计，不是现货市场价格变化的发动机，并在临近交割月及交割月向现货市场价格回归；四是由于期货合约所对应的上市商品拥有其自身价值，因此，无论合约价格围绕着供需关系如何变化，都不会使其接近或等于零。

以大商所大豆期货为例，影响上市品种价格变动的主要因素：一是现货市场的供求关系，包括国际现货市场供需情况、国内现货市场供需情况、进口情况；二是大豆相关产业、农业、贸易、食品政策；三是大豆国际市场价格变化的影响，大商所大豆价格变化与美国芝加哥期货交易所大豆价格变化具有很强的相关性并多受其影响；四是大豆相关商品价格的影响。

与期货市场相比，证券市场股票交易的对象是上市公司的股权。一个公司的股票价格会因该公司自身经营、财务方面及市场环境等情况的变化而发生变化。当该公司资不抵债时，若不考虑中国股票市场的诸多因素，理论上其价格将接近或等于零。影响其股票价格变动的主要因素：一是该企业自身情况如经营业绩、资产状况、发展战略等；二是上市公司所属行业情况、相关产业政策的变化以及国家监管政策的变化；三是国家宏观经济政策和经济发展情况的变化；四是国际股票市场相关情况的影响。

5. 期货合约的期限

期货市场的每个期货合约都具有其固定的期限。根据合约所剩时间期限的长短可以分为远期合约、近期合约、临近交割月合约和交割月合约等。一般远期合约交易为一年时间，随着时间的推移，远期合约将逐渐变成近期合约、临近交割月、交割月合约。期货合约的期限性，决定了期货合约远近月份具有不同的特点，在欧美商品期货市场，一般 3 个月合约比较活跃；在亚洲商品期货市场，一般远期合约比较活跃。

在期货合约由远至近的推移过程中，随着期货合约到期日的临近，围绕该期货合约的相关市场要素将发生重大变化：

一是随着合约期限的临近，时间价格不断减少，投资者主动选择的余地减少，也就是越来越接近于必须做出是平仓还是进行实物交割的选择；有时甚至不排除发生被动交割。

二是市场流动性变弱。由于期货市场的保证金制度和持仓限制制度，一般远期合约交投活跃、流动性较好、大单量进出容易；近期合约交投逐渐清淡、流动性较差、大单量进出较难。这是因为投机资金追求较好的市场流动性而不断转向远期月份合约，近期合约流动性便越来越差。

三是价格代表性由广泛到逐渐区域化。由于我国铜、大豆等大宗商品进口渠道畅通，国际国内现货期货市场联系密切，因此远期合约价格基本反映世界范围内的供求关系，价格代表性广泛。但随着合约交割期的临近，受交割现货货物备货期限的制约，临近交割月的合约价格逐渐向该品种指定交割仓库所在地的现货市场价格回归，价格代表性逐渐区域化。

四是影响价格变化的因素发生变化，影响远期合约价格变化的因素可以更广泛、宏观和形象化；而影响临近交割月合约价格变化的因素则更区域化、微观和具体，影响价格的不确定因素减少。进入交割月前一个月因保证金梯度增高而在市场中逐步仅剩下等待进行实物交割的接货者和交货者，在交割月通过接货资金和注册仓单的匹配，最终实现交割月合约价格向交割仓库所在地现货价格的回归。可以说，期货合约的期限设定有助于增强期货市场与现货市场的关联性，随着期货合约从远及近的变化，逐渐挤出期货价格中所谓的“泡沫”部分，有效释放市场风险，促进期货价格与现货价格走势的趋同。

证券市场中的股票代表着上市公司的股权，通常没有固定期限，随着公司的存在而长期存在。上市公司破产清算应视为其股票交易的最终期限。在我国的股票市场上，由于退市机制还处在建立过程中，因此上市公司的破产清算而导致其股票交易结束的，仍只占市场总体股票数目的很小比例。在西方发达国家成熟的股票市场上，企业股票退市早已成为一种市场机制，是整个证券市场“游戏规则”的重要组成部分。

6. 期货交割制度

商品期货交易一般实行实物交割制度。实物交割是连接期货市场与现货市场的桥梁和重要手段。它通过一手交钱一手交货，即时进行买卖的现货市场和可能承担未来实物交收买卖义务的期货市场最终成为一个单一的商品市场，是使期货市场价格在向交割月临近过程中向现货市场价格回归的重要保证，是期货交易的重要环节。

商品期货市场的运行是以现货商品为基础的，而现货商品的生产流通体系也有其固有的特点。以农产品为例，自然条件决定了某种农产品的产地，并成为这种农产品比较固定的流通体系的起点，同时其种植、加工、储藏、运输等也都具有内在的特殊规律。因此，建立在现货市场基础上的农产品期货市场就必须遵循现货供应市场的运行规律。也就是说，农产品期货的实物交割制度一定要符合现货市场流通的特点。

在期货市场进行交易时，投资者可以通过两种方式了结其所持有的未平仓合约，一种是在所持有的期货合约到期前，通过对冲进行与入市时数量相等方向相反的买卖交易，平仓了结所持有的持仓；另一种则是在所持有的期货合约到期时，以符合期货合约规定标准的现货商品的买入或卖出，了结未平仓合约，也就是通过实物交割方式了结期货交易。

证券市场没有实物交割问题。在股票交易无纸化的条件下，投资者将手中所持有的股票卖出是投资者结束交易的唯一方式。从这个意义上说，股票是一种更加虚拟化的资产，缺少其价格向其真实价值回归的有效机制。

参与期货交易的主体

参与期货交易的投资主体可以分为两大类，一类称为套期保值者，另一类称为风险投资者。

套期保值者主要是利用期货交易来转移现货交易风险，从而达到减少成本，稳定利润的目的，在时机较好时也会利用实物商品买卖作为“后盾”进行投资获利。套期保值的参与者可以是农业、制造业、商业、金融业等行业中的商品生产者、加工者、营销者、进出口商、金融机构。通过期货交易，可以很大程度地减少经济活动中时时存在的风险。

风险投资者则主要利用期货交易作为一种类似股票的投资手段，以追求高利润。

具体来说，参与期货交易的投资主体主要包括：

(1) 生产者：商品生产需要一个周期，此间价格的变动会影响生产者的利润。在生产周期内参与期货交易，可以将利润事先固定，若时机选择得当，不仅可以稳定利润，还可以获得一笔额外收入。

(2) 营销者：商品从购入到售出需要一段时间，进行期货交易既可灵活地选择购入和售出时机，减少仓储费用，又可为库存商品进行保值。

(3) 进出口商：从订货到提货需要一段时间，且付款一般发生币种间兑换问题。货价或汇率的不利变动都会带来不必要的损失。虽然在国际贸易中制定了许多回避风险的措施，如离岸价、到岸价等，但都难以完全达到目的。且需要反复谈判，费时费力，而参加货物和外汇套期保值，既可以稳定利润，也可少费口舌。

（4）金融机构：利率、汇率的变动都会给金融机构的经营带来一定的风险，通过在期货市场做套期保值，能有效地规避相应风险。

（5）风险投资者：任何一个具备一定资金而又想追求高回报率者都可参与期货交易的风险投资。

期货交易的特点

不少人都认为，证券比期货交易的风险小。事实上，经过计算证明证券交易与期货交易的风险幅度几乎是接近的，即损失率为投入资金的100%。但是，比较而言，在单位时间内，期货市场的波动要比股票市场的波动大得多。即期货市场一天的行情等于股票市场一年的行情。两者的区别在于投资效率。单位时间内风险同盈利是呈正比例的。

从某种程度上来说，证券市场的资金利用效率明显低于期货市场，是指证券投资的赢利（或损失）效率明显低于期货投资。

期货交易是一种特殊的交易方式，它有不同于其他交易的鲜明特点：

1. 交易的对象——期货合约

同生活中其他的买卖不同，期货买卖的对象并不是实物，而是和这些东西有关的合约，这份合约中规定了买卖双方的权利和义务。合约对相关问题都提前进行了详细的规定，买卖合约的双方都要遵守这个规定，任何人不得随意违反。

2. 交易的地点——期货交易所

大部分的期货都在期货交易所上市，所以交易的地点自然是期货交易所。在期货交易所里，不仅有严密的组织结构和章程，还有特定的交易场所和相对制度化的交易、结算、交割流程。我国国内的期货产品都是在期货交易所交易的。

3. 交易的载体——利用标准化合约

这是指同一家交易所对标的物相同的合约内容都有标准化的规定。例如，在上海期货交易所上市交易的铜期货合约，每张合约的内容都是一样的，交易品种都是阴极铜，交易单位都是5吨，交割品级都要符合国标克B/T467－1997标准，其他的有关规定包括报价单位、最小变动价位、每日价格最大波动限制、交易时间、最后交易日、最低交易保证金、交易手续费等，这些规定对每份铜期货合约来说都是相同的。

4. 交易的经费——只需缴纳保证金

进行期货买卖的时候，不需要支付全部金额，只要交出一定比例（通常为5%～10%）的金额即保证金作为履约的担保金就行。

5. 交易的方式——到期交割

期货合约是有到期日的，合约到期需要履行交割义务。商品期货到期时，交割的是商品，即实物交割。而其他的期货则可能有所不同，比如，股指期货的标的物是一揽子股票，实物交割在操作上存在困难，因而采用现金交割。在股指期货合约到期时，依照对应的股指期货的价格，也即合约规定的交割结算价，计算出盈亏，交易者通过交易账户的资金划转完成交割。

6. 交易中的独有方式——双向交易

这种交易方式是其他投资项目所没有的，也是期货投资中不得不提的一种方式。它实际上是指：我们既可以先买一张期货合约，在合约到期之前卖出平仓（或者到期时接受卖方交割），也可以先卖一张合约，在合约到期之前买进平仓（或者到期时交出实物或者通过现金进行交割）。就算手头没有一张合约，依然可以先卖出。这种可以先买也可以先卖的交易被称为双向交易。

期货价格的形成

期货价格是指在期货币场上通过公开竞价方式形成的期货合约标的物的价格。期货市场的公开竞价方式主要有两种：一种是电脑自动撮合成交方式，另一种是公开喊价方式。在我国的交易所中，全部采用电脑自动撮合成交方式。在这种方式下，期货价格的形成必须遵循价格优先、时间优先的原则。

所谓价格优先原则，是指交易指令在进入交易所主机后，最优价格最先成交，即最高的买价与最底的卖价报单首先成交。时间优先原则是指在价格一致的情况下，先进入交易系统的交易指令先成交。交易所主机按上面两个原则对进入主机的指令进行自动配对，找出买卖双方都可接受的价格，最后达成交易，反馈给成交的会员。

根据价格优先原则，买方的最优报价为C的2630元/吨和B的2630元/吨，卖方的最优报价为A的2630元/吨。根据时间优先的原则，在买方报价中，C的入市时间最早，因此，C先与A撮合成交100手。然后是B的80手与A剩下的

50 手以 2630 元/吨撮合，成交量为 50 手。

期货价格的频繁波动，是受多种因素的影响而成的。在大豆期货交易中，天气的好坏、种植面积的增减、进出口数量的变化都将在很大程度上影响价格的波动。在股票指数期货交易中，人们对市场利率升降、公司业绩好坏的预期，都会影响指数期货价格的变化。由于期货价格是由众多的交易者在交易所内通过集中竞价形成的，市场参与者的报价充分体现了它们在今后一段时间内，该商品在供需方面可能产生变化的预期，在这种价格预期下形成的期货价格，能够较为全面、真实地反映整个市场的价格预期，具有预期性和权威性。

期货价格中有开盘价、收盘价、最高价、最低价、结算价等概念。在我国交易所中，开盘价是指交易开始后的第一个成交价；收盘价是指交易收市时的最后一个成交价；最高价和最低价分别指当日交易中最高的成交价和最低的成交价；结算价是全日交易加权平均价。

期货买卖的形式

期货买卖的形式主要有以下两种：

1. 买空

买空亦称“多头交易”，与卖空相对，是指交易者利用资金，在市场上买入期货，等到将来价格上涨时，再高价抛出，从中获利的投机活动。在现代证券市场上，买空交易一般都是利用保证金账户来进行的。当交易者认为某种股票的价格有上涨的趋势时，他通过交纳部分保证金，向证券公司借入资金购买该股票期货，买入的股票交易者不能拿走，它将作为货款的抵押品，存放在证券公司。如以后该股票价格上涨，当上涨到一定程度时，他又以高价向市场抛售股票，将所得的部分款项归还证券公司贷款，从而结束其买空地位。交易者通过买入和卖出两次交易的价格差取得收益。

当然，如果市场股价的走向与交易者的预测相背，那么买空者非但无利可图，并且将遭受损失。由于在以上过程中，交易者本身没有任何股票经手，却在市场上进行购买股票的交易，故称之为“买空”交易。

一般投资者在进行证券交易时，都是运用自有资金，而交易者在买空时，除交付少量保证金外，其购买股票的大部分资金由证券公司垫付，也就是借入资金。买空交易的全过程是由先买入后抛售股票两次交易构成。

2. 卖空

卖空就是现在没有某种期货，而先从别的地方借入该期货卖出，等到自己有了该种期货后再归还给他人的一种期货交易方式。

对于卖空，需要注意的是：

卖的是合约，不是实际的物品。物品一定要先买后卖，但是你只是卖合约，就好比你约定用8000元卖一台电脑给别人。

卖出也是需要保证金的。由于卖空交易的投机性强，对市场影响较大，卖空者的行为具有明显的投机性，因而各国的法律都对卖空有较详细的规定，以尽量减少卖空的不利影响，在某些国家通过法律形式禁止股票的卖空交易。

选择期货经纪公司

如何选择期货经纪人或经纪公司，是选择贴现经纪公司还是选择专职经纪公司，对很多投资者而言是个头疼的问题。事实上，因为投资人和经纪公司千差万别，所以很难找到一种完美的答案。

像其他行业一样，经纪人和经纪公司存在着质量差异。作为投资者，其目标就是要选择一家声誉良好的期货经纪公司。可以毫不夸张地说，期货交易能否盈利的关键完全控制在经纪人手里。

经纪公司在期货交易中究竟起到哪些作用？对于正在寻找新的经纪人或者经纪公司的投资者来说，以下一些建议可以参考一下：

（1）通过登录国家期货协会，可以从名目里选择经纪公司或者经纪人。期货协会的网站上有一栏叫作“基本信息”。进入这一栏目，你可以查寻到经纪公司或者经纪人，看一下他们是否有过被期货协会查处的违规记录。另外，商品期货交易协会也有相关的链接网站，帮助投资者评判期货经纪人或者经纪公司。

（2）初入市的投资者不要被交易术语所吓倒。对于那些初入市的期货投资人来说，跟着过于莽撞的经纪人做单可能是一个令人胆战心惊的过程。尤其是许多新入市者对一些专业术语还比较陌生，常常被一些交易术语弄得不知所措。

（3）个人投资者必须时刻自己拿主意，不轻易依赖经纪人。投资者要始终控制好自己的交易账户，操单做市的主意需要自己拿——即使你经验平平也一样。如果你的经纪人给你提供投资建议，你当然可以根据他们的意见去做单。但是，资金是你自己的，交易计划最终由你来定。如果你的经纪人盛气凌人，主观又武断，你需要慎重考虑这位经纪人是否继续能当好你的参谋。不过有一点需要澄清：商品交易顾问（CTA）有权对客户注入的资金进行自由交易，因为客户希望CTA为他们出谋划策。但是中介经纪人并没有为客户自由交易的权利。

（4）许多职业交易人撰写的书中建议个人投资者要踏踏实实做好基础工作，诸如，市场研究、入市计划等，然后据此交易。他们强调个人投资者的决策和行动不要受任何人干扰，包括他们的经纪人。

（5）许多经纪公司提供有价值的投资参考，他们进行市场研究，向其客户提供它们的信息，包括投资时机。这类型的研究报告很可能是上乘之作，这一点本无可非议。事实上，许多投资人非常欢迎经纪公司能够提供这样的服务。

（6）有些投资者纠结于选择贴现经纪公司还是专职经纪公司，其实不必纠结于此，这要看个人投资者的需求。假如个人投资者想得到更多的客户服务，包括公司自己的研究报告和投资建议，那么专职经纪公司也许是最好的选择。专职经纪公司在佣金费用的收取上略高一些。

对于那些依靠个人研究，并且能够获得外围信息，如独立分析服务机构的信息，贴现经纪公司是最好的选择。贴现经纪公司在佣金收取方面较专职经纪公司确实优惠一些。

对于一个信誉良好的期货公司来说，无论是专职期货公司，还是贴现经纪公司，在场内下单质量方面没有什么区别。

一些经纪公司有时要遭受某些个人投资者和媒体的攻击，常常因此而背上“黑锅”。有时，投资者在受到挫折之后，不愿意从自己身上找原因，而是怨天尤人，这种心理也是不可取的。

选择经纪人和操盘手

对于初入市场的投资者，经纪人就是你的启蒙老师，所以投资者要慎重选择经纪人。那么，选择经纪人要从哪些方面入手呢？

1. 从经纪人称职合法角度考察

投资者只有与合法的期货从业人员合作，期货交易行为才能得到法律的保护。

考察合法与称职性一般注重以下几个方面：

（1）经纪人是否具有期货从业人员执业资格证书。

（2）从业时间及业务记录好坏。从业时间长的未必一定比从业短的做得好，但一般来说，从业时间长的人员对业务知识和交易制度等都要更熟练些。

（3）期货行业是高风险行业，经纪人应能客观地提示交易风险。

2. 从经纪人的职业道德方面考察

由于期货经纪人的收入主要来自于客户的交易手续费，而客户的交易情况与经纪人的建议又有直接关系，这就需要期货经纪人具有较高的职业道德和自律性。

3. 考察经纪人的服务水平

服务水平主要考察两个方面：一是信息传递的及时性、有效性。期货市场是一个非常讲求时效性的行业，因而期货经纪人能否在第一时间利用各种先进的手段将信息传达给客户是一个很关键的问题。二是期货经纪人是否具有与时俱进的求知欲望和服务理念。期货经纪人的内涵直接关系到对行情的研判及服务的理念，所以要选择高质量服务的经纪人，就必须考察该经纪人的求知能力和获取知识的能力。

除了要慎重选择经纪人之外，投资者还需要慎重选择操盘手。投资者选择管理投资资金的操盘手应注意以下几点：

（1）操盘手历史业绩记录是否详细。一般来说，操盘手必须掌握与基金的投资目标、投资策略和投资限制相一致的交易系统。

（2）操盘手是否有良好的声誉。良好的信誉和声誉会让投资者放心。

（3）操盘手是否在目前管理着一定数量额度的资产，并且具有这些资产连续3年以上的业绩记录。

（4）操盘手是否要保存交易的记录。每个操盘手必须保存有交易记录，以便计算出相应的指标与其他操盘手或其他资产管理公司相比较。通常使用的比较指标有月平均收益率、月平均收益率的增长率、年均收益的增长率。

诚然，期货市场同其他行业一样，内部良莠不齐，也确实有一些害群之马，但是多数期货公司的经纪人还是诚实可信，踏实肯干的，他们在交易时总能尽力为客户的利益着想。所以，一旦你选择了某经纪公司，就要有充分地相信他。

期货开户的条件

投资者如果从未进入过期货市场，但是又一直想投资期货，那么下面的一些知识可能是你想要知道的。

按照相关法律规定，期货开户要求投资者至少应具备以下条件：

(1) 具有完全民事行为能力，一般年龄是18周岁以上。

(2) 有与进行期货交易相适应的自有资金或者其他财产，能够承担期货交易风险。

(3) 有固定的住所。

(4) 符合国家、行业的有关规定。

期货开户需准备以下材料：

(1) 客户开户必须携带本人有效身份证及银行卡或存折，到期货公司或者当地营业部办理，或在有公司或营业部员工在场的任何地方办理。

客户签订《期货公司合同文件》，并如实填写《期货市场投资者开户登记表》。《期货合同文件》中涉及的非开户人的其他人员，也必须亲自在现场办理相关手续。客户及合同所涉及的其他人员的身份证须复印存档，作为合同附件。

客户在开户时必须填写《结算账户登记表》。

公司客户服务部根据客户填写的《期货市场投资者开户登记表》和提供的身份证复印件、申请交易所的交易编码。

公司客户服务部为客户开通交易权限，设定初始交易密码。

(2) 相关机构向客户出具《风险揭示声明书》和《期货交易规则》，向客户说明期货交易的风险和期货交易的基本规则。在准确理解《风险揭示声明书》和《期货交易规则》的基础上，由客户在《风险揭示声明书》上签字、盖章。

(3) 期货经纪机构与客户双方共同签署《客户委托合同书》，明确双方权利义务关系，正式形成委托关系。

(4) 期货经纪机构为客户提供专门账户，供客户从事期货交易的资金往来，该账户与期货经纪机构的自有资金账户必须分开。客户必须在其账户上存有足额保证金后，方可下单。

期货交易的方式

期货交易市场是难以操纵的。这是因为，一是期货市场的总持仓规模不是固定的。期货市场中交易的期货合约是以相应的现货商品为基础，并将其标准化了的合同。因此期货市场规模与相关现货市场规模存在一定关系，但不存在总量限制问题。随着市场参与者的变化而变化，所以所谓持仓集中程度或是持仓比例也都是相对的、变化的。由于期货市场的双向交易机制，多空双方的机会是同等的，市场是相对均衡的。因此，任何一方都难以仅仅凭借资金优势对期货市场价格进行长期操纵。二是期货价格与现货市场价格联系紧密。期货市场价格走势与其交易的标的物，即相应的现货商品价格走势是密切相关的，并在交割月最终实现期货价格向现货价格的靠拢。

期货的交易方式有很多种，既有传统的老方式，也有随着科学技术的进步而新增的交易方式。一般说来，传统的交易方式有书面方式和电话方式。书面方式是客户在现场填写交易指令单，通过期货经纪公司的盘房接单员将指令下达至交易所；电话方式是客户通过电话将指令下达给期货经纪公司的盘房接单员，接单员在同步录音后再将指令下达至交易所。

随着计算机技术的进步，期货经纪公司在提供上述交易方式之外，现在又增加了如下的电子化交易方式：

1. 计算机自助委托交易

有些地方也叫“热自助委托交易”。它是指客户在交易现场，通过电脑（该电脑通过期货经纪公司的服务器与交易所交易主机相连接）进行交易。这种方式和后面要讲的网上交易都是利用电脑，但是两者有很大区别，要注意区分。

2. 电话语音委托交易

客户通过电话键盘将交易指令转化为计算机命令，再由计算机传输给交易所主机。由于其操作过程非常烦琐，必须按照提示语音分步骤完成，每个步骤之间还要等待，操作起来很麻烦，也很费时。所以，即使有一些期货经纪公司推出了这种交易方式，实际使用的人并不多。

3. 网上交易

利用互联网进行交易。由于网上交易不受地域限制，具有成交及回报快、准确率高、成本低等优点，故深受交易者和期货经纪公司的欢迎，也是目前推广速度最快的一种交易方式。但是在网上交易的时候要注意定期维护电脑及互联网设备、采用防病毒及防黑客产品、妥善保管个人资料、及时分析各种信息、准备备用交易委托方式等方面，以防范电子化交易可能发生的各种风险。

新的交易方式虽然便捷也更人性化，但可能会因计算机系统或通讯传输系统出现一些额外的风险。因而，客户如果选择电子化交易方式，期货经纪公司会要求客户在签署《期货经纪合同书》的同时，还要签订《电脑自助委托交易补充协议》《网上期货交易风险揭示书》《网上期货交易补充协议》等相应的协议。这些协议大概列举了一些可能出现的风险，有些条款也注明了公司可能不承担责任的情况，所以客户在签订时，一定要仔细阅读，了解相应的规则。

期货交易的结算

结算是指交易所结算机构或结算公司对会员和客户的交易盈亏进行计算，计算的结果作为收取交易保证金或追加保证金的依据。通过对期货交易市场的各个环节进行的清算，既包括了交易所对会员的结算，同时也包含了会员经纪公司对其代理客户进行的交易盈亏的计算，其计算结果将被记入客户的保证金账户中。

在期货市场中，了结一笔期货交易的方式有 3 种：对冲平仓、实物交割和现金交割。相应的也有 3 种结算方式。

1. 对冲平仓

对冲平仓是期货交易最主要的了结方式，期货交易上的绝大多数合约都是通过这一方式进行了结的。

结算公式：

盈利＝(卖出价－买入价)×合约张数×合约单位－手续费

亏损＝(买入价－卖出价)×合约张数×合约单位－手续费

2. 实物交割

在期货交易中，虽然利用实物交割方式平仓了结的交易很少，只占合约总数的1%～3%，然而正是由于期货交易的买卖双方可以进行实物交割，这一做法确保了期货价格真实地反映出所交易商品的实际现货价格，为套期保值者参与期货交易提供了可能。因此，实物交割是非常重要的。

结算结果：卖方将货物提单和销售发票通过交易所结算部门或结算公司交给买方，同时收取全部货款。

3. 现金结算

只有很少量的期货合约到期时采取现金清算而不是实物交割。

期货交易的基本面分析法

期货交易的基本面分析法是根据商品的产量、消费量和库存量（或者供需缺口），即通过分析期货商品的供求状况及其影响因素，来解释和预测期货价格变化趋势的方法。基本面分析主要分析的是期货市场的中长期价格走势，即所谓大势，并以此为依据将中长期持有合约，不太注意日常价格的反复波动而频繁地改变持仓方向。

期货交易的价格不仅受商品供求状况等因素的影响，而且还受其他许多非供求因素的影响，这些非供求因素包括：金融货币因素、政治因素、政策因素、投机因素、心理预期等。因此，期货价格走势基本因素分析需要综合考虑这些因素的影响。

1. 期货商品供给分析

供给是指在一定时间、一定地点和某一价格水平下，生产者或卖者愿意并可能提供的某种商品或劳务的数量。决定一种商品供给的主要因素有：该商品的价格、生产技术水平、其他商品的价格水平、生产成本、市场预期等。

商品市场的供给量则主要由期初库存量、本期产量和本期进口量三部分构成。

(1) 期初库存量。期初库存量是指上年度或上季度积存下来可供社会继续消费的商品实物量。根据存货所有者身份的不同，可以分为生产供应者存货、经营商存货和政府储备。前两种存货可根据价格变化随时上市供给，可视为市场商品可供量的实际组成部分。而政府储备的目的在于为全社会整体利益而储备，不会因一般的价格变动而轻易投放市场。但当市场供给出现严重短缺，价格猛涨时，政府可能动用它来平抑物价，则将对市场供给产生重要影响。

(2) 本期产量。本期产量是指本年度或本季度的商品生产量。它是市场商品供给量的主体，其影响因素也甚为复杂。从短期看，它主要受生产能力的制约，资源和自然条件、生产成本及政府政策的影响。不同商品生产量的影响因素可能相差很大，必须对具体商品生产量的影响因素进行具体的分析，以便能较为准确地把握其可能的变动。

(3) 本期进口量。本期进口量是对国内生产量的补充，通常会随着国内市场供求平衡状况的变化而变化。同时，进口量还会受到国际国内市场价格差、汇率、国家进出口政策以及国际政治因素的影响。

2. 期货商品需求分析

商品市场的需求量是指在一定时间、一定地点和某一价格水平下，消费者对某一商品所愿意并有能力购买的数量。决定一种商品需求的主要因素有：该商品的价格、消费者的收入、消费者的偏好、相关商品价格的变化、消费者预期的影响等。

商品市场的需求量通常由国内消费量、出口量和期末商品结存量三部分构成。

（1）国内消费量。国内消费量主要受消费者的收入水平或购买能力、消费者人数、消费结构变化、商品新用途发现、替代品的价格及获取的方便程度等因素的影响，这些因素变化对期货商品需求及价格的影响往往大于对现货市场的影响。

（2）出口量。稳定的进口量虽然量值大但对国际市场价格影响甚小，不稳定的进口量虽然量值小，但对国际市场价格影响很大。出口量是本国生产和加工的商品销往国外市场的数量，它是影响国内需求总量的重要因素之一。分析其变化应综合考虑影响出口的各种因素的变化情况，如国际、国内市场供求状况，内销和外销价格比，本国出口政策和进口国进口政策变化，关税和汇率变化等。例如，我国是玉米出口国之一，玉米出口量是影响玉米期货价格的重要因素。

（3）期末商品结存量。期末结存量具有双重的作用，一方面，它是商品需求的组成部分，是正常的社会再生产的必要条件；另一方面，它又在一定程度上起着平衡短期供求的作用。当本期商品供不应求时，期末结存将会减少；反之就会增加。因此，分析本期期末存量的实际变动情况，即可从商品实物运动的角度看出本期商品的供求状况及其对下期商品供求状况和价格的影响。

3. 经济波动周期

商品市场波动通常与经济波动周期紧密相关。期货价格也不例外。由于期货市场是与国际市场紧密相连的开放市场，因此，期货市场价格波动不仅受国内经济波动周期的影响，而且还受世界经济的景气状况影响。

经济周期一般由复苏、繁荣、衰退和萧条 4 个阶段构成。复苏阶段开始时是前一周期的最低点，产出和价格均处于最低水平。随着经济的复苏，生产的恢复和需求的增长，价格也开始逐步回升。繁荣阶段是经济周期的高峰阶段，由于投资需求和消费需求的不断扩张超过了产出的增长，刺激价格迅速上涨到较高水平。衰退阶段出现在经济周期高峰过去后，经济开始滑坡，由于需求的萎缩，供给大大超过需求，价格迅速下跌。萧条阶段是经济周期的谷底，供给和需求均处于较低水平，价格停止下跌，处于低水平。在整个经济周期演化过程中，价格波动略滞后于经济波动。这些是经济周期 4 个阶段的一般特征。认真观测和分析经济周期的阶段和特点，对于正确地把握期货市场价格走势具有重要意义。

经济周期阶段可由一些主要经济指标值的高低来判断，如失业率、价格指数、汇率等，这些都是期货交易者应密切注意的。

4. 金融货币因素

商品期货交易与金融货币市场有着紧密的联系。利率的高低、汇率的变动都直接影响商品期货价格的变动。

（1）利率。利率调整是政府紧缩或扩张经济的宏观调控手段。利率的变化对金融衍生品交易的影响较大，而对商品期货的影响较小。如 1994 年开始，为了抑制通货膨胀，中国人民银行大幅度提高利率水平，提高中长期存款和国库券的保值贴补率，导致国债期货价格狂飙，1995 年 5 月 18 日，国债期货被国务院命令暂停交易。

（2）汇率。期货市场是一种开放性市场，期货价格与国际市场商品价格紧密相连。国际市场商品价格必然涉及各国货币的交换比值——汇率，汇率是本国货币与外国货币交换的比率。当本币贬值时，即使外国商品价格不变，但以本国货币表示的外国商品价格将上升；反之则下降，因此，汇率的高低变化必然影响相应的期货价格变化。据测算，美元对日元贬值 10%，日本东京谷物交易所的进口大豆价格会相应下降 10%左右。同样，如果人民币对美元贬值，那么，国内大豆期货价格也会上涨。主要出口国的货币政策，如巴西在 1998 年其货币雷亚尔大幅贬值，使巴西大豆的出口竞争力大幅增强，相对而言，大豆供应量增加，对芝加哥大豆价格产生负面影响。

5. 政治、政策因素

期货市场价格对国际国内政治气候、相关政策的变化十分敏感。政治因素主要指国际国内政治局势、国际性政治事件的爆发及由此引起的国际关系格局的变化、各种国际性经贸组织的建立及有关商品协议的达成、政府对经济干预所采取的各种政策和措施等，这些因素将会引起期货市场价格的波动。

在国际上，某种上市品种期货价格往往受到其相关的国家政策影响，这些政策包括：农业政策、贸易政策、食品政策、储备政策等，其中也包括国际经贸组织及其协定。在分析政治因素对期货价格影响时，应注意不同的商品所受影响程度是不同的。如国际局势紧张时，对战略性物资价格的影响就比对其他商品的影响大。

6. 自然因素

自然条件主要是气候条件、地理变化和自然灾害等。期货交易所上市的粮食、金属、能源等商品，其生产和消费与自然条件因素密切相关。有时因为自然因素的变化，会对运输和仓储造成影响，从而也间接影响生产和消费。例如，当自然条件不利时，农作物的产量就会受到影响，从而使供给趋紧，刺激期货价格上涨；反之，如气候适宜，又会使农作物增产，增加市场供给，促使期货价格下跌。因此，期货交易必须密切关注自然因素，提高对期货价格预测的准确性。

7. 投机和心理因素

在期货市场中有大量的投机者，他们参与交易的目的就是利用期货价格上下波动来获利。当价格看涨时，投机者会迅速买进合约，以期价格上升时抛出获利，而大量投机性的抢购，又会促进期货价格的进一步上升；反之，当价格看跌时，投机者会迅速卖空，当价格下降时再补进平仓获利，而大量投机性的抛售，又会促使期货价格进一步下跌。

与投机因素相关的是心理因素，即投机者对市场的信心。当人们对市场信心十足时，即使没有什么利好消息，价格也可能上涨；反之，当人们对市场没有信心时，即使没有什么利空因素，价格也会下跌。

期货交易的技术分析

随着期货地不断深入研究，技术图表分析成为期货市场的重要交易手段。由于对统计概率分析，图表技术分析者好比掌握一种“兵法”，在市场总能领先一步。为此，KDJ 线、RSI、波浪理论、黄金分割等已经成为期货交易的一种时尚。

然而，正因为概率的某种不确定性因素，使得技术分析也不总是那么灵验，特别是市场出现重大政策及消息时。而 KDJ、RSI、威廉指数在真正大行情时反应迟钝，甚至是反技术的。于是市场每出现一次大行情，在政策市和消息市影响下，就多了一些技术分析派的叛逆者。

那么市场的行为到底是呈技术性还是反技术的呢？应该肯定的是，市场是呈技术性的。图表分析是一种技术分析，它研究的是价格波动变化规律。基本面分析是另一种技术分析，因为它研究的是政策性及现货的供求关系。而追踪操盘大户动态也是一种技术分析，它是从研究大户的动向出发分析交易中寻找大趋势变化方向。实际上，正因为间谍的重要性，反间谍也不可少，正因为图表技术的重要性，反技术就应运而生，反技术本身也是一种技术。

事实上，图表技术分析者的窘态还是自己功底不过硬。目前在使用图表分析方面上有两点不足。

其一，使用者只注重技术图表的表象，却忽略了其使用条件和缺陷。所谓真正的大行情是反技术的，主要是指类似 KDJ 线、RSI 等摆动指数，日指标在上升中横在天花板上，下降时躺在底板下，甚至是出现伪信号的情况。实际上，摆动指数日指标指导行情判断并不是最好的。相对来说，周指标更为有效，而市场分析应用中摆动指数最重要的用法是利用其指标背驰来研判方向。图表技术分析中重要的点是价格呈趋势形态变化，为什么不把移动平均线和道氏趋势线作为指导我们判断的依据呢？图表分析人士会说这太简单了。实际上市场变化并不是那么复杂，只是我们把它搞复杂了。最简单的事情最难为。其二，很多使用者缺乏自律性。期货市场好比是战场，守纪律是重要的，坚持止损同样重要。

严格按技术指标做，实际上一般人是做不到的，这需要有非常高的理性和非常强的自我控制能力。有人说，一个人能够对市场进行正确判断并能坚持自己的意见并容易做到，这是世人最难学的事情之一。

一位资深的投资专家说得好，“你如果非常严格地按照技术分析来做，我敢把我的所有财产让你去做，你会有输的时候，但不会大输，你赢得概率总的来说还是比较大，就像保险公司并不是每次保险都赚钱一样，也有亏的时候，但总体上还是赚钱的”。

期货投资反向操作法

在期货投资中，为了完成进场——加码操作——出场——进场的循环操作，投资者必须要反做空。有一种较安全，但成本稍高的方法，就是以选择权的方式操作，买进卖权。

投资者可以根据对期货市场的观察和实际的操作经验发现：在商品的高档时，因为行情震荡激烈，期货投资进场点的决定和风险控制会变得较困难。但是经验告诉我们，若以选择权来操作，可以使风险固定，再用资金管理的方式来决定进场点，就可以建立仓位。使用选择权的好处是不管行情如何震荡，即使期间权利金大幅下降，只要在到期价格大跌，仍旧可以获利，而不管行情来回洗盘的次数。若是同一笔资金用来做期货的停损，可能几次就赔光了，因此，投资者实施选择权可以在行情转空时，有效建立空头部位。

在经过期货观察后，以当时标的期货总值的10%为权利金。所谓权利金，是指购买或售出期权合约的价格。对于期权买方来说，为了换取期权赋予买方一定的权利，他必须支付一笔权利金给期权卖方；对于期权卖方来说，他卖出期权而承担了必须履行期权合约的义务，为此他收取一笔权利金作为报酬。由于权利金是由买方负担的，是买方在出现最不利的变动时所需承担的最高损失金额，因此权利金也称作“保险金”。

投资者应把权利金划分成两部分。投资者用权利金的第一部分在价格跌破前波低点，多头仓全部离场时，进场买进卖权，并且尽量接近市价或价内。第二部分在价格做第一次反弹进场，方法同前述。

投资者买进卖权时，要比较合约月份的强弱去买进最弱合约月份的卖权。选择权是买方的关键，若是买了一个不怎么会跌的卖权，那就会很吃亏。看着到期日的接近和权利金的减少，并且看着其他合约的期货价格下跌，这种遗憾会很难接受。

投资者在选择权快到期或是下跌幅度减小时就可以准备平仓，因为这时的卖权常是深入价内，可能没有交易量，使其选择权市场平仓，因此必须要求履约，成为期货部位平仓。

由于从要求履约到取得部位会有时间差，因此投资者在这之前需在期货市场先行买进锁住利润，然后要求履约待取得期货空头部位后，即可对冲平仓，完成此操作。

若是在履约价选择良好的情况下，反向操作方法的获利可达数十倍以上。

期货投资如何套利

期货套利有什么策略？在操作过程中怎么进行套利？可以从以下方面了解。

1. 利用股指期货合理价格进行套利

从理论上讲，只要股指期货合约实际交易价格高于或低于股指期货合约合理价格时，进行套利交易就可以赢利。但事实上，交易是需要成本的，这导致正向套利的合理价格上移，反向套利的合理价格下移，形成一个区间，在这个区间里套利不但得不到利润，反而会导致亏损，这个区间就是无套利区间。只有当期指实际交易价格高于区间上界时，正向套利才能进行；反之，当期指实际交易价格低于区间下界时，反向套利才适宜进行。

股指期货合约的合理价格可以表示为：F(t，T)＝s(t)＋s(t)×(r－d)×(T－

t)/365。也就是说，涨得越高正向套利赢利空间越大，跌得越低反向套利赢利空间越大或越安全。

2. 利用价差进行套利

合约有效期不同的两个期货合约之间的价格差异被称为跨期价差。在任何一段时间内，理论价差的产生完全是由于两个剩余合约有效期的融资成本不同产生的。当净融资成本大于零时，期货合约的剩余有效期越长，基差值就越大，即期货价格比股指现货值高得越多。如果股指上升，两份合约的基差值就会以同样的比例增大，即价差的绝对值会变大。因此市场上存在通过卖出价差套利的机会，即卖出剩余合约有效期短的期货合约，买入剩余有效期长的期货合约。如果价格下跌，相反的推理成立。如果来自现金头寸的收入高于融资成本，期货价格将会低于股票指数值（正基差值）。如果指数上升，正基差值将会变大，那么采取相反的头寸策略将会获利。

什么是股指期货

常听到有人说“赚了指数没赚到钱”，我国证券市场发展已逾20年，很多的投资者对大盘的判断和分析都很有心得，方向判断正确了，但个股选择不当，赚钱的几率却不高。

股指期货上市初期，证券投资者参与的积极性相对会比较高。本着“高标准、稳起步”建设金融期货市场的原则，国内股指期货交易建立了投资者适当性制度，参与者不但要有资金实力，还需要有投资知识水平、风险承受能力。但长年参与股票的投资者往往比较容易走进误区，认为股指期货与股票的标的物差不多，规则也差不多。

虽然股指期货以股票为资产衍生出来的，但股指期货属于期货领域，股票则属于现货领域，因而在交易上存在明显的区别。

（1）在交易方式上，股指期货采用保证金交易，投资者只需支付一定比例的资金作为履约保证就可以参与交易；股票交易则需要支付股票价格的全部金额。因此，股指期货交易应更加注重资金管理，控制持仓比例，避免追保或强平的状况出现。

（2）在交易对象上，股指期货是股指期货合约，最早上市的标的物是沪深300指数期货合约；股票的交易对象则是个股。

(3) 在交易方向上，股指期货可以做卖空，不但可以先买后卖，也可以先卖后买，期货是双向交易，同时股指期货可以 T+0 交易，当天买进当天就可以卖出平仓。股票在融券未上市前只能先买后卖，目前只是单向交易，交易也只能 T+1 交易，也就是说，当天买进只能到第二天才能卖出。

(4) 在到期日上，股指期货合约都有到期日，不能无限期持有，到期必须进行现金交割。股票则不同，一般而言，只要上市公司没有摘牌，其股票可以永久交易下去，投资者可以无限期持有股票。

(5) 在结算方式上，股指期货交易采用当日无负债结算。因为股指期货价格变动，需要的保证金也会连带发生变动，交易所每日要对交易保证金进行结算，如果账户保证金不足，必须在规定的时间内补足，否则可能会被强行平仓。而股票交易采取全额交易，并不需要投资者追回保证金。

成熟理性的投资者是市场内在的约束力量，也是市场健康发展的重要基础之一。股指期货在国内还是一个新事物，作为股票市场必不可少的风险管理工具，股指期货专业性强，涉及面广、传导迅速、具有杠杆特性，是一把双刃剑。只有认真了解了股指期货与股票交易的不同之处，才能有效地规避股指期货交易的风险。

股指期货如何套期保值

在现货市场，不存在套期保值，回避持股风险的机会只能是高抛低吸。股指期货上市后，产生了相对现货的期货产品，有了套期保值的基础，而且股指期货采用现金交割方式，使得投资者进行套保成为现实。

在股指期货市场，投资者有可能将其对于整个股票市场的预期风险转到期货市场，通过股指期货的买卖，来抵冲股票市场的部分风险。

股指期货套期保值是通过在期货市场上建立一定数量的与现货交易方向相反的股指期货头寸，以抵消现在或将来所持有的股票价格变动带来的风险。一般有下面两种形式：

1. 空头套保

股票持有者为避免股价下跌而卖出股指期货来对冲风险。特别是股票价格从高位下跌的时候，一般投资者可能不愿割肉退场，也可能尚未清楚此次回落是熊市的开始或只是一次短暂回调，此时就可以通过卖空股指期货部分或全部以锁定盈利，待后市明朗之后再选择是否卖出股票。

2. 多头套期保值

指准备购买股票的投资者，为避免股价上升而买入股指期货，操作与空头套期保值的方向相反。通过在股票市场和期货市场上的同时操作，既回避了部分市场风险，也可以锁定投资者已获得的盈利。

下面的例子可以很好地说明股指期货套期保值的策略。

某投资者于某年10月8日看中A、B、C共3只股票，价位分别是5元、10元、20元；他打算每只股票各投资100万元，分别买进20万股、10万股和5万股。但是，资金要到12月10日才能到位，在行情看涨的情况下等到资金到位时股价会上涨很多，投资者面临踏空的风险。于是，投资者决定买进股指期货合约锁定成本。

12月份到期的沪深300期指为1322点，每点乘数300，3只股票的β系数分别是1.5、1.2和0.9。先计算该股票组合的β系数，该股票组合的β系数为1.5×1/3＋1.2×1/3＋0.9×1/3＝1.2，因此应买进期指合约：3000000/(1322×100)×1.2≈27(张)。假设保证金比例为12%，需保证金：1322×100×27×12%≈43(万元)。

到了12月10日，资金如期到位，这时期指已经上涨15%，涨到1520点，A股票上涨15%×1.5＝22.5%，涨到6.13元；B股票上涨15%×1.2＝18%，涨到11.80元；C股票上涨15%×0.9＝13.5%，涨到22.70元。如果分别买进20万股、10万股和5万股，则需资金：6.13×200000＋11.8×100000＋22.7×50000＝3541000(元)，资金缺口为541000元。

由于投资者在指数期货上做了多头保值，12月10日那天将期指合约卖出平仓，在股指期货卖出平仓。收益为：(1520－1322)×100×27＝534600(元)，弥补了绝大部分资金缺口。

由此可见，该投资者用了不到43万元的资金实现了对300万元资产的套期保值，避免了踏空行情的风险，收到了很好的保值效果。

股指期货套期保值的步骤

随着资本市场的参与者对股指期货理解逐步深刻、运用逐步熟练，各种基于股指期货的避险策略（包括套期保值）将会被越来越多地应用到日常的投资中，而基于这些避险策略的保本和类保本产品也会逐步打开市场，为广大的投资者提供避险的渠道和工具。

国内某机构在A股市场买入A、B、C共3只股票，假如在某年的9月2日，3只股票分别涨至20元、25元、50元，每只股票价值约1000万元，总值达3000万元，收益率已达到28%。鉴于后市不太明朗，下跌的可能性很大，为了保持这一成绩到第二年2月，该机构决定利用沪深300股指期货进行保值。假定9月2日现货指数为2450点，2月到期的期货合约为2500点；2月2日时现货指数跌到2200点，2月到期的期货合约跌到2250点。3只股票的β系数分别为1.5、1.3和0.8，到2月2日分别跌了15%、13%和8%。

那么，进行套期保值的步骤如下：

第一步：了解什么情况需要套期保值。如果持有的头寸比较庞大，股票构成复杂，而且需要持有较长时间，可以考虑进行套期保值。案例中某机构买了3只股票，股票总值达到了3000万元，而且对后市看不清，这种情况要考虑套期保值了。

第二步：确定套期保值的类型。买入套保是担心价格上涨，卖出套保是担心价格下跌。案例中某机构是鉴于后市不太明朗，下跌的可能性很大，为了保持成绩，所以应该选择卖出套保。

第三步：选择套期保值的具体合约。进行决策时首先考虑的一个原则是：月份相同或相近，即选择期货合约的交割月份最好是与未来买入或卖出股票组合的时间相同或相近。其次，要考虑期货合约的成交活跃度。案例中进行套保的目的是为了保持成绩到一二月，所以要选一二月的合约进行套保。

第四步：计算套期保值的期货合约数。通常，这需要根据股票组合的β系数来确定和调整，以尽可能地使系统风险得到防范。

第五步：入市建仓。在选择好期货月份合约，以及确定好用于套期保值的股指期货合约数量之后，就可以进入市场买卖所需的期货合约，建立期货头寸。案例中的机构在9月2日就可以入市建仓。

第六步：结束套期保值。保值结束主要有两种方式：平仓结束和交割结束。因为在股指期货交易中交割十分方便，因此，结束套期保值的时间刚好是在交割期时，可以选择以交割方式结束套保，否则就以平仓的方式结束。

这只是最基本的股指期货套期保值实施步骤，具体操作过程中还要控制好基差风险、交叉保值风险、变动保证金风险等，才能使套期保值更有效地进行。

什么是外汇期货

外汇期货，又称为货币期货，是一种在最终交易日按照当时的汇率将一种货币兑换成另外一种货币的期货合约。一般来说，两种货币中的一种货币为美元，这种情况下，期货价格将以“×美元每另一货币”的形式表现。一些货币的期货价格的表示形式可能与对应的外汇现货汇率的表示形式不同。外汇期货交易即双方约定在未来某一时间，依据现在约定的比例，以一种货币交换另一种货币的标准化合约的交易。外汇期货可以在很大程度上回避汇率风险。

外汇期货交易始于1972年，是金融期货中历史最悠久的一种。随着布雷顿森林货币体系的崩溃，以美元为中心的固定汇率制度被浮动汇率制度所取代，使汇率风险问题愈加突出，国际经济交易中急需一种能有效转移和规避汇率风险的金融手段。因此，在1972年5月16日，芝加哥商业交易所（CME）成立了国际货币市场（IMM）分部，首先推出了包括英镑、加拿大元、联邦德国马克、日元、瑞士法郎、意大利里拉和墨西哥比索在内的7种外汇期货合约。美国成功地开发与运用外汇期货后，其他国家纷纷效仿。1982年9月，伦敦国际金融期货交易所（LIFFE）开办外汇期货交易；1984年，新加坡国际货币交易所（SIMEX）开办外汇期货并与国际货币市场联网。随后，发展中国家和地区也纷纷开办外汇期货交易，外汇期货交易在全球迅速发展。

随着国际贸易的发展和世界经济一体化进程的加快，外汇期货交易一直保持着旺盛的发展势头。它不仅为广大投资者和金融机构等经济主体提供了有效的套期保值的工具，而且也为套利者和投机者提供了新的获利手段。

国际货币市场主要进行澳大利亚元、英镑、加拿大元、德国马克、法国法郎、日元和瑞士法郎的期货合约交易；中美洲商品交易所进行英镑、加拿大元、德国马克、日元和瑞士法郎的期货交易；费城期货交易所主要交易法国法郎、英镑、加拿大元、澳大利亚元、日元、瑞士法郎、德国马克和欧洲货币。

此外，外汇期货的主要交易所还有：伦敦国际金融期货交易所（LIFFE）、新加坡国际货币交易所（SIMEX）、东京国际金融期货交易所（TIFFE）、法国国际期货交易所（MATIF）等，每个交易所基本都有本国货币与其他主要货币交易的期货合约。

我们可以从以下几个方面来了解外汇期货：

1. 合约

外汇期货合约是以外汇作为交割内容的标准化期货合同。

2. 交易单位

外汇期货合约的交易单位，每一份外汇期货合约都由交易所规定标准交易单位。例如，德国马克期货合约的交易单位为每份 125000 马克。

3. 交割月份

国际货币市场所有外汇期货合约的交割月份都是一样的，为每年的 3 月、6 月、9 月和 12 月。交割月的第三个星期三为该月的交割日。

4. 通用代号

在具体操作中，交易所和期货佣金商以及期货行情表都是用代号来表示外汇期货。8 种主要货币的外汇期货的通用代号分别是：英镑 BP、加元 CD、荷兰盾 DG、德国马克 DM、日圆 JY、墨西哥比索 MP、瑞士法郎 SF、法国法郎 FR。

5. 最小波动幅度

国际货币市场对每一种外汇期货报价的最小波动幅度做了规定。在交易场内，经纪人所做的出价或叫价只能是最小波动幅度的倍数。8 种主要外汇期货合约的最小波动价位如下：英镑 0.0005 美元、加元 0.0001 美元、荷兰盾 0.0001 美元、德国马克 0.0001 美元、日元 0.0000001 美元、墨西哥比索 0.00001 美元、瑞士法郎 0.0001 美元、法国法郎 0.00005 美元。

6. 每日涨跌停板额

每日涨跌停板额是一项期货合约在一天之内比前一交易日的结算价格高出或低过的最大波动幅度。8 种外汇期货合约的涨跌停板额规定如下：马克 1250 美元、日元 1250 美元、瑞士法郎 1875 美元、墨西哥比索 1500 美元、荷兰盾 1250 美元、法国法郎 1250 美元，一旦报价超过停板额，则成交无效。

第十四章 金里淘金，黄金为投资者开辟新天地

持有黄金的收益，很简单，是预期的金价上涨。如果人们认为美国陷入流动性陷阱，长期会维持低利率，美联储将长期利率通过数量宽松政策压低，那么与低利率相协调，未来金价的增长路径要变得更平，增速变慢。这就要求当前的金价跃升到高位，开始新的低速路径。

——陈玉宇

（北京大学光华管理学院副教授）

黄金为什么如此贵重

黄金作为财富和身份的象征，其地位亘古不变。在古埃及文字中，黄金的意思就是“可以触摸的太阳”，由此可见神圣的地位。

黄金作为贵重的金属，由于它稀少、特殊和珍贵，自古以来被视为五金之首，有“金属之王”的称号，享有其他金属无法比拟的盛誉，其地位显赫。正因为黄金具有这一“贵族”的地位，它是财富和华贵的象征，人们用它做金融储备、货币、首饰等。

最为贵金属的黄金，拥有如下良好的物理性质：

（1）密度较大。在20℃时为19.32克/立方厘米。直径为46.24毫米的金球，重量可达1千克，它的密度较一般金属大。

（2）金的韧性、延展性好。它易锻造、易延展，在人类已经发现的所有金属中，黄金的韧性和延展性是最好的，其延伸率可达40%～50%。黄金可被碾成厚度为0.001毫米的透明和透绿色的金箔，比如一克纯金可拉成3000米以上的细

丝，也可锻压成 9 平方米的金箔。此外，黄金又是一种很柔软的金属，比如 0.5 克的黄金可拉成 160 米长的金丝。

(3) 硬度较低。黄金的矿物硬度为 3.7，24K 金首饰的硬度仅为 2.5。

(4) 黄金的熔点高。黄金的熔点可达到 1064.4312，我们经常说“真金不怕火炼”，就是说黄金的熔点较高。

(5) 黄金具有良好的导电性和导热性。作为金属，黄金的导电与导热性也很好。

(6) 黄金是抗磁体，不过，含锰的金磁化率很高，含大量铁、镍、钴的金是强磁体。

黄金的贵重固然因为其具有良好的物理性质，其化学性质的稳定性也是黄金成为贵金属的一个重要原因。黄金的化学性质非常稳定，在自然界中仅与碲反应会生成天然化合物——碲化金，在低温或高温时均不会被直接氧化，而是以自然金的形态产出。在常温下，黄金与单独的无机酸均不起作用，抗腐蚀能力极强。即使是远古墓葬中出土的黄金随葬品，虽历经数千年风雨，但色彩依然艳丽如新。可以说，这是人们钟爱黄金的重要理由之一。

由于黄金具有美丽的光泽，自然稀少及优良的物理和化学性质，为各时期人们宠爱。在记载着的人类五千年文明史中，没有任何一种物质像黄金一样，与社会演化和社会经济缔结成如此密切的关系，黄金是悠久的货币的载体，还是财富和身份的象征。因此，在人类文明史演化中，黄金具有了货币和商品两种属性。

根据世界黄金协会公布的数据，人类历史上最近这 4000 年来开采的黄金总量约为 16.1 万吨，勉强填满两个符合奥运标准的游泳池，其中半数以上是在过去 50 年中挖出来的。现在全世界可供交易的黄金大概有 7 万吨（实际流通量约为 2.5 万吨），如果用全世界 70 亿人来衡量，人均只有 12 克，黄金的稀缺性显而易见。

如今，黄金仍具有很多用途，涉及人类生活和建设的各个方面，并与国家、企业和家庭的财产保值增值密不可分。其主要用途如下：

1. 个人资产投资和保值

对于普通投资者而言，在通货膨胀情况下，投资黄金可以达到保值增值的目的。在通货膨胀上升时期，为了尽量避免或减少货币购买力的损失，实物资产如不动产（贵金属黄金，白银，古董，艺术品，珠宝等）通常会成为个人资本追逐的对象。因为黄金具有永恒性和稳定性的价值，所以作为实物资产就成为货币资产的理想替代品，发挥保值的功能。

另外，黄金因具有多种特性，它可以与存款、股票、债券、美元等投资工具互为替代，使得黄金投资成为投资中的重头戏。而投资者在这些替代性的投资工具中，时而收购黄金，抛出股票、债券，时而抛出黄金，收购股票、债券等，当然，这主要取决于收益率大小。

不过值得注意的是，单纯存储黄金的行为没有利息收益，并且还需要支付存储保管的费用，因而市面上已经产生了多种多样的黄金投资衍生工具。

2. 用作珠宝装饰

黄金一直以来就是财富和身份的象征，但是另一方面人们钟爱黄金饰品。近年来黄金在珠宝装饰领域的需求呈快速增长趋势。尤其是随着我国民众生活水平的提高，中国已经成为黄金消费增长最快的地区之一。

3. 用作国际储备

所谓国际储备，是一国货币当局为弥补国际收支逆差、维持本国货币汇率的稳定以及应付各种紧急支付而持有的、为世界各国所普遍接受的资产。黄金作为几千年来的硬通货，黄金储备一向被央行用作防范国内通胀、调节市场的重要手段。

黄金能够做国际储备，是由黄金的货币商品属性决定的。由于黄金的优良特性，历史上黄金充当货币的职能，如价值尺度、流通手段、储藏手段、支付手段和世界货币。20 世纪 70 年代以来黄金与美元脱钩后，黄金的货币职能也有所减弱，但仍保持一定的货币职能。目前许多国家，包括西方主要国家国际储备中，黄金仍占有相当重要的地位。

4. 应用在工业与科学技术上

由于黄金具有其他金属所不具备的物理特性和化学特性，因此能够广泛应用到最重要的现代高新技术产业中，如电子技术、通讯技术、宇航技术、化工技术、医疗技术等，发挥着其他贵金属所无法替代的功能。

如何鉴别黄金的真假

对于普通投资者而言，鉴别黄金真假并不是一件复杂的事。尤其在饰金中，不少黄金经过加工，就变得纯度不够。投资者需要加强这方面的知识储备。

纯金中大多会混入其他金属，用来制作金饰，称为“饰金”。按照专业的说法，确定饰金中纯金含量单位叫“金位”，英文叫“Carat”，一般称为“开”，按英语读音又简称“K”，因此饰金又称“K金”。纯金为24K。这样，1K即代表金饰品中含有的纯金量占二十四分之一，比如14K即表示含纯金58%。在欧洲，金饰一般分为14K、18K和22K等多种。

那么，投资者个人如何分辨黄金中纯金的含量高低呢?

(1) 辨色泽：黄金的纯度越高，色泽越深。投资者确定大体成色以青金为准则。所谓青金是指黄金内只含白银成分：深赤黄色成色在95%以上，浅赤黄色90%～95%，淡黄色为80%～85%，青黄色65%～70%，色青带白光只有50%～60%，微黄而呈白色就不到50%了。通常所说的“七青、八黄、九赤”可作参考。

(2) 掂轻重：黄金的标准密度为19.3g/cm^3，成色与密度关系较大，密度越接近19.3时，含纯金比例越高。密度为18.5g/cm^{3}时，含金95%；密度为17.8g/cm^{3}时含金90%，以此类推。因此只要测出比重便可知首饰的成色，如果没有专业的称量器材，一般可以先在手中掂量掂量，若略有沉甸感的就是了，因为同样重量的其他金属，如银、铜、锡、铅等重量与黄金相比也是不一样的。体积同样大小的黄金与其他金属比较，白银占黄金重量的45%，铜占46%，锡占38%，铅占59%。可见黄金体虽小质却重，若放于掌心，有沉坠感。对较大而又较轻的黄金饰品应警惕，以此辨别是否伪品或半伪品。作为消费者尤其注意的是，当前市场出售的金首饰中，许多是亚金制品。所谓亚金，实际上是一点儿金的成分也没有。它虽具有硬度高、耐磨不变色等类似黄金的特点，但却是由铜、铝、镍等金属制成的合金材料。

(3) 看硬度：纯金具有柔软、硬度低的特点，用指甲能划出浅痕，牙咬能留下牙印，成色高的黄金饰品比成色低的柔软，如果含铜越多就会越硬。此外，折弯法也能试验硬度，纯金柔软，容易折弯，纯度越低，越不易折弯。

(4) 听声音：将成色在99%以上的真金往硬地上抛掷，会发出“叭嗒”的声音，有声无韵也无弹力。假的或成色低的黄金扔到硬地上，声音脆而无沉闷感，一般发出“当当”的响声，而且声有余音，落地后跳动剧烈。

(5) 用火烧：用火将要鉴别的饰品烧红，不要使饰品熔化变形，冷却后观察颜色变化，如表面仍呈原来黄金色泽则是纯金；如颜色变暗或不同程度变黑，则不是纯金。一般成色越低，颜色越浓，全部变黑，说明是假金饰品。

(6) 看标记：国产黄金饰品都是按国际标准提纯配制成的，并打上戳记，如

“24K”标明“足赤”或“足金”，而成色低于10K，就不能打K金印号了。

市场上充斥着不少假黄金饰品，制造假牌号、仿制戳记，用稀金、亚金甚至黄铜等材料冒充真金的现象屡见不鲜，消费者鉴别黄金饰品一定要根据样品进行综合判定来确定真假。

黄金独特的投资优势

黄金被发现以来，历来为人们所珍爱，被视为财富的象征，被看作保值增值的最有效工具。随着时代的发展，在如今的投资市场上，黄金仍然具有保值增值的功能，为投资者所珍爱。

从投资上来说，黄金不仅由于其本身的稀缺性而有较高的商业价值，而且有着令所有人为之倾倒的美学价值。对于投资者而言，黄金投资具有其独特的吸引之处。

1. 无风险

黄金投资基本没有投资风险，因为黄金是良好的财产保值、增值的方式之一。黄金，它的世界货币地位和为国际所认可的流通能力，使它可以打破地域和语言的限制，在几乎所有的国家和地区都被认可。在这个世界上，没有人不认识黄金。此外，黄金可以用来抵抗通货膨胀及政治动荡等因素造成的财富贬值。而黄金之所以能够抵抗通货膨胀，主要是因为它具有高度的流通性，全球的黄金交易每天24小时进行，黄金是最具流通能力的硬体资产。于是，黄金被大多数投资者视为保值增值的重要投资工具。

2. 无折旧

无论何种投资，主要目的不外乎是使已拥有的财产保值或增值，即使不能增值，最基本的也应维持在原有价值水平上。但是，如果财产价值逐渐减少的话，就完全违背了投资目的。黄金不必担心贬值的问题，在于它不会有折旧的问题，即使历经千年，黄金的质地也不会因此而改变。

3. 流通性

黄金作为一种世界货币，具有流通性良好的特性，黄金也成为在世界上通行无阻的投资工具。可以举个例子说明这点——只要是纯度在99.5%以上，或有世界级信誉的银行或黄金运营商的公认标志与文字的黄金，都能在世界各地的黄金市场进行交易。

4. 投资性

因为黄金的特性，黄金为广大投资者所认可。几乎没有一种投资理论不强调黄金投资的重要性，黄金投资是投资的重要领域。尤其是在政局动荡不安，或者经济萧条的年代，黄金更能体现出投资品保值增值的一面。

5. 收藏价值

黄金还具备一定的收藏价值。我国黄金市场上有关于奥运会的纪念金条、金砖等金制品，它们都经过工艺化、艺术化的加工，图案精美，极富收藏价值。

黄金天然是货币，无论是世界经济开始下滑还是快速发展，黄金永不磨灭的“永恒价值”一直都被投资者视为最佳的避险工具。

黄金投资品的品种

投资者要进行黄金投资，可通过银行开户交易。目前对于个人投资者，银行黄金投资业务主要有 3 种，分别是账户金、个人实物黄金买卖和个人实物黄金投资。

账户金又称纸黄金，只能投资，不能提取实物，账户金适合中短期投资。中国银行（简称中行）、中国工商银行（简称工行）和中国建设银行（简称建行）等银行均提供账户金代理业务。

个人实物黄金买卖是指为银行代销黄金公司产品，投资者能提取黄金实物。中国工商银行、中国建设银行、招商银行、中国农业银行则在网点柜台代销一些黄金公司的产品。

个人实物黄金投资是指代理银行得到上海黄金交易所授权，代理交易业务，投资者既能通过交易系统低买高抛，也可提取实物金，但金交所不设回购。华夏银行、兴业银行、深圳发展银行、中国工商银行上海分行等银行提供个人实物黄金投资的代理服务。

那么，在纷繁复杂的市场中，普通投资者如何才能买到符合自己投资风格又能保价增值的理想黄金投资品呢?

1. 实物黄金

实物黄金就是所谓的现货黄金，是实实在在可以拿到手里的黄金，包括金条、金块、金币和金饰品等。实物黄金以保值为主要目的，占用的资金量大，变现慢，变现手续繁杂，手续费较高。

作为抵御通胀的“天然货币”，实物黄金具有非常好的变现性，在全球任何地区都可以很方便地买卖，大多数地区还不征收交易税，这也是为什么实物黄金是目前最为广泛和流行的黄金投资品种之一的原因。

金条和金块是黄金投资中最普通的投资品种。门槛比较低，操作也比较简单，交易方式多样，且交易成本较其他实物黄金要低很多，可以作为中短线交易的品种，适合普通大众投资。

金币分为普通金币和纪念金币。投资者对普通金币的选择余地比较大，变现性也非常好，但保管难度比金条和金块大。纪念金币是钱币爱好者的重点投资对象，其价格波动风险要大于普通金币。

纪念金币具有一定的投资价值，但投资纪念金币要考虑到其不利的一面，即纪念金币在二级市场的溢价一般都很高，往往远远超过了黄金材质本身的价值。另外，我国钱币市场行情的总体运行特征是牛短熊长，一旦在行情较为火爆的时候购入，投资者的损失会比较大。例如，建国60周年纪念金币。

不少投资者在谈到黄金实物投资时，首先想到的是买金饰品投资，这是对黄金投资知识极其匮乏的一种表现。黄金投资者把金饰品排除在投资之外，这是因为饰品投资不能算是有效的投资方法。

2. 纸黄金

“纸黄金”是一种个人凭证式黄金，投资者按银行报价在账面上买卖“虚拟”黄金，个人通过把握国际金价走势低吸高抛，赚取黄金价格的波动差价。但纸黄金是黄金的虚拟买卖，没有保值功能，并不能抵御通胀风险，是短期获利的重要投资方式。

纸黄金所有人所持有的只是一张物权凭证而不是黄金实物。对于纸黄金交易而言，银行与个人投资者之间不发生实物的提取和交收，所以纸黄金交易实质上就是一种权证交易方式。

纸黄金的报价类似于外汇业务，即跟随国际黄金市场的波动情况进行报价，客户可以通过把握市场走势低买高抛，赚取差价。

纸黄金交易具有方便快捷的一面，节省了实金交易中必不可少的保管费、储存费、保险费、鉴定及运输费等。

3. 黄金衍生品

黄金衍生品主要包括黄金期货和黄金期权。

（1）黄金期货：黄金期货是一种保证金交易，黄金保证金交易是指在黄金买卖业务中，市场参与者不需对所交易的黄金进行全额资金划拨，只需按照黄金交易总额支付一定比例的价款作为黄金实物交收时的履约保证。黄金期货风险较大，投机性强，适合激进型的专业投资者。

（2）黄金期权：黄金期权是指买卖双方在未来约定的价位，具有购买一定数量标的的权利而非义务。如果价格走势对期权买方有利，则会行使其权利而获利；如果价格走势对其不利，则放弃购买的权利，只损失当时购买期权时的期权费。买卖期权的费用（或称期权的价格）由市场供求双方力量决定。

黄金期权包括买入和卖出期权两种，客户买入黄金期权就是期金宝业务。如某投资者在一个月前买入一笔黄金看涨期权，协定价格为585美元/盎司（1盎司＝31.1035克），以期权面值100盎司，期限1个月，所报期权开仓价20美元/盎司计算，投资者付出期权费为20×100＝2000美元。

假设到了一个月后，期权到期金价涨到638美元，表明投资者看对方向，银行替其执行该期权，客户的收益为100×(638－585)＝5300美元，投资者的净收益为5300－2000＝3300美元。

如果一个月后期权到期，金价下跌到585美元以下，表明投资者看错黄金上涨方向，投资者的期权将无法执行，其全部损失为付出的期权费2000美元。但与实盘黄金买卖相比，损失有限地被锁定，并且不会把所有的本金套牢。

又如在一个月还未到时，金价涨到633美元，但是投资者预期黄金价格在期权到期日前不会再涨了，这时投资者可以选择将该期权反向卖回银行，锁定利润，如银行报出平仓价30美元/盎司，则投资者的净收益为（30－20）×100＝1000美元。

由于黄金期权买卖涉及内容比较多，期权买卖投资战术也比较多且复杂，不易掌握，因此目前世界上黄金期权市场并不多。黄金期权投资具有较强的杠杆性，以少量资金进行大额的投资，如果是标准合约的买卖，投资者则不必为存储和黄金成色担心，从而具有降低风险的功能等。实物黄金的特点决定其适合有长期投资、收藏和馈赠需求的投资者，短期操作也许并不能获得期望的收益率。

对一般投资者来说，投资要适度，远期或期权应注意与自身的生产能力或需求、风险承受能力基本一致。由于黄金期权买卖投资战术比较多并且复杂，不易掌握，应注意因价格变动的风险太大，不要轻易运用。

黄金市场的参与者

黄金市场作为世界金融市场的重要组成部分，吸引了无数的黄金投资者。黄金市场的参与者是整个黄金市场的主体，具有国际性和参与的广泛性。通常，黄金市场参与者一般包括国际金商、对冲基金等金融机构、银行以及在黄金期货交易中有很大作用的经纪公司、各种法人机构，他们共同让黄金市场运转了起来。

1. 黄金交易商

可以毫不夸张地说，黄金交易商在一定程度上影响着金价的走势。伦敦黄金市场上的五大金行无一例外都是国际著名的黄金交易商，他们与世界各大金矿生产者及许多金商有着广泛联系，加上其下属的各个公司又与许多商店和黄金顾客有直接联系，五大金商有条件根据自身掌握的情况不断报出黄金的最新收购价格与出售价格。

2. 银行

黄金市场中绝对缺少不了银行的参与。而银行又有两种参与形式：一种是作为黄金市场的经纪人参与，银行自身并不参与黄金买卖活动，仅仅为客户代行买卖和结算，充当生产者和投资者之间的中间人，在市场上起着中介作用，主要以苏黎世的三大银行为代表；另一种是一些做自营业务的银行，如在新加坡黄金交易所内，就有多家自营商会员是银行性质。

3. 对冲基金

近年来，国际对冲基金尤其是美国的对冲基金活跃在国际金融市场的各个角落。几乎可以肯定地说，黄金市场上几乎每次大的波动都与对冲基金有关系。对冲基金公司会通过借入短期黄金，在即期黄金市场抛售的同时在纽约黄金期货交易所构筑大量的淡仓从而造成金价大跌。更有一些规模庞大的对冲基金甚至会利用与各国政治、工商和金融界千丝万缕的联系较先捕捉到经济基本面的变化，利用所管理的庞大资金进行买空和卖空，从而加速黄金市场价格的变化，并从中渔利。

4. 各类法人和私人投资者

私人投资者以及各类法人机构是黄金市场参与者中最广泛、最活跃的群体。其中既包括专门出售黄金的公司，如各大金矿、黄金生产商、专门购买黄金消费的黄金制品商、首饰行以及私人购金收藏者等，也包括专门从事黄金买卖业务的投资公司、个人投资者等。另外，按照投资者对市场风险的喜好程度，还可以将这一类参与者划分为风险厌恶者和风险喜好者：前者希望回避风险，将市场价格波动的风险降到最低程度，包括黄金生产商、黄金消费者等；后者就是各种对冲基金等投资公司，他们希望从价格涨跌中获取利益。前者希望对黄金保值，并转嫁风险；而后者希望获利而乐意承担市场风险。

5. 经纪公司

黄金市场经纪公司是专门从事代理非交易所会员进行黄金交易，并收取佣金的经纪组织。有的交易所把经纪公司称为经纪行（Commission House)。在纽约、芝加哥、香港等黄金市场里，活跃着很多经纪公司，它们本身并不拥有黄金，只是派场内代表在交易厅里为客户代理黄金买卖，以收取客户的佣金。

对黄金市场参与者的划分，根据不同的标准可以有不同的结论，但正是所有这些要素，组成了日益完善、不断壮大的世界黄金交易市场。

黄金投资的主要方式

黄金投资在20世纪三四十年代的中国曾是一种普遍的投资方式，那时候的上海是远东金融中心，有“天下黄金，汇聚于此”之说。只是后来黄金受到管制，才限制了黄金投资的发展。近年来，黄金投资方兴未艾，投资品种也越来越丰富。

那么，普通投资者在国内可以交易哪些黄金品种呢？大体上来说，国内的黄金投资品种和国际上的基本一致，无外乎金条（块)、金币、黄金管理账户、黄金凭证、金饰、黄金期货、黄金期权、黄金股票、黄金基金等几种。比如，上海金交所提供的品种现货黄金Au99.99、Au99.95和现货延期交易Au（T+D）以及国有银行提供的黄金账户产品（又称纸黄金）等。2003年中国银行推出的黄金宝（个人实盘黄金买卖业务)、中国工行推出的金行家等。

1. 投资金条

我国目前个人投资黄金的主要方式是投资金条，金条分为普通金条和纪念金条两种。投资者投资金条，可以从以下5个角度来进行分析：

(1）金条的规格。各国金条的规格有所不同，但按国际惯例，进入市场交易的金条在浇铸成型时必须标明其成色和重量，以及精炼厂的名称和编号。

(2）金条的铸造和包装。如果投资者能够选择知名度较高的公司出品的金条，在日后自己出售时也能免去很多费用和不必要的手续。而如果是不知名企业生产的，黄金收购商就要收取你黄金的分析费用。国际知名金商出售的金条，包装在密封的小袋中。在国内，长城金银精炼厂是最大的国有金银精炼厂，也是中国金银冶炼企业中唯一的伦敦贵金属市场协会会员单位，并入选上海黄金交易所及理事单位。

（3）金条交易的计量单位。各国黄金市场交易的习惯、规则不同，黄金计量单位也有所不同，我们在进行交易时需要明确各个不同地区的计量标准如何转换。目前国际黄金市场比较常用的计量单位是金衡盎司。金衡盎司是专门用于贵金属商品交易的计量单位，它与常衡制盎司有所不同，1 常衡盎司等于 28.3495 克，而 1 金衡盎司等于 31.1035 克。我国以前计量黄金的单位主要是两，现在主要是克，随着经济与国际接轨，我国不少黄金品牌用金衡盎司来计量，高赛尔金条就是其中一种。

（4）金条的价格。普通金条的价格与纪念金条的价格有所不同。纪念金条的发行价格按照金饰品的定价方式来定价，而普通投资型金条的价格是在黄金现货价格的基础上加上一定的加工流通费。一般来说，纪念金条比普通投资型金条的价格要高。如高赛尔金条的价格以国际最大的黄金现货市场——伦敦贵金属市场的每日报价为基准，参考上海黄金交易所的价格，每盎司加上 109 元的加工流通费（3.5 元/克），回购时每盎司退回 62 元（2 元/克）。

（5）金条的投资渠道。金条主要有两种投资渠道。一是场内交易，如上海黄金交易所的会员交易，即黄金生产企业、黄金饰品企业、黄金经纪商、黄金代理商、商业银行和机构投资者；二是场外交易，主要是一些中小企业和个人投资者在商业银行、金行、珠宝行、金银首饰店进行的金条交易。

目前，我国的个人黄金投资者主要在场外进行交易。购买金条最好选择回购有保证而且价差不大的，例如招商银行代理买卖的高赛尔金条，其 2007 年 9 月 23 日下午的买卖报价分别是 121.49 元/克和 120.99 元/克，买卖相差 0.5 元，加上买卖时加工费的价差每克要再支出 1.5 元。

2. 金币

金币有两种，即纯金币和纪念性金币。纯金币的价值基本与黄金含量一致，价格也基本随国际“金价”波动。纯金币的投资增值功能不大，但其具有美观、鉴赏、流通变现能力强和保值功能，所以对一些收藏者有吸引力。

3. 黄金管理账户

所谓的黄金管理账户就是指由经纪人为投资者全权处理投资的黄金账户，它的投资风险较大。因为考察经纪人有一定难度，一旦确定经纪人投资黄金管理账户，在约定的范围内，投资者对经纪人的决策是无法控制的，而在实际投资运作中，出现的风险和损失又由投资者全权负责，与经纪人无关。所以，经纪人的专业知识和操作水平，以及信誉程度存在风险，以此带来此项投资方式具有相当的风险。

4. 黄金凭证

黄金凭证是国际上比较流行的一种黄金投资方式。投资者可按当时的黄金价格将凭证兑换成现金，收回投资。投资黄金凭证要对发行机构支付一定的佣金，一般而言，佣金和实金的存储费大致相同。投资黄金凭证的优点是具有高度的流通性、无储存风险、在世界各地可以得到黄金保价、对于大机构发行的凭证，在世界主要金融贸易地区均可以提取黄金等；而缺点是购买黄金凭证占用了投资者不少资金，对于提取数量较大的黄金，要提前预约，有些黄金凭证信誉度不高。为此，投资者要购买获得当地监管当局认可证书的机构凭证。

5. 黄金期货

黄金期货与其他类型的期货有着很大程度上的共同点，它也是按一定成交价，在指定时间交割的合约，合约有一定的标准。期货的特征之一就是投资者为能最终购买一定数量的黄金而先在期货经纪机构存入一笔保证金。一般而言，黄金期货购买者和销售者都在合同到期日前，出售和购回与先前合同相同数量的合约而平仓，无需真正交割实金。

不过黄金期货也有着自身的缺点，比如投资风险较大，需要投资者具备较强的专业知识和对市场走势的准确判断；市场投机气氛较浓，投资者往往具有一定的投机心理。所以黄金期货投资并不是适合大多数人的投资方式。

6. 黄金基金

黄金基金是黄金投资共同基金的简称，所谓黄金投资共同基金，就是由基金发起人组织成立，由投资人出资认购，基金管理公司负责具体的投资操作，专门以黄金或黄金类衍生交易品种作为投资媒体的一种共同基金，由专家组成的投资委员会管理。黄金基金的投资风险较小，收益比较稳定，与我们熟知的证券投资基金有相同特点。

不同的黄金投资品种，使投资者在选择黄金投资的类别时更需要谨慎，选择适合自己的投资方式。不同类型的投资品种有各自的优势和劣势，要全方面地把握这些不同，才能真正实现自己的利益最大化。总结黄金投资品种之间的优劣势，可以从以下 3 个方面来分析：

（1）很多投资专家都认为：金条金块应是投资首选。相对于首饰金来说，虽然金条金块也会向投资者收取一定的制作加工费用，但这种费用一般比较低廉，价格更接近金价。金条及金币由于不涉及其他成本，是实金投资的最佳选择。

（2）黄金首饰和饰品是现在市场上最常见的实物黄金。但是黄金首饰和饰品的价值在于它的观赏价值，并且价格中包含着非常高的制造费用，已经脱离了黄金投资的本质，它体现的是黄金＋制作工艺费用，显而易见它不利于黄金投资。此外，黄金饰品很不容易变现，即使变现也会遭遇贬值，所以不适用于投资。

（3）金币投资是一种灵活的黄金投资方法，但不是很好的投资方式。金币是国家法定发行的。金币投资很灵活，购进的数量随市场的发行和市场价格波动可多可少，且方便灵活，随时可以购进。但是市场买卖是很困难的，没有专门的回收地点，所以并不是很好的黄金投资方式。

国际上的黄金价格类别

目前，世界上黄金价格主要有 3 种类型：市场价格、生产价格和准官方价格。其他各类黄金价格都是由此派生的。

1. 市场价格

市场价格包括期货和现货价格两种类型。这两种价格类型既有相似之处，又有所不同。举例来说，它们均受供需等多种因素的干扰和制约，比较容易变化，所以价格确定机制非常复杂。一般影响期货价格和现货价格的因素比较相像，所以我们可以说这两种类型的变化方向和幅度差不多都是相同的。可是因为市场走势的收敛性，黄金的基差会随期货交割期的临近而不断减小，到了交割期，交易的现货价格和期货价格基本相等。

正常来说，期货价格应当稳定地反映现货价格加上特定交割期的持有成本。所以，黄金的期货价格应该要比现货价格高，远期的期货价格应高于近期的期货价格，基差为负。但实际上并非如此，由于决定现货价格和期货价格的因素多种多样，比如黄金的近、远期供给，包括黄金年产量的大小、各国央行黄金储备的抛售等；黄金的市场需求状况，这里又包括黄金实际需求的变化，黄金回收与再利用等；世界和各国政局的稳定性、通胀率的高低、利率以及一些突发事件都是影响投资者心理的主要因素，进而影响黄金价格的走势；投机者利用金价波动、突发事件大肆炒作，加上各类对冲基金入市兴风作浪，人为制造供需假象。这一切都可能引发世界黄金市场上黄金的供求关系失去平衡，出现现货和期货价格关系扭曲的现象。此时，因为黄金供不应求，持有期货的成本无法得到补偿，甚至产生基差为正值的情况，从而导致现货价高于期货价、近期期货价格高于远期期货价格的现象。

随着世界上大大小小的黄金市场陆续建立，全世界黄金市场已经形成了一个连续不断的整体，投资者完全可以实现 24 小时自由交易。由于受上述各种因素的影响，世界市场上的黄金价格常常发生剧烈变动。因此只有综合了各种因素的中、长期平均价格才能比较客观反映黄金受供求影响下的市场价格。

2. 生产价格

生产价格需要依据生产成本建立一个固定在市场价格上明显稳定的价格基础。世界黄金协会的统计表明，目前世界每年新增的黄金约为 2600 吨，而黄金每年的需求量都要大于开采量 300 到 500 吨。但由于 1996 年以来各国中央银行的大规模抛金行为，国际市场的金价从 418 美元/盎司的高点直线下降，甚至下降到 257.60 美元/盎司，已经比一定时期的黄金生产成本还要低，这使世界上各大黄金生产国都产生了巨大的损失。

3. 准官方价格

准官方价格的出现是因为中央银行需要与官方黄金进行交易。在准官方价格中，又有记账价格和抵押价格之分。

（1）记账价格。1971 年 8 月，布雷顿森林体系解体后，提出了记账价格。由于市场价格的强大吸引力，在市场价格和官方价格之间存在巨大差额的情况下，各国因为其官方黄金储备定价的需要，都提高了各自的黄金官价，于是就产生了为确定官方储备的准官方记账价格。

记账价格在操作中主要有三种方法：

①购买价作为定价基础。

②按不同折扣标准同市场价格联系起来，按不同的基础以不同的调整期来确定金价。

③有些国家以历史官价确定，如美国 1973 年 3 月定的 42.22 美元/盎司，一些国家按 1969 年国际货币基金组织 35 美元/盎司来确定。准官方价格在世界黄金交易中已成为一个较为重要的黄金价格。

（2）抵押价格。1974 年，意大利为实现向联邦德国借款，以意大利自身所拥有的黄金作为抵押，由此产生了抵押价格模式。抵押价格的确定在现代黄金史上有重要意义。一方面符合国际货币基金组织的每盎司黄金等于35个特别提款权的规定，另一方面又满足了持有黄金的中央银行不冻结黄金的需要。实际上这种价格，是由美国对黄金不要“再货币化”的要求，与欧洲对黄金“非货币化”谨慎要求的组合。借款时，以黄金做抵押，黄金按市场价格作价，再给折扣，在一定程度上金价予以保值，因为有大量黄金在抵押。如果金价下跌，借款期的利息就得高于伦敦同业银行拆放利率。

其实，这种价格正符合美国对黄金不要“再货币化”的要求以及欧洲对黄金“非货币化”的谨慎要求。

预测黄金价格的走向

对黄金价格走向的准确判断是投资者赢利的基础，然而黄金是兼具商品和货币双重属性的特殊产品，它的价格走势有什么特点，其价格走向又如何准确预测?

在介绍预测黄金价格的方法之前，可以先总结一下多年来黄金价格走势的基本特点，这样才能对预测黄金价格的方法会有一些较好的理解和把握。

目前，我们公认的黄金价格走势特点为：

首先，放在历史的角度来看，黄金价格是持续上涨的。这一点毋庸置疑，黄金与信用货币的各自特性决定了以信用货币标记的黄金价格长期来看必然上涨。另外，1944年布雷顿森林体系建立后，以美国为首的西方国家纷纷采用了以信用泡沫刺激经济增长和作为配置资源的手段，从而导致了在第二次世界大战后国际经济体系内累积的信用泡沫越来越多，进一步加大了黄金价格上涨的内在动力。

其次，黄金价格趋势具有周期性。黄金可以说是世界货币，其美元价格的长周期变化趋势反映了世界地缘政治格局和国际经济、世界货币体系的重大变化，而这种内在决定因素的变化往往是长周期的，一旦发生变化，则将延续多年。黄金价格机制的上述特点直接决定了黄金价格走势的特点，即黄金价格的趋势一旦形成，则在相当长的时间内都不会变化。还有，突发事件影响较大，一般情况下单位时间内的波幅较小。

再次，黄金价格受多种因素影响。黄金价格的转折或巨变往往能够对重大地缘政治事件、国际经济金融事件的发生做出提前反映。

根据黄金价格多年的走势以及黄金投资的特点，投资者可以根据下列条件预测黄金价格走向：

1. 根据供需变化预测

众所周知，把握供需平衡点是预测金价的利器，了解黄金的供需情况就能把握黄金的特点，进而掌握金价的走向。

从黄金的商品属性来看，近年来国际黄金的供给（矿产金和再生金）保持在3300吨左右，制造用金（包括首饰需求）的需求为3700吨，由于矿产金有7～8年的投资周期，所以金价上涨的刺激很难在短期内促使国际矿产黄金的供给增加，对黄金的需求也比较稳定。

供需间的缺口则由官方售金和投资需求来填补，投资需求受金价的影响很大。近20年来，受到黄金非货币化进程的影响，官方售金成为一股不受金价影响的决定性力量。

例如，1999年，当金价在270美元/盎司的低谷时，英国等国大量抛出黄金储备；而在2002年、2003年金价开始上升时，很多国家又反过来增加了黄金储备；又如“华盛顿协议”后，欧洲各国每年达到400吨稳定的抛售量等。

由此可以看出，决定黄金基本面变化的因素主要是官方对黄金储备的态度，而官方的态度取决于黄金货币职能的强弱，它在不同历史时期的表现也不同。就像当前国际货币体系不稳定，黄金的货币职能就强些，官方减少售金量，需大于求，金价不断上涨。

对供需的预测能使我们很好地把握金价的长期走势，更好地运用在对黄金企业股票的预测上。例如，在上海证券交易所上市的山东黄金（600547）股票，行业特点决定了其每年的产金成本和产量变化不会很大，那么，山东黄金提高每股收益的途径只有两个：一是等待金价上涨，通过计算可以得知，目前的产能金价每上涨10元，山东黄金的每股收益就能提高0.18元，所以，根据每季度的平均金价，基本上就能预测山东黄金的季报结果；二是通过收购金矿迅速提高产量。如果这两个因素有很大变化，山东黄金的投资价值无疑将更上一层楼。

2. 根据美元走势预测

美元走势和金价息息相关，1986～2006年黄金与美元的走势，可以直观地看到美元跌的时候黄金在涨，而黄金跌的时候美元则往往处于高位。

美元为什么能影响金价？主要有3个原因：

第一，美元是当前国际货币体系的柱石，美元和黄金同为最重要的储备资产，如果美元坚挺和稳定，就会降低黄金作为储备资产和保值功能的地位。

第二，美国GDP占世界GDP总量的20%以上，对外贸易总额名列世界第一，国际经济深受其影响。

第三，国际黄金市场一般都以美元标价，美元贬值势必会导致金价上涨。比如，20世纪末金价走入低谷时，人们纷纷抛出黄金，这与美国经济连续100个月保持增长、美元坚挺关系密切。

3. 根据黄金生产成本预测

"商品的价值取决于凝结其上的一般劳动价值。"也就是说，价格不会大幅度偏离商品的成本，成本可以挤掉价格的泡沫，以便更好地看清商品的本质。

黄金的生产成本影响黄金价格，据统计，黄金的平均生产成本是290美元/盎司，南非的优质高技术矿产企业的成本更低些，生产商通过对冲交易，可以把短期黄金的最低净生产成本降到250美元/盎司左右。该生产成本与目前超过1000美元/盎司的金价比较，金价是否过高呢？其实并没有过高，黄金和石油一样是资源性商品，矿储量是有限的。当政治局势动荡不安时，人们更能体会到石油和黄金的价值，黄金的成本溢价会更高。

2001年，金价跌入最低谷，全年平均金价只有271美元/盎司，也就是说，其低于大多数生产商的生产净成本，生产黄金越多越亏损。这是一种极其不合理的现象，但这却是个绝好的投资机会。当所有的不好消息都出现之后，特别是那年还出现了"9·11"事件，这恰好成为了黄金市场走向牛市的开始。运用成本预测法，往往可以提前预知这样的行情。

由于观察黄金价格的角度不同，基于不同的逻辑，黄金价格预测有以下几类方法：其一，以黄金属性和黄金价格形成机制为起点的预测方法。其二，基于黄金普通商品属性的供求分析方法。其三，基于经济因素的基本分析方法。其四，基于价格走势的技术分析、时间序列分析神经网络分析方法。其五，基于历史价格走势和相应影响因素相互关系的统计模型分析方法。上述5种方法，以黄金属性和黄金价格形成机制为起点的预测方法考虑到了不同条件和背景下黄金价格形成机制的差异，能够对未来黄金价格有准确地把握，其他方法均没有充分考虑黄金价格在不同背景条件下起主导作用的属性和影响因素变化，没有区分不同背景条件下黄金价格机制的变化，因此在预测的逻辑基础上具有明显缺陷。

对于投资者理财来说，金价的涨跌深受汇率、经济形势、证券市场、通货膨胀、国际局势以及石油等主要原料价格的影响，通过对这些相关因素的判断，能较好地预测短期金价。

黄金的成色、计量与换算

在投资黄金之前，必须要对黄金的一些相关术语有所了解。

1. 黄金成色的表示方法

黄金成色也就是黄金的纯度，指黄金物品中金元素的含量。流行的黄金成色表示方法有两种：

（1）K金法：K数与含金量的关系是lK=4.1666%，因此，人们把含金量为100%的黄金称为24K金。按此公式，18K金的含金量为75%，14K金的含金量58%，9K金的含金量37.5%。

（2）比例法：将黄金物品中金的含量用百分数、千分数的方式表示，比如，Au99.95即为含金量为99.95%的黄金，Au999.5为含金量999.5‰的黄金。

2. 黄金的计量

世界不同地方的黄金衡量单位各有不同，常见的黄金衡量单位有以下几种：

（1）欧美地区的金衡制盎司制，1金衡盎=31.103495克。

（2）中国香港常用的交易计量单位1司马两=37.42849791克。

（4）日本、中国古代的衡两制。1日本两=3.75克；1市斤=16小两=500克，1两=31.25克。

（4）市制计量单位。现在上海黄金所用克为单位。1市斤=10两=500克。

（5）南亚新德里、卡拉奇、孟买等托拉衡制，1托拉=11.6638克。

3. 黄金换算法

我们通常说24K的黄金是指纯黄金即100%的黄金（其实只是一种理论说法)。实际上，一般首饰用的黄金有千足金（含量99.99%）999金和足金(99.90%）990金。含金量高于99.90的黄金，我们就认为是24K金了。它的摩氏硬度为2.5，一般统称为足金。黄金的标准计量单位是“盎司”。1金衡盎司=31.1035克，1常衡盎司=28.3495克，1钱=3.125克。通常在市场上所出售的金牌相当于1两2钱（37.42克)。

在回收旧金时，要特别注意组合金。所谓组合金就是成色不同的几部分组合成的一件金饰品。如一对耳针，其各部分的含量分别为：耳叶99.72%，耳塞杆93.72%，耳塞扣88.65%。为什么会出现这种情况呢？因耳针在佩戴的时候，如果耳塞杆和耳塞扣纯度很高，则会显得太软，佩戴起来不安全，所以适量加入其他金属，令其硬度变高，会增加佩戴时的安全感。当然最好的方法是到有测金机的金行去测量金饰的纯度。

另外，鉴别黄金时，黄金分为生金和熟金两大类，生金主要有砂金和矿金两种；熟金又有清色金（含有白银）、混合色（含有银、铜、铅等金属）和K金3种。黄金的鉴别主要是“四鉴法”。即初步鉴、磨石鉴、硝酸鉴、焊药鉴。后3种方法带有较强的专业性，并需要一定的条件。初步鉴比较容易掌握，主要有4种方法：辨色、掂重、折性、敲声。

黄金的投资策略

黄金是一种良好的投资品种，根据投资者的偏好，可以适合短线、中线和长线各种投资策略。下面分别具体论述各种操作策略：

1. 长期持有的操作策略

长期持有的操作策略主要是选择合适的投资品种，金条金块是很好的选择。金条金块的变现性非常好，在全球任何地区都可以很方便地买卖，大多数地区还不征收交易税。除了保值增值外，还可以用来收藏、馈赠。缺点是投资门槛高，占用较多的现金，有一定的保管费用。由于黄金价格飙升，国内收藏市场的黄金品种也随之水涨船高，各大机构竞相发售金条、金币，其中的某些产品甚至成为了目前市场上升值最快的品种。2008年发行的奥运会金银纪念币（第一组），其发行价从9880元左右一直飙升到17000元，翻了近一番；而次年五月发行的第二组金银币也比发行价9494元翻了近50%！其实，金子、金币仍属于收藏品，除了金条中的个别品种，基本属于长线投资的“慢热品”；出现短时间内价格暴增的状态，完全是市场的炒作行为。中小投资者需要端正心态，购买金币，仍以长线收藏为主。

从长期保值功能方面来看，金条比金币略胜一筹。普通投资者以金条投资为宜，从长期全世界黄金走势来看，比较容易操作，保值增值空间相对较大。金条由商业银行或中金的直销旗舰店发售，可根据国内外市场每天挂出的价格进行交易，可随时变现。若长期持有，利润匪浅。

有一定收藏专业基础的投资者，可适度投资金币。如果投资金币，具体来看，收藏者不妨根据自己的爱好选择某些题材重点收藏，这样比打“游击战”更有针对性。金银币一般有多种规格，比如1/2盎司、1盎司、5盎司、1公斤等，而且通常重量越大，发行量就越少。收藏者可以考虑选择某一规格的币作为收藏重点，结合其发行量挑选一些有升值潜力的币来收藏。比如，专门收藏所有题材发行过的1公斤金币等。

2. 短线炒作操作策略

短线操作的真正目的不是不想赚大钱，而是为了不参与走势中不确定因素太多的调整。“走势中的不确定因素”就是一种无法把握的巨大风险，用短线操作的方法，就可以尽量避开这种风险。因此，只要一只股票的攻击力消失，无论它是否下跌，都必须离场——这是短线操作的原则。

短线投资主要有以下几个操作技巧：

第一，略懂技术分析。三分靠本事，七分靠感觉。那要学些什么呢？会用极短期平均线，会解释价与量的表现，如此而已。其他就是看看市场指数，听听基本面消息凭感觉从事。

第二，要调整好心态。你如果觉得短线投资不简单，很痛苦，就不要做。所谓短线投资最短者就是日投资，当日进当日出，不放过夜。长期持股长期伤脑筋，短线投资不过夜，晚上睡得安稳。因持股时间短，担心时间也短。当然，一两天或两三天的持股期也归类为短线投资。短线投资在寻刺激找快乐，不成就这小目的就不要试。

第三，要具备一定的数学基础。知晓概率是短线投机制胜因素。一个有六面的骰子从1到6，三个偶数三个奇数，偶数出算赢，奇数出算输。长期掷骰，奇偶出的概率约各半。短线投资买后，涨或跌的情况，通常也是各半。那短线投资如何赢呢？让赢的时候赚1份，输的时候赔0.5份。100次中，赢50次，赚50份，输50次赔25份，最后总结赚25份。这是短线投资应该记住的唯一胜计，别无他方良策。

第四，短线投资不是天天投资。做极短线者叫日炒黄金者，但并不能日日投资。如果你今天投资赚了900份的钱，不要期待明天再进场去再赚900份的钱。短线投资好处是好像自己做生意，可选择哪天做哪天不做。

第五，根据大形势决定是否投资。形势对时，胜算会比前述50对50高出许多。形势不对如逆水行舟，高明的短线投资者必为自己放长假，与势争绝无必要，且有可能引来平白伤亡。什么叫形势对与不对？20世纪90年代的大牛市到2000年3月形势逆转，此时投资人尚无从得知大事不妙，到了10月后技术图50

天平均线向下破到200天平均线之下，形成死亡交叉，此时投资人该全面退场，短线投资更不可为。这情况后来完全改变，50天平均线又翻上200天平均线形成黄金交叉。此时短线炒黄金者长达两年半的假期结束，又是好投资时节的到来。

3. 中线波段操作策略

当然，在金价长期看涨的大势中，需要注意中短期的走势，尤其需要警惕其中的大幅度回调行情。回顾过去10年以来金价的走势，我们可以看到，在每一次金价大涨的行情中，都酝酿着强大的回调风暴，而且来势凶猛，时间极短。这就告诉投资者，在进行黄金投资时，要采取波段操作，顺势而为，并严格控制风险，这样才能稳操胜券。

每一个市场都会循环经历牛市和熊市，相比传统市场投资者只可低买高卖，陷入熊市时只能割肉离场。黄金现货保证金交易则允许投资者在任何时候双向买卖，只要投资者看准方向，不论金价升跌，均可获利。在双向交易的机制下，投资者可通过技术分析和基本面分析把握好大市的方向进行交易。但假使大市走向与投资者预期相反，在注意维持保证金水平的基础上，投资者亦能够利用黄金保证金交易的止损功能，或是在反方向建仓等方法，减少损失。

以上3种操作方法，长线、短线、中线，没有好与坏之分，重要的是把握局势，选择适合自己的操作策略，达到投资有实效的目的即可。

第十五章 谨慎下手，房产依然具投资价值

决定房地产价值的因素，第一是地段，第二是地段，第三还是地段。

——李嘉诚

（北京大学荣誉博士，华人首富）

“黄土”也能变成黄金

自从中国房地产市场改革开始以来，多年来房价一直持续上涨，特别是近些年来，全国主要大中城市房价更是以惊人的速度迅速攀升。

以北京为例，有关统计数字表明，北京五环以内平均房价已高达 3 万元以上。要在五环路附近买一套 60 平方米的房子，也至少需要 200 万元。以北京一个三口之家为例，假设人均年收入约 5 万元，则家庭年收入为 15 万元，如以每年能余下 7 万元来计算，买一个五环内 60 平米的房子需要 30 年时间。如果这个家庭向银行贷款买房，加上贷款利息，花费的总额将要高得更多。如此高的房价，不禁让老百姓望“房”兴叹，使很多普通百姓都成了“房奴”。

然而，实际上还是有很多人买得起房子，只不过他们不是为了满足自住需求，而是用来投资的。房地产投资为什么令那么多人趋之若骛，它究竟有什么“可图之利”呢？现在就让我们细细地分析一下，看看其中的奥妙。

（1）房地产投资一个最显著的特点——可以用别人的钱来赚钱。

向银行或金融机构贷款，是现在绝大部分买房人必选的一种方式，越是有钱的人越是如此。在房地产投资中，靠借钱买房，也就是举债，被称为投资房地产的“债务杠杆”。

银行之所以乐意贷款给买房人，主要是因为房地产投资具有安全性和可靠性。如果你要投资除房地产以外的其他类型的项目，可能就不会这么轻而易举地向银行借到钱了，因为通常对于那些回报不太有保障的项目，银行的态度会更加审慎，贷款条件也更加严格。

（2）至于偿还贷款和利息，很多投资者通过租房就把这一问题轻松解决了。一般来说，房产投资者的债务都是由房客承担的。投资人在贷款购买房地产后，绝大多数都是通过把房产出租来获得收益，然后再用租金收入以支付银行的贷款利息和本金。

（3）房地产是一项有关人们基本生存的投资，因此各国对房地产方面的融资总是给予最大的优惠条件，不但贷款的期限长，而且利率也比其他消费贷款低很多。如果在房地产投资中，合理且最大化地利用房地产贷款这一优势，那就等于把房地产变成你的私人银行，它能为你的房地产投资和其他方面的消费提供数额可观的资金，但是只支付很低的利息。

（4）房地产投资的另外一个显著的特点——具备很大的增值潜力。随着社会经济的发展和城镇化进程地不断推进，在城市地区，大量有效的土地已被充分开发和利用，而越来越多的人涌进城市，购置房产的需求会不断增加，这就会导致供不应求的局面，从而推动房地产的进一步增值。

（5）房地产投资的周期长，获利的空间就大，赢利时间也就长。一般情况下，一个房子的寿命在100年左右，最短也在60年以上。从借钱买房的角度来看，投资房地产不但得到了物业的产权，而且至少有40年以上的获利时间。房地产增值潜力另一方面表现是，它能够有效抵消通货膨胀带来的负面影响。在通货膨胀发生时，房地产和其他有形资产的建设成本也在不断上升，房地产价格的上涨也比其他一般商品价格上涨的幅度更大，但像钞票这样的非实质资产却因此不断贬值。在这个意义上，许多人都把房地产作为抵抗通货膨胀，增值、保值的手段。

投资房产就是根据不同时期房价的差价，以低价买入高价卖出，从中获取利润。在实际生活中我们会发现，一边是专家和百姓痛心疾首大呼房产泡沫严重，另一边则是房价持续走高。其实这是与房地产自身的特性紧密相关的，那么，我们在购买房产时，什么样的房产最具有升值的潜力呢？

首先，房产作为不动产，其地理位置是最能带来升值潜力的条件。一般靠近地铁、大型商圈、交通枢纽等地段的房产，升值潜力比较大。

其次，房产周边要有基本配套设施和政府综合城区规划，比如有便捷的交通、中小学校，这些都将为楼盘升值起到推动作用。

再次，房产所属小区的综合水平、物业设施、安全保障、公共环境以及房屋本身内在的价值等，都是房产升值的评判标准。

最后，要看该房产所属地的出租率和租金情况。一个地区的不动产销售数据有时会失真，但出租行情反映的是终端用户的直接使用情况，因此租金和出租率能够较为真实地告知你该地区物业的真实价值。同时，租金和出租率也是房产短期收益的衡量指标之一。

影响房价上涨的因素

为什么房价会上涨？有可能是因为通货膨胀，也有可能是“物以稀为贵”，土地和房子有限，买的人多，自然价格就高了，再有就是存在着房价泡沫。那么，怎样才能判断房产的真实价值是多少呢？

需要考虑以下几方面因素：

1. 宏观政治经济环境

这是影响房价最重要的因素。经济增长，房价一般也会随着上涨；经济衰退，房价一般也就会下跌。如果经济增长趋于平稳，房价自然不会有太大波动。如果经济一团糟，却指望房价不断上涨，这无疑是痴人说梦。

2. 货币政策

一般来说，加息可能抑制房价，降息则可能促进房价上涨；汇率升值则促进房价也升高，汇率贬值则会拉低房价。

3. 房地产政策

因为房产是关乎老百姓生活的大事，所以国家非常重视通过相应的政策来调控房地产市场。如果想扶持和促进房地产业发展，一般会出台积极的政策，这时房价就可能上涨；如果觉得房地产市场过热，需要降温，那么就会出台一些抑制房地产业过速发展的政策，比如，增加房贷难度等。国家出台大力发展保障房和自住房等的政策，自然就会对商品房市场造成冲击。当然，不同的政策在长期和短期内产生的效果会有所不同。

4. 房地产成本

房地产成本一般包括土地成本、实际建筑成本和拆迁成本。我国土地为国有，因此政府拿出了多少土地、以何种方式拿出来，都会影响土地成本。目前，城市土地成本节节攀升，各地的“地王”不断出现，已然成为房价高涨的“推手”。而建筑成本是建筑用材和人工费用等，总体而言变动一般不大。至于拆迁成本，从长期来看应该是不断上升的。

了解了这些影响房价的因素，但要拿来衡量具体的房价，好像还是不能起到多大作用。我们可以借助一定的公式和参照物，大体上能测算出房价上下限和合理房价。

房价下限：房价泡沫彻底破裂，并继续下跌，跌破合理价位。

合理房价：3～8倍的户均年收入比，12～15倍的年租金比。

房价上限：与国际大都市的绝对房价相比。

房价收入比：按照国际惯例，目前比较通行的说法是，房价收入比在3～6倍之间为合理区间，如考虑住房贷款因素，住房消费占居民收入的比重应低于30%。处在这一区间的房价是比较合理的。

房价收入比是一个有严格内涵的概念，具体应用时要根据不同的情况具体分析。在西方国家，房价收入比有新建住宅的（新房交易），也有旧有住宅的（二手房交易），所选取的房价是中位数价格，而家庭收入也是中位数收入。在我国，由于住宅是按照平方米价格交易而不是按照套来交易的，又由于纳入家庭收入统计的收入往往只是全部家庭收入中的一部分，所以即使是北京这样相对发达的城市，其房价收入比的计算结果也会存在很大差异，给横向比较带来了困难。

房价租金比：指每平方米的房价与每平方米的月租金之间的比值。一般情况下，若要满足5%～6%的投资回报要求，房价租金的比值为196～232；如果房价租金比超过300，说明该区域房产投资价值变小，房价被高估，也就意味着当地房地产泡沫严重；如果房价租金比低于200，说明该区域房产投资潜力较大，房价泡沫不大。

5. 测算房价的上下限

房价下限是指房价泡沫彻底破裂，恐慌心理使得房主不断抛售，房价持续下跌，跌破合理价位，比如，香港1997年回归前和2003年非典时期房价下跌就是房产泡沫破裂所致。

关于房价上限，因为房子不同于其他商品，不可流动，没有可复制性，所以不同地段房价不一。不过可以通过比较同期国际大都市的绝对房价，大致了解房价的最高上限。随着全球经济的一体化，在世界范围内，国际现代化都市的房价有趋同的趋势。因此，区域房价的合理空间可能被大大抬升，这也是北京、上海这些大都市房价不断上升的原因之一。

6. 房地产泡沫

房地产泡沫其实就是房产价格的虚涨。房产到底能贵到什么程度，大家心里都没谱，越是价格上涨，这种心理感受就越强烈。实际上，人们很难将房价的正常上涨和房产泡沫区分开来，更多的时候两者是互相掺杂的。那么，究竟如何区分房价有无泡沫呢？我们可以用下面的方法来判断。

(1) 房子经过几道转卖。一般来说，转卖的次数越多，泡沫就越大。炒房者一般采取 3 种形式：炒楼花、出租、转手买卖。其中炒楼花是指买家在楼盘未落成之际只交数量很少的订金，之后再转手卖给别人，套取高额订金，从中赚取差价。在这 3 种炒作手段当中，尤以炒楼花的危害最大，曾被认为是许多国家楼市崩盘的重要原因。

(2) 房价上升速度。在比较健全的房地产市场上，房价涨幅不应比居民收入涨幅过大。如果过大，就说明泡沫越大，会导致越来越多的人买不起房，这样房价早晚有一天会掉下来。

(3) 房屋空置情况。空置就是库存，市场上任何一种商品都有合理库存，保持适度数量的空置房，对平衡市场供求、调控房价都具有积极的作用。国际上房屋库存量一般都不会超过 15%。如果没有空置率，则表明房地产市场过热，存在房地产泡沫。

买房与租房之辩

有人说买房不如租房划算，有人认为买房还具有投资功能。其实，租房和买房的时机是动态的，随着整体经济的变化而有所不同。

但按照当前的租售比算，虽然部分区域的房价有所下降，但房价和租金水平的偏离度依旧很高，对不少人来说租房更划算些。万科集团董事长王石认为，年轻人应该在 40 岁以后再买房。作为房地产开发商，能给出这样的建议着实让人吃惊。事实上，40 岁之前的人都可称为年轻人，对于年轻人来说，买房未必比租房好。

作为开发商，当然愿意大家都买房，但从实际出发，年轻人没有最后稳定下来之前，还是租房为好。买房的好处是让人有安心感，而不好之处是当想变卖它、或是自己想换工作，往往因为拥有房子而成为包袱。比照国外的一些城市而言，20多岁就买房的年轻人非常少。为了减少自身压力，现在即便要结婚成家的年轻人也还是先租房为好。

此外，受到全球金融风暴的影响，地产走势还不好预测。但可以确定的是，对于有意愿购房的人来讲，当下租房住比买房后看着房价继续下行在心态上会舒服些。

李梅在一家银行工作，工资不低，但她坚决不做房奴。她在市中心地段一个幽静雅致的高尚社区租了一套两居室的房子，60平米，精装修。到她家里玩的朋友，无一例外地都注意到了李梅在外旅游的照片，在大家的羡慕声中，李梅不无得意地说这是休假时拍的。用她自己的话说，打死也不做房奴，年轻时的生活不能只为还贷，应该“不辜负自己”去享受生活。

父母亲常为一个月那么多的房租心疼不已，说都抵得上买房的月供了，劝李梅贷款买房。李梅的观点是：“几十年背着还贷的压力过活，何必让自己那么累呢？还不如把那些钱拿来旅游，四处走走，开阔眼界，或者多给自己添些漂亮的衣服，也不负青春年华。所以，买房不如租房，个人空间、自由时光、有钱心态、安居之所，一样都不少。”

当下至少对于三类人来说，租房是最理性的选择，即：刚刚参加工作的年轻人、收入不够稳定的人、工作流动性较大的人，这些人如果不考虑自身的经济条件，一味盲目贷款买房，不仅会出现难以还贷的情况，而且还有可能因无法还贷而使房产被银行没收。如果那样，就有点儿得不偿失了。

很多人认为买房是改善居住条件的途径，其实租房也是改善居住条件的途径。当租赁成为一种常态，生活就不会因为租房而变得不幸福。事实上，即便在发达国家，居民平均住房自有率也仅为50%左右，在欧美、日本和香港地区，也不是多数青年人刚参加工作便去购产权房，流行的住房时尚是先租房后买房的“梯度住房消费”模式。

全球金融风暴发生以来，许多准备结婚的年轻人改买房为租房。楼市前景不明，市民投资机会明显减少。加上不少部门和单位就业形势吃紧，年轻人工作不很稳定。一些正准备结婚的青年人明显感到压力增加。他们开始捂紧口袋，消费也不像过去那样随意，开始“节约”起来。于是，结婚由买房改为租房，待若干年后工作较为稳定，市场有了转机再择机买房，成了现今一部分年轻情侣考虑的首选方案。

但也有不少人认为，以中国的传统观念看来，长期租房并不现实。2009 年房地产依旧是延续调整，但房价不会大涨也不会暴跌。有些房地产项目继续下降的空间事实上并不大了。而央行连续降息、放大贷款的优惠利率，都可以认为是鼓励大家购房的利好政策，算一下账就不难发现存钱未必比贷款买房划算。如果看到比周边同类型二手房价格还低的新盘，则应该考虑出手。

可能对于大多数百姓来说，“买房才是正路”，虽然买房可能要花上毕生的积蓄，还得为装修、买家具忙活，但有人就是觉得“痛并快乐着”。也许租房也可以过得很不错，轻松而洒脱。因此，租房与买房应该视自己具体情况而定，三思而后行。

判断房产的投资价值

房产不仅具备消费功能，同样具备投资功能。投资者购买房产，考虑最多的就是房产的未来升值问题，即房屋价格的升值和房屋租金的升值。

正确评估房产的价值是进行房地产投资的第一步。其次，要想继续在房产投资方面稳健地迈步前行，投资者还得了解什么房产才是最好的投资对象。

工业用地和交通水利用地一般都不是理想的投资对象。同样的房屋，城市的价格要比乡村的高出很多。在城市的房产中，商业区和住宅区都是较为理想的投资对象，文教区、农业区、保护区相对来说也可以算是较好的投资对象。

同样是商业区和住宅区，因地段不同也会有好坏之分。有的地段人口密集，商业发达，非常繁荣；有的地段则是待开发地段，许多设施尚未建设好。这样的话，对于投资者来说，投资兴旺地段或即将兴旺的地段，就是他们的首选。而城郊或离市中心较远的地段，一两年内不可能发展起来，则不是投资的理想地。

同一街区，同一地段的不同房产，其价值的大小与房产的位置有密切关系。地产界向来有“金角、银边、铜尾、黑爪子、草肚皮”的说法。“金角”是指临街的街角地，交通便利、客流量大、位置醒目、商业价值高，是设店开铺的首选位置。“银边”是指繁华街道的临街地，商业价值仅次于“金角”。“铜尾”则是指靠近相对清净一侧街道的临街地，商业价值虽不及“金角”“银边”，但其价值远高于普通的住宅地。“黑爪子”是指超越街道建筑界限，伸出人行道的地段。“草肚皮”是指不沿街的地方，其商业价值不大，一般只做仓库和住宅用地。

房产所处的地段，对房地产投资的成败至关重要。房地产界流行一句名言：

"不怕好的地段买坏房，就怕不好的地段买到房。"

贪图价格便宜，在偏僻的地段投资房产是欠考虑的。虽然房产总价会提高，但如果急需用钱而找买主套现，难度会很大。

随着近几年房产市场不断完善和健全，房产投资的风险大大降低了，保值、增值的机会增加了。然而，怎样才能判断房子的投资价值呢？以下几大要素可以帮助投资者准确判断房产投资的价值。

1. 房屋地段

房地产行家们的标准有3个：地段、地段、还是地段。什么样的地段建什么样的房子，才是这句话的真正含义。

2. 房屋质量

投资者选择好的房屋就要看开发商的实力怎样。有实力质量自然有保障，做出的承诺也能兑现。

3. 房子的状况

挑一个好的朝向、楼层、户型对出租有很大的好处，这就要看投资者的眼力和爱好了，不过关键还是要房子本身条件好才行。

4. 房屋现代化程度

现代社会科学技术发展迅速，住房也是日新月异，住房现代化也逐步成熟起来。因此，判断房子的投资价值，这一点与房子的地段和质量同样重要。

5. 社区文化背景

中国人在国外喜欢住唐人街，外国人在中国也喜欢聚居，这就是文化背景使然。所以，使馆区、开发区周围的公寓里外国人最多，这样使馆区、开发区周围的外销公寓也就十分抢手了。

6. 物业管理

物业管理的好坏直接取决于物业公司的专业程度。另有些物业管理有代理业主出租的业务，因此买房时要注意，一个得力的物业公司也许会给以后的出租带来很多方便。

买房如何还价

还价是一门大学问，我们经常可以看到菜市场上讨价还价，殊不知买房子也是需要投资者具备相当的还价能力。对投资者而言，掌握一些讲价技巧，不但可以为自己省钱，更是投资获利的重要法宝。

不过，买房子与买菜的不同之处在于，房产买卖双方往往是内行与外行之间的较量。由于卖方多是熟悉房产及房产交易情况，而购房者对房产往往处于信息不对称的位置，这样买房经常处于不利地位。

对于大多数买房人来说，买房砍价究竟能砍到什么程度，却自己也没谱。种种迹象表明，房地产价格存在较大的弹性空间，但并不是所有的购房者都能吃到房价折扣这块“蛋糕”，许多人稍不注意就会成为“冤大头”。有趣的是，许多购房者对自己的购房价格三缄其口，而不同的购房者对同一房产也能得到不同的报价。

那么，房价的正常打折范围有多大？买房人如何砍价最有效？如何能买到最划算的商品房？

1. 商品房的利润空间

有多年房产开发经验的某开发公司总经理曾说，房地产开发市场有很多不可预知的因素，包括政策因素、土地因素、成本因素、市场因素等，如果前期没有充分估计，就有可能增加3%～5%的成本，利润如果低于8%就可能赔钱。一个规范的开发商，利润空间也就在3%～20%之间，如果运作得好，能达到15%或更高一些。另外，各开发商对自己项目的利润情况均讳莫如深。虽然时下商品房的利润空间受到压缩，但投资者如果采用一次性付款等方式，经常能砍下价格来。

2. 五次砍价机会

房产开发商的3%～20%的利润空间为消费者砍价提供了丰富的想象力。一位业内资深人士说，对于消费者而言，他们有5次砍价机会：一是期房开盘之初，为了吸引购房者，开发商往往有一些优惠，但是这种优惠是和期房的升值预期挂钩的。由于从期房到现房，房价涨幅一般在10%左右，所以优惠幅度一般被控制在10%以内。二是在买房人一次性付款时，此时的折扣空间一般高于存款利率而低于贷款利率。三是团体购房时，因为开发商不仅节约了宣传和代理费，也不用操心楼层、朝向的调配，当然会让利销售。四是买尾房可以得到优惠。一般来说，开发商为了尽快收回资金或为下一楼盘做宣传，会将尾房打折出售，有的尾房甚至可以拿到8折的优惠。五是已经买了房的业主，你再带一个客户来买房子，一些开发商也会提供一些优惠措施作为回报，至于优惠的具体形式则视情况而定。比如，转变成物业管理费或者通过其他形式体现出来。

3. 不要一味追求砍价

正如人们常说的那样，“天下没有免费的午餐”，如果消费者一味追求砍价，价是砍下来了，恐怕得不偿失。

某楼盘的销售部经理张小姐对买房如何拿到折扣深有体会："如果楼盘砍价空间很大，就意味着它有一些不规范的隐患存在。"张小姐的话虽有以偏概全之嫌，但她道出了行业内的公开秘密：暗箱操作的机会很多。对于一个具体的房地产项目来说，从拿地、立项，到最后的开工、销售，有一个漫长的过程，任何一个环节出现了问题，其整体利润肯定会受到影响。既然开发商费尽了周折才能完成一个项目，如果没有特殊原因，他们是不会愿意廉价卖房的。某市消协的统计分析显示，在受理的商品房质量投诉中，近60%的案件与业主片面追求折扣有关。由于一味地追求低价，开发商为了自己的利润，只好在房屋质量和售后服务上做文章。

4. 如何吃"折扣"

据业内人士介绍，正在热销的楼盘一般不会打折。但只要购房者下足工夫，还是能拿到折扣的。某楼盘销售部经理透露，这个工夫来自两个方面：首先，买房前一定要多了解这个项目及周边项目的情况，包括价位、性能，做到有自己的心理价位和心理预期；其次，要尽可能取得第一手"优惠情报"。一个楼盘如果出现了大的优惠，一般情况下只有两种可能，要么开发商急需一大笔资金，这时会有好的促销政策；要么是清盘，处理尾房。而这些信息，一般购房人不可能直接了解到，因此，如果你对某个楼盘情有独钟，不妨多花些工夫了解一下"内部情报"。

尾房里也有宝贝

如今的房价节节上涨，对财力有限的购房者来说，如何买到价格适当、地段和房型都理想的房子，实在要颇费心神。

一直以来，尾房给人的感觉就是被挑剩下的，基于"便宜无好货"的想法，许多购房者对此望而却步。但是，面对新房越来越贵，存量房市场却越来越大，不少聪明的消费者就瞄准了尾房市场。

有一天，在某金融机构工作的张小姐就从某楼盘的尾房中淘到了一套如意的房子。

张小姐本来看中了一套4300元/平方米、面积90多平方米的期房。但在付款前她发现附近另一处原价在4800元/平方米左右的楼盘，正以4500元/平方米的特惠价出售尾房，面积在100平米左右。经过比较，张小姐选购了一套尾房。她认为该楼盘品质不错，但原先的售价超出了她的购买能力。如今该房每平方米让利达 300 元，虽然房屋面积和价格都超出了她的购房计划，但她目前的经济实力仍可应付，而且从长远来看，这套尾房也较具投资价值。

尾房究竟是如何产生的呢？一些被客户挑剩下的尾房确实存在朝向差、楼层次、景观不理想、户型不合理等问题；但还有一部分尾房是开发商留作自用、出租，或作为精品典藏的户型；另外，还有部分尾房则是客户有意购买但暂时保留，或前期被人购买后又退房的。后面两种情况中，就不乏好房。

作为一个想买房却又财力有限的普通购房者，若能以全新理念审视尾房的价值，那么，有些物美价廉的尾房完全可成为一种上佳的投资选择。

如何慧眼识宝，从尾房中“沙里淘金”呢？购房者如何才能淘到便宜又不错的房子呢？业内人士认为，应注意以下 3 个方面：

首先，要懂得区分尾房、烂尾房和空置房。烂尾房是由于开发商资金不足、盲目上马或错误判断，而导致楼盘开发总量供大于求或造成无法回收前期投资，更无力后续建设，甚至全盘停滞的积压楼宇。而尾房大多是已成现房，是整个楼盘最后出售的一批房子。对此，购房者可通过判断开发商实力、项目价值、居住环境等因素做决定，以免购买到烂尾房。而空置房中，有不少是因手续不全、历史遗留、拆迁周转等因素造成的房屋闲置，购买时只要查验开发商是否持有卖房所需证件及其真实性，就可避免损失。

其次，要择优购买，切勿只图低价而买了“假实惠”。验收尾房时，要仔细检查房屋的各类设施，以免买到质量差或缺乏竞争力的产业。另外，尾房在销售时，其整体楼盘项目可能已售出多时，尾房设施的保修期可能已所剩无几，购房者应与开发商签署相关文件，以明确责任。

最后，请教专业人士以获得切实可信的指点。目前，尾房销售与非尾房销售并无特别差异，主要有现场销售、展会推广两种形式。购房者若对一些楼盘早有垂青，可通过实地考察加以甄别，来选择尾房。若无特别明确的目标，而只想获得价格方面的优惠，那么，参加房展会不失为一种方便快捷的良策。眼下，一些开发商会在展会上推出尾房，消费者只需多走几个楼盘，兴许就能有所收获。

如何利用贷款买房

寻找最适合你的住房贷款方式，不光是有利于尽快还款和方便投资，精明的投资人还往往从一个合适的贷款中赚出钱来。根据贷款品种的功能，选择适合的投资方式和目的，关系到你的投资是否能获取更高的利润。

有的投资者会想：虽然固定利率和浮动利率各有千秋，但从长线投资的角度讲，哪个利率会更好一些呢？很多专家的回答是：浮动利率更适合于房地产投资。

为了从贷款中赚出更多的钱，你就需要选择功能灵活的贷款产品。贷款产品的功能是至关重要的，有的产品对多还款和再取款有若干的限制，这会滞后还款期。有时这类产品以较低的初始利率来吸引客户，一些客户只看到其表面利率，不了解其稳定性、功能及限制条件。选择功能灵活的贷款产品，使各种收入直接进入贷款账产，在第一时间冲掉本金、抵消利息，可以大大缩短还款期。你可以采取以下措施：

1. 首先偿还自住房的欠款

如果有两个以上的物业，一个自住、一个用于投资的话，要尽快归还自住物业的贷款。对于投资物业，由于贷款利息可以享受税务优惠，在正常情况下，只保证最低还款额即可。

2. 先付抵押贷款的所有先期费用

除了以现金付前期费用外，一些贷款机构允许你把前期费用加到你的借款中，虽然看上去很好，但应尽早避免。因为它意味着在整个还款期间，要多付许多的利息。

3. 将无抵押债权放在最后

如果你有几个贷款的话，当你的贷款账单累积起来威胁了你的还款能力的时候，你首先要做的是，排列债权人的偿还顺序，最好的策略就是将无抵押的贷款放在最后。不像拥有汽车或房屋抵押权的债权人，无抵押权人对付你的策略只能将你诉之法律，败诉的话，你会失去你的房屋。

4. 加快还款频率

最简单和最能减少还款时间和成本的方法，就是每半个月还款一次，也就是把你的月还款额分成两次，这样对你的可支配收入几乎没有什么影响，但却能很大程度地改变你的还款额和时间。

5. 优化组合贷款

组合贷款或通常所知的综合贷款可让你有一部分的固定贷款和一部分的变动贷款，这实际上就是允许你对利息率是否上涨和涨多少押宝。如果利息上涨，你可以安全地知道你的一部分贷款是固定的，不会随之上涨；但如果利息率不动，你就可以利用变动贷款部分的灵活性尽快还那一部分贷款。

巧用房贷方式

现在，越来越多的人加入到贷款购房者的行列。因房子而为银行“打工”，已是无法改变的事实。那么，如何巧妙地利用银行房贷方式为自己解忧，由“房奴”变为“房主”呢?

1. 解决二套房贷压力，首选公积金

陈小姐，32 岁，某设计公司职员，税后月收入 10000 元左右，单位按规定为其定时缴存住房公积金。2006 年，陈小姐通过商业贷款按揭购买了一套总价 65 万的一居室，贷款总额为 30 万元。2007 年，由于银行持续加息，陈小姐选择提前部分还贷，后剩 15 万元继续按揭，月供 1700 元，无还款压力。由于年末要接父母来京养老，陈小姐决定再购置一套总价 100 万元的两居室给老人住，需要贷款 55 万元，但现在的银行政策对个人购置二套房产贷款利率要上浮 10%，如果贷款 25 年的话，两套房产的月还款就要 5600 元左右，超过了月收入的 50%，贷款很难申请下来。

由于月供金额超标，难以通过银行申请，因此要想办法解决第二套住房贷款的高额利息压力。经过计算，陈小姐完全可以通过公积金贷款贷到 55 万元。计算下来，两套房产每月的月供不到 5000 元，对其生活不会产生太大影响。

第二套房的高首付、高利率让不少置业者望而却步，因此有必要借助公积金的“力量”。建议有再次置业想法的购房者在首次置业时选择商业贷款，为使用公积金贷款购买第二套房埋下伏笔。

2. 两代人接力，轻松还贷

聂小姐，27 岁，2007 年研究生毕业，目前就职于某合资企业，月薪 4000 元。其母 53 岁，月薪 3000 元，其父 55 岁，月薪 6000 元，家庭存款 35 万元，一家三口一直居住在父亲单位早年分配的一套 50 平方米的小两居室内，略显拥挤。孝顺的聂小姐希望给全家人改善一下居住环境，让父母能够安享晚年。几经筛选，全家人终于选中一套总价 100 万元的 120 平方米的小三居。

如果以聂小姐作为借款人，即使以最长的贷款期限 30 年来算，其现阶段的收入水平也无法满足银行的月供要求。但如果以父母作为借款人，因为接近退休年龄，只能申请到很短期限的贷款，月供压力承受不了。

因为北京的租金持续在一个稳定的水平之上，所以在家庭住房“小换大”的过程中可以加以利用。另外，对于 40 岁以上的购房者以及刚参加工作、收入暂时不高、还款压力较大的年轻人较为适合“接力贷”。

3. 妙用转按揭，一石二鸟

胡先生 2004 年以按揭贷款的形式购买了一套位于奥运村区域的房产，面积 145 平方米，当时价格为 100 万元，开发商指定的银行为他提供的还款方式是 20 年期的等额本息还款方式，贷款额为 70 万元。当时由于经济条件所限，胡先生只对房子做了一个简单的装修就入住了，后来准备重新装修，预算 30 万元。随着时间的推移，胡先生的房产经评估已增值到 210 万元，银行贷款本金还有 64 万元左右未结清。

由于当时选择的是等额本息还款方式，所以在利息支出上掏了很多冤枉钱，因此胡先生希望能够通过优化自己的房贷方案，满足 30 万元装修贷款的需求，并希望能够调整还款方式，降低利息成本支出。

一些选错贷款产品的购房人可采取这种方式重新选择适合的还款方式。

“以房养房”的方式

随着人们对房地产领域投资意识的加强，许多人都将赚钱的目光转移到了“以房养房”的方式上。所谓“以房养房”，有两种情况，一是出租旧房，用所得租金偿付银行贷款来购置新房；二是投资性购房，出租还贷。不少人买一套新房自住，再买一套租价高、升值潜力大的房子出租，用每个月稳定的租金收入来偿还两套房子的贷款本息。

刚刚毕业两年的陈先生买了一套 50 多平方米的房子，房子到手之后，陈先生就去找了几家房产中介，把房产挂牌出租。

“半间卧室自己住，一室的出租。”才到手的房子，为什么选择跟别人合住呢？原来陈先生毕业不久，目前月收入 2000 元左右，每月要负担按揭还贷，还要应付日常生活开销，比较吃力，所以出租另一半房屋，实现“以房养房”，可减少还贷压力。

以现在市场上的租金水平来计算，后者的收益率肯定要高于银行存款的利率。此外，租金收益也相对稳定。这种“以房养房”的理财方式，在目前房贷政策紧缩、房产降温可期的情况下，风险究竟有多大呢？

对于长期投资者来说，目前已到高位的房价仍可接受，升值是必然的，只是空间的大小有不同。因此，若以富余的自有资金进行房产投资保值增值，在还贷负担并不重的情况下，“以房养房”仍不失一种可取的投资理财途径。但对于短线炒房者，则宜适时了结。当然“以房养房”进行投资时，选房一定要注重房屋的环境、交通及商业配套等因素，宜选小区品位较高、交通便利、配套成熟及人气旺盛之房屋，因为这些因素的好坏对租金影响很大。区域租金的差异往往决定“以房养房”回报之高低。另外，利率又往往是影响“以房养房”成败的有效杠杆。所以，“以房养房”者又要时常关注利率变化及经济宏观走势，保持投资应有的敏感性，该出手时就出手，及时防范和化解风险。

业内人士表示，“以房养房”的方式对于消费者来说确实比较划算，但对于购房者自身的要求也比较高，里面有很多学问需要掌握。

1. 长线投资仍可看好

有投资者认为，房价可能短期会波动，但从长远看，调整周期过后价格仍将呈刚性，只要负担得起，房产仍是一项不错的投资。还有人表示，现在中介对房租的评估就是按一定比例还贷额测算的，只要房产质量不是太差，资金压力不大，在当前租房者众多的情况下，仍可选择“以房养房”。有的人说，趁在职时养几套小房型，强迫自己每月还贷，将来年纪大了就不怕下岗退休了。

2. 还贷额比例要控制

既然是投资，就会有风险，“以房养房”也不例外。理财师认为，正常情况下，租金收入＋家庭其他收入（如工资、存款利息等）应大于还贷额＋家庭的正常开销。在家庭收入和正常开销不变的情况下，租金收入越高，还贷金额越低，家庭财务就越安全。

由于房贷政策的变化，显然，“以房养房”者的还贷金额将上升。以一套30万元的房子为例，目前首付多为3成，要贷款21万元，20年还清。在等额还款方式下，加息后取下限利率5.51％计算，每月还贷将增加26.3元，一年就要多支付315元，20年就多支付利息6300元。为控制这方面的风险，银行放贷时，一般要求还贷额占家庭收入的50％以下。超出这个比例，一旦家里出现什么意外情况，资金周转发生困难，造成逾期还贷，则房子就有被银行收走的风险。

3. 谨防物业贬值风险

除了还贷额上升的风险，“以房养房”者还要承受出租收入不稳定、物业贬值等多种风险。

一位房产从业人员表示，房产也有“保鲜期”，会折旧。房产发展总是一代接一代向更合理的设计、更新的建筑材料设备、更符合时代需求的方向发展。因此，时间长的房产可能落伍，租金和价值有下降的风险。

此外，房产市场的供需情况也会影响租金收入。总体上看，房地产商手里的空置房越多，“以房养房”的风险就越大。当房地产转为买方市场时，开发商将大量抛售和压价出租，普通投资者将承担房价和租金双下降的风险，而还贷还要继续。因此，那些购买多套住宅的投资者，“以房养房”要慎之又慎，避免因一时冲动而遭受损失。

4. 谨慎投资不宜“满仓”

“以房养房”风险主要在于银行贷款利率调整，还贷额上升；房子老化或房产空置率提高，租金下降；家庭其他收入下降。

业内人士认为，作为不动产，毕竟房产流动性不高，现在投资产品日渐丰富，房产可纳入投资组合，但现在“满仓”恐怕不合适。同时，在投资房产时，也要全面评估投资回报率，对“以租养房”的房产，应对其周边租金行情有充分了解，包括是否有稳定承租人、周围市政规划等。

另外，按揭贷款要具备稳定的还款来源，租金收入不能作为主要还款来源，投资者应结合自身的收入情况，选择适宜的还款方式。

房地产商的促销手法

房子可以说是老百姓终生的大事，所以买房前就应该看清你要买的是什么样子的房子，值不值得，这样才对得起自己掏出的大把钞票。

为了避免买房以后会有不愉快的纠纷，以下列出了房地产商在广告中常用的一些促销技巧和手法。

1. 价格

广告中常有“为回报消费者厚爱，以优惠成本价销售，每平方米仅售××××元”这样的广告词，看了让人心动。但有的建筑商会偷工减料，使消费者实际得到的住房与所购买期房往往不一样。如果开发商再求消费者支付一些额外费用，商品房的实际价格可能早已超过了定价。

广告中还常说“售价××××元起”。当打电话询问该价格的房子时，接待小姐告诉你这个价格的房子已售罄。实际上该价位的房子并不存在，开发商这么做只是为了吸引更多人观看广告，购房者对此应保持清醒的头脑。

2. 地理位置

房地产广告为了证明物业升值潜力或交通便利，往往附一个房产的地理位置图，并在图中说明“交通便捷，直通繁华市区，乘车仅需若干分钟（或距市中心××公里)”，给人的感觉是近在咫尺。事实上，这里的车程要么少报，要么指的是在汽车畅通无阻状况下的直线距离。

3. 环境

有些小区号称花园，但绿化面积极小，根本无法称之为花园；有些称绿化面积占××%，但实际交付使用时并没有达到该绿化率。

4. 现场实景图片和户型

设计漂亮的模型场景，是房地产广告中常见的部分，并且总是显得很诱人。但是购房者尤其是期房购买者却总在入住时发现，现实与图纸并非一回事。所以，要给购房者提个醒，别以为付款之后就万事大吉，一定要加强监督。

5. 投资商、发展商、代理商、物业管理

买房时会与房产代理商打交道，签合同的对象是住房发展商，投资商只是住房的投资者，很多购房者对此往往混淆不清。

房地产销售代理在我国尚属新鲜事物，相应的法规政策还不完善，加上在房产交易中代理商的活动具有短期行为特征（购房人认购房产，签订认购书，代理商的任务即可完成），很容易造成代理商为追求销售额在广告上夸大其词，购房者不慎上当后，难免要追究责任，甚至打官司。在这种情况下，一般购房者很难清楚地找谁论理，应该说，发展商有责任、有义务对所有的广告做最后把关，解决的过程只涉及购买者和发展商。发展商是项目的最终责任者，消费者一定要清楚最后签合同付款的对象是发展商而非其他部门。

物业管理同代理商一样是受发展商委托进行管理的部门，其好坏直接关系购房者未来的居住质量。如果广告中对××物业公司管理做了专门说明，那么尚属正规，但大多数广告不会做此说明。

6. 回报率、入住率

个别开发商会在广告中表明多少年后的购房回报率为百分之几，这未免荒唐。未来的房地产市场涨跌难以预测，百分之几的回报率从何谈起。至于百分之几的入住率就更是一大噱头。一般房地产开发分为几期不等，但对外宣传则是整齐划一，包括效果图、价格都是统一推出的。

如果共计500套商品房，3年开发完毕，但第一期开发的300套商品房售出了

200套，对外宣传的口径是入住率65%。其实这只是首期开发的入住率，并非全部。

7. 赠送

有的开发商向消费者许诺赠送全套厨房设备和卫生间设备，入住后才发现是些残次品，而开发商则又赚了一笔其他商品的利润。

以上这些技巧只是提醒购房者在看广告时保持几分清醒，为了判断这些广告的真实性，最好的办法还是实地考察，毕竟百闻不如一见。

房地产的推销猫腻

当楼市行情比较淡静的时候，部分开发商就会玩起新花招，除了把优势夸大外，在价格优惠等方面也使出了新的揽客招数。

其实，要分辨这些卖楼花招并不特别困难。只要市民买楼多到现场了解情况，实地察看周围的道路交通和规划信息，同时货比三家，并且时刻谨记“天上不会掉下一个大馅饼”，对销售人员的话多一个心眼，还是能够成为精明置业者的。那么，需要防备楼市的花招有哪些呢？

1. 楼盘报价注意“起”字

“均价18000元/平方米，现在推出20套保留单位，特惠价12000元/平方米起。”这样的价格无疑是相当诱人的，问题是当有兴趣的买家到了销售现场时，往往就会被销售人员告知：“12000元/平方米的单位只有几套，已经卖完了，但我们还有15000元/平方米以上的单位，既然都来了，还是看看吧。”

2. 位置图与实际距离不是一回事

楼盘的位置图会把附近的标志性建筑物标示出来，让人感觉到楼盘离繁华市区或者交通枢纽相当近，但至于实际距离是多少，则大部分楼盘的销售人员都不会告知你一个真实的数字。

为避免被误导，买家一定要记住“耳听为虚，眼见为实”，最好进行一番实地察看，这样，楼盘的交通是否真方便就能了然于胸。

3. 手机短信广告很吸引人

时下，各种群发的楼市手机短信十分泛滥，其中不少短信广告存在着虚假成分。这些虚假的短信广告有个共同的特点，就是价格水分太大或者夸大优惠力度。楼盘通过这种价格低廉的广告手段来吸引消费者，根本无需为广告的真实性负责。而当消费者去到楼盘现场时，销售人员往往以“不知情”或者“优惠已结束”来搪塞。

4. “优惠”品种让人一头雾水

在楼市前景不太明朗的现在，楼盘优惠可谓“一年四季都有”。不仅优惠时间延长了，优惠的品种也琳琅满目。这些优惠到底谁有“机会”？怎么才能获取？买家可谓一头雾水，恐怕只有发展商心里最明白。

5. 装修标准难达货真价实

目前标榜“随楼附送每平方米数千元超豪华装修”的楼盘比比皆是，到底是不是货真价实呢？相信不少买家都不甚了解。对此，有专家建议，买楼时不妨将样板房的装修标准细节都进行拍照，同时记录下所用材料的品牌、规格等，即使开发商到时以“发展商有权以同等标准之建筑材料及设备替代”作为搪塞，但买家自己握有证据，更有利于保障自己的权益。

6. 未售出成已售出

一些开发商有意将其中的一些商品房做了“销售控制”，将未售出的单位也标为“已售”，造成销售形势大好的假象，迫使购房者赶快下单。但同时也会留出一部分单位作为“未售”，以免买家失望而归。

7. 配套设施只是口头承诺

社区配套设施是买家购房的重要参考因素，所以大多数开发商都在宣传上做出很多承诺。专家提醒消费者，发展商对于小区配套设施的宣传单及口头承诺都是没有法律效力的。如果买家很看重某项小区配套，必须在签订认购书之前，先看合同中有无关于此项配套的约定。如果没有，可要求发展商以书面形式写下来，以备日后有理有据维权。

8. 愿意营造紧张气氛

“逼”买家下定的方法有很多，比如，不给他们有充分考虑权衡的时间，让其匆匆购房；在与客户洽谈的时间里，售楼人员互相配合着打“假电话”，或假装成顾客，假装有很多人都想要这套单位的样子；或是在客户稍微犹豫的时候，马上把房子介绍给另外的购房者，营造紧张气氛，进行“逼购”，让购房者尽快下单。

小户型商品房投资要点

不少投资者面对更多的住房选择时，因家庭结构和长久对大面积住宅的心理渴望，使得大、中型户型成为了人们关注和购买的重点，市场供应逐渐向大、中户型需求倾斜，小户型产品发展相对落后。

随着时代的发展，小户型物业市场也渐渐获得投资者们的青睐，尽管小户型物业消费观念还没有完全成形、户型设计不够成熟，但不影响购房者的热情。

不少小户型产品的项目在户型变种上引入了挑高、精装等新业态，同时有效控制总价，增强小户型的生活居住舒适性与个性化，提升了小户型投资空间，小户型市场已经全面进入到投资者的视野。

不同的区域，不同的租住客户，需要不同的小户型产品。因此，投资小户型要考虑周全，不能盲目跟风。具体说来，投资小户型需要注意以下几个方面：

1. 认准地段商圈

无论是自住还是投资，地段是选房标准的重中之重。对于投资者来说，选地段就是选商圈，投资住宅一般选在商圈周边。当商圈成熟之后，与商圈相连的道路便成为商圈向外辐射的主要途径，道路状况改善可以有效缩短人们花费在路上的时间，从而缩短心理距离，提升物业的相对位置优势。不过，道路对物业价值的提升很难预测。

2. 认准客户

租住小户型的客户有多种，如“飘一族”、高级商务人员、外籍人士等。选择小户型投资一定要清楚地知道自己的房子要租给谁。当原居住地与工作地相差甚远时，就会催生出一批租用小户型的本地年轻人，因此在重要商务区中就会聚集较多此类租用需求的客户；而对于“飘一族”，他们追求的是自由、轻松、惬意的生活，多会选择居住在具备充足休闲娱乐配套的商业区内。

3. 认准产品

对于投资型楼盘来说，小户型既不是指一居室的小套型，也不是指绝对的小面积。楼盘户型的大小、户型、物业定位都需要根据其所处的位置、未来面向的客户进行判断。投资住宅一般不超过 90 平方米，选择精装小公寓自住，可相对满足他们居住自由方便、价格相对较低、服务周到的需求。

市场上一些小户型产品原本并不是小，而是根据市场变化仓促改为小户型。这种产品表面上看户型比较小，总价比较低，和“原创”小户型项目没什么区别，但实际上，这些小户型项目设计非常不合理，有的一梯十几户、有的没有厨房……买房人选择时，一定选择“原创”小户型。

4. 算清回报

由于土地价格的不断攀升，地段较好的小户型开发成本日益增高，因此销售价格上涨较快。对于投资类住宅而言，年回报低于6%，即回报期为15年以上的住宅，其投资价值较低。但在选购小户型进行投资时，以现租用状况折算的回报率若太低（评判的标准是以现回报率折算，应小于20年的回报期），则并非为合适的投资产品。

投资小户型也存在一定的风险，突出表现在如下：

风险之一是小户型的规划设计问题。

以前市场上的不少小户型是由一些存量房改建而来的，房型、朝向等均存在一些问题。即便是现在推出的一些小户型，也是利用现成地块中的边角料设计而成，朝向、走道等都存在一些问题。如有的小户型是全朝北设计，不利于居住健康。

风险之二是产权性质问题。

比如，一些酒店式公寓的土地使用年限不超过50年（住宅为70年）。现在，两者区别还不太明显，但随着时间的推移会出现问题，一方面是物业管理费高于住宅性质的小户型，另一方面是若将来要补地价或付地价税，商住收费肯定要比住宅的高许多。

风险之三是税费及租金问题。

不少人购买小户型是为了退税，因此税费政策的调整会影响投资。另外，一幢楼中均为投资型的小户型，在交付使用后，肯定在同一地点集中出现上百套的出租小户型，于是出现了出租者大于求租者的现象。一些急于求成的出租者会降低租金，购买期房时原来打算月租2500元的，现在只能降到2000元了，如此造成投资回报率的下降和投资回收期的延长。

风险之四是发展商心理价位提高的问题。

当小户型由于需求火爆时，发展商的价格砝码亦与日俱增。不少研究者认为小户型的单价高于其他住宅10%～20%是合理现象，盲目拔高40%～50%没有依据。

如果将小户型作为自己的过渡居所来使用的话，你在买房时就一定要考虑项目的投资前景和升值潜力。靠近繁华商业区、办公区的小户型当然是投资首选，如果小户型地处大片成熟的居住区，那就要看这一地区小户型占房屋总量的比例是否过高，否则，将必然会影响到今后是否容易出租赚取租金。

对于消费者来说，牢记小户型是投资型产品，可以更多考虑性价比和实用率加权值，同时考虑几年后换房时旧房的市值。如果是投资性能差的小户型，即使现在离上班的地方很近，租也比买明智。

评估房子的升值潜力

目前，购房人在购房时，无论是用来自住，还是用来投资，都把房子的价值空间作为一项重要的参考指标，但许多购房人对房子的升值空间并没有非常清楚的认识。那么，究竟什么样的房子才具有升值潜力呢？

一些购房人将房价作为唯一的判断标准，认为只有房价涨了才是升值，这其实是购房人不理性的一种表现：一方面房价表面涨了，但不一定有价就有市；一方面房子升值与否并不一定仅仅体现在房价上。一些有经验的开发商和购房人提出，房子交通、环境、配套的改善及好的物业管理、社区文化所带来的居住品质的提高，也是房子升值的一种体现。

1. 住得好

人们生活在社会中，必然要依赖于社会环境。交通是否便利、生活配套设施是否齐全会直接影响到人们生活质量的优劣。试想，如果业主每天上下班都要倒上三四趟公车，买一点儿生活用品就要花半个小时在路上，生活品质就无从谈起。对于居住型的项目来说，能使居住者拥有更方便的交通、配套、环境等硬件的改善，也是项目升值的一种体现。另外，有实力的开发商会在搞好楼盘质量这一硬件的同时，也把软件做好，为业主们创造良好的生活环境，让业主们乐于在社区中享受生活的种种乐趣。只有业主们认可了项目的居住品质，才愿意到这个社区中生活，才会对房价有良好的心理承受力，楼盘才可以保有价值甚至提升价值。

2. 高品质软件

楼盘项目就像一台计算机，良好的硬件设施固然重要，但如果没有过硬的软件，整个体系就会瘫痪，变得毫无用处。物业管理就像是操作员，时时维护着这个体系的运转，所以优秀的物业管理队伍也是房子高品质的一个重要体现。房子保养得好是房屋升值的基础。好的物业管理会给房子做定期的维护，保护楼盘原有的外观，这样的房子才不会在市场中失去竞争力。“孟母三迁”的故事尽人皆知，可见良好的人文环境对人类的成长和生活来说是十分重要的。现代的人们不仅要求高品质的物质生活，更需要高品位的精神生活。因此，社区文化也就成为了房子能否升值的一个重要因素。目前，很多购房者在购房时也越来越关注项目的社区文化。业主们期望邻里之间能有更多的交流空间，老人、孩子们能得到更多的关爱，社区中有更多家的感觉。

交通、配套、物业管理和社区文化是房子内在的品质，这种品质的外在体现就是房子的升值潜力。在购买过程中，对楼盘的硬件和软件做全方位地考察是十分必要的。房子附近的交通条件、购物环境、教学设施的配套、物业管理的素质以及社区文化的建设等都应被列为考察的条件。良好的软环境对于生活的品质来说是至关重要的，更是房子在日后能够保值、升值的基础。好房子是住出来的，不是卖出来的。在选择房子的时候，作为消费者的你一定要擦亮眼睛，买到能升值的房子，才不会让你在掏了钱之后大呼上当。

第十六章 投资收藏，十年百倍不是梦

首先要调整自己的心态，不能总想着捡便宜，而应该建立一种真正的收藏理念；其次，业内流传着一句话，叫“只要买对了，不怕买贵了”，意思就是收藏不要先看价格，第一要素应该是辨别真伪。比如古董，它都会有一个或者多个诞生时代的明显特征，如果没有，那么这件艺术品是经不起真理考验的。一件假的东西，不管你花多少钱买，他都不会具有很高的收藏价值。

——李乐

（北京大学博雅艺术品投资与经营高级研修班学员）

为什么“盛世玩收藏”

俗话说：“盛世玩收藏，乱世收黄金。”自古以来，古玩、名人字画就是官宦、富商和文人所看重的财富载体。至于富有天下的皇室、贵族，更是把其收藏作为炫耀、积累财富的手段。投资者从事收藏，除了收藏品自身珍贵的艺术、历史意义之外，收藏品的投资价值也越来越高。

某些收藏品的时空分为：高古、远古、明清、近代、现代，也有收藏横跨整个人类社会活动的时空的藏品。

随着经济文化的发展以及人们文化素质地不断提高，古玩、名人字画之类的收藏品也越来越受到投资者的重视。民间收藏现在已经成为收藏界的主力军。据介绍，目前全国已有民间收藏品交易市场和拍卖行200余家。

收藏物种有如下几个大类：书画、古籍善本、瓷器、陶器、玉器、赌石、奇石、家具、印钮、金石、各种材质的雕刻艺术品、古今钱币、邮品单证、各种刺绣、茶品、琴棋、古今兵器、车辆，还有火花、民间剪纸、皮影等民俗等，如果嗜好动物也算一种收藏行为的话，有些人也喜欢收藏名贵的品种，比如，古人有圈养良驹骏马的习惯。

收藏是一种涉及范围很广的人类社会活动和兴趣爱好。随着民间收藏的日益兴盛，收藏品种类越来越多，从过去的古玩工艺品、名人字画收藏已经发展到现在火花、票证、奇石、连环画等，连神舟飞船的一些实物都被爱好者收藏。

一些有实力的企业和个人也纷纷投入到前景看好的收藏行业，这些企业和个人收藏的数量之多、品种之全、品位之高令人瞠目，由收藏品众多而举办的民间博物馆也越来越多。而且，民间收藏有利于发掘、整理历史和文化资料。

据最新资料显示，目前我国收藏品的种类达 7400 多种，老式家具、瓷器、字画、毛泽东像章、文革票证、打火机、邮票、纪念币、拴马桩都成为新的收藏热点，在一些拍卖会上经常有藏品被拍出惊人高价。

投资过程中要特别强调的一点是：良好的心态。所谓的良好心态，就是积极的、理性的投资心态。在投资中，投资者要理性地分析要投资的项目，投资中的风险等等诸多因素。那些侥幸的、盲目乐观或过于谨慎的做法都是不可取的投资心理。

首先，保持一颗平常心。收藏需要热情与理性的和谐，热而不狂，迷而不痴十分重要。藏家应该具有淡泊素质，也就是要有一种平静的心态，不可浮躁，更不能不切实际、想入非非。捡漏最能体现藏家的一种成就感，同时也是一剂精神鸦片。它最容易撩动内心的浮躁，让你产生以最小付出获取最大利益的奢望，而在物欲面前迷失自我。

从客观上说，投资收藏品只能以自己的财力、精力、爱好为出发点，以平常心待之，有取有舍，量力而行。其实，收藏的意义不仅限于价值的考量，而应该将更多的注意力放在藏品的历史价值和所蕴藏的文化内涵上。通过对藏品的研究，人们可以在文化的田野里领略人类文明的博大精深，找到民族传统与精神的脉搏，更能拂去岁月的尘埃，让史籍记载的故事与细节鲜活地展示在面前。在每一件藏品面前，都要保持一颗平常心，心平气和地去把玩、去品味。

其次，学会在收藏中找到快乐。收藏无止境，乐在追求中。歌德说过：“收藏家是最幸福和快乐的人。”其实收藏本身的过程赋予了投资者最大的幸福和快乐，所以投资者做收藏应该更多地从兴趣出发，学会把收藏与兴趣快乐相结合，这样才会乐此不疲，心情愉快。

判断收藏品的价值

近现代书画品类作品单件过亿元，就像一个“节点”性里程碑，这标志着国内收藏品市场在经过长久的蛰伏后，目前已经达到一定高度。

起拍价为9000万元的张大千的《爱痕湖》就曾吸引了人们的目光，在经过60轮各方叫价竞争后，《爱痕湖》最终以1.008亿元的天价被一位神秘买家收入囊中，从而标志着中国近现代书画品类作品首次突破亿元大关。

事实上，远不止张大千的《爱痕湖》受到疯狂的追逐，包括中国书画、瓷器玉器工艺品、现当代陶瓷及雕刻艺术、中国油画及雕塑、古籍善本、邮品钱币铜镜、珠宝翡翠等门类也受到不同程度的“追捧”。

在嘉德春拍卖场，不少藏品都被拍出天价，如古代书画、著录于石渠宝笈的清宫旧藏、罕见宋画《宋人摹郭忠恕四猎骑图》以7952万元的天价成交。“清乾隆青花红彩云龙纹赍巴壶”以3584万元折桂同类拍卖专场。而新“古钱王”存世孤品战国古钱武阳三孔布以352.8万元创下同类纪录；两整版猴票均拍出近百万元的高价。

对于收藏投资者而言，目前收藏市场全线飘红，各种收藏品的价格普遍上涨。随着种种利好消息不断在收藏界传播，对收藏品价格的研究显得越来越重要，可以说，在收藏界研究好了价格，就成功了一大半。

有人抱怨现在收藏品价格贵，如今才进入到收藏界为时已晚，如果当初知道收藏品价格涨得如此热烈，应该在价格未涨之前就进入收藏界。从另外一个角度来说，正是收藏品价格姐姐潘神，搞收藏才更具魅力，如果现在收藏品的价格仍与5年前一样，相信不会再有几个人愿意投资收藏。

值得注意的是，有些收藏品的价格已经物有所值，但更多的收藏品是物非所值。收藏品的价值取决于人们的认可程度，也取决于参与人数的多少，同时还取决于人们收入水平的高低。从总体上来说，收藏品价格是上涨的，但上涨的速度不一，这就需要投资者去甄别、去挑选。

艺术品都是集精神价值与商业价值于一体的。由于其中的精神含量和文化含量难以量化，所以，投资者在为艺术品定价时，往往会走入一种误区。主要表现为以下几个方面：

1. 依据艺术家知名度的高低定价位

通常来说，具有较高知名度的艺术家的作品相对比较成熟，其作品的价位也较高，但这并非绝对。在当今人们审美素质普遍不高的情况下，影响艺术家知名度的因素很多，其中不排除受他人眼光的影响，外界“包装”“炒作”等。所以，艺术家的知名度不能与其艺术水平画等号。

2. 依据字画作品的规格定价位

一般人认为，画家创作大画费力，小画相对轻松。事实上，具有艺术字画创作实践经历的人都知道，同一题材在四尺三开、五尺三开乃至四尺整幅上创作其效果并没有太大差异，只是花费材料的数量有些不同而已。所以，如果仅以尺寸而为作品定价位就会导致画面越来越大，其艺术含量却越来越低。

3. 依据作画所用时间长短定价位

有些艺术成就极高的画家，往往能在半天就完成一幅“巨作”，照样能取得不朽的创造性的劳动成果。他们半天的“产品”，按照现在的价格来定，少说也要几十万元。但“半天”的背后是数十年的功力和超众的艺术才华。艺术家个人品质的修炼，其价值的含金量往往要大于技术修炼的含金量，况且两方面的修炼是互为影响的。这种漫长的人格锤炼和艺术锤炼的过程，是无法量化的。

4. 依据艺术品的构图疏密、用笔繁简或色彩多寡定价位

艺术品用笔的繁简和色彩的多少只是艺术表述方式，与其艺术质量无关。用笔简的画，可能是长时间构思的结果。它可能是艺术家长期积累、偶有一得，也可能是其彻夜不眠、反复推敲而得的力作。

5. 依据艺术家存世作品多少定价位

艺术品的收藏不能像古玩收藏那样，它的价格并不遵守“物以稀为贵”的商业规律。艺术大师可能终生勤奋不辍，为后人留下众多质量上乘、艺术价值极高的艺术作品。

判断收藏品的价值是一门学问，是收藏学中最重要的功力。一件收藏品的价格所反馈出来的信息是多方面的，存世量的多少、人气的强弱、个人对收藏品的了解程度等等都会暴露无遗。可以说，明确了收藏品的价格能指引收藏者如何做收藏，否则只能是盲人骑瞎马，到头来不是让人捡了漏就是高价买了伪藏品。

那么，收藏品价格如何鉴定呢？判断收藏品的价格需先判断收藏品的收藏价值：主要从真、精、稀这三方面入手，这里以人民币为例进行分析。

（1）真：真就是指收藏品的权威性。单纯的人民币已没有收藏价值，只有收藏这种有特殊性的东西才会在以后获得升值收益。例如：第五套人民币是国家货币，其权威性不容置疑。

（2）精：精就是指收藏品的珍贵性。目前为止，我国一共发行了五套人民币，第一套价值昂贵，但没有对号一说。第二套市面上见过小全套有二位对号的出现过，也很稀少。第三套大全套有三位对号，数量一般不多，价值不菲。第四套有四位对号的大全套，非常普遍，很容易买到，价格相对便宜，是目前收藏的主流。值得一提的是，第四套出现了全同号的大全套，但那是用连体钞裁开的，很多人怀疑它的收藏价值，但尽管有怀疑，价格也高居不下。真正全同号的人民币收藏品的珍贵性不言而喻，每一位收藏爱好者都是视为珍品，轻易不出手。

（3）稀：现在第五套人民币的1999版已经只收不付了，2005版是流通的主流，所以说要配成大全同号，1999版成为了制约瓶颈。再者，1999版全同号量也很小，再与2005版配成全同号，那量上更是稀少。

以上三点说明第五套人民币的收藏价值是很高的，现在收藏人民币的人越来越多了。试想，若干年后，第五套人民币不流通了，那这个全同号的价值肯定是相当高的，要珍惜现在收藏一套可以传世的东西的机会。

通过上述分析，相信大家可以明白在分析收藏品的收藏价值时，其实价格已经反映出来了。在收藏界，没有不增值的收藏品，一种收藏品一个时期的价格可能会出现波动，但从长远看，还是增值的，只是一个增值快慢的问题。现在一部分收藏品的价值还不能通过价格体现出来，有时差距还相当明显，有的仍是“藏在深闺人未识”，许多收藏品的价值还待有心人去挖掘。

另外，在收藏界对于收藏品来说，“只选对的，不选贵的”，因为只有品种选对了才能增值，搞收藏的人不一定非得家财万贯，但是普通投资者做收藏，希望通过投资收藏获利，需要用四两拨千斤的巧劲。普通投资者依靠大投资不现实，只要选对了品种，靠收藏加入到大款行列的时间就不远了。

有些收藏品现在买觉得贵，过一段时间回过头来看却觉得很便宜。基于此，有些含金量高的收藏品，即使购入价比市场价稍高点也不怕，只要东西对，时间不长就会物超所值。

投资收藏的准备工作

收藏品投资者如果能将其投资行为建立在有条不紊的基础上，就有利于抓住机会，减少差错。

为此，收藏品投资必须遵循一定的程序，否则，任一阶段的疏忽都可能造成巨大的损失。收藏品投资需要做好相关的准备工作：

1. 要具有收藏条件

（1）要具有一定的鉴别能力。想在收藏的过程中从一窍不通学起，要付出的代价太大，切不可尝试。在决定收藏某种品种前一定要先学习一定的相关知识。

（2）要有一定的资金储备。不然，在收藏爱好培养成后突然发现资金不足，使自己陷于遇到好东西买不起，放弃又不忍的痛心情况。所以收藏要量力而行。

（3）要有坚强的后方支持。进行收藏活动前一定要得到家人的支持，这样才能无后顾之忧，并且会得到众人拾柴火焰高的结果，还能与家人一起分享收藏的乐趣。

2. 确定收藏方向

（1）了解自己的爱好。

（2）了解哪种收藏品适合自己收藏。比如说，根据家里的收藏空间、收藏条件、经济条件、收藏渠道等等来进行收藏。

（3）不与国家政策相违背。比如，飞机、武器、弹药等在我国是禁止被民间收藏的。

（4）不影响自己的正常生活工作导致"玩物丧志"，不涉及别人的隐私。比如，照片等可以作为藏品，但哪些可以公开展示哪些不能，就涉及道德问题了。

（5）了解想要收藏藏品的升值趋向，当然非保值升值收藏品除外。

3. 选定艺术顾问

正如各个企业都有自己的生产、经营、技术方面的高级顾问一样，投资收藏品也需要专家给予指导。尤其是进行大宗、高价的艺术品投资，更缺少不了艺术顾问。艺术顾问的主要职责是帮助投资者选择所投资的收藏品种类、投资哪些艺术家的作品、投资时机及帮助投资者鉴定收藏品的真伪、质量等。

艺术顾问主要来自下述几种途径：

（1）艺术院校里的专家、教授。

（2）艺术研究机构及博物馆、美术馆等收藏机构的学者、专家。

（3）美术出版社或美术出版物的编辑。

（4）经常在艺术刊物上发表文章或出版艺术方面著作的作者。

（5）艺术公司专门研究艺术与市场发展规律的专家与学者。

（6）画廊、文物商店、珠宝商店、集邮用品商店等收藏品经营机构有经验的经营专家。

（7）熟悉艺术市场行情的艺术家及收藏品鉴定家。

如果收藏品投资者可能拥有一个涉及艺术领域各方面知识的艺术顾问小组，可以使投资者在收藏品投资中取得更大的收益。

4. 收藏品投资策划

收藏者根据自身各方面的情况及对艺术的了解，再结合艺术顾问的建议，在了解艺术市场行情的基础上制定收藏品投资决策。投资者所要掌握的艺术市场行情主要包括：

（1）艺术市场动向及其发展趋势。

（2）以前收藏品交易的成交价格情况。

（3）拟投资的艺术家情况及其发展潜力。

（4）有关法规对收藏品交易的规定。

在对上述艺术市场行情进行分析之后，投资者及其艺术顾问要做出如下决策：

1. 所投资收藏品的种类及其数量分布

无论是投资字画、珠宝，还是投资邮品、古董，各种艺术种类内部的投资选择，它们的数量分别是多少。

2. 艺术家选择

无论是购买国内艺术家还是购买海外艺术家的作品，他们的年龄结构如何等。

在此基础上，投资者对收藏品投资做出预算。投资预算不仅要考虑收藏品的赢利机会，也要考虑投资者自身的经济承受能力。

投资艺术品的基本原则

对于许多收藏爱好者来说，把握艺术品投资收藏的基本方向，使自己在浩瀚无边的艺术海洋中不会迷失方向，这才是最重要的问题。有一些老一辈收藏人士收藏效果不好，花大代价买入一大堆文化垃圾，在收藏领域屡屡折戟，不仅浪费自己的财力，更浪费自己的精力。究其根本的原因，是没有处理好艺术品投资的基本原则问题。

艺术品投资的基本原则简要概括为九字箴言：真、善、美、稀、奇、古、怪、精、准。其奥妙在于收藏的实践活动中能灵活运用，举一反三，融会贯通，要求对每一藏品都得用九字原则在九个方面或者更多方面上进行全方位评估。

投资艺术品的基本原则包括如下几点：

1. “真”：必须是真品

“真”是收藏的前提条件，任何伪劣藏品均无收藏意义，存真去伪永远是收藏的主旋律。在兴趣和嗜好的引导下，潜心研究有关资料，经常参加拍卖会，游览展览馆，来往于古玩商店和旧货市场之间。有机会也不妨“深入”到穷乡僻壤和收藏者的家中，多看、多听、少买，在实践中积累经验，不断提高鉴收藏真品水平，要求藏家要经常性地接触到真品实物，退一步讲，也是要大量地阅读古玩或艺术品图录，以学者的严谨态度认真研究，寻找同类规律或同时代风格等，这种严谨的态度是收藏成功的保证。

2. “善”：藏品的器形

藏品存在的形式体现了在藏家的心理地位。比如，帝王的印玺、名人的印章、官窑瓷品的创新精品、文房用品、宋元字画、玉雕神品、青铜重器、皇家或名人注录的藏品等等；对收藏品要树立长期投资的意识，只有长期持有，才能获利丰厚。

3. “美”：藏品的艺术性

藏品最好是能体现文化的载体。文物是文化之物，也是文化的载体，艺术性是评判文物价值最重要的准绳。秦兵马俑的雄伟，汉马踏飞燕铜奔马的洒脱以及姿态的优美，宋代书画线条描绘的繁华，人物的动感传神以及宋代字体独特字迹的稳重和狂草的不拘一格，宋代官瓷的宁静致远，小中见大等等，好的艺术精品会摄人魂魄，让人神交，产生共鸣。

4. “稀”：稀罕才珍贵

稀，对藏品的主观评测来讲，指稀有，也是存世量的小，稀有性要求以存量小来凸显藏品的存在价值。比如，玉的数量因受资源限制数量远远少于瓷器；唐宋元因年代久远的字画不易保存，数量往往珍稀；近现代字画存世量大，其价值往往不如古代字画珍贵等等。

5. “奇”：具有个性特征

“奇”是指艺术性中的个体特征，有特点，并且特点符合人的审美情趣，这样就越会吸引艺术市场细分化的艺术观众群体。有些古玩存世量不多，但价值始终上不去，这往往是不足为“奇”，因而影响力不足。

6. “古”：年代越古越好

“古”是时空的概念，也只有艺术性强的古代艺术品，才会有岁月沧海桑田的感受，才会有数量珍稀，制作难度大的联想。

7. “怪”：具有奇特性

“怪”与“奇”相似，“怪”更侧重于代表性，表现形式的张扬和个性的特别，如三星堆铜器的艺术表现的独特性。

8. “精”：珍贵性

在上文中，已经就精的含义做过介绍。

9. “准”：准确性

投资艺术品要看准了就要下手，要坚定自己的目光。

收藏品种类繁多、范围广，应根据个人兴趣和爱好，选择其中的两三样作为投资的对象。这样才能集中精力，仔细研究相关的投资知识，逐步变为行家里手。同时，选择收藏品还要考虑自身的支付能力。如果是新手，不妨选择一种长期会稳定升值的收藏品来投资或从小件精品入手。

如何进行古玩鉴赏

有的人曾经很形象地把投资古玩形容为“玩并赚着的投资方式”，确实如此，古玩投资不仅满足了投资者的个人爱好，又能给其带来丰厚的利润回报，岂不是一举两得的事情，何乐而不为呢?

1. 玉石翡翠的收藏

在我国历史上遗留下来的玉石翡翠珍品数量非常有限，但普通的古玉石翡翠种类繁多，差价很大，加上作伪者多，识别和辨伪的难度相当大。所以自古以来玉石翡翠非普通人所能及，都是作为皇亲国戚、富商大贾的掌中玩物被收藏的。现代社会随着人们生活水平地不断提高，老百姓手里有了闲余资金，玉石翡翠这些收藏品也逐渐为普通百姓所拥有，并作为投资对象。因此，对于想涉足玉石翡翠收藏的投资者来说，掌握一点儿玉石翡翠的鉴别与辨别真伪的基本知识是非常必要的。

由于玉石翡翠具有十分繁多的种类和形式，且有大量的伪作，所以，投资者一定要多读有关资料，掌握相关的知识，同时还要注意以下几个事项：

（1）对照实物，多看多比较。玉石翡翠收藏非常注重实践性，所以，要求投资者必须经常接触实物，从而积累大量的实践经验。如果条件允许，投资者可以经常到文物博物馆、古玩专卖店或大商场及旅游商场的工艺品柜台，了解玉石翡翠收藏品的具体市场行情，并牢记各种制作工艺、品色方面的感性特征。另外，还要有意地去逛一些旧货市场或街头地摊，平时对一些小件玉器翡翠饰物多加留意。

(2) 具备长期投资的心理意识。玉石翡翠属工艺品，其价格主要受材质和制作工艺的影响，而这些标准又是比较客观的，所以玉石翡翠品的价格在国际国内一直处于稳中上升的趋势，少有大起大落，不像书画作品那样因作者名声的涨落而涨落。所以，除非投资者有非常方便又便宜的进货渠道，否则不适合进行短期投资。

(3) 仔细鉴定藏品的真伪。通常投资者仅用肉眼和凭个人经验来鉴别玉石翡翠的真伪。这种方法的可靠性非常有限，单凭经验有可能看走眼，造成投资损失。因此，在决定买较大件的玉石翡翠作为收藏投资的对象之前，一定要尽可能地通过专业鉴别机构或专家，使用专门仪器对玉质进行科学鉴别，从而得出颜色、透明度、光泽强度、比重、硬度等玉石品质方面的分析指标，为玉石翡翠的收藏投资提供科学可靠的依据。

(4) 密切关注国内外市场行情。由于我国是玉石的故乡，所以玉石制品基本上来源于国内。投资者既可以直接从商家购买，也可以在民间寻觅收集。然而，玉石制品的消费者主要集中在国外，特别是海外华人圈和西方的博物馆。尽管现阶段国内消费也逐渐扩大，但玉石制品的主流价格仍以海外市场为准。所以，有条件的投资者可以直接参与国际市场的拍卖活动，倘若没有这种条件，则要紧密注视国际市场的行情。

(5) 以制作工艺作为选择的首要标准。在众多收藏品中，玉石制品的价格受其年代的影响较小，而主要受其制作工艺水平的影响。一般说来，一个年代久远但工艺简单的玉器，虽然有极高的考古学价值，但因为没有极高的艺术欣赏价值，所以，在国际市场上的价格往往不会很高。而一个现代玉石翡翠工艺品，只要工艺精湛，在国际市场上就可以卖出很高的价格。所以，投资者将玉器翡翠制品作为收藏投资对象时，一定要把制作工艺当作首要标准。

2. 青铜器的收藏

青铜是红铜与锡和铅的合金，因是青灰色，所以叫青铜。青铜器主要是指先秦时期用青铜铸造的器物。

从我国已发现的各类青铜器的造型和装饰来看，自夏始，中经商、西周、春秋、战国直到秦汉，每一时期既表现出各自的风格和特色，相互间又有沿袭、演变和发展，进而形成了独具特色的中国青铜文化艺术。我国青铜器艺术，在发展史上曾经有过商代晚期和战国时期两个发展高峰。商代晚期的青铜器，其质量和数量都得到空前发展和提高，制作精良，纹饰繁缛，形制奇诡，图案丰富多彩，体现了商代人尚鬼的神秘气氛。战国时期的青铜器，则富于生活气息，注重实用而别出心裁，华贵绚丽又不失文雅。此时的纹饰已从过去奔放的粗花变为工整的细花，并向图案化方向发展，已无神秘色彩。在制作工艺上，最突出的是错金银、嵌红铜、包金银、鎏金和细刻镂等新技术的发明和应用。

鉴于中国青铜器历史悠久，品种纷繁，人们对其进行了详细地分类，其目的在于更清楚地区别青铜器的性质和用途，以利于研究、鉴赏和收藏。

我国青铜器不仅种类丰富，而且别具艺术特色，历来是中外收藏家注意收藏的珍品。由于青铜礼器的造型最为多样，也最能体现青铜器的艺术特色，所以千百年来收藏家都重视鼎、彝、钟、簋、尊、爵、卣、豆等礼器方面的传统收藏，尤其是带铭文的礼器，更是追逐搜寻的重点。本来青铜礼器的传世量就不多，而需求者有增无减，僧多粥少，所以青铜器历来价格昂贵，尤其是珍稀精品，只有王宫贵族和巨富商贾才玩得起。青铜礼器虽说值钱，但并非所有的礼器都有较高的经济价值，特别是那些工艺粗糙、破损严重的礼器。

如果投资者想通过青铜器投资来实现致富的目标，就应该先学会识别真伪青铜器的窍门：

（1）眼看，即看器物造型、纹饰和铭文有无破绽，锈色是否晶莹自然。

（2）手摸，凡是浮锈用手一摸便知，赝品器体较重，用手一掂就知真假。

（3）鼻闻，出土的新坑青铜器，有一种略有潮气的土香味，赝品则经常有刺鼻的腥味，舌舐时有一种咸味。

（4）耳听，用手弹击，有细微清脆声，凡是声音混浊者，多是赝品或残器。

3. 古瓷器的收藏

“瓷器”的英文名称叫“China”，和“中国”用的是同一个英文单词。据说，在几个世纪前，当西方人第一次看到来自于中国的精美瓷器时，无不对它的精美绝伦大加赞赏，但却不知它为何物，只好以它的产地国名——“China”来称呼。自明代郑和七下西洋，将中国的瓷器带到世界各地之后，中国瓷器就一直成为全世界的收藏家们喜爱和追求的珍品。在西方人眼里，中国瓷器是不可多得的珍宝，宫廷贵族富翁们常常在宴会上使用中国瓷器，借此来展示自己的富有。假若偶尔失手打碎瓷器，其碎片万万不可丢掉，而是用黄金把它们镶嵌起来，供为珍品。所以，中国的古瓷器在国际市场上一直以来都具有很高的价格。

多少年来，中国瓷器在国际市场上价格一直居高不下，致使许多趋利之徒从清代起就大肆制作古瓷器赝品。目前，在全国旧货古玩市场上遇到的所谓明清瓷器绝大部分都是这类伪作。因此，古瓷器收藏者，如果想在拍卖场以外寻求投资机会，不但要了解各时期中国瓷器的风格特点，还要尽量掌握一些甄别瓷器新旧真伪的知识。

古瓷器之所以受中外收藏者喜爱，不仅是因为它具有极高的历史研究价值，更是因为它的质地、色彩和造型等制造工艺具有极高的艺术欣赏价值。可以说，收藏者看重的主要是瓷器的艺术性，而不是历史性。所以，判断一个瓷器的优劣既要看其年代，更主要的还是看它的制作工艺。如果是一个普通工艺制作的瓷器，即使具有悠久的历史，其收藏投资价值也不是很大。然而，如果是精工细作，能代表某时期工艺典型风格的瓷器，即使年代较近，也可能价值连城。比如，1997 年上海春季国际古瓷拍卖会上，有人将一对清代雍正年间制造的斗彩竹纹碗以 100 多万元人民币的成交价买走，而一只产于宋代的黑釉碗却以不足 5000 元人民币成交。两者价钱为何如此悬殊？其主要原因是工艺水平存在着极大的差异。那对清代的斗彩竹纹碗是官窑名瓷，工艺精美绝伦，那只宋代的黑釉碗则是一般民窑制作的普通瓷器用品。所以，对于古瓷器收藏者来说，在关注瓷器年代上的同时，还必须留心判断瓷器的精美程度。

如何进行字画投资

投资古字画历来是收藏投资界所热衷的宠儿，因为它具有以下优点：

（1）在各类投资市场中，字画投资风险较小。与投资字画相比，购买股票或期货两者风险较大。

（2）字画投资收益率极高。一般投资收益率与投资风险成正比，即投资风险愈大，投资回报率则愈大；反之，投资风险愈小，可能获得的投资回报率则愈小。但是由于字画具有不可再生性的特质，因而其具有极强的升值空间。字画本身的特征决定了字画投资风险小、回报率高的优势。

古字画收藏也具有一定的技巧。对于有心在古字画收藏中一展身手的投资者来说，应该注意以下几个方面：

1. 必须具备一定的书画收藏和欣赏知识

中国历代的书法和绘画在其发展过程中都具有较大的统一性，因此，画家也常常就是书法家。由此可见，欣赏字画的道理也是相同的，主要包括欣赏字画作品的笔法、墨法（色彩）、结构（构图）和字画所反映的历史知识以及作者的身世等方面的知识。

2. 详细了解字画作者的身份

中国历朝历代的名画家非常多，有史料记载的达数万人之多。对投资者来说，详细了解每个人的身份显然是不太容易的，但可以对每个时期最有代表性的人物身份做详细地了解，真正做到“观其画，知其人”。

3. 掌握一定的字画鉴别方法

对于一般的古字画收藏投资者来说，古字画鉴别的难度是极大的。由于中国古代的书画家极多，留下了许多优秀的书画作品，再加上各种临摹，各种假画伪画，以及后落款，假御题、跋、序等，是任何专业类图书都无法一一详细记载的。所以，即使国家级的鉴别大师在鉴别古字画时也不敢保证每次都千真万确。

古字画的鉴别虽说难度很大，但其中还是有一些基本规律供投资者参考的。古字画的鉴别除了要注意字画的笔法、墨法、结构和画面内容等基本方面外，还须注意字画中作者本人的名款、题记、印章和他人的观款、题跋、收藏印鉴以及字画的纸绢等相关细节方面，这样才能减少鉴别失误。

4. 了解字画伪造的种种方法

古代字画作伪之风源于唐代的摹拓和临摹。所谓的“摹”是将较透明的纸绢盖在原件上，然后按照透过来的轮廓勾线，再在线内填墨完成。“临”是指将原件放在一旁，边比照边写画。尽管摹写出的作品表面上更接近原件，但往往无神，也容易将原件弄脏；而临写则比勾摹自由，可在一定程度上脱离原件，因此是更高级的作伪方法。

由于古字画市场上鱼龙混杂、良莠不齐，所以，对古字画收藏者来说是有一定风险的。古代没有专门的鉴定机构和专家，因此，收藏者自己就必须是鉴定行家，不然就会吃大亏。现在的情况已经发生了很大的改变，国家有专门的鉴定机构，拍卖行也必须在取得一定的鉴定证书后方能拍卖，所有这些都给古字画收藏者提供了一定的投资保证。

字画投资要掌握如下技巧：

1. 选择准确是关键

字画投资不像其他投资，可以从繁乱的报表中得到参考数据，要想掌握字画投资市场状况，只有靠多看、多问、多听，逐渐积累经验。投资者平时要常逛画廊，多与画廊的工作人员交谈，从中就会发现哪些画廊的制度较健全，哪些画家的创作力较旺盛，从而积累一定的信息，但切莫“听话买画”。字画的优劣往往是比较出来的，只要多听、多看、多问，自然就有判断的标准。

2. 注意国际行情

字画在国际上大体可分为两大系统：代表西方系统的以油画为主；代表东方系统的则是中国字画。

投资者选择字画投资时，必须要有国际公认的行情，并非在某个画展上，随便买几幅字画就认为是字画投资了。字画作品需要经过国际四大艺术公司拍卖认定才会有更高的价值，才会具有国际行情。这四大公司分别为苏富比、克里斯蒂、建德和巴黎 APT。这四大国际艺术公司每年在全球各地拍卖高档字画，设定国际行情。

3. 优质字画选购常识

字画投资需要一定的金钱，但更需要的是独到的眼光。特别是收藏古字画，更要通晓这方面的知识和行情。古字画按类而分，价值不等。

(1) 从绘画与书法的价值来说，绘画高于书法。道理很简单，绘画的难度大于书法。

(2) 从质地来说，比较完整没有破损，清洁如新，透光看没有粘贴、托衬者为上品；表面上看完好无损，仔细看有托衬，但作品的神韵犹存者为中品；作品系零头片纸拼成，背后衬贴处，色彩也经过补描，即使是名家之作，也只是下品。

(3) 从内容来说，书法以正书为贵。比如，王羲之的草书百字的价值只值行书一行的价值，行书三行值正书一行，其余则以篇论，不计字数。绘画以山水为上品，人物次之，花鸟竹石又次之，走兽虫鱼为下品。

(4) 从式样来说，立幅高于横幅，纸本优于绢本，绫本为最小。立幅以高四尺、宽二尺为宜，太大或太小一般价值都不是很高；横幅要在五尺以内，横披要在五尺以外；手卷以长一丈为合格，越长价值越高；册页、屏条应为双数，出现单数则称失群；册页以八开算足数，越多越好；屏条以四面为起码数，十六面为最终数，太多则难以悬挂。

时代、作者名气、作品繁简、保存状况一般来说对古字画没有影响。按行情，宋代或宋代以上的作品，出自最著名几位大家的手笔，每件最低价在10万元以上。若作品完整、干净，内容又好，则可随交易双方自行议价，没有具体定价。元代以下作品价格稍低，但大名家的手笔最普通的也值几万元。

此外，带有名人题字、题跋，或曾有被著录、收藏的印鉴、证录的古字画，都有很高的价值。题字越多越好，一行字称一炷香。名人题跋则称为帮手。

至于近代字画，可以综合以下几点考虑：

（1）已成名的国内画家。推动近代美术发展的画家是目前身价最高的画家，如果以他们为重点，虽然需要的投资金额比较高，但是立即可以变现，风险较小。

（2）五六十岁的中坚画家。可就作品品质、价格、产量来评估。若其作品过去只有很少人收藏，则表示社会不易接受。

（3）风险最大的莫过于画价较低的年轻画家。虽然不必花费太多钱即可购得其作品，但其将来是否持续创作或成名，都会影响作品价值。

4. 评价字画的方法

（1）有时代感。不论任何作品，一定要与社会和时代相符。若让现代人画一幅清朝的画，根本不可能反映那个时代的状况潮流。

（2）有生命力。作品的生命力是从生动的线条中表现出来的，有灵性的作品就是有生命力的作品。

（3）自创一格。作品一定要有自己独特的风格，自成一家，模仿的字画是流传不了多久的。

中国字画的作者历来都以临摹为学习手段，技法崇尚古人。明清以来，画风因循守旧，书法则因科举影响而盛行馆阁体。书画家都以模仿前辈名家为荣，形成一种潮流，坊间画店多有模仿名家之作。书画家如果没能入仕途，没有功名，一般地位都比较低微，生活贫困，即使自身技法高超也不得不有意模仿名家之作，以维持生计。当然也有为牟取私利专造赝品者。因此，字画的鉴定辨别非常困难，只有经验丰富的专家才可以胜任。

古代字画历来流传有一定规律，名家精品多为帝王、达官贵族所收藏，历朝均有著录记载。但后因历代朝政的更迭，连年战乱，字画损失很大。许多有记载的名品实际上已经失传，余下的多为国内外博物馆或私人美术馆收藏。民间流传的字画，经历了近代鸦片战争、抗日战争、“文化大革命”等几次劫难，几乎损失殆尽。因此，古代名家精品在市场上流通量非常少。朝代越古、名气越大的名家，模仿其作品的人也越多。因此，对投资者来说，在投资古字画之前，若没有明确的专家鉴定，切不可以轻易投资。

现在在市场上流通的字画，大多数是近现代名家的作品。由于这部分作品中的精品市场价较高，且作者多已去世，因此收藏这些精品的机会比较少，所需资金与精力也比较大。虽然市场上有赝品充斥其中，但赝品与真品始终有距离，只要多请教专家、多看、多比较、多学习，就不难分辨其真伪。这些精品的投资虽大，但风险相对较小，是资金丰富的投资者的首选。

另外，目前在世的中青年画家作品许多已进入成熟期，其升值空间较大，此类作品是投资的重要选择。对投资者来说，投资这些作品需要的资金相对较少，但风险相对较大，回收期也较长。投资者要研究这些画家的经历、艺术轨迹和风格走向，评估其潜力和前景。投资者可以参照两个标准：一是学术标准，即其作品在国家权威艺术机构所举办的艺术活动中的学术地位和水准；另一标准是看其作品市场接受度、数量和质量，即收藏人数的多少。

如何进行邮票投资

邮票俗称“小市民的股票”。早在20世纪40年代，邮票便成为欧美等国家普遍欢迎的投资对象。自20世纪80年代以来，邮票在股票之前就已成为我国个人投资的热门货。

邮票的种类主要有以下几种：

1. 新票、盖销票、信销票

在邮票市场上，一般来说新票价格最高，盖销票次之，信销票最低。但在国外的集邮市场中，人们比较重视信销票，最看不上盖销票。人们传统的邮票投资观念认为只有收集信销票才算是真正集邮，认为购买新邮票不算集邮。

信销票的特点是难以收集，但是它作为邮资凭证使用过，有一定的邮政史料价值。对于较早期的邮票，中档以上的邮票新票和信销票价格的高低往往决定于收集难度的大小，并非只要是新票就价格高，信销票价格高于新票的现象也十分普遍。许多集邮者不重视信销票，而给予盖销票较高的地位，今后这种邮票投资观念将会改变。那些收集难度较大的高面值的成套信销邮票，价值很有可能高于新票。如果能够收集一个时期纪念或特种邮票的大全套信销票，其价值将是很高的。

2. 成套票和散票

一般而言，成套邮票价格都高于散票，但是散票同样具有一定的市场价值。人们可以利用散票价格比成套票低的特点，收集和购买散票，以便凑成套票，使其价值升值。

3. 单票、方连票、整版票（即全张票）

有些人在邮票投资中持有这样的一种观点，即收集方连票，甚至整版票，认为它们的相对市场价格会高一些。从邮票投资上来讲，收集方连票、整版票实无必要，因为投资要比收集单枚票贵几倍至几十倍。如果是中、低档邮票，方连票、整版票很多，比起单票来说，也就没有更高的价值了。

4. 单枚套票、多枚套票、大套票

单枚套票是指 1 枚 1 套的邮票。多枚套票是指 2～6 枚 1 套的邮票。大套票是指 7 枚以上 1 套的邮票。

在早期 J、T 邮票中，单枚套票的增值明显高于多枚套票和大套票。

多枚套票和大套票的成套信销票收集难度较大，这是许多集邮者都选择购买新票的重要原因；多枚套票和大套票面值较高，这是集邮者购买新票的消极因素。两两相抵，使多枚套票和大套票收集难度高，因此多枚套票、大套票具有近期增值慢，而远期增值较快的特点。

5. 低档邮票、中档邮票、高档邮票

在通常情况下，低档邮票的市场价格比较稳定；高档邮票的邮市价格上下差异很大，不稳定，其价格受时间、地点、邮商和购买者的认识和售票者特点的影响很大；中档邮票的价格介于两者之间。

在我国市场上，高档邮票特别是珍稀邮票的价格仍然偏低。随着人们生活水平提高，人们集邮层次普遍提高，高档邮票将出现迅速增值的趋势。它们与低档邮票之间的价格差距将更为悬殊。

6. 早发行的邮票和晚发行的邮票

邮票发行的时间对邮票的价值也有一定的影响。一般来说，邮票发行年代的早晚，在较短的时间内对邮票价格影响较大，往往发行早的邮票价格高，发行晚的邮票价格低。但是经过 5 年、10 年，特别是过了 20 年以后，邮票发行年代的早晚对价格的影响已经微乎其微，甚至完全不起作用。有不少发行较晚的邮票会后来者居上，价格上涨得很高，也有不少早发行的邮票价格总是上不去。以长远的眼光看，邮票发行的早晚对价格的影响是很小的。

7. 纪念邮票与特种邮票

“J”字头纪念小型张邮票具有以下 3 个特点：

(1) 作为纪念邮票，以人物或以事件为标志，每一张邮票都包含一定意义。

(2)“J”字头纪念邮票设计制作时使用的颜色比较鲜艳，其中使用金粉较多。

(3) 这类邮票一般具有较浓的政治色彩，有一定的教育启发作用，受国家、地区限制，世界意义较小。

受这 3 种因素制约，纪念邮票的收藏价值和市场交易价格不如特种邮票。纪念邮票在市场上较畅销的是近期发行的邮票。如“孔子”“西藏”“建国”“亚运会小型张”和五号票“熊猫盼盼”“孙中山”“奥运会”等。

“T”字头特种邮票小型张，是一种市场畅销品种，它具有世界意义，市场价格也较高。其特点包括：

(1) 特种票题材广阔、内容丰富。有山水、花、草、鸟、兽、鱼虫和濒临绝种的珍贵动植物，有名胜风景、古迹文物、文学故事等。由于此种邮票的艺术价值、欣赏价值高，包含的意义深刻，因此广受集邮者的青睐。

(2) 特种票选择事物都具有典型意义，或者声望高，或者独一无二，对宣传中国文化具有重要作用。

(3) 特种邮票的金粉少，易于保存，收藏风险较小，政治成分少而艺术价值大，适应性广，国内外集邮爱好者都喜爱。

“T”种邮票小型张可分为 3 大档次：

一是高档票，包括“奔马”“工艺美术”“公路拱桥”“云南山茶花”“万里长城”“从小爱科学”“齐白石”“荷花”“红楼梦”“西厢记”“牡丹亭”“益鸟”“辽彩”等，即 1984 年以前发行的“T”字头特种邮票都属于高档票。

二是中档票，从 1985～1988 年发行的邮票划归为中档票。

三是低档票，1989 年以后发行的属低档票。其中，高档票中的“药用植物”，因其印数较多，落入中档票范围；“熊猫”“白鹤”因其印量较大而落入低档票内。

8. 错票与变体票

有些邮票因设计上的错误或发行量很少等缘故，被集邮爱好者视为非常珍贵。这些邮票在历次拍卖和市场中价格一再上涨，成为集邮家争相搜集的对象。如 1990 年 5 月 26 日，香港旭力集邮公司在第 26 次通信拍卖中，1 枚蓝色的“军人贴用”新票上有约一厘米的撕裂，底价 15 万港元。

如何进行钱币投资

钱币有很多种类。以形态来分，可分为纸币和金属币两大类，金属币又可分为贵金属币和普通金属币；以国别来分，可分为中国钱币和外国钱币；从时间上来分，可分为古代钱币、近代钱币和现代钱币。

古今中外发行过的钱币有数百万种之多，钱币收藏者只能量力而行，分类收藏。收藏专家认为，钱币收藏要注意看以下 7 个方面：

（1）钱币是否有面值。没有面值的只能称为“章”，而不能称为“币”。币，必须是可以或者曾经可以作为货币流通。

（2）钱币涉及的题材。钱币所涉及的题材多为历史人物、历史事件、文化艺术、体育、动物、植物、自然景物等。由于每个人的学识情趣、文化品位不同，对题材的偏好各异，所以，收藏者可以选择自己所喜爱的题材进行系列收藏。最好是选择大众喜闻乐见的而且发行量不能太大，这样的品种比较有生命力。比如，野生珍稀动物系列纪念币，每套发行量都为上百万枚，而且有 1/3 向国外发行。

（3）钱币的纪年版别。钱币上的纪年是指铸造在钱币上的年份。相同图案、面值的钱币，纪年不同，其价值差异颇大。

（4）钱币的出处。比如说，银元就分为云南龙版、北洋龙版、江南龙版、贵州竹版等。

（5）钱币齿边形状。钱币的齿边形状大致可以分为平光边、丝齿边、装饰边、铭文边和安全边 5 大类，是区分铸币不同版别的一个重要依据。

（6）钱币的制作工艺、钱币上的字迹是否自然流畅，与整个钱币是否和谐。做工精美的品种，容易引起市场好感，具有较大的增值潜力。

（7）钱币的成色。钱币的品相是按“成”来划分的，其实，只要有七八成新就可以收藏，如果是珍稀品种，成色差一点儿也行。当然，十成新的最好，这就表明钱币没有任何脏污斑点，没有任何破损、裂缝，而且重要的是没有经过人工处理。

对普通投资者来说，对钱币鉴别时需要在“看”上下工夫，钱币收藏者往往需要随身携带放大镜。

中国的古钱币有着长达 3000 多年的悠久历史，各种各样的古钱币中包含着极高的考古学价值和收藏价值。但是，古钱币投资与其他形式的投资一样，也存在着极大的风险。投资者在古钱币的实际投资过程中，应掌握以下几个要诀：

1. 专注于某一时期的钱币

我国历史上曾经出现过的货币形制成百上千，钱币版本更是成千上万，因此，对于各种各样的形制和版本，任何人都不可能做到一览无余，完全掌握。所以，涉足这一收藏领域的投资者，除了要下大工夫学习相关方面的专业知识之外，最好先从某一时期的钱币着手，这样涉及的钱币种类少，能够把握好一点儿。等熟悉了基本情况以后，再循序渐进地逐渐扩大收藏范围。

2. 了解有关各币种的市场价格

古钱币市场的价格体系复杂，文物价值与市场价格往往严重背离，很难准确把握。因此，古钱币投资者在确定了投资的具体方向后，还要详细了解有关币种的价格情况，要了解相同或相似种类的价格差别，以免遭受投资损失。

3. 时刻关注古钱币的出土情况

古钱币的出土情况对市场行情的影响很大，难以预测。由于古钱币没有很高的艺术欣赏价值和使用价值，所以购买者大都是专门的钱币收藏者。因此，市场上对某一类古钱币的需求量在一定时期内是比较稳定的。古钱币在社会上的存有量差别很大，不同的古钱币之间的差价也是巨大的。古钱币的社会存有量有时会增多，因为它有一个巨大的不可预测的地下埋藏库。古钱币的出土情况报纸上常有报道。一般说来，墓葬出土或考古遗址的零星出土，古钱币的数量普遍较小；古人的藏宝之处出土的数量往往较大，币种也比较集中。如果一次挖出同一币种钱币的数量极多，又由于管理不当而流入了市场，那么市场上的供需平衡很快就会被打破，价格随之就会下降。总之，把稀缺币种作为收藏投资的对象时，一定要密切注意最新的出土情况，如果发现有可能影响市场价格的考古出土方面的报道，就应马上采取适当的应对措施。

4. 练习相应的古币鉴别能力

古钱币因形制简单，铸造容易，从近代开始就有人专门从事古钱币造假，所以，古钱币的收藏投资者必须具备一定的识别能力。

保存最完好的古钱币应该是带锈色而无锈蚀，表面光滑而发亮，各部分均完整无缺，字迹和花纹清晰可辨。

还有一点是投资者应该注意的，由于古钱币的铸造模具由手工雕刻，因此难免会有疏漏，版别漏验及试铸币便成为珍品。

5. 先从银元做起

银元的发行流通时间短，磨损少，保存完好，目前在民间尚有不少持有量。由于银元本身是贵金属，自身的价值有保证，多少年来一直随着国际市场的金银价格上涨而缓慢爬升。因此，投资于银元既稳妥可靠，又有一定的获利机会，是初涉古钱币投资者较为理想的选择。

如何进行珠宝投资

珠宝既是优美的饰品，又是一种特殊的财产。因此，所谓的“珠宝”也就是广义上的“宝石”或“宝玉石”。

广义的宝石除了单晶体宝石外，还包括各种玉石、雕刻石等。我国传统上将宝石与珍珠、琥珀、珊瑚等小件翡翠合称为珠宝。由于珠宝的存量稀少、体积小、价格高，并能长期保值，甚至增值较快，同时又便于携带和永久保存，因此古今中外都视珠宝投资为一种极有利润的投资工具。

在投资领域，影响珠宝价值的因素，主要表现为：漂亮、耐用性、稀少、市场需求、传统文化心理、便于携带等。

1. 珠宝的主要特点

（1）珠宝的珍贵性。因珠宝比较罕有，且深受人们认可，在不少国家和地区具有硬通货的功能。许多国家都将宝石资源划归国有，并将其作为国民经济发展的重点投资项目和国库储备的对象之一。

（2）珠宝易交易。全球珠宝贸易市场比较集中，其形式多种多样，贸易的对象也有原石、半成品和成品等。

（3）珠宝受认可。珠宝交易和其他商品贸易一样，但珠宝交易的一个显著特点是趋于保守和稳妥。

（4）珠宝业竞争激烈。由于珠宝贸易市场中的高额利润，珠宝市场的竞争十分激烈，欺诈、走私和黑市这些现象也就很难得到根本性控制。

2. 珠宝的主要品种

（1）钻石。在全世界的珠宝交易中，钻石占有相当大的市场份额。因钻石特有的物理性以及其稀缺性，近年来，钻石的价格每年都在稳步上升。

（2）有色宝石。一般来说，有色宝石包括红宝石、蓝宝石和祖母绿等。有色宝石的回报率不如钻石那样稳定且容易掌握，但是从长远看，有色宝石的供应量也相当少，所以价值胜负较大。

（3）名牌珠宝。经过品牌公司加工后的珠宝更具市场价值，世界上著名的珠宝公司如蒂佛尼、卡地亚、凡阿公司等的产品价格始终居高不下。

（4）古董首饰。目前古董首饰在市场上十分流行，也是值得投资的品种。

3. 珠宝投资的原则

（1）看供求关系。珠宝投资，必须选购具有市场价值的珠宝，即数量稀少，但需求量日益增加、价格不断上涨的珠宝。

（2）看珠宝品质。不论选购何种珠宝，最好到专业水平较高、信誉良好的珠宝店去选购，不要选购打过折的珠宝。投资珠宝必须选择佳品，才能确保其市场性与增值性。

（3）看珠宝真伪。珠宝的价格受色泽、做工、重量等诸多因素的影响。在购买时一定要索取国际公认的鉴定书，以确保珠宝的品质与价值。目前国际最权威的珠宝鉴定书有：美国宝石学院 GIA 的鉴定书、欧洲联盟的 HRD 鉴定书。

我国珠宝来源丰富，品种繁多，人们佩戴和收藏珠宝的历史也很悠久，市场中人们对珠宝的需求量很大。珠宝投资越来越受到大家的欢迎，普通投资者要做好珠宝投资需要做好相应的功课。

投资收藏的专业准备

随着经济的发展，在人们对物质的需求得以满足的同时，对精神文化的需求日益高涨起来，收藏风的刮起便是这现象的见证之一。

但与此同时，收藏品的选择也成了新兴收藏者的困惑。这里提供几点操作技巧：

1. 具备扎实的专业知识

投资者需要依靠平日的积累，学习系统的历史、民俗、文学、考古、工艺美术和社会知识。收藏的“慧眼”绝不是一朝一夕炼成的，它建立在相应的专业知识基础上，需要经过日积月累，不断学习、不断总结经验后才可能具备的。只有虚心学习，不耻下问，才能不断提高鉴赏水平。

首先，要学会以书为师，取经于书本。大量阅读收藏类书籍、报刊和浏览收藏类网站，尤其是要选择一些权威性著作精读、细读。

其次，要学会以物为师，取经于真品。不少收藏专家指出，仅仅只是学习相关理论是不够的，练就一双鉴宝的“慧眼”还需和真品古玩“亲密接触”。经常到博物馆、文物商店、古玩店、画廊、地摊和拍卖会，接触实物，增加感性认识，把书上抽象的文字转化成形象鲜活的内容，牢记在脑海里。

再次，做到以友为师，取经于藏友和专家。共同分享收藏知识和心得非常重要，藏友不论年龄长幼，职位高低，能者为师，有疑虑和不懂的地方，虚心向朋友求教。文博专家对收藏知识的系统性掌握，古玩商贩对藏品的识别能力和对行情的把握，藏友对某项收藏的知识经验，都是人们学习的内容。

比如说，书画鉴定，这门学问是人人都可以学的。只要你用心，长时间地对某一个书画家、某一个流派，或者是某一个时代的书画鉴定关注，能够获得许多的印象和心得，慢慢地积累、整理、校正，你就可以成为这方面的专家。所以，书画鉴定的学问，实际上跟其他的文物鉴定的学问一样，它首先是心得和经验的积累，这些是可以通过学习获得的。

2. 融入兴趣爱好

如果把原本是学问的研讨、人文的涵养、情操的陶冶，演化成仅仅是金钱的较量，如果花大价钱买回家的东西往保险柜里一放再也不看，就等着在市场的最高点出手，那还不如去做别的投资品种，还不存在真伪、好坏的问题。

古人是怎么玩书画的呢？在风和日丽的好天，窗明几净的书斋里，净手焚香，聚集三五知交，观书品画、纵论古今。现在有多少人把书画买回家之后会去细细品味、研究呢？

3. 谨防收藏风险

收藏风险不可不防，收藏市场纷繁复杂，有淘宝的机会，也有深深的陷阱，是一个高风险的市场，投资者还必须加深对艺术品市场地足够了解，才更有可能取得成功。这其中最基本的包括政策法规的风险、操作失误的风险和套利的风险。

政策法规的风险。文物商品是特殊商品，我国为此制定了相关的法律《文物保护法》。它对馆藏文物、民俗文物、革命文物都有具体的界定，尤其是对文物的收藏和流通所做出的相关具体规定，应引起市场参与者的重视。例如，《文物保护法》明令禁止买卖出土文物，地下出土文物归国家所有。但这一条被许多人视而不见。尽管有的出土文物经济价值不大，买卖价钱相当低廉，但这事情的严肃性不属于经济范畴。

操作失误的风险。就一般的古玩收藏爱好者而言，操作失误是指以真品的价格买了仿造品，或是以高出市场的价格买了真品。二者的区别在于后者有可能随着需求的变化，获得某些补偿、回报。而前者却只能使你亏损，回本无望。古玩收藏作为理财手段，具体由专业人士操作，在操作正确无误的情况下，尚且难免受到社会经济环境和供需要求等客观因素的影响导致回报预期无法兑现，更何况不具有专业鉴赏知识，对市场操作认识肤浅的爱好者，参与买卖古玩操作失误的风险就尤其明显了。

套利的风险。客观地讲，古玩市场毕竟是一个不健全、有待完善的交易市场。买与卖者之间能否做到公平、公正地交易较大程度上都要看参与者对市场的参与和认知程度。

时刻谨防赝品

赝品是指将一个知名品牌的特征复制到另一个产品上，并达到可以乱真的程度，该复制品以原品牌的名义按照较低的价格在市场上出售。

相对于原始的真品，赝品具有自己的特点，比如，赝品必须依附于真品而生存，如果没有真品本身的知名度，赝品根本没有生存的空间；此外，赝品与真品形似而神不似，形似可以使投资者享受部分真品所带来的视觉体验，而神不似体现了赝品与真品本质上的区别，于是赝品一般以较低的价格和便利的购买渠道便可获得等。购买赝品一般不能获得普遍社会认同。一方面，赝品侵害了真品的知识产权，为社会法律所不容；另一方面，一旦赝品的真相暴露，将降低购买者的品位及在他人眼中的形象。

赝品同真品相比有着本质的不同，粗劣的赝品自然谈不上什么价值，就是仿造得精美绝伦的赝品，也被玩家排斥。长期以来，收藏者对赝品的态度大都是敬而远之，甚至谈“赝”色变的。古玩是一次性的，流传到现在的很少。

赝品之所以广泛存在，是因为赝品市场是一个巨大的市场，其产生和发展不能脱离市场规律的作用。从供求关系看，只有将赝品销售出去，制造者才能获得利润，才有动机继续生产赝品。

那么，投资者为什么会购买赝品呢？从信息理论的角度出发，投资者在交易中处于信息不对称的弱势方，没有充分的信息辨别产品的真伪，从而给赝品以可乘之机。

从更广泛的角度分析，赝品之所以会在艺术品市场上出现，至少包括以下 3

个方面的原因：

1. 市场有需求

对于绝大多数艺术品的真品而言，供给量总是有限的。当人们对某种艺术品的需求量不断增加，而供给量的增加又难以满足需求量的增加时，这种艺术品的市场价格就可能会上涨。但即使如此，也常常不能满足艺术品市场的需求。如果收藏者仅仅希望得到心理上的满足和精神上的享受的话，那么，复制品和仿制品同样可以比较好地满足他们这些方面的需要。

此外，随着人们生活水平提高，居室装饰也越来越讲究。即使不喜欢收藏，许多人依然希望悬挂一些有品位的书画或摄影。但是，有品位的作品大多出自名家，由于名家作品的价格很高，令不少人望尘莫及。而且，现在的收藏已经成为了一种时尚。在这种情况下，大多数人只能退而求其次，购买名家书画的复制品或仿制品，以满足对高雅艺术的渴求或附庸风雅之心。这样一来，赝品的大量出现，也就不足为怪了。

成都市收藏协会的一位专家甚至直言："成都的假画应该比真画更有市场。"他认为，由于艺术品作伪技术的迅速发展，一般人甚至资深收藏者都很难分辨艺术品的真伪。赝品越来越多，一方面冲击了艺术品市场，打击了收藏者的信心，因为在一般人眼中，收藏一幅真画和收藏一幅工艺极高的假画，实际上并没有什么区别。即使收藏的是真迹，也可能得不到大众的认可，最后成了孤芳自赏，变得意义全无。另一方面，潜移默化地形成了一个"繁荣"的假画市场。反正"没有办法辨别，就干脆不辨别"，而且，现在还有很多人专门购买假画，一是因为不少赝品具有很高的工艺水平，可以用这些足以乱真的赝品来装饰自己的房间或者办公室；二是因为购买赝品的价格比较低廉。

2. 技术有进步

如果说市场的需要使赝品的出现成为可能的话，那么，技术的进步无疑使得赝品的出现由可能变为了现实。一方面，艺术品的复制技术和仿制技术有了长足进步；另一方面，艺术品的作旧技术也得到了迅猛的发展。因此，从某种意义上讲，正是技术的进步使得赝品的制作日渐精美，日益逼真。甚至可以认为，就目前的情况而言，实际上是艺术品鉴定技术的进步速度赶不上艺术品作伪技术的进步速度。

广东某海关就遇到过一件大规模的"文物走私案"。为了确定这批走私文物的真伪和价值，该海关特意请来了 6 位文物鉴定专家进行鉴定。这些专家在经过仔细鉴定后一致认定，这批明清瓷器是国内罕见的珍品，其中，有的还是国家一级文物。海关方面顺藤摸瓜找到江西景德镇的卖主家中。卖主得知来意后，不慌不忙地从床底下拖出一只大浴盆，里面装满了清三代官窑瓷器。公安人员问道："这些东西哪里来的?"卖主则理直气壮地回答道："本人仿着玩玩，犯什么法?"在场的鉴定专家听后大惊失色，惊呼："看不懂，真看不懂了!"直到公安人员和鉴定专家亲眼看到了卖主制作的尚未烧制的器物后，才消除了最后一丝疑虑。这个大宗"文物走私案"也以近乎喜剧的色彩而告终。

不仅如此，现在的艺术品作伪实际上正在日益专业化、集团化和规模化：有人专门负责寻找旧纸和老墨，有人专门负责打稿，有人专门负责上色，有人专门负责刻印，有人专门负责仿造落款，还有人专门负责销售。甚至还出现了艺术品作伪的产业集群（industrial cluster）。举例来说，假瓷器大多来自于江西景德镇。它们大多是在仿古样式生产后，使用药水蒸煮、烟熏、打磨、日照、土埋等方法加工而成的。假玉器则主要是安徽蚌埠、江苏扬州、河南南阳等地生产的。其中，以红山玉、汉玉和良渚玉居多。作旧方法则一般采用熏、烤、烧、煮、炸、蚀、沁色、酸蚀等等。此外，在艺术品市场上，河南生产的假陶器、河北生产的假木器、安徽生产的假铜镜也都是远近闻名。

3. 利润的驱使

在全国各地的艺术品市场上，唐寅的美人、郑板桥的竹子、徐悲鸿的奔马、齐白石的群虾，举目皆是。有时候，店主甚至在刚刚卖出一张书画后，就立刻从柜台内取出一张完全一样的"名人书画"挂上墙去。不过，总的来看，那些价格昂贵的艺术品的赝品多是复制品，而那些价格低廉的艺术品的赝品则以仿制品居多。

而且，精仿的复制品与低仿的仿制品的目标市场也是大不相同的。一般来说，精仿的复制品主要针对的是拍卖交易市场，而低仿的仿制品则主要针对的是地摊交易市场。

马克思在《资本论》一书中，曾经引用过邓宁格（Dunninger）的话来描述人们在追逐利润时的贪婪："一旦有适当的利润，资本就胆大起来。如果有10%的利润，它就保证到处被使用；有20%的利润，它就活跃起来；有50%的利润，它就铤而走险；为了100%的利润，它就敢践踏一切人间法律；有300%的利润，它就敢犯任何罪行，甚至冒绞首的危险。"对于"赚钱仅次于贩卖军火和毒品"的艺术品作伪而言，利润的吸引显然是赝品大量出现的重要原因。

事实上，现在的作伪者制作复制品或仿制品的动机，已经不仅是牟取丰厚的利润了。只要有利可图，不管利润多少，他们都会去复制或仿制艺术品，并且在适当的时候，将这些复制品或仿制品作为真品销售。

赝品与真品如影随形

尽管大多数收藏者对赝品的态度都是相当微妙的。然而，在赝品的治理这个问题上，人们的看法却显得见仁见智。

周倜认为："应该坚决打假。因为假货多了，一般人不敢轻易涉足艺术品市场。"所以，他主张应该对艺术品市场进行严格监管。

潘深亮也认为："必须坚决反对作假，并采取一些有力的措施。"就书画作伪而言，他建议："第一，要加强立法；第二，行政执法部门对于一贯作假、屡教不改的人，要进行严厉打击；第三，作者本人也要采取一些防伪措施，来保护自己的合法权益。"

盛茂柏指出："对于收藏者来说，如果他们花了很多钱，而买到的却是赝品，显然会极大地挫伤他们的收藏积极性。当然，对于艺术品市场的打假问题，应该具体问题具体分析。例如，以学习为目的临摹等，是不反对的。但是，对于那些牟取暴利，危害他人的违法犯罪行为，应该坚决打击、取缔。"

朱国荣进一步指出："允许造假，等于是允许用欺骗的手段来获取利润。放任伪作赝品在艺术品市场存在，其后果将会促使艺术品市场走向毁灭性的衰竭，到头来还是三败俱伤。"

牛双跃则强调："现在的艺术品市场是鱼龙混杂的市场，必须打假。但是，打假的关键在于建立健全的管理和监督机制，并且以法律的形式来规范它，这是最根本的。这些问题不解决，打假永远是句空话。"

当然，除了造假者以外，还有很多人不赞成以打假的方式来治理艺术品市场上的赝品问题。例如，有人就主张："在艺术品市场上应该允许艺术品有真有假，彻底实行自由贸易。"他指出，自己之所以不主张在艺术品市场上进行打假，是因为这是私有制和市场经济条件下不可避免的产物。这种造假现象不但过去有，现在有，将来还会有。因而在一段相当长的历史时期内，只能允许真假并存，由市场优胜劣汰的竞争规律去解决，由顾客日益聪明的慧眼去鉴别。

今天，如果违反规律，强行打假，必然会打不胜打，甚至真假难辨，搅乱市场交易的正常秩序。当然，一经发现造假者，应该进行教育，加以劝止；对于情节恶劣，危害严重的作伪诈骗罪行，还应该依法惩处。还有人则指出：对于艺术品市场打假这一提法，他觉得可以提，但不要过度，而应该具体问题具体分析。因为“艺术品作为商品有其特殊性，如果要打假，那么，复制品和仿制品本身不应该算在其中，以假充真才算是假。从现实可操作性来看，打假也并不容易。打假不仅需要法规，也需要财力。规范艺术品市场所涉及的问题非常多，而且是一个渐进的过程。”

当然，有人也强调：“艺术品不同于一般商品，它有一定的特殊性。从宏观上看，从改革的大环境看，从法律的角度看，艺术品市场的打假应该是一个如何管理的问题，是从机制上如何改革的问题，是一个如何立法，加强法律保护和制约的问题。”所以，他不主张“简单地以打假的方式来解决这个问题，因为单靠这种简单的方法是解决不了问题的。这是一个市场问题，市场有它自身的规律，单靠行政手段解决不了问题。应该从加强管理，从立法方面来解决，要多调查、多研究，逐步来完善艺术品市场。”马未都则认为：“艺术品市场打假之事比较复杂。首先要弄清‘假’的概念是什么?”

中国历史上出现过多次全国范围的收藏热，但情况不一样，例如，北宋年间仿古成风，但那时的仿古多是为了追求时髦，不是为了作伪；到了清乾隆时期，许多仿古行为的目的就是作伪，追求商业利益。今天打“假”，打的应是作伪之假。由于立法不完善等原因，提出打假，方向是对的，但在短期内尚没有操作性。

比较以上两种关于赝品治理的观点，不难发现，赞同强行打假者大都希望借助政府这只“看得见的手”来解决艺术品市场“失灵”的问题；而不主张强行打假者则大都希望凭借市场这只“看不见的手”来自动发挥调节作用。从本质上讲，这两种观点实际上并没有太大的分歧，只是分析的视角有所不同而已。前者强调的是规范意义上的“应不应该”，而后者关注的则是经验层面上的“可不可行”。事实上，艺术品打假是否可行，至少要受制于以下两个约束条件：

1. 打假有成本

开展打假活动，显然需要支付高昂的成本，这些成本包括：打假机构的日常运作费用、工作人员的培训费用、工作人员的薪水开支等等。从某种意义上讲，高昂的打假成本实际上是大规模开展打假活动的第一个障碍。

与此相关的一个重要问题是，艺术品打假的运作成本到底应该由政府部门承担，还是应该由因为打假而受益的收藏者来承担？虽然维护市场秩序是政府的重要职能之一，但显而易见的是，作为发展中国家的中国，政府部门还有许多更为重要和迫切的地方需要庞大的经费支出。在这种情况下，寄希望于政府部门来完全承担打假的成本，似乎是很不现实的。那么，由那些因为“有效打假”而受益的收藏者来承担这些成本又如何呢？

事实上，这个方案更不可行，原因如下：

第一，不同的收藏者从“有效打假”中获得的潜在收益是不同的。从理论上讲，收藏者的潜在收益不同，应该支付的相应成本自然也应该不同。但是，收藏者的这种潜在收益，无论在事前，还是在事后，都是难以准确度量的。例如，高端艺术品的收藏者与低端艺术品的收藏者在艺术品打假上的收益，就有很大的不同。而且，艺术品打假的实际效果究竟怎么样，实际上也是一个很难度量的问题。

第二，即使收藏者确实可以或多或少地从艺术品打假中受益。但是，一旦打假活动正式开始，每一个收藏者都会从中受益。换句话说，不管是由政府来支付打假的成本，还是由收藏者来支付打假的成本，不支付打假成本的收藏者照样可以坐享其成，获得因为打假而带来的收益，这就是所谓的“搭便车”现象，即收藏者通过隐瞒自己的偏好或意愿，以便从他人的支出中获得好处的行为。这就是说，部分收藏者实际上不必支付打假的成本，但仍然可以从其他人支付的打假成本中获得因为打假而带来的收益。

总而言之，艺术品打假的成本实际上相当高昂，而且很少有人愿意主动负担这种高昂的成本。

2. 鉴定有难度

从监管角度来说，艺术品真伪的鉴定问题也是一个大问题。艺术品真伪的鉴定至少面临以下两个问题：

（1）艺术品的真伪如何鉴定？众所周知，鉴定是一门很深奥的学问。以中国书画为例，几千年来，中国历史上有名有姓的画家数不胜数。仅仅拿海派画家来说，就有至少上千人。因此，由一位专家鉴定每一个书画家的作品，显然根本不可能。即使由一位鉴定专家专门鉴定某一位书画家的作品，实际上也具有相当大的难度。就一位书画家的艺术成长历程而言，大致可以分为学习期、成熟期、巅峰期和衰退期，每一个时期都有各自的特点。

从艺术品市场的现实情况来看，书画作伪的名目繁多、五花八门：既有作伪者自书自画冒充而成的（具体可分为摹、临、仿、造四大类）；又有作伪者以旧作改头换面、移花接木而成的（具体可分为改、添、减、割等）；还有妻子为丈夫代笔而成的，弟子为老师代笔而成的，儿子为父亲代笔而成的；更有作伪者利用现代高新技术仿真印刷而成的。与此相对应的是，艺术品的鉴定至今仍然没有被文物界和收藏界公认的鉴定方法，大多依靠鉴定专家的经验和眼力。

然而，“艺术品的鉴定非真即假，即使随便指真道假，都会有50%的命中率。这里的关键，无论说真道假，都要拿出负责任的证据。”问题是，就目前的艺术品鉴定现状而言，关于艺术品真伪的鉴定理论，在很大程度上仍然停留在“只可意会，不可言传”的微妙境地。在这种情况下，鉴定专家在艺术品真伪问题上的意见往往大相径庭、见仁见智。

（2）艺术品的真伪由谁判定？从某种意义上讲，现在的艺术品鉴定在很大程度上还停留在经验判断的“眼学”层面上。因此，鉴定专家是不是真的“目光如炬”“洞烛幽明”，实际上是很难说的。总的来看，目前艺术品鉴定领域的情况是“屡出新闻，错鉴不断”“你真我假，众口不一”“各执己见，互不相让”，并且还呈现出“泛专家化”的趋势。最终则导致了目前的艺术品鉴定“毫无权威性，人人可鉴定”的混乱局面。

例如，虽然一些权威文博机构的著名鉴定专家对中国古代书画较为谙熟，但是，他们对中国近现代书画的认识，却不一定比那些专门研究近现代名家的普通鉴定专家高明。另外，还有一些鉴定专家“业务不专，全面开花，无所不通”。甚至还有个别在古陶瓷、玉器或青铜器领域具有一定专长的鉴定专家，也在其他领域大显身手。在这种情况下，无论是采取“专家集体鉴定，少数服从多数”的办法，还是采取“专家集体鉴定，一票否决”的办法，恐怕都未必能得到令人满意的结果。

总而言之，通过打假的方式来解决艺术品市场上的赝品问题，实际上很有可能收效甚微，甚至步履维艰。事实上，艺术品市场是一个“难得买卖不骗人，鲜有买货不受骗”的特殊市场。艺术品有真有假，收藏者的眼力各有不同。有人看真，有人看假；买主看真，卖主看假的事情多如牛毛。在艺术品市场上，如果以赝品的价格买到了真品，称为“捡漏”；如果以真品的价格买到了赝品，则称为“打眼”，统统不能称之为骗人或受骗，双方都认为是眼力问题。这是中国收藏界的传统“行规”。在这种情况下，治理赝品问题很可能只是一个美丽的神话。

第十七章 发现商业机会，躺着也能让财源滚滚来

从投资的角度道理都是相通的。首先要追求高利润、低风险、高回报，特别在我们个人理财和公司理财都要讲一个货币时间价格，就是钱能生钱，我们的计算方法都是一样的，这些原理是相通的。

——王在全

（北京大学投资理财中心主任）

寻找市场需求

马克·扎克伯格现在已经成为互联网炙手可热的人物，他的第一份全职工作就让他拾得头彩，这在亿万富翁中十分罕见。2004 年，在扎克伯格还是个哈佛大二生的时候创建了社会化网站 Facebook。仿佛眨眼间，Facebook 迅速走红，扎克伯格自此便一飞冲天。

很多亿万富翁之所以能够成为亿万富翁，在于他们善于研究市场，善于发现市场需求。市场需求是客观的，你能够做到的是主观的，主观只有和客观一致起来，才能变成现实，才能有效益。因此，要尽你所能，研究市场，捕捉信息，把握商机。机会从来都是垂青有心人的，做一个有心人，就会发现处处有市场，遍地是黄金，你就会发现你拥有的资产的最佳用处。

对投资者而言，可以从以下几方面进行市场研究：

1. 研究别人都在做什么

如果你没有什么经商的经验，不知道该进入哪个行业，你不妨研究一下大家都在做什么，先随大流，也不失为一种切实可行的选择。看看市面上什么东西最

畅销，什么生意最好做，你就迅速加入到这个行业中去。

当然，别人从事某行业能挣钱，并不见得你去做也挣钱，关键是掌握入门的要领。为此，不妨先做小工向做得好的人虚心学习，学习他们经营的长处，摸清一些做生意的门道，积累必要的经验与资金。学习此行业的知识和技能，体会他们经营的不足之处，在你做的时候力争进行改进。比如，有的下岗职工在开饭店前先到别人开的饭店去打工，虽然苦点累点，一两个月下来便掌握了开饭店的基本要领；有的下岗职工在开美容院前先去别人开的美容院打工学手艺，为自己开业积累知识和经验。

2. 看看自己需要什么商品和服务

寻找市场需求可以先从自己及家庭需求中发掘，因为你自己正是千千万万消费者中的一员，你有所需要，别人同样有所需要。首先，研究你家里每天什么东西消费得最多，在你居住小区购买方便吗？其次，研究你家里经常需要哪些服务，如家用设施维修、孩子上学路远，中午吃饭问题；子女学习辅导、理发、洗澡、量体裁衣等等，这些问题在你居住的社区方便吗？再次，研究一下周围的居民小区及新建小区这些大众需求的方方面面。中国人口众多，一人买一瓶醋，就是十多亿瓶醋，一人用一块肥皂就有十多亿块肥皂。普通老百姓衣食住行的日常需要是你稳定而广阔的市场。

3. 从社会热点、公众话题上寻找

社会在发展，热点会层出不穷，只要你留心观察，在你的周围都有大大小小的热点和公众的话题。

上世纪，英国王子查尔斯在伦敦举行了 20 世纪最豪华的婚礼。查尔斯王子的婚礼引起了全社会的瞩目，成为英国老百姓最关注的话题之一。而精明的商人都绞尽脑汁，想趁机赚一笔。糖果厂将王子、王妃的照片印在糖果纸和糖果盒上，纺织印染厂设计了有纪念图案的产品，食品厂生产了喜庆蛋糕与冰激凌。除此之外，还有纪念章等各类喜庆装饰品和纪念品，就连平常无人问津的简易望远镜，也在婚礼当天被围观的人群抢购一空，众多厂家为此大大地赚了一笔。

在我国，同样有社会热点，从奥运会热、足球热、二胎热等等，每年的全社会和地区热点不断。你所生活的城市和社区也会有局部的热点，如举鲜花节、啤酒节、旅游节、经贸洽谈会、申办卫生城市等热点，从这些热点上可以发掘商机。对官员来说，热点是政绩和社会繁荣的象征；对普通市民来说，热点是景象，是热闹，是茶余饭后的话题；而对精明的商人来说，热点就是商机，就是挣钱的项目和题材。抓住热点，掌握题材，独居匠心就能挣钱。同时，也注意潜在热点的预测和发现，在热点没有完全热起来之前，就有所发现，有所准备，在别人没有发现商机时，你能发现，就更胜一筹。

4. 关注社会焦点

20世纪80年代初期，经常外出办公和经商的人普遍感到住宿难、行路难、吃饭难，如今这三难已基本解决，解决这三难的过程同时也是商家赚钱的过程。比如方便面的产生就部分解决了吃饭难的问题；汽车出租等方式缓解了行路难的问题；各类高中低档酒店、宾馆如雨后春笋般涌现，解决了住宿难的问题。不同的时代，有不同的社会难题，而这些社会难点就是商机。比如，人口面临老龄化趋势、居民住房难、子女教育难等难点问题，围绕着上述难点问题的解决，同样充满了各种商机，就看你能找到什么样的切入点。比如，解决农村卖粮难，还可以搞粮食出口和粮食深加工等项目。解决国有企业困难，需要调整产业结构，优化资本结构，这就为搞资产经营提供了难得的机遇，盘活资产的过程同时也是挣钱的过程。为解决下岗职工再就业兴办一些市场，提供一些必要的服务，发挥下岗职工的优势，同样可以挣钱；至于解决住房难，搞房地产业更是一个前景广阔的行业。

5. 研究市场的地区性差异

中国地域广袤，不同地区之间存在差异。因为地理因素的限制会带来不同地区之间的市场差异。比如，外地有些好的产品和服务项目，本地还没有销售或开展业务。本地一些好的产品和服务项目在外地还没有推广，这就是商机。比如，在城市里过时的商品在农村不一定过时，也许刚刚开始消费；在发达地区过时的商品，也许在内地或边远地区依然畅销；在农村卖不出去的土特产品，也许在城市有广阔的市场。由此可见，市场的地区性差异是永远存在的，关键在于你能不能发现，发现差异并做缩小差异的工作，就是在满足市场需求，就是挣钱之道。

6. 生活节奏变化产生的需求

随着“快餐”文化的到来，现代人的生活节奏越来越快，越来越多的人接受了“时间就是生命”，“时间就是金钱”的价值观念。

快节奏的生活方式必然会产生新的市场需求，用金钱购买时间，是现代都市人的时髦选择。精明的生意人就会看到这一点，做起了各种各样适应人们快节奏生活需求的生意。比如，在吃的方面，中国人口众多，随着人们生活水平的提高和生活节奏的加快，必然要求快餐食品品种更多、数量更大、服务质量更好，这方面市场拓展不定期大有文章可做。在穿的方面，由于生活节奏加快，人们偏爱随意、自然、舒适、简洁的服装，非正式重要场合，较少穿着一本正经的西服。在行的方面，拥有私家车对先富起来的人来说已成为现实，出租业已由城市向乡村发展，围绕着交通和汽车备品市场开展生意，前景也十分广阔。通信业迅速崛起，各类通信工具不断更新，这方面的商品及服务需求也会不断增加。

另外，还可以围绕着适应生活快节奏开展一些服务项目，如家务钟点工、维修工、物业管理服务、快递、送货服务、上门装收垃圾、电话订货购物，预约上门美容理发、看病治疗等都是可以为的项目。

7. 因生活方式变化产生的市场需求

30 年前，人们还在为自己的温饱问题而奔波，当人们不再为温饱而忙碌时，人们更多地想到的是享受生活。围绕着人们生活方式、生活观念的改变就会产生更多新的市场需求。首先追求自身的美，希望能青春永驻、潇洒美丽，这以收入较高的城市中青年女性最为突出。她们需要各种各样的美容商品和美容服务。除了女性，男性也爱美，男人用美容商品，进美容院今天也不是新鲜事了。不仅年轻人爱美，老年人也爱美。人们不仅追求自身的美，也关注与自身有关的美，如自己穿的衣服、用的东西、住的房间，等等都会不断追求美。围绕着人们对美的追求做文章，你会发现市场潜力巨大。

人们不仅追求美，而且还会追求“健”。身体健康长寿是每个人良好的愿望，围绕着人们追求健康长寿的心理也会大有作为的，如现在都市兴起的各种健身房、健美俱乐部、乒乓球馆、保龄球馆等。随着人们生活水平的提高，这方面的需求还会增加。人们物质生活富裕了，自然要求丰富多彩的精神生活。高雅的精神文化产品和相关服务也正形成一种新的产业。节假日的增多，人们闲暇时间增多，走出家门，走出国门到外面世界走走看看的人越来越多，与此相关的旅游业务和产品发展前景也十分广阔。

8. 细化消费群体

不同的消费群体有不同的消费习惯和特性。盯住特定的消费群体，可以为自己寻找到商机。

商业界有句名言：“盯住女人与嘴巴的生意就不会亏。”的确，如果你不做女士们的生意，那么你的市场空间就很狭小了。寻找挣钱之道，就必须想办法赚到女士们的钱。在现代社会，女性消费市场的范围日益广阔。女性已成为家庭日常消费品购买的主要决策者和购买者。至于女性专用商品，则基本由妇女自己决策购买。我国目前有 15 岁以上的女性 3.5 亿人，其中城镇 15 岁以上的女性约有 1 亿左右。因此，研究女性这一消费群体的消费心理、消费习惯和消费需求，开发女性消费品和服务市场，前景广阔。

儿童是又一重要的消费群体。独生子女在家庭中处于一种特殊的地位，据调查，现在很多已婚青年夫妇收入一半以上是用于子女消费的。我国目前 14 岁以下的儿童约有 3.5 亿，相当于美国与日本的人口总和，儿童消费品和服务市场是一个十分广阔的天地。

除此之外，还要研究青年消费群体、老年消费群体、男性消费群体等以人的生理特点和年龄划分的几种特殊消费群体的消费心理、购买行为、消费习惯、消费需求，开发不同群体的消费品和服务市场，不同消费群体市场需求的专业化生产经营和专业化服务项目。

社会在发展，人们的生活观念、生活方式在逐渐发生变化，与市场亲密接触。研究这些变化所带来的现实需求和潜在需求，就是你挣钱的着眼点。

建立雄厚的商业人脉

在好莱坞，流行一句话："一个人能否成功，不在于你知道什么，而是在于你认识谁。""人脉是一个营销人通往财富、成功的入门票!"就拿旅游行业来讲，刚进社会的年轻人，猛地进入旅行社做业务——认识的人顶多就是同学或同事，需要帮忙时常会陷入"求助无门"的窘境；就算是有工作经验的营销人，若不善于建立、维系关系，也很难进一步扩大人脉圈。

这也许是一个极端，但是了解人脉经营的另一个极端——就要了解一个新名词——"脉客"!"脉客"（mankeep）特指一些善于使用人脉、经营人脉的群体。mankeep 译为"人脉经营"，我们称之为"脉客"。在台湾证券投资界，杨耀宇就是个将人脉竞争力发挥到极致的脉客。他曾是统一投资顾问的副总，后退出职场，为朋友担任财务顾问，并担任五家电子公司的董事。根据推算，他的身价应该有近亿元（台币）之高。为什么凭他一名从台湾南部北上打拼的乡下小孩，能够快速积累财富？"有时候，一通电话抵得上 10 份研究报告。"杨耀宇说，"我的人脉网络遍及各个领域，上千、上万条，数也数不清。"

同时，很多成功的商界人士都深深意识到了人脉资源对自己事业成功的重要性。曾任美国某大铁路公司总裁的 A. H. 史密斯说："铁路的 95%是人，5%是铁。”美国钢铁大王及成功学大师卡耐基经过长期研究得出结论说：“专业知识在一个人成功中的作用只占15%，而其余的85%则取决于人际关系。”所以说，无论你从事什么职业，学会处理人际关系，你就在成功路上走了85%的路程，在个人幸福的路上走了99%的路程了。无怪乎美国石油大王约翰·D. 洛克菲勒说：“我愿意付出比天底下得到其他本领更大的代价来获取与人相处的本领。”

从上面的事例中，可以看出：一个人思考的时代已经过去了，建立品质优良的人脉网为你提供情报，成了决定工作成败的关键。环绕四周的多半是共同寻乐和有利害关系的朋友，和他们交往虽然愉快，关系却不能长久。我们很容易分析得出结交朋友的过程，总不外乎因为某种缘分与别人邂逅，对对方产生好感，然后开始进行交流，于是进入“熟识”阶段。对朋友觉得有趣或愉快，通常都在这个阶段。熟识之后，开始有一种共患难的意识，彼此间产生友谊。认为朋友会对我们有帮助，通常是在这个阶段。这个阶段的友谊，联系性强，彼此间也容易产生超过利害关系的亲密感。说的更具体一点儿，交往的本质其实也就是互相启发和互相学习。彼此从不断摸索中逐渐改变逐渐成长，建立起稳固而深厚的友情。

在我们的工作和生活中，可以作为智囊的朋友，大抵可分为以下3类：

第一类：提供有关工作情报和意见的，称为“情报提供者”。这种人大都从事记者、杂志和书籍的编辑、广告和公关工作，即使你不频频相扰，对方也会经常提供宝贵的意见。

第二类：提供有关工作方式和生活态度的意见，称为“顾问”。这种人多半是专家，甚至是本行内的第一人，可以把他们视为前辈或师长。

第三类：则与工作无直接关系，称为“游伴”。原则上不是同行，通常是在参加研讨会、同乡会和各种社团认识的，有些也是“酒友”。他们不但可以是“后援者”，有时甚至是我们的“监护人”。

“人的情报”比“字的情报”重要得多。既然人脉如此重要。下面来讲述建立人脉的原则及方法。

建立人脉的原则：

(1) 互惠：人与人之间都是相互的，所谓“赠人玫瑰手有余香”就是这个道理，如果我们只想拥有而不想给予，那将是一个自私的人，而自私的人是不会拥有真正的朋友的。主动地帮助对方，并且不要拒绝朋友的帮助，人是越帮忙越近，越不好意思越远。

(2) 互赖：包括互相依赖、互相信赖。“人”字本身就是一撇一捺互相依靠，互相扶持。

如何建立人脉：

（1）建立你的价值，在盘点人脉关系前，冷静问问自己：你对别人有用吗？你无法被人利用，就说明你不具有价值（比如说，职业规划无非是提升你的“被雇佣价值”），你越有用，你就越容易建立坚强的人脉关系。

（2）向他人传递你的价值，世界第一的推销员乔·杰拉德在台湾演讲时把他的西装打开来，至少撒出了三千张名片在现场。他说：“各位，这就是我成为世界第一名推销员的秘诀，演讲结束。”然后他就下场了。一个老好人，固然有趣但毫无用处，但一个总不愿被人利用的精明人，也难以建立真正的人脉关系。在人际交往中，要善于向别人传递你的“可利用价值”，从而促成交往机会，彼此更深入地了解和信任对方。在日常社交中，有两种心态不太可取：一是自我封闭，傲慢。二是愤青心态，以超脱自居。

（3）向他人传递他人的价值，成为人脉关系的一个枢组中心，你身边也有很多朋友各有自己的价值，那么为什么不把他们联系起来，彼此传递更多的价值呢？如果你只是接受或发出信息的一个终点，那么人脉关系产生的价值是有限的；但是，如果你成为信息和价值交换的一个枢纽中心，那么别的朋友也更乐意与你交往，你也能促成更多的机会，从而巩固和扩大自己的人脉关系。所以，寻找并且建立自己的价值，然后把自己的价值传递给身边的朋友，并且促成更多信息和价值的交流，这就是建立强有力的人脉关系的基本逻辑。

选择好行业的标准

“女怕嫁错郎，男怕入错行”，这一俗语道出了行业选择的重要性。其实，现代社会的每个人都应重视选择自身行业的重要性。

在科技迅猛发展的今天，行业的烦琐令很多人头晕眼花，无从下手。如今什么行业最赚钱？什么行业是热门？这个行业是否适合自己……这些问题无一不在困扰着人们，特别是针对初次创业的有志青年，当大量的心血付诸东流，负债累累的他们该拿什么去生存？所以投资适合的行业是至关重要的！

大多数的人都希望能拥有一个属于自己的能够长远经营稳健发展的事业，但是在物竞天择、竞争残酷的当今社会，却天天有人破产，天天有人失败，原因何在呢？除了经营与管理不善之外，还有另一个非常重要的因素：那就是没有正确选择所经营的行业。那么该如何来选择好的行业呢?

1. 尽量选择朝阳行业

朝阳行业相对于夕阳行业而言的，所谓的朝阳产业指的是：这个产业或产品在未来的10～20年中将很有前景、很有市场，将被消费者广泛地接受和使用。大多数的富豪都因为具有超前的智慧与眼光，选择了很有前景的朝阳产业才取得成功。

比如，世界首富比尔·盖茨：他在大学时期就具备了超人的智慧和眼光，他清晰地看到：在未来的生活中，人人将离不开电脑，家家户户都将拥有电脑，因而毅然放弃学业，创立了微软公司，致力于小型家庭电脑及应用软件的开发。因为他当初选择了世界上最有前景的朝阳产业，所以今天他是世界首富。

2. 尽量选择蓝海领域

所谓蓝海，就是尚未有很多人涉足的新兴领域。很多人在选择行业的时候，往往是看到别人在一个行业中赚到了钱，然后也跟着去从事那个行业，其实这是一种严重的错误。为什么呢?因为你不是在这个地域中最早从事这个行业的人，大块的市场和利润已经被别人所占领，你会模仿，其他人也会很快模仿竞争，最后的结局就是大鱼吃小鱼，实力小的被淘汰出局。

可以举个简单的例子，在十几年前，福建地区很少有人从事茶叶销售、开茶庄，所以短短的几年时间，早期的极少数经营茶叶生意的人赚了大钱，结果很多人看到卖茶叶能赚钱就蜂拥而上，竞相模仿，如今一个小小的城市往往有几百人、甚至上千人在开茶店，做茶叶生意。请问：这些人能赚大钱吗?当然不是完全不可能，但毕竟很难，因为整个市场利润都被瓜分了，因此选择好行业的第二个要素就是：市场空间大，竞争对手少，也就是说还没有人或很少人从事的时候，你要抢先一步，才有可能领先一路。

3. 尽量选择市场需求量大的行业

以下例子可以说明量大赚钱，要经营的行业及产品要尽可能是人人都要用、家家户户都需要的产品，量大就能赚大钱，这是行业选择的第三个要点。

劳斯莱斯轿车是专门针对社会最上层人士所设计的价格最昂贵的轿车，但这家公司并不是世界上最赚钱的汽车厂，反而比本田、丰田、福特等汽车厂赚的钱少，为什么呢?原因很简单：销量不大，99.99%以上的消费者买不起。

台湾的7—11便利店24小时通宵达旦营业，各地共有2000家分店，生意都很好，每家分店都有卖一种东西：茶叶蛋。假设每个茶叶蛋7—11赚0.30元，每家分店每天平均卖500个茶叶蛋，我们来计算一下7—11便利店每年光茶叶蛋的利润有多少？0.3元×500个×2000家×30天×12月＝1.08亿元/年。仅一项茶叶蛋7—11每年的利润就有上亿元！

4. 尽量选择投资少、高利润、高回报的行业

薄利多销当然也能赚大钱，但是如果两款产品同样的销售量但不一样的利润，是不是经营利润高的产品能赚更多的钱？所以，选择行业的第四个要素就是：尽可能去选择利润较高的行业或产品，而且最好能投资不大（投资越大风险越高），却又能带来长期的高回报利润。

5. 尽量选择售后服务少的行业

这也是衡量好行业的一个标准。如果你选择的是需要长期不断地做售后服务的行业，将会浪费很多宝贵的时间和精力，因为售后服务通常是不赚钱的，但为了长期拥有客户及良好的信誉，你必须随时准备为客户服务，随叫随到，而且经常会碰到一些不是很友善的客户，是不是很让人头疼？

具备上述5个条件中2个以上的就不错，同时具备5个条件的，更是最佳行业。当然，在时代飞速发展的今天，仅仅懂得如何选行业是不够的，还必须跟进社会的发展步伐，了解当前的行业需求。

几个具有发展前景的行业

“三百六十行，行行出状元”，话虽如此，在众多的行业中，对普通人而言，以下几种行业是最为普通，但也相对具有发展前景。

1. 美容健身行业

随着时代的发展，人们花在美容健身方面的时间和精力越来越多。近年来，美容健身经济一直以每年15%以上的速度持续增长。《中国美容经济调查报告》显示，美容健身业正成为中国继房地产、汽车、旅游和电子通讯之后的第五大消费热点。有相关统计表明，我国美容健身服务性总收入将突破3000亿元。由于美容健身业导入连锁经营相对较晚，目前多以产品代理或设备销售为主，因而美容健身行业成功的关键在于其专业性和技术性以及售后服务的情况。

俗话说，女人和小孩的钱最好赚，所以时下里盯紧女人做生意的人越来越多了。阿菊就是在其中掘了一桶金的有心人之一。不到3年的时间，阿菊已经成了拥有12家化妆品专卖店的老板。至于其中的收益如何，你看她的开店速度就可略知一二了。

其实阿菊的起步很简单，但也经过了深思熟虑。3 年前，当一个知名品牌化妆品开始推出产品专卖店销售产品的方式时，阿菊仔细地观察了那些投资开店的人，然后自己暗地里偷偷算了一笔账：一是投资不算太大，自己还能承受得起；二是这个品牌口碑不错，在同档次产品当中拿货能得到的折扣还不少；三是现在人们的消费水平越来越高，女孩子们也越来越舍得为自己的脸面投资了。再加上阿菊觉得这个品牌为投资商提供的各种指导很全面……综合这些因素，阿菊觉得生意应该有得赚，而且她也看到身边已经有人在赚了。于是就投了第一笔资金，开了自己的第一个化妆品专卖店。阿菊自己也没有想到，不到 3 年，属于她的化妆品专卖店就增加到了 12 家。

2. 服装与饰品行业

服饰行业是连锁加盟的积极参与者和实践者。在传统行业中，服装、饰品行业是个永恒的朝阳产业。中国是世界上最大的服装、饰品消费国。很多城市月光族们的消费清单上，至少有 1/3 是为了追求靓丽而血拼服装、饰品的开支。与其他行业相比，服装、饰品行业的投资门槛低，不需要太多的专门技术，几万元就可以开个不错的小店，而且如果能选择一个正确的专业性加盟总部，即使没有创业开店的经验，也可在连锁总部的指导下较为轻松地创业成功，而面临的市场风险则相对较小。

3. 咖啡、奶茶等行业

近几年，中国饮料年产量以超过 20%的年均增长率递增，饮料市场已成为中国食品行业中发展最快的市场之一。未来很长的一段时期，国内饮料市场发展前景仍然看好。居民收入水平提高，使饮料生产量和消费量的持续增长成为可能；消费者对天然、低糖、健康型饮料的需求，促进了新品种的崛起。但增长点将会转移，碳酸饮料的传统主流地位已受到挑战，而咖啡、瓶装饮用水、茶饮料、果汁饮料、新鲜现做型饮料等将受到更多消费者的青睐。

4. 餐饮美食行业

餐饮连锁是连锁加盟的主导力量，在连锁经营领域的发展中一直起着火车头的作用。对于广大创业者来说，餐饮行业一直以来都是创业者关注的焦点行业。一直以来广大创业者最害怕的一个是进货渠道难找，人员培训复杂，店铺租金问题，顾客少，商品积压、过时，店铺选址不易等等难题，对于餐饮业来说完全不是问题！所以，对于创业新手来说，餐饮业应该是他们的首选创业行业。

5. 装潢家居行业

目前，我国家装行业的连锁经营还没有形成完整意义上的规范，整个家装市场还处于一个相对滞后、混乱的市场格局。但是，家装连锁经营模式前景十分广阔，其近 6000 亿元的巨大商业空间受到了越来越多投资者的青睐。目前，我国的住宅装饰装修业已经成为国民经济发展的重要支柱产业，每年家庭装修消费和装饰用品消费都是非常庞大的数字。家装行业开展连锁经营正式从 2001 年开始。而目前，企业也普遍地把精力从几年前的重数量扩张转向现有的重支持、提升连锁系统，实现系统的良性发展，从而为加盟商提供了更为广阔的利润增长空间。

6. 专卖零售行业

据业内有关人士透露，在我国，扣除各种开支之后，便利店毛利率也在 25% 左右。除去每个月的工资、水电等高的相关费用后的净留存，加盟便利店的老板每个月挣点辛苦钱是没有问题的。这种稳定的收益，对不少人来说也还是一种诱惑，对加盟者的吸引力是可想而知的。但是，便利店的投资也不能盲目跟风，投资者一定要精心挑选总部。强大的总部应该有一套可供复制的开店支持系统，包括加盟店选址的市场调研、店铺陈列、区域物流配送等。

可能很多人会有疑惑，只要投资那些热门行业就一定有收获吗？当然是不可能的，不管做任何事情，都会有失败有成功。如果你对那些没有兴趣，甚至排斥的行业，只是一味地为了赚钱而投资，结果将是得不偿失的。你可以根据一个好的行业特性，结合热门行业的发展趋势，创造出自己喜爱的另类赚钱行业。

合伙投资的创业形式

合伙制经营是一种重要的公司经营方式，允许公司充当合伙人至少有以下好处：一是为公司法人提供多种投资机会和渠道。二是合伙人之间可以相互取长补短。发挥不同企业的各自优势，优化组合，充分实现社会资源的最优配置。三是有利于法人制度与合伙制度的相互借鉴。四是当公司作为普通合伙人时可以直接参与合伙企业的共同事务之管理，可以对自己的转投资财产的运用进行直接控制。五是利用合伙企业非法人身份的税收优惠之好处。这是公司法人选择投资合伙企业的最重要的根源所在。

投资大师巴菲特在公司的早期经营阶段，巴菲特就同奥马哈一位商人接洽并请求他投资 1 万美元。这个商人告诉他的妻子说他准备投资，但是，他的妻子并不同意，说他们拿不出1万美元。“我们可以借钱。”他说。“根本不可能。”他的妻子回答说。如今奥马哈的这位商人的儿子哀叹说他的父母因此而错失了成为百万富翁的机会。

查尔斯·海得尔是巴菲特早期的合伙人之一，今天，他是奥马哈市海得尔韦兹合伙公司中负无限责任的合伙人。海得尔说：“我告诉我的家人说：‘看呀！沃伦将时时刻刻为我们考虑如何用我们的钱进行投资。’”另外一个投资者是佛瑞德·斯坦班克，他在哥伦比亚见到巴菲特后，便对他留有深刻的印象。斯坦班克因为长期拥有伯克希尔公司的股票、福德赖恩公司的股票以及其他公司股票而闻名。

时光飞逝，原来的一些合伙人不断增加投资，另外一些合伙人进入到董事会中来。后来，其他一些合伙公司也加入到原来的合伙公司，到1961年年末，巴菲特把10个合伙公司联合起来并把原来的名字巴菲特联盟变更为巴菲特合伙公司。

1957年，巴菲特合伙公司创下了赢利31615.97美元的纪录和10.4%的增长率。这可能听起来并不怎么令人激动。但是和那年暴跌8.4%的道·琼斯工业指数相比，情况就相当不错了。

巴菲特，当他在1956年开始经营合伙公司的时候，只有10万美元的资产。但是到1959年，他的资产已经达到了40万美元。巴菲特合伙公司的利润率总是高于道·琼斯工业指数的涨幅，从没有亏损的时候。平均来说，从1957～1962年间，尽管道·琼斯工业指数每年增长8.3%，但是，巴菲特合伙公司的增长率却是在26%。根据巴菲特的计算，巴菲特合伙公司的资产净值，即使在巴菲特家里经营的时候，也已达到7178500美元!

从上述例子可以看出，巧借“东风”，巴菲特合理巧妙地运用了合伙投资这种创业方式，从10万美元的净资产到如今7178500美元的净资产，让我们来分析一下合伙投资的优点，主要有以下几点：

(1) 合伙企业的资本来源比独资企业广泛，它可以充分发挥企业和合伙人个人的力量，这样可以增强企业经营实力，使得其规模相对扩大。

(2) 由于合伙人共同承担合伙企业的经营风险和责任，因此，合伙企业的风险和责任相对于独资企业要分散一些。

(3) 法律对于合伙企业不作为一个统一的纳税单位征收所得税，因此，合伙人只需将从合伙企业分得的利润与其他个人收入汇总缴纳一次所得税即可。

（4）由于法律对合伙关系的干预和限制较少，因此，合伙企业在经营管理上具有较大的自主性和灵活性，每个合伙人都有权参与企业的经营管理工作，这点与股东对公司的管理权利不同。

如果公司转投资到其他有限公司或者股份公司，虽然可以享受有限责任制度的好处锁定自己的投资风险，但是，由于公司都是法人，需要以法人独立身份纳税，税后利润分配给公司法人股东时，公司法人要再次纳税。显然，双重征税大大降低了公司投资其他公司的吸引力。而公司法人加入合伙企业，就可以享受到合伙企业非法人不独立纳税的好处。

凡事有利有弊，对此应全面看待，合伙企业的缺点有：

（1）相对于公司而言，合伙企业的资金来源和企业信用能力有限，不能发行股票和债券，这使得合伙企业的规模不可能太大。

（2）合伙人的责任比公司股东的责任大得多，合伙人之间的连带责任使合伙人需要对其他合伙人的经营行为负责，更加重了合伙人的风险。

（3）由于合伙企业具有紧密联系的特点，任何一个合伙人破产、死亡或退伙都有可能导致合伙企业解散，因而其存续期限不可能很长。

合伙投资的优点自是不必多说，但缺点也是不容忽视的，如何巧妙运用，让利为我们所用，避开不利的一面，是我们走向成功投资的关键一步。

加盟连锁的投资方式

加盟连锁是一种很好的投资方式。先来详细了解一下什么是加盟连锁。加盟连锁经营是指总部将自己所拥有的商标、商号、产品、专利和专有技术、经营模式等以加盟连锁经营合同的形式授予加盟者使用，加盟者按合同规定，在总部统一的业务模式下从事经营活动，并向总部支付相应的费用。由于总部企业的存在形式具有连锁经营统一形象、统一管理等基本特征，因此也称之为连锁经营。

有人认为，加盟经营是商业形态的第三次革命。第一次是农业时代的杂货店，第二次是工业时代的百货超市，第三次是后工业时代的连锁——加盟经营。有资料表明，国际上著名的跨国公司，70%～80%的连锁店是通过连锁加盟经营方式建立的。国际上运用连锁加盟经营模式比较成功的有“可口可乐”“麦当劳”“肯德基”“家乐福”等。

这种意义下的加盟经营，一般适用于商业企业，“3K”正是借鉴这些著名跨国公司的成功经验，实行了独特的“特许加盟，连锁经营”的经营模式。加盟经营是一种新的现代商业运营组织方式。它适应市场经济的发展，能够更好地为客户服务。它利用知识产权的转让，充分调动了一切有利的资本并将其实现了最优化的组合。

品牌维护费是加盟商取得某一连锁体系单店经营权的必要投资，在签约当时必须给付，相对总部也要提供开店经营管理的支援与协助，加盟商从此被授予该店品牌的使用权。加盟商可以用加盟总部的形象、品牌、声誉等，在商业的消费市场上，招揽消费者前往消费。而且加盟商在创业之前，加盟总部也会先将本身的技术、经营方案等教授给加盟商并且协助其创业与经营，双方都必须签订加盟合约，以达到事业之获利为共同的合作目标，而加盟总部则可因不同的加盟性质而向加盟商收取相应的费用。

特许经营连锁模式对加盟者的好处：

1. 可以降低创业风险，增加成功机会

在当今日趋激烈的竞争环境里，市场机会对于小资本的独立创业者来说已是越来越少。每年全国几万家中小企业倒闭的事实告诉我们：一个资金有限，缺乏经验的投资者要在高度饱和的市场环境中独立开创一份自己的事业是困难重重，风险万分的。而投资者若选择一家业绩良好、实力雄厚、信誉颇高的特许经营连锁企业，加盟其连锁网络，其成功的机会将大大提高。有句俗话：树大好乘凉。小投资者加盟特许经营网络，有个连锁总部做“靠山”，又可以从总部那里获得专业技术等方面的援助，这对于缺乏经验的创业者来说，的确是一条通往成功的捷径。

2. 加盟商可以得到系统的管理训练和营业帮助

一家新店要独自摸索出一套可行的管理办法，往往需要很长的时间，或许在这套管理方法成熟之前，该店就因为多走了弯路而无法维持下去。但如果投资者加入连锁总部，他就不必一切从头做起，尽管他完全没有专业知识和管理经验，他也可以立即得到总部的管理技巧、经营诀窍和业务知识方面的培训。而这些经验是总部经过多年实践，已被证明是行之有效的，并形成了一套规范的管理系统，加盟商照搬这些标准化的经营管理方式极易获得成功。

3. 加盟商可以集中进货，降低成本，保证货源

连锁经营最大的优势主要体现在集中进货与配送上。由于加盟总部规模大，实力雄厚，可以获得较低的进货价格，从而降低进货成本，取得价格竞争优势。

同时，由于加盟总部是有组织的，在进货上克服了独立店铺那种盲目性，加上总部配送快捷，加盟者能将商品库存压到最低限度，从而使库存成本相应降低。而加盟者卸下了采购重担，只需将全部精力放在商品推销上，这就加速了商品流转，提高了利润水平。加盟者由总部集中统一进货后，另一大优点是可以充分保证货源，防止产品断档。补给不足、商品缺货是一些个体零售商的常见现象。长此以往，势必影响店铺的信誉及客源。而加盟者则不需要担心这一点，总部已经为其提供了快捷方便的产品配送服务。

4. 加盟商可以使用统一的商标和规范的服务

现代社会的消费者，关注的不仅仅是商品的价格。店铺良好的形象与高质量的服务已成了消费者关注的首选。因此，对于一个初涉商海的创业者来说，最头疼的问题就是不知如何提高自己的声誉，吸引消费者，即所谓的“打响招牌”。当然，他可以利用大量的广告展开宣传攻势。但一般的个体经营者，资金有限，他想要创出自己的招牌可谓难上加难。而绝大多数情况下，加盟总部已经建立了良好的公众形象和高品质的商品服务。若投资者加盟了连锁企业，可以分享到企业无形的资产，使自己的知名度和信誉随之提高。从消费者角度来说，一般也会把加盟者的分店看成是某大集团属下的企业，从而增加信赖感。因此，加盟者可以“借他人之梯，登自己发展之楼”，利用这种优势迅速稳固市场地位。

5. 加盟者可以减少广告宣传费用

个体经营者加盟连锁组织以后，可以坐享已经建立起来的良好信誉和知名度，省去初创业时“打响招牌”的广告宣传费用，这是不言而喻的。

6. 加盟者较易获得加盟总部的铺货支持

对于一个独立经营者或初创业者，最关心和最棘手的莫过于资金的筹集，他们往往会因为资金没着落或不足，而不能顺利开业，丧失良好的市场机会，或者因为资金周转不灵而陷入困境。如果他们一旦加入连锁组织，资金的筹集就相对来说容易得多。连锁总部对有良好经营能力的加盟者，但一部分资金又暂时不能到位的情况，会采取铺货支持的办法，支援新店铺的开业。而加盟者就可以在前期将店铺顺利运转。

7. 加盟者可以获得连锁总部的经销区保护

避免同商铺的恶性竞争，共同对付其他竞争者，保证双方的利益。

8. 加盟者可以获得更广泛的信息来源

由于加盟连锁总部会从各加盟店收集来的信息数据加工后及时反馈给加盟

店，并随时对周围的各种环境做市场调查和分析，其中包括：消费水平的变动、消费倾向的改变等，使得各加盟者能及早采取应对措施。

当然，特许经营连锁对加盟总部也是有好处的。首先，加盟总部可以迅速扩张规模。总部指在加盟经营活动中，将自己所拥有的商标、商号、产品、专利和专有技术、经营模式及其他营业标志授予加盟商使用的事业者。

加盟总部看重的是加盟者在自己的区域内有一定的优势，如销售渠道及网络资源优势，人际关系及公共关系等优势。总部，作为一个外来者去开拓一个市场，很难在上述优势上有本质的超越。因而，加盟连锁总部可以在短时间内迅速扩张规模。

其次，加盟总部在确保全国销售网络的同时，集中精力提高企业的管理水平，改善加盟店的经营状况，开发新产品，挖掘新货源，做好后勤工作，加快畅销产品的培养；总部可以研究改进店铺设计、广告策划、商品陈列、操作规程、技术管理等一系列问题，使各分店保持统一形象，形成新特色，更好地吸引消费者。

特许经营连锁模式的好处是显而易见的。作为一个小资本的创业者，选择特许经营连锁组织不失为一个明智之举！自从将连锁加盟的概念传输给投资者以来，连锁加盟业在我国如雨后春笋般地冒了出来。今天，无论是马路上随处可见的红茶馆还是干洗店都已推出了连锁加盟，并且培养出了一批批加盟者。连锁加盟带给投资者的将是一种在享受他人成功模式的同时，也能给自己带来丰厚的投资回报。

“借鸡生蛋”的投资策略

俗话说得好，“近水楼台先得月，向阳花木早逢春”。1993 年，上海亚太影视公司来学校招业务员，每月 300 元工资，还在读大二的江南春利用自己是校学生会主席的这个优势捷足先登，欣然揣着招聘海报前去应聘。一个月后，招来的 30 名业务员只留下了两名，江南春是其中的一位。当时是卖东方电视台一个叫东视旋律的节目广告，江南春一个月能做好几个客户。到 1993 年的时候，一个人大概做了公司 1/3 的营业额，约 150 万元。

初次推销的经验，江南春经常重复利用。那时主要做的是商业方面的广告，而上海新的商业街淮海路刚刚修建，江南春就去横扫淮海路，一家一家拜访。刚开始几个月他仅做销售，后来就开始做全案了，自己当导演，自己写广告剧本，自己出创意，自己拍，也自己卖广告。凭着这样的干劲，不久后，江南春就成为这家公司的二老板。

生性好强的江南春并不想一直打工。1994 年 2 月，尚在读大三的他开始自己创业；同年 7 月，江南春与包括香港永怡集团在内的几个伙伴合资，注册成立永怡传播，注册资金 100 万元。作为中国最早一代的大学生创业者，可以肯定的是，他不是天生有钱的主儿。那么，这笔数额巨大的注册资金，究竟是从天而降还是另有隐情？其实，100 万元注册资金江南春得来全不费工夫。机警而充满商业智慧的江南春，把握住一次机会巧妙“借鸡生蛋”，快速积累了最初的创业资本。

1994 年，港资永怡集团老板为了整合旗下品牌，出资 100 万元让江南春组建永怡传播公司。这是一家以创意为主的广告代理公司。从公司成立之日起，除了身份证上的数字证明江南春只有 21 岁之外，言行举止以及生意场上的谈判风格已然是一个老练成熟的公司老板了。

尽管当时江南春只是拥有公司管理权，永怡传播公司不得不依附于永怡集团，但为了实现从管理权到所有权的转变，江南春又巧妙地两次“借鸡生蛋”，最终通过“还款”“购买股份”方式让永怡传播公司改姓“江”。成为“江总”的江南春，开始马不停蹄地为自己的企业四处奔跑打拼。毕业前夕，江南春与一位志同道合的朋友合作成立了东广广告公司。这个公司的运作成功，在很大程度上展现了两个年轻人的商业远见和经营智慧。当时，无锡市正在大张旗鼓地进行市政建设，他们受上海南京路灯火通明的启发，搞了一个“让无锡亮起来”的策划方案，并想方设法说服对方，拿下了无锡的灯光工程。

以上海市的“灯光改造工程”游说无锡市政府在商业繁华地点建立灯箱广告，成本只有百万元，而收益却是六七百万元。事实上，江南春运作这个工程没有投入一分钱。500 个灯箱前期的制作费是无锡市财政局为市政工程贷的款。江南春没有投入一分钱，而是借别人的钱，然后做别人需要的产品，产品做好之后，再用他要求的价格让别人买回去。用江南春的话来说就是“我来的时候带着创意和能力，走的时候口袋里装满了钱”。

前后演绎的几个“借鸡生蛋”的故事，让江南春真真实实地拥有了第一个 50 万元，也让他从真正意义上拥有了永怡公司的管理权和所有权。

俗话说，最会投资的人是自己根本就没有钱，纯粹是靠借钱用于投资，并且不给任何人带来损失的人；第二会理财的人是除了把自己结余的钱用于投资还不够，还会借更多的钱用于投资的人；第三会理财的人是自己有多少钱就投多少资，但不会借钱用于投资的人；第四会理财的人是比较理性地买股票和基金的人。而江南春就属于第一种人。下面来分析一个“借鸡生蛋”的投资方式：

“借鸡生蛋”是所有投资者不能不选择的发财方式。比方说，“我”在年初借人家一只母鸡，在一年中下了100个蛋，到了年底，“我”将鸡还给人家的时候，还拿50个蛋做利息给他，结果“我”也赚了50个蛋。但是，如果“我”不去借鸡，“我”能有这50个蛋吗？也许有人要问，人家一年能下100个蛋的鸡为什么愿意借给你来下蛋呢？你问得好，理由是：那个鸡的主人根本就不会喂鸡，他如果自己亲自喂一年只能下20个蛋，现在借给“我”之后，不但不需要自己喂养，而且多得了30个蛋，此等美事，何乐而不为呢？

当然，“借鸡生蛋”也同样是有技巧的。要能够比较顺利地“借鸡生蛋”，就要做到以下几点：

（1）恪守信用，一个不守信用的人是很难借到钱的。

（2）要有良好的心态，要把借钱投资当作一件很光荣的事，不要有任何“不好意思”的感觉。在这个世界上，任何一个不会借钱的人几乎就是不会投资理财的人，至少可以说不是投资理财的高手。再大的老板也要借钱，李嘉诚也不例外。打个比方：李嘉诚有100亿元的现金，但他现在正准备投资一个200亿元的项目时，他同样要去银行借100亿元，他不可能等到自己赚了100亿元之后再去上那个项目。正因如此，所以李嘉诚特别喜欢去银行借钱，因为他借了钱后可以赚更多的钱。而那些银行也非常喜欢将钱借给李嘉诚，因为借给他又安全批量又大。

（3）不管借谁的钱都要付利息，哪怕是借你兄弟姐妹或岳母娘的钱。因为你借钱是为了去赚更多的钱，所以付利息是天经地义的。并且因为绝大多数人都是趋利的，再好的关系，如果人家觉得借钱给你无利可图，你下次就很难借到他的钱了。

（4）利息不能付得太高也不能付得太低，并随着你的实力和信誉度的提高而递减。对于一个创业初期的人借钱以月利率10‰左右为宜，利率太高你负担不起；利率太低你很难借到钱。

（5）借钱一定要向你的债权人说明用途。因为你的亲戚朋友只想支持你去干值得支持的事业，比方说，如果你是借钱去赌博，谁会借给你呢？

（6）学会“化整为零”。比方说，你想要借10万元去创业，你就不能向任何一个人开口说向他借10万元。如果这样，那你就永远也借不到10万元。你必须将10万元分解成2个5万，或者3个3万加1万，或者4个2.5万，或者5个2万，甚至10个1万去借。

（7）要不断地积累“信用记录”。因为一个从来没借过钱的人很难借到钱，一个借钱不按时归还的人更借不到钱，只有经常借又每次按时归还的人才最容易借到钱。不妨在你暂时不需要钱的时候，去你周围的人那里尝试一下借钱的能力，你借的钱即使暂时用不上，也可以帮你建立起你的“信用纪录”。你的“信用纪录”对你未来的投资一定是很有价值的！

（8）最好向不怎么会喂“鸡”的人去“借鸡”。“借鸡生蛋”要看对象，最好是吸收社会闲散资金和向那些只会将钱存到银行的人借。如果向商人和企业家去借钱就不是社会资源的优化配置，因为那些人都是养“鸡”高手，他们养的“鸡”也许比你养的“鸡”下的“蛋”还多，他们的“鸡”借给你就不会增加社会的新财富了。当然，临时应急借用几天还是可以的。

投资商业的成功秘诀

在中国大地上，活跃着一群成功的商人，他们被冠以“浙商”的名头。浙商如此成功，主要得益于一系列“吸金大法”。

1. 吃得起苦

孟子曰：“故天将降大任于斯人也，必先苦其心志，劳其筋骨，饿其体肤，空乏其身，行拂乱其所为，所以动心忍性，增益其所不能。”这种吃苦的精神在浙商身上表现得淋漓尽致。浙商自白：人要想永远成功，在每一个阶段都很艰难，只是艰难的程度不一样而已。几乎所有的浙商都认为，“只要肯吃苦，满地都是金子。”每一个浙商，在工作中都是非常善于吃苦的。浙江人能吃苦、善于吃苦的精神，已经得到全国人民的公认。许多刚开始创业的浙商都非常善于吃苦，他们能够“白天当老板，晚上睡地板”。他们什么苦都肯吃，什么脏活、累活都愿意干。别人不愿干的苦活，诸如弹棉花、补鞋子、磨豆腐、配钥匙等，浙江人都抢着去干；别人不肯受的辛劳，诸如走南闯北、远走他乡，浙江人都乐意去受。因为他们深深懂得，“天下没有免费的午餐”，要想获取财富，必须付出艰辛的劳动。

在 20 世纪 80 年代中期，市场经济政策刚刚放开，浙江人就外出打工、做生意。20 年来，这些远离故乡的棉花郎、修鞋匠、钥匙大王等人，不仅挣到了血汗钱，而且在市场经济的大潮中学会了经商的基本法则。当他们挖到第一桶金的时候，当他们的资本积累到一定程度的时候，这些人或回乡创业，或在异乡扎根发展，一个个成为了老板，走向了富裕。

例如，浙江 001 电子集团有限公司董事长兼总裁项青松出身农民。项青松从不避讳自己的身份，相反，他认为这是一个非常好的锻炼，因为从小种过地吃过苦，学了很多很多东西。他还举了一个例子说："1992 年的时候，我在试制卫星天线，那个时候室外气温有 40 多度，有员工就讲，老板你要不要出去？我说没关系，我觉得我现在比种地好得多了。我一直有这样的心态，所以我做什么都不觉得苦。"

许多不愿意吃苦的人都认为浙商的行为很不可思议，甚至有点儿看不起浙商。但是，许多年后，这些睡地板的浙商都成功了，小企业成了大公司，小资本成了大财富。这时候，大家才意识到，"吃得苦中苦，方为人上人"这句古话在浙江商人的身上得到了验证。

2. 从小生意做起

浙商尤其是懂得聚少成多的道理，从白手起家，一点点拥有，最后聚集出惊人的财富。

1986 年春节刚过，当许多人还沉浸在节日的欢乐气氛中，徐林义就已经在浙江老家打点行囊，准备来西部开创他精彩的人生，这一次他可是一点儿余地都没给自己留，信誓旦旦地说不闯出一番事业来绝不回乐清老家。几天几夜地折腾，先是汽车再是火车，晕头转向的徐林义终于到了青海省省会西宁。一下火车可把徐林义镇住了，早就听说青海是个"冰窟窿"，冻起来流出的鼻涕都能结冰，这一来还真是名副其实，南方早就已经春暖花开，可这里俨然一副冬天的景象，从小生活在江南温暖小镇的徐林义心里真是瓦凉瓦凉的。

可是，来都来了总不能打道回府吧，他想起当初离家的时候信誓旦旦地保证，就顾不了那么多了。徐林义就租了间房子，雇来几个工匠开始没日没夜地制作皮鞋，冷了就穿上厚厚的棉大衣接着干，虽然身子是暖和了，可手却又开始生冻疮了，再加上天天在散发着皮革、黏合剂气味的出租屋里干活，许多雇来的工匠都受不了苦，中途走了。员工少了，徐林义就自己既当老板又当伙计，晚上在出租屋里制作皮鞋，白天再一双双拿到街上去卖，那时候市场个体户摊儿上的皮鞋一双只卖 15 到 20 元，除去成本一双鞋只赚几块钱、甚至更少，但徐林义却说生意都是从小做大的，哪怕一角钱也得挣。也许正是凭借着这样一股韧劲，徐林义才有了日后的辉煌。

善做准备的人总是离成功最近。经过近 10 年的艰苦打拼，1993 年徐林义终于有了足够的资金，他租了一个铺面，开了一家“三榆国货”，开始皮鞋自产自销，而这三棵榆树也成了日后他成立集团取名“三榆”的由来。尽管利润不多，但由于徐林义的皮鞋质量好，做生意又讲究诚信，他的生意是同行里最火的，很多顾客都成了回头客。经过几年的迅速发展，到了 1997 年徐林义再投入 400 万，扩充 2000 平方米卖场，形成了以皮鞋销售为主的百货经营大型卖场。从此，徐林义开始了自己的企业发展之路。

3. 做敢于第一个吃螃蟹的人

“山海并利”的地理优势使浙江兼具内陆文化与海洋文化的长处，因此浙江文化既表现出山的韧劲，又显示出海的胸襟，浙江人既吃苦耐劳、敢于拼搏，又包容万物、敢于开拓。同时，人多地少的省情，使浙江人为开拓生存空间不断向外发展，最具典型的就是温州。温州山多田少，资源严重不足的实际促使温州人不断向海洋拓展发展空间，从而塑造了开放、包容、冒险的海洋文化，形成了敢为人先、冒险拼搏的温州精神。

美特斯·邦威的创始人周成建也是一个敢于“吃螃蟹”的人。在 20 世纪 90 年代中期，一些国外品牌的服装专卖店开始在温州出现，由于外国品牌服饰让人在购买的时候比较放心，因此，生意特别火爆。周成建意识到温州休闲服业已经出现了一个方向性的转弯，像过去那样仿制名牌已经不能使企业获得发展了。于是，他果断地推出了“美特斯·邦威（Meters Bonwe）”商标，并先后在全国和 10 多个国家和地区注册了这个商标。周成建吃的第一只“螃蟹”让他在发展的道路上站到了新的起点，从此，“美丽、独特集中在这里!”“扬故乡之威！扬中华之威!”传遍了大江南北。在美特斯·邦威的发展中，周成建第一次“吃螃蟹”的精神不断被表现出来，尤其是在广告宣传上。

4. 讲信誉

浙商对信誉的重视是其成功的要素之一。多数情况下，浙商都能够自我约束信誉。比方说，一个人想要做生意却缺少资金，能够得到亲戚朋友资金上的帮助。还钱的时间到了，即使他们还不上，也要从其他地方借来把钱还上。由于浙商之间的团结和浙商对信誉的重视，使民间资金越来越活，使他们在经营中越来越顺，因此快速取得巨大的成功。而其他地方的商人很难做到这两点。很多商人不能很好地团结起来，生意还没有做好就开始“窝里斗”，这样一来，本来个人的力量就比较小，也不容易做好事情，再互相消耗、互相拆台，做不好事也就不足为奇。再拿借钱的例子来看看这些人的信誉。只要借了钱，能准时还的并不多见。不要说没有，即使手里有钱，也不一定会还，而是能推就推，能赖就赖。由于信誉问题，民间资金被限制死了，走不动了；由于不团结的原因，大家的能力得不到最大程度的发挥，因此就难以获得快速发展。

5. 团结

浙商之间互相团结是其成功的要素之一。浙商之间通常会有互利的活动。一个人发现商机时，大家会把每个人的资金都拿出来凑在一起，共同去做。这是其他地方商人很难达到的商业境界，也体现了浙商高度团结的精神。人们都知道，一根筷子很容易被折断，但想折断一把绑在一起的筷子就非常难了。商人的团结是成功的基础，企业的团结也是发展壮大的基本要求，不团结的商人难以获得最大的利益，不团结的企业也就不能实现利益最大化。俗话说“勤借勤还，再借不难”，这句话也道出了信誉的重要作用，商人的信誉是成功的关键，企业的信誉是持续发展的生命线，不讲信誉的商人赚了今天的钱不一定能赚明天的钱，不讲信誉的企业赢得当前的客户，未必赢得未来长期的客户。

6. 及时总结别人成败的经验

不要羡慕别人的成功，更不要鄙夷别人的失败，你首要应该做的是学会分析和总结现象背后的本质，找出别人失败或者成功的全部原因，取其长，补其短。而类似微软的故事，离你实在太遥远，你大可以不去管它。

7. 不要太在乎金钱的得失

古训有云，有所得就有所失，而有所失就有所得。天下自然有赚不完的钱，基本上你应该没有时间去计较一时的得失才对，哪怕你有的是时间去品茗赏色。

8. 给自己留条后路

预防众叛亲离，后路包括藏起一个存钱罐，虽然里面只有几块钱，但将来就是要靠这几块钱东山再起；也包括一栋法律意义上并不在你名下的房子，更包括一个并不经常来往的，但很仗义而且你也给过他很多帮助的朋友。

9. 不要事必躬亲

在能把握全局的前提下，不要事必躬亲，不要把自己搞得没有时间与朋友交流，最要紧的是不要让自己没有时间放松与思考。所以，在牢牢掌握核心业务的同时，应该学会让别人帮你打点生意。同样，把事情交给别人去做的风险，一定是你能够预防的，不然，你会成为一名忙碌的救火队员。

10. 资本决定发言权

你不应该轻易让别人知道你有多大的发言权，男人的金钱应该和女人的年龄一样永远属于秘密，哪怕有一天连女人的年龄都已经不是秘密的时候，你的金钱也应该还是秘密。除非在你临死时即将捐献你的全部家产时，否则，你都绝对不要告诉别人！

11. 善于有创意地开拓市场

创意是创新的基础。如果说创新是行动，那么创意就是新的想法和新的思路，创新始于创意。创意是逻辑思维、逆向思维、形象思维以及灵感直感的综合结果。创新创意都是创造性劳动，劳动是光荣的，创造性劳动更光荣，创新创意能够使一个落后的国家变成先进的国家，也能够使一个落后的企业变成一个先进的企业。其实创意就在每个人身边，只有人人都重视创意创新，才能形成企业整体的多方面创新。总之一句话，缺乏创意创新的领导不是先进的领导，缺乏创意创新的干部不是先进的干部，缺乏创意创新的员工不是先进的员工，缺乏创意创新的企业不是先进的企业。

12. 不与任何人讲自己的商业机密

即使是你枕边的人，无论这个女人是你众多情人之中的一个更或者是你已经结婚多年的妻子，你都应该不和她们谈你的商业细节：第一，你谈了可能她们也不懂；第二，你谈的细节里面会有对你不利内容；第三，那涉及商业机密。

13. 有所为也有所不为

天下无事不可为，但商人有所为也有所不为。有句话说得好“勿以善小而不为，勿以恶小而为之”，说的是做人的道理，而生意也是如此：不要因为利润少就不去做，也不要因为风险小就去做。同样在中国，违背法律的事情和违背道义的事情则坚决不能做。

14. 不要轻易相信合约

哪怕合约让律师看过、公证处公证过都不要轻易相信。甚至当客户已经把钱汇入账户后，都必须确认，这笔钱能不能拿出来。而合约以外的涉及利益冲突的任何口头承诺都只是承诺，在对方兑现之前都不要沉湎其中。

第十八章 投资保险，为财富筑一个避风港

比如说你是家里的主要收入来源，如果你有风险的话就会对家庭有很大的影响，所以你就可以买相关的保险。因为你很难保证 20 年不出事，我每年花 30 块买一个 20 年期、30 年期的保险还是核算的。买保险第一个是买保障，第二个是你有这种需求，不是说随便买。如果一个男性买女性险的话本身就是一种浪费。

——王在全

（北京大学投资理财中心主任）

风险与风险社会下的明智选择

约公元前 1000 年的地中海是东西方贸易的重要交通要道。有一次，海上电闪雷鸣、风雨交加，一支商船船队满载贸易货物在波涛汹涌的大海上时沉时浮。眼看狂风巨浪越来越猛烈，商船时刻都有倾覆沉没的危险。船队队长当机立断，命令全部商船向大海中抛弃货物！各船船舱中最靠近甲板的货物被扔进大海，船只重量变轻了，终于躲过一劫。风暴过后，各商船清点损失的货物，有的货主损失得多，有的则损失得少，为了公平起见，最终所有损失由所有货主共同分担。这种“人人为我，我为人人”的共同承担风险损失的办法，就是近代保险的萌芽。

保险就是投保人根据合同约定，向保险人支付保险费，保险人对合同约定的可能发生的事故发生后造成的财产损失承担赔偿责任，或者当被保险人死亡、伤残或达到合同约定年龄、期限时承担给付保险金责任的商业行为。

值得注意的是，保险中的可保风险仅指“纯风险”。纯风险的意思是说只有

发生损失的可能，而没有获利的可能。比如财产被盗、身体得病等风险就是一种纯风险，只会遭受损失而不可能获利。投资股票亏损就不是纯风险，因为投资股票可能会赚大钱。所以，保险公司一般不为股票上保险。具体来说，可保风险必须具备以下条件：

（1）损失程度高。如果潜在损失不大，微不足道或者人们完全可以承受，这类风险根本不用采取“保险”。比如您根本不会因为担心遗失一个苹果而专门买保险。

（2）损失发生的概率小。如果损失发生的概率本身就很高，对这样的风险投保意味着昂贵的保费，也就谈不上转移、分散风险了。比如，某地区新自行车失窃率高达40％，如果对新自行车投保，您需要支付40％的纯保费，外加保险公司为弥补营业开支而收取的保费（比如10％），那么总保费就达到了车价的一半！显然投这样的险很不划算。

（3）损失有确定的概率分布。保险公司在确定收取保险费时，需要明确这种风险发生的可能性有多大，发生后造成的损失有多大，然后才能据此计算应交纳的保费。因此，保险公司必须掌握风险损失发生的概率分布，还要根据外部环境的变化及时调整这些数据。

（4）存在大量具有同质风险的保险标的。任何一个险种，保险标的数量必须足够大，否则就起不到分散、转移风险的作用。另外，根据“大数定律”，投保的人越多，保险标的越多，风险发生的概率和损失程度越稳定，这显然更有利于保险公司测算风险，保证稳定经营。

（5）损失发生必须是意外的。如果故意为之，保险公司将不予赔付。

（6）损失必须可以确定和测量。损失一旦发生，保险公司需要明确损失价值并给予赔偿，若不能确定和测量，就无法进行保险。

可保风险与不可保风险的区别并不是绝对的。比如在过去，战争、地震、洪水等巨灾风险一旦发生，保险标的会普遍受损，而且损失相差很大，由于保险公司财力不足、保险技术落后及再保险市场规模较小，这类风险一般不列为可保风险。但是近年来随着保险公司实力日渐雄厚，加上再保险市场规模扩大，这类巨灾险也被某些保险公司列入保险责任范围之内。

保险实际上是一种分散风险、集中承担的社会化安排。对于整个社会经济而言，保险能够起到维持经济发展连续性的重要作用。在遇到重大灾害性事件时，巨大损失会严重冲击社会经济的稳定发展，甚至使社会经济发展的链条发生断裂，而保险则能够起到缓冲和补救作用，帮助社会渡过难关。2001 年 9 月 11 日，美国遭遇严重的恐怖袭击，世贸大楼被撞塌，数千精英殒命，损失巨大。但由于完善的保险体系，全球保险业为此偿付保险金达数百亿美元之巨，美国经济也因此没有出现剧烈动荡。

我们常说保险就向蓄水池，每个人拿出一点儿保费，保险公司把这些资金集中起来可以弥补少数不幸者所遭受的损失。显然，如果参与这个蓄水池机制的人越多，蓄水池的作用发挥就会越稳定。

主要投保哪些类型的保险

有这样一个寓言故事：

从前在一座小岛上，住着 10 户以捕鱼到陆地出售为生的渔民。10 户渔民每家都有一艘货船，这些货船经常要将货物运到陆地上出售，在运送过程中如果其中的一艘货船遇难，就会致使一个家庭几个月甚至半年的生活无所依靠。

后来大家想出了一个办法，把每家的货物分成 10 份，每艘船上装 1 份，这样一来，货船遇难的时候，每个家庭都会受到损失，但损失的只是全部财产的 1/10 而已。

这个寓言故事揭示了保险最原始的核心功能之一。

除了足够富有的人需要为“闭上眼睛的瞬间财产减少一半”而规避损失以外，普通人员需要为“意外、健康和养老”而转移损失。这就是人生必保的“三大风险”。

1. 意外风险

意外事件每天都在城市的大街小巷上演。风险已经不再是小概率事件，而事故造成的损失总要有人来埋单。

对于刚参加工作的年轻人或者收入不同的人群而言，购买高额的寿险是不现实的。经济能力使得他们没必要、也不乐意把所有的钱都放进保险公司的口袋里。但意外险是他们必备的一张保单。因为面对人生突如其来的意外，意外险能够较全面地构筑起保障被保险人利益的安全防线。

意外险的保费低，一份保额为 10 万元的保险，投保人只需交纳 100 多元的费用，可谓是“小投入大保障”。

意外险种类很多，人们可根据自身的特点及需要选择适合自己的险种。一般的意外险，保障范围广，保障期通常为一年、不限制出险地等。一份保额适中（10 万元到 20 万元）的意外险，适合所有人购买，作为意外保障；旅游意外险期限较短，对出险地也有严格限制，只保旅行期间的意外；交通工具意外险适合于经常出差的商务人士，保险公司对于被保险人在特定交通工具，如飞机、火车、汽车、轮船上发生的意外给予赔偿；航空意外险，适合每年坐飞机次数较少的人士，如很频繁则更适合投保交通工具意外险。

在低利率、低投资收益率的时代，购买意外险等纯保障险是非常必要的。

2. 健康风险

不知从什么时候起，我们开始害怕体检。尽管拿着不薄的薪水，但是内心里总有不安感。现代生活让一大半白领处于亚健康状态，大病发病率越来越高，年龄越来越低，这个问题谁也无法否认。客观而言，疾病的风险是任何人都难以回避的。

通过投保健康险可有效降低疾病对自己和家庭生活所带来的影响。被保险人以支付相对较少的保险费为代价，向保险公司转移和分散了无法预测的大额医疗费用的风险。

健康险是以被保险人身体的健康状况为基本出发点，以提供被保险人的医疗费用补偿为目的的一类保险。

健康险主要包括重大疾病保险和医疗保险等。重大疾病保险属于给付型保险，当保险人患保险合同中约定的疾病或发生其约定的情况时，保险人按合同所载金额一次性向被保险人给付保险金。

通常情况下，可以依照重大疾病保险管理长期重大风险，靠医疗保险应对平时短期风险。在金融危机时期，健康险可以说是人们必备的投资之一。

3. 年老风险

养老保险有社会养老保险和商业养老保险。大多数情况下，指的是社会养老保险。但是，仅仅靠社会养老保险并不能让你的晚年生活幸福，若是能再在社会保险体系外买一份商业养老保险作为补充，那你的老年生活就会过得安稳无忧。

商业养老金保险最早由中国人寿保险公司开设。在保险合同期内，被保险人获得的保障利益为：投保时选择一次性领取养老金的，被保险人按约定的养老金年龄一次领取；如选择定额领取养老金的，则被保险人从约定的领取年龄开始以月或年等额领取；如选择增额领取养老金的，则被保险人从约定的领取年龄开始以月或年增额领取养老金，并自领取的第二年开始按首年领取额的 5%增加。

若被保险人中途身故，其受益人可继续领取该养老金至10年期满，保险合同终止；若被保险人在保险费交费期内身亡，公司向受益人给付身故保险金，保险责任终止。

凡年满16周岁至64周岁以下者，身体健康均可成为被保险人。自保险合同生效日起至规定领取养老金的前一日止为保险费交付期。被保险人从开始领取养老金日起至身故止为领取期。开始领取年龄为45、50、55、60、65周岁，由投保人在投保时选择。保险费交付有月交、年交和趸交（一次性交清）。

为了能让更多老人在退休后安度晚年，老年人应当趁早买份商业养老保险。养儿防老不如买份保险来养老。

保险应遵循一定的原则

保险必须遵循一定的原则，具体来说，主要包括如下几个方面：

（1）最大诚信原则

怎么算是最大诚信呢？最大诚信是要求当事人必须向对方充分而准确地告知有关保险的所有重要事实，不允许存在任何的虚伪、欺骗和隐瞒行为。如果一方隐瞒了重要事实，另一方有理由宣布合同无效或者不履行合同约定的义务或责任。

1996年，时年45岁的老龚患胃癌并住院治疗，为了不让老龚情绪波动太大，老龚的家属没告诉他真相。老龚手术出院后，继续正常工作。8月，老龚在某保险业务员的劝说下投了一份人身保险，但填写保单时并没有申报自己患有癌症的事实。1997年年5月，老龚旧病复发，医治无效身亡。老龚家属要求保险公司赔付，而保险公司审查事实后却拒绝给付。

探究这里面的情由，在于老龚家属违反了“最大诚信原则”。

之所以要规定“最大诚信原则”，是因为如果投保人不履行最大诚信原则，对保险公司来说将会产生很大的经济风险！人们买保险的时候都故意隐瞒一些重要事实，而这些事实可能增大保险标的发生损失的可能性，长此以往，保险公司就无法经营下去。

最大诚信原则不光保护保险公司的利益，对于投保人或被保险人保险人义务来说也有好处。因为保险合同很复杂，专业性很强，而且所有的条款都是保险人制定的，老百姓对保险合同中的有些问题不容易理解和掌握。比如，保险费率是不是过高，承保条件是不是过于苛刻等，如果保险公司不遵守最大诚信原则，您恐怕很容易上当受骗！

所以说，保险当事人都要遵守最大诚信的原则，保险这桩买卖才能公平合理。

（2）保险利益原则

所谓保险利益原则，就是您不能给与您“毫不相干”的财产或者他人买保险。“毫不相干”在这里当然不是说丝毫没有关系，而是说没有法律上承认的利益关系。这里的保险利益要满足三个条件：首先，保险利益必须是合法的利益，为法律认可，受法律保护；其次，保险利益必须是客观存在的、确定的利益，不能是预期的利益；第三，保险利益必须是经济利益，这种利益可以用货币来计量。

小张（男）和小王（女）大学时就是一对恋人，毕业后虽然在不同城市工作，但仍不改初衷，鸿雁传情。小王生日快到了，约好到小张那里相聚。小张想给她个惊喜，就悄悄买了份保单，准备生日那天送给小王。谁知在小王赶往小张所在城市的路上，遭遇车祸身亡。小张悲痛之余想起手里的保单，不料保险公司核查后却拒绝支付保险金。

为什么要讲究保险利益原则呢？试想，假如我们抛弃这个原则，任何人都可以随随便便给您上人身保险，同时指明受益人是他自己，那么您会不会觉得害怕？所以说，如果抛弃保险利益原则，就会产生极大的道德风险。

我国法律对人身保险的保险利益人范围做出了规定，“投保人对下列人员具有保险利益：本人；配偶、子女、父母；前项以外与投保人有抚养、赡养或者扶养关系的家庭成员、近亲属。除前款规定外，被保险人同意投保人为其订立合同的，视为投保人对被保险人具有保险利益。”

在上面的案例中，小张和小王虽然是恋爱关系，但并不是法律认可的保险利益，而且小张在小王不知情的情况下为其买保险，所以，不能认定小张对小王有保险利益，保险公司可以宣布合同无效。假如小张在买保险之前征得了小王的同意，情况就完全不同了，根据上述第三款规定，保险公司就应按照约定支付保险金。

（3）近因原则

造成保险事故的原因通常很多，有主要的也有次要的，有直接的也有间接的。近因就是引起保险事故或者保险标的损失的具有决定性作用的因素。近因原则的意思是说造成保险事故和保险标的损失的近因如果属于保险责任，保险公司就得赔偿；如果近因不属于保险责任之内，保险公司就可以不赔。

老李开了个杂货铺，还为自己的杂货铺和杂货铺里的货物买了财产保险。店铺保险金额15万元，店内货物保险全额5万元。一天杂货铺因电线老化失火，老李在无法将大火扑灭的情况下，奋力把店里的杂货搬了出来。孰料街上的人一哄而起。把货物抢了个精光。事故发生后，老李向保险公司提出索赔。保险公司经审查后确认，老李店铺完全烧毁，店内烧毁货物约1万元。抢救出来被哄抢的货物2万元：于是保险公司只答应赔付店铺损失和店内被烧毁的货物损失，共计16万元。而对于被哄抢的货物则拒绝赔付。理由是货物不是被火烧毁的。双方争执不下，诉至法院，结果法院判决保险公司败诉。应向老李赔偿全部损失18万元。

在上面的案例中，老李的店铺和在店铺内没有抢救出来的货物均被大火焚毁，火灾是近因，在保险责任之内，因而保险公司理应赔偿。但对于从店铺里抢救出来放在大街上、又被过路人哄抢而光的货物，保险公司却说损失不是由火灾引起的，这显然是违背近因原则的。因为搬出来的货物虽然不是烧毁的，但却是因为店铺发生火灾而搬出来的，也就是说，是火灾导致了最终的哄抢。因此，火灾是这些货物损失的近因，不论第二原因、第三原因是否在保险责任范围内，保险公司都应该照价赔偿。

（4）损失补偿原则

所谓“损失补偿原则”，就是说如果发生了保险事故，保险公司只补偿损失的部分，使被保险人的经济状态恢复到保险事故发生以前的状态。这里就有两层含义：一是只有当保险责任范围内的损失发生了，才补偿损失，没有损失就不补偿；二是损失补偿以被保险人的实际损失为限，不能因为保险公司的赔偿，使被保险人获得比以前更多的经济利益。

老刘刚买了一辆小轿车，他非常爱惜自己的汽车，就给自己的车上了“双保险”。他先在一家保险公司买了一份15万元的保险，后又在另一家保险公司买了一份同样的保险，两份保险合计保险金30万元。一天，老刘行驶中合法停靠路边，下车办事。不料刚走没多会儿，一辆飞驰而过的载重大卡车竟把老刘的爱车碾成“铁饼”，汽车彻底报废。老刘于是分别向两个保险公司索赔，要求两保险公司各赔付15万元。但两保险公司查明事实后，各自只赔付了7.5万。老刘不服，告上法院，法院却支持保险公司的做法。

保险的本意就是要通过集中保险资金补偿个别损失。坚持损失补偿的原则也是为了减少道德风险，如果人们可以通过保险获得额外利益，就会有很多人故意制造损失，以获取更多的赔偿。

而老刘为自己的爱车买了“双保险”，也就是为同一保险标的重复保险，这种情况下一旦发生保险事故，保险公司的总赔付也是按照损失补偿的原则，所以两家保险公司总赔偿额为15万元，而不是30万元。两家保险公司则按照一定方式，比如根据各自收取的保费比例，分摊赔偿的保险金。

如何选择保险公司

可提供相同保险产品的保险公司有很多，那么对于投保人来说应该选择什么样的保险公司呢？怎样评估一个保险公司呢？你可以参看如下的标准：

1. 公司实力放第一

建立时间相对较久的保险公司，相对来说规模大、资金雄厚，从而信誉度高，员工的素质高、能力强，他们对于投保人来说更值得选择。我国国内的保险业由于发展时间比较短，因此主要参考标准则为公司的资产总值，公司的总保费收入、营业网络、保单数量、员工人数和过去的业绩等等。消费者在选择保险公司的时候不应该只考虑保费高低的问题，购买保险不是其他货品，除了看价格，业务能力也很重要。较大的保险公司在理赔方面的业务较成熟，能及时为你提供服务，尽管保费较高，但是其能够保证第一时间理赔，仅这一点，就值得你选择。

2. 公司的大与小

作为一种金融服务产品，很多投保人在投保时，在选择大公司还是小公司上，犹豫不决。其实，在这一点上要着重看它的服务水平和质量。一般说来，规模大的保险公司理赔标准一般都比较高，理赔速度也快，但缺点是大公司的保费要比小公司的保费高一些；相比之下，小的保险公司在这方面就有不足，但保费会比较低，具有一定价格上的竞争优势。

3. 产品种类要考验

选择合适的产品种类，就是为自己选择了合适的保障。每家保险公司都有众多产品，想要靠自己的能力一点点淘出好的来，并不容易。不过，找到好的保险公司就不同了。因为一家好的保险公司能为你提供的保险产品都比较完善，可以从中选择应用广泛的成品，亦可省了众多的烦恼。而一家好的保险公司一般应具备这样几个条件：种类齐全；产品灵活性高；可为投保人提供更大的便利条件；产品竞争力强。

4. 核对自己的需要

保险公司合不合适最终都要落实到自己身上，你的需要是什么？该公司提供的服务是否符合你的要求？你觉得哪家公司提供的服务更完善？精心地和自己的情况进行核对、比较，这才是你做决策时最重要的问题。

如何节省保费

购买保险对资金进行合理安排和规划，可以有效防范和避免因疾病或灾难而带来的财务困难，同时可以使资产获得理想的保值和增值。但在当前省钱才是硬道理的经济形势下，如何才能让自己的保险买得经济又实惠呢？

1. 弄清自己买的是什么

很多保险公司都要求保险顾问不要用最直白的说法告诉潜在的客户，某种保险的真正含义是什么。比如说不少保险公司在谈论人寿保险的时候，避免直接说“人寿保险”这个词，总是会用一些委婉的说法，例如，用“保障抵押”“退休养老计划”或“避税方案”等加以包装。

但是，投保人必须弄清自己在购买什么。保险顾问总是强调保险降低风险、规避纳税等方面的优势，但是他们会尽量掩盖保险的另一面：高手续费、长年累月地定期缴纳，以及一旦提前终止所受到的巨大损失。因此，不要被保险的包装所诱惑，一定要弄清某个保险方案是不是真正适合你。

2. 要考虑附加险

一般来讲，附加险具有交费低、保障高，最具保险的“以小钱换大钱”的特点。

例如，有一位女士，购买了主险“重大疾病终身保险”，同时投保附加险“附加住院医疗保险”，主险基本保额和附加险年保险金额均为 2 万元，两项保险费总共不到 1500 元。后来，这位女士不幸被医生诊断患有急性淋巴细胞白血病，住进了医院，共花费治疗费用 3 万多元。保险公司按照合同，支付了 6 万元的赔款。如果这位女士仅买主险的话，要想达到相同的保障至少要多花出 1 倍的钱。

3. 选择合理的缴费方式

保费的缴纳方式可以分为期缴和趸缴两种，顾名思义，期缴就是分期缴纳；

趸缴是指一次性缴清，之后就不再负有缴费的义务而享受保障权利。不同的保险其缴费方式也不尽相同，选择合适的缴费方式不仅可以节省保费，还会影响到个人的理财习惯。

缴费期限不同，所缴保费总额也会有所不同。受利息影响，缴费期越短，利息成本越低，最终所缴纳的保费就越少；反之，缴费期越长，最终所缴纳的保费总额就越多。

期缴又分为月缴、季缴、半年缴和年缴，其中年缴又有 5 年缴、10 年缴、20 年缴或 30 年缴等方式。

保费大多会在每月或每年按时、自动地从账户上划走，非常方便。但是，在每月或每年对账单的时候，你还是要问问自己这种支付方式是否合适，这些钱花得是否值得。因为有的时候年付比按月支付要便宜 15%～20%。所以，不要在不知不觉中被“咬”了一大口。

面对如此纷繁的选择，如何选择才最合适呢?

（1）以保障为目的，选择较长缴费期。一般而言，如果客户投保的目的是为了防范风险，以保障为目的，那么应该选择较长时间的缴费方式。比如，人寿保险、重大疾病保险。投保这一类保障型险种，有“以小博大”的优点。因为出现风险后保险公司的赔付与缴费方式无关，不论你选择了什么缴费方式，也不管保费缴纳了几期，只要是在保险期间发生意外，保险公司都有赔付的义务。

在购买传统保障型产品时，如果对多出的实际缴纳费用不是特别敏感的话，可以适当延长缴费期限，每年用较少的投入，将可能发生的重大经济损失风险转由保险公司来承担。

另外，有不少产品在保险责任设计中，还向消费者提供“豁免条款”，即当出现全残或某些约定的保险事故情况下，投保人可以免缴余下的各期保费，选择较长的缴费期就更能规避风险。

（2）以储蓄为目的，选较短缴费期。如果客户投保的主要目的是为了老有所养，所购买的保险属于储蓄性质，如两全险、养老险等，那么在经济能力允许的情况下，可以考虑选择较短的缴费期。因为相同的保额，或相同的储蓄目标，在缴费期较短的情况下，总的支付金额也较少。

此外，有些投保人面对长达二三十年的缴费要求，担心因为不能按期持续地缴费而影响保单的效力。这时，如果收入相对丰厚，或拥有一定的银行存款余额的客户，可选择在适当短的时间内完成保单缴费义务，以避免这种担心。

购买保险前的预备工作

在众多保险公司推荐的五花八门的产品中，你是否觉得无所适从？经过业务员的推荐，你在购买了某一寿险产品后，发现该产品并不像当初想象的有那么大的作用？在五花八门的保险产品中，你是否能够设计出最优的保险方案？

在购买保险产品之前，必须做好相应的准备工作：

1. 明确需求

没有能够做到面面俱到的保险。在购买保险以前，投资者要确定自己的保险需求。根据自己的需求大小做一个排列，优先考虑最需要的险种。一般情况下，保险公司都会根据人们日常生活中的6大类需求来设计保险产品，分别是投资、子女、养老、健康、保障和意外。

如果投资人正是青春年少，处于投资的初级阶段，那大家优先的需求应当是意外、健康、保障、养老、子女、投资（这个排序的前提是根据大家目前年龄段具有的特点来排列的），以健康需求为最大，购买保险以前一定要首先确定自己或家人将来要面临的医疗费用风险。

每个人面临的风险是不一样的，因此所需要的保险保障范围也不同。影响风险的因素有职业、收入、地域、年龄和家庭等。比如，享有社会医疗保险的人，在医疗费用支出较大的时候，需要商业保险的保障。而不享受社会医疗保险的人，则需要全面的商业医疗保险。经济条件好的人，在生病时有足够的承受能力。而经济条件一般的人，可能因一场大病陷入贫困。肩负家庭重担的人，在疾病期间可能需要额外的津贴。而单身贵族，则很可能不存在这个问题。因此你应该视自己的真正需求有选择地购买保险，而不需要面面俱到。

另外，除了确定自己的保险赔付需求以外，各保险公司的产品在投保条件、保险期间、缴费方式、除外责任和理赔方式等方面各有特色。消费者可选择与自己的收入特点、支付习惯及品牌偏好相适应的保险。未来收入不稳定的人，可选择短期内缴清或有保单贷款功能的保险。希望保险产品能够升级的人，可购买具有可转换功能的产品。

2. 确定方案

投保人在明确自己的保险需求以后，就需要通过对保险公司和保险产品的比较，综合确定一个保险方案。对此，业内专家认为，在保险产品的挑选上，保险公司占了很重要的位置。

人们平时买东西时，从一开始就会感觉到自己所购买的产品能够带来什么样的回报，售后服务如何。但与购买商品不同，大家只有等到需要它的时候，才是要跟保险公司打交道的时候。而在购买它的时候以及今后的一段时间内并不能体会到它的好坏，因此在购买以前选好保险公司很重要。

真正能维护你利益的时候，很大程度就在于这个保险公司的服务。人们在选择保险产品的时候也并不是“保险保障范围越大越好，功能越多越好”。专家指出，保险的价格和保障范围是成正比的，如果保险保障范围超出需要，则意味着支付了额外的价格。例如，一个教师发生工伤的机会微乎其微。如果其购买的保单范围包括工伤医疗费用，则白花了工伤保险的钱。请记住，要购买真正适合自己需要的保险产品。

因此，在购买保险之前一定要设计好一个能够保障长远利益的保险方案，这样才能得到物有所值的保险产品。

3. 签单时要注意

当前面的工作准备就绪以后，还需要做的一份作业就是要了解填写保单的时候应该注意哪些问题，不要因为自己的一个小疏忽，最后影响保险产品发挥其本身的作用。业内人士说，把握好 5 个关键步骤，就可以顺利地签署保险合同。

首先，当业务员拜访你时，你有权要求业务员出示其所在保险公司的有效工作证件。

其次，你应该要求业务员依据保险条款如实讲解险种的有关内容。当你决定投保时，为确保自身权益，还要再仔细地阅读一遍保险条款。

再次，在填写保单时，必须如实填写有关内容并亲笔签名，被保险人签名一栏应由被保险人亲笔签署（少儿险除外）。

再有，当你付款时，业务员应当当场开具保险费暂收收据，并在此收据上签署姓名和业务员代码，也可要求业务员带你到保险公司付款。

最后，投保一个月后，如果未收到正式保险单，应当向保险公司查询。

保险投资应遵循的步骤

保险是现代家庭投资理财的一种明智选择，是家庭未来生活的保障。购买保险要根据自己的经济实力，选择最适合自己的保险项目及保险金额。从保险的回报来看，购买的保险最好不是单一的，以组合为佳。为此，要遵循以下步骤：

1. 明确投保目的，选择合适险种

投保人在准备投保之前，应该首先明确自己的投保目的，有了明确的目的才能选择合适的险种。

你究竟是需要财产保险还是人身保险？是人寿保险还是意外伤害保险？如果为了自己退休后生活有保障，就应选择个人养老保险；为了将来子女受到更好的教育，就要选择少儿保险等。要避免因选错险种而造成买了保险却得不到预期保障的情况出现。

选择合适险种，投保人应从 3 个因素考虑：

(1) 适应性。投保要根据自己或家人需要保障的范围来考虑。例如，没有医疗保障的人，可买一份“重大疾病保险”，这样一旦因重大疾病住院而使用的费用就转嫁给了保险公司，适应性很明确。

(2) 经济支付能力。买保险是一项长期性的投资，每年都需要缴存一定的保费，每年的保费开支必须取决于自己的收入能力，一般来说以家庭年收入的 10%～20%较为合适。

(3) 选择性。无论是家庭还是个人都不可能投保保险公司开办的所有险种，只能根据家庭的经济能力和适应性选择部分险种。在经济能力有限的情况下，为成人投保比为独生子女投保更实际，因为作为家庭的“经济支柱”，其生活的风险总体上要比小孩高。

2. 量力而行，确定保险金额

一般来说，财产保险金额应当与家庭财产保险价值大致相等，如果保险金额超过保险价值，合同中超额部分是无效的；如果保险金额低于保险价值，除非保险合同另有约定，否则，保险公司将按照保险金额与保险价值的比例承担赔偿责任或只能以保险金额为限赔偿。

重复投保，即同种保险标的，向多家保险公司投保，法律虽然不禁止这种行为，但同样的重复投保的累计保险金额超过保险价值的，超过部分无效。一旦出险，保险公司将采取分摊赔偿金的办法，防止被保险人获得超额保险金。所以，为了得到多份赔偿而重复投保行为是不可取的。

人身保险的保险金额一般由投保人自己确定，可以投保多份，投保人必须考虑自己的支付能力，不能为追求高额保险金而不考虑自己的经济能力。否则，一旦出现不能承担保险费的情况，不但保险成了泡影，已缴的保险费也将蒙受很大损失，得不偿失。

确定适度的保险金额可从两方面来考虑：

（1）根据实际需要来确定。

（2）根据投保人缴付保险费的能力来确定。

3. 保险期限长短相配

保险期限长短直接影响到保险金额的多寡、时间的分配、险种的决定，直接关系到投保人的经济利益。比如，意外伤害保险、医疗保险一般是以一年为期，有些也可以选择半年期，投保人可在期满后选择续保或停止投保。人寿保险通常是多年期的，投保人可以选择适合自己的保险时间跨度、交纳保费的期限以及领取保险金的时间。

4. 合理搭配险种

选择人身保险可以在保险项目上进行组合，如购买一两个主险附加意外伤害、疾病医疗保险，使保障性更高。在综合考虑所有需要投保的项目时，还需要进行全面安排，应避免重复投保，使投保的资金能够发挥最大作用。例如，因工作需要经常出差的人，就应该买一项专门的人身意外保险，而不要每次购买乘客人身意外保险，这样不但可以节省保费，而且在其他情况下所出现的人身意外，也会得到赔偿。如果你正准备购买多项保险，应当尽量以综合的方式投保。因为它可以避免各个单独保单之间可能出现的重复，从而节省保险费，得到较大的费率优惠。

如何看懂保险合同

在你做好投保的准备工作后，业务人员就会提供给你一份保险合同，让你填写相关信息。千万不要小看这份合同，它是你最终能否受到切实保障的依据。

在签这份合同时，你一定要弄清楚一些关键性的东西，否则，很可能在受到损失后，你却没能得到合理的赔偿。

1. 条款的解释

填写保险合同时，你要仔细查看合同的每个条款，甚至是要带着研究的态度去一条条分析。业务人员的片面之词不足取信，你要随时提问，问清楚每条都对你有什么作用，是否适合你。不要相信业务人员的任何承诺，那些都不如落实在纸面上的东西实际。不要怕麻烦，只要是心里觉得有疑问的地方都可以提出来，而回答这些问题也是业务人员职务范围内的事。

2. 保障是否全面

在通读过一遍保险合同后，你要再想想，它提供的保障是否全面，如果不全面，你还需要投保些什么？如果别的保险公司有更全的保障，何不再多比较一下？思考得越全面越好，因为这样，当你遇到特殊情况的时候，保险就越能为你出力。

3. 明确保单金额

你到底要保多少钱，每年要出多少钱，应是你十分关注的事情。明确好保单的金额，计算好要投保的数字，你才能规划好自己的保险方案，也能将其合理地安排到自己的理财计划当中。

4. 是否有附加险

有的公司提供的险种除了主险之外还有附加险，这一点虽然细微，但你应当关注一下，能以较少的钱来弥补更多的风险，十分经济实惠。投保了主险之后，可能还会有些许疏漏，附加险就可以针对这种情况进行补充。

5. 注意除外责任条款

除外责任条款，有的也叫“例外条款”，即保险公司不保哪些情况，这条你应仔细琢磨一下。很多投保人在事后才发现，自己受的伤害属于除外责任，那保险跟没保险一样！而很多保险合同中，这条规定可能会有些模糊，不一定能展开其中的内容，因此，这条你一定要向业务人员问个清清楚楚才能签字。

填写保险合同，是具有法律效力的，为了你的利益能真正受到法律的保护，请务必要仔细阅读，弄懂合同中各项条款的含义！

如何应对保费支付危机

全面的保险保障会让人们的生活更加安稳，但高额的保费同样会引发危机，尤其是受金融危机的影响导致失业或股市投资巨额浮盈变为巨额浮亏的时候。保费的支付也可能遇到危机，面临即将断供的保单，不少投保人都无所适从，有些只能放弃缴费，任保单自生自灭。

其实，还有不少积极应对的措施值得借鉴。虽然保险期间的保险金额可能并不如从前，但保险保障总算可以继续。以下是3种不同情况的应对之策：

1. 短期周转困难

保险的断供期在60天内，属于宽限期限，保险责任是不受影响的。如果遭遇短时间内经济周转困难，建议采取自动垫付保费的方式解决问题。如果投保人希望继续拥有保险保障，可以申请自动垫缴功能。就一些投资型保险而言，2007年度结算时都有较高的返利、分红额或收益，投保人可将这些返利、收益作为续交保费缴纳，还可以将保单的现金价值垫缴应缴保费，以维持合同效力，减轻经济压力，缓解一时的危机。但由于使用了保单现金价值，如在补上现金价值前发生理赔，一旦赔付的保险金与保单现金价值挂钩，那么保险金就会减少，保障就会受到影响。

此外，也可以停止缴纳保费，令保单效力暂时中止，等到问题解决后再将保单复效，即在可以恢复保单效力的有效期内重新让保单“复活”。需要注意的是，一般复效的有效时间为两年，超过这个期限则再缴费也不能恢复保障功能。

此方式可以解决一时经济危机，并能在一定时间内恢复保障，不让保单彻底失效。但缺点是在保单复效前，保单短暂处于失效状态，一旦发生保险事故，保险公司不负责理赔。

2. 长期财务困境

对于有些投保人来说，有可能会出现长期财务困境，特别是对保险期间要求较高的人士，可以利用减额缴清的方式。即在保险合同具有现金价值的情况下，按合同当时的现金价值再扣除欠缴的保险费及利息、借款及利息后的余额，作为一次缴清的全部保费，以相同的合同条件减少保险金额，使保单继续有效。但需注意，“减额缴清”后的保险金额将会大幅降低，投保人的保险权益，即享受的保额必然也会比原先保险合同规定的相应减少。在出险后可能有违投保人寻求保障的初衷。

经济问题较长的人士也可办理展期保险，它是指投保人用现有的保单现金价值作为一次性保费，购买保额不变、保险期间变短的定期保险。保险期间减掉多长，要视投保人所拥有的现金价值的多少而定。虽然此种方式可以更好地满足出险后的理赔需要，赔付金额更能达到投保人的需求，但因为保险期间变短，能享受的保障时间未必理想。

此外，降低保额也是一种可行的办法。即通过降低保额的办法减少每年的保费支出。例如，将年缴保费2万元降低到1万元，当然，其相应的保险金额也会降低。这相当于部分退保，投保人会有一定的经济损失，但相对于全额退保，降低保额的损失较小，而且保单可以继续有效。

3. 突发财务危机

突发的财务危机，也许谁都有可能遇上。由此而导致临时的短期经济周转不灵，可以通过质押保单获得贷款。对于投保人来说，采用保单质押的方式向银行贷款，一方面可以满足资金短期周转的需要；另一方面，保单贷款后其原有的保障功能仍有效，年底同样能够参与分红。

只要有现金价值且条款上有保单贷款这一项的保单，都可以进行质押贷款。通常来说，一些短期消费型险种，如意外险、医疗险、健康险等不能办理保单质押贷款；已经发生保费豁免的保单也不能办理质押贷款。

如此看来，保单质押贷款的功能在一定程度上盘活资金，但保单质押贷款只适合于短期资金周转，而炒股等高风险投资则不宜使用保单质押贷款。因为若贷款不能及时归还，保单将会失效。所以，采取此办法的投保人应对自己的经济前景有所把握。

财产保险让你高枕无忧

财产损失保险是以承保客户的财产物资损失危险为内容的各种保险业务的统称，也是保险公司最传统、最广泛的业务。常见的是火灾保险，如团体火灾保险、家庭财产保险等；各种运输保险，如机动车辆保险、飞机保险、船舶保险、货物运输保险等；各种工程保险，如建筑工程保险、安装工程保险、科技工程保险等。

财产保险是指以各种财产物资和有关利益为保险标的，以补偿投保人或被保险人的经济损失为基本目的的一种社会化经济补偿制度。财产保险是包括财产损失保险、责任保险、信用保证保险和农业保险四大类在内的财产保险体系。

责任保险的保险标的是某种民事赔偿责任，具体说来是致害人（被保险人）对受害人（第三者）依法应承担的民事损害赔偿责任或经过特别约定的合同责任，当被保险人依照法律需要对第三者负损害赔偿责任时，由保险人代其赔偿责任损失。责任保险包括：公众责任保险、产品责任保险、雇主责任保险及职业责任保险等。

信用保证保险包括信用保险和保证保险。比如，你的公司向国外某企业出口了一批货物，但是你对买方能不能守信心里没底，你就可以向保险公司购买一份保险合同，约定你支付保费后，如果对方破产或赖账，就由保险公司代替买方企业向你偿还货款，这就是信用保险。再比如你想贷款买一部车，可是银行并不知道你姓甚名谁，对你的信用状况没有把握，银行就会要求你到保险公司为自己购买一份保险合同，约定如果你不能偿还贷款，由保险公司承担偿还责任，这就是保证保险。

农业保险则是指专为农业生产者在从事种植业和养殖业生产过程中，对遭受自然灾害和意外事故所造成的经济损失提供保障的一种保险。

财产保险的一个很大特点是损失补偿，它强调保险人要按照约定赔偿损失，而不允许被保险人通过保险获得额外利益。这就是我们所了解的损失补偿原则。

而对大多数人来说，买一份家庭财产保险是最值得关注的事。如果财产受损，就可以从保险公司获得经济补偿。为了保障自己的利益，购买家庭财产保险时，你需要多留心、多注意。

（1）应当清楚为哪些财产投保财产险。这既要看自身的保险需求和财产险所能发挥的作用，也要结合保险公司的要求。比如，并不是所有的财产都能投保财产险，保险公司对可承保的财产和不保的财产都有明确的规定。像房屋、家具、家用电器、文化娱乐用品等可以投保财产险，而金银、珠宝、字画、古玩等的实际价值不易确定，这类家庭财产必须由专门的鉴定人员作出鉴定，经投保人和保险公司特别约定后才能作为保险标的。另外，保险公司通常还对一些家庭财产不予承保财产险，具体包括：损失发生后无法确定具体价值的财产，如票证、现金、有价证券、邮票等；日用消费品，如食品、药品、化妆品之类；法律规定不允许个人收藏保管的物品，如枪支弹药、毒品之类。

（2）要注意家庭财产险的保险责任。一般的家庭财产综合险只承担两种情形造成的损失，一种是自然灾害，另一种是意外事故，如果财产被偷，这不是财产综合险的责任范围，保险公司不会给你赔偿，所以你最好给财产投保盗窃附加险。

除了上面提到的保险范围和保险责任外，你还需要了解除外责任、赔付比例、赔付原则、保险期限、交费方式、附加险种等内容，明确未来所能得到的保障。

（3）确定保险金额，避免超额投保和重复投保。按照保险公司的赔付原则，如果财产的实际损失超过保险金额，最多只能按保险金额赔偿；如果实际损失少于保险金额，则按实际损失赔偿。所以，在确定保险金额时，保险金额不要超出财产的实际价值，不然你就得白白地多交保险费。有些人将同一财产向多家保险公司投保，这也是不可取的，因为财产发生损失时，各家保险公司只是分摊财产的实际损失，投保人得不到什么额外的好处。

（4）仔细填写保单，办好投保手续。保险公司会要求你提供一些证明材料，你事先要做好准备。填写保险单据时，明确姓名、地址、财产项目及各项目的保险金额等内容。如果你的财产存放在多个地点，最好分别进行投保。如果你的地址有所变更，需到保险公司办理变更手续。

（5）及时按约定交保险费，妥善保存保险单。保险合同里已经约定好交费方式，如果你没有遵照约定，保险公司是可以不承担赔付责任的。

（6）出险后的注意事项。财产一旦出险，应当积极抢救，避免损失扩大。与此同时，应保护好现场，及时向公安、消防等部门报案，向他们索取事故证明。还要尽快向保险公司报案，向保险公司提供保险单、事故证明等必要单证。

人身保险与你共渡难关

人身保险就是以人的寿命和身体为保险标的的一种保险。投保人按照保险合同约定向保险人交纳保险费，当被保险人在合同期限内发生死亡、伤残、疾病等保险事故或达到合同约定的年龄、期限时，由保险人依照合同约定承担给付保险金的责任。

财产保险强调损失补偿，但是人身保险就明显不同，它的标的是人的生命和身体，可人的生命和身体是不能用货币来衡量的，更不可能要求保险公司向车祸中失去双腿的被保险人“补偿损失”。也就是说，人身保险合同的保险金额不像财产保险那样以保险标的价值为依据，而是依据被保险人对保险的需求程度、投保人的缴费能力以及保险人的可承受能力来确定的。只要您愿意，您就可以为自己或他人购买多份人身保险合同。人身保险讲究保险受益人应依法受益，除了医药费不能重复给付外，您可以获得多份保险金。

传统人身保险的产品种类繁多，但按照保障范围可以划分为人寿保险、人身意外伤害保险和健康保险。

而人寿保险又可分为定期寿险、两全保险、年金保险、疾病保险等，健康保险则又可分为疾病保险、医疗保险、失能收入损失保险、护理保险等。其中，年金保险因其在保险金的给付上采用每年定期支付的形式而得名，实际操作中年金保险还有每季度给付、每月给付等多种形式。养老年金保险可以为被保险人提供老年生活所需的资金，教育年金保险则可以为子女教育提供必要的经费支持。

同时，消费者可能会在人身意外伤害保险和定期寿险的选择上难以抉择，其实两者还是有较大不同的。首先意外伤害保险承保因意外伤害而导致的身故，不承保因疾病而导致的身故，而这两种原因导致的身故都属于定期寿险的保险责任范围。其次，意外伤害保险承保因意外伤害导致的残疾，并依照不同的残疾程度给付保险金。定期寿险有的不包含残疾给付责任，有的虽然包含残疾责任，但仅包括《人身保险残疾程度与保险给付比例表》中的最严重的一级残疾。最后，意外伤害保险一般保险期间较短，多为一年及一年期以下，而定期寿险则一般保险期间较长，可以为五年、十年、二十年甚至更长时间。

而随着经济的发展，资本市场化程度的日益提高，近几年在国内投资市场上又出现了将保障和投资融于一体的新型投资型险种，主要包括分红型、万能型、投资连结型等三种类型。

分红型保险，是指保险公司将其实际经营成果优于定价假设的盈余，按照一定比例向保单持有人进行分配的人寿保险。与普通型产品相比，分红型产品增加了分红功能。但需要注意的是，其分红是不固定，也是不保证的，分红水平与保险公司的经营状况有着直接关系。通常来说，在保险公司经营状况良好的年份，客户可能分到较多的红利，但如果保险公司的经营状况不佳，客户能分到的红利就可能比较少甚至没有。

万能型保险指包含保险保障功能并设立有保底投资账户的人寿保险，它具有以下特点：一是兼具投资和保障功能。保费的一部分用于提供身故等风险保障，扣除风险保险费以及相关费用后，剩余保费在投资账户中进行储蓄增值。二是交费灵活、收费透明。通常来说，投保人交纳首期保费后，可不定期不定额地交纳保费。同时，与普通型又称传统型人身保险产品及分红保险不同，保险公司向投保人明示所收取的各项费用。

三是灵活性高，保额可调整。账户资金可在一定条件下灵活支取。投保人可以按合同约定提高或降低保险金额。

四是通常设定最低保证利率，定期结算投资收益。此类产品为投资账户提供最低收益保证，并且可以与保险公司分享最低保证收益以上的投资回报。

投资连结型保险是指包含保险保障功能并至少在一个投资账户拥有一定资产价值的人寿保险，其具备万能险第一、第二项的特点，但两者之间也有不同。投连险灵活性高，账户资金可自由转换。由于投资连结保险通常具有多个投资账户，不同投资账户具有不同的投资策略和投资方向，投保人可以根据自身偏好将用于投资的保费分配到不同投资账户，按合同约定调整不同账户间的资金分配比例，并可以随时支取投资账户的资金。

另外，投连险通常不设定最低保证利率。投资收益可以在账户价格波动中反映出来，目前我国保险公司通常不少于一周公布一次账户价格，因此，若具体投资账户运作不佳或随股市波动，投入该投资账户的投资收益可能会出现负数。

人身保险合同与其他保险合同一样，要求投保人、被保险人和保险人做到最大诚信。如果您误报、漏报、隐瞒年龄和身体健康状况等事实，保险公司有权更正，如果您少缴保费了，就得补缴；如果您多缴了，保险公司就得退还。如果保险公司认为您没有尽到最大诚信原则，保险公司可以解除合同。当然，在国外，法律规定保险公司只能在两年内要求解除合同，两年之后就不可以了，这也是为了防止保险公司滥用最大诚信原则，随便解除合同。